STILKES RECHTSBIBLIOTHEK

Die Gesetze des Deutschen Reichs mit systematischen Erläuterungen.

Bürgerliches und Handelsrecht.

Auert, Hermann. **Die Eheauflösung im neuen deutschen Recht** unter Berücksichtigung der neuesten Bestimmungen. (Nürnberger Gesetze.) 159 Seiten. Preis in Ganzleinen geb. 4,50 RM.

Dahm, August. **Kleinwohnungs- und Siedlungsrecht.** 160 Seiten. Preis in Ganzleinen geb. 5,50 RM.

Dahm, August. **Mieterschutzgesetz.** Mit Nachtrag. 162 und 4 Seiten. Preis in Ganzleinen geb. 5,— RM.

Dahm, August. **Gesetzliche Miete.** Reichsmietengesetz in der Fassung der Bekanntgabe vom 24. 4. 1936. Etwa 100 Seiten. Preis kart. etwa 2,75 RM.

Krüger, Ernst. **Ergänzungen zum Bürgerlichen Gesetzbuch** mit Anmerkungen und Sachregister:

1. Band: Allgemeiner Teil, Recht der Schuldverhältnisse, Sachenrecht, Familienrecht, Erbrecht. Mit Nachtrag. XLVIII, 803 und 38 Seiten. Preis in Ganzleinen geb. 15,75 RM.

2. Band: Einführungsgesetz zum Bürgerlichen Gesetzbuch, Preußisches Ausführungsgesetz zum Bürgerlichen Gesetzbuch, Preußische Verordnung zur Ausführung des Bürgerlichen Gesetzbuchs. XXVII und 583 Seiten. Preis in Ganzleinen geb. 11,70 RM.

Laß, Helmut. **Umwandlungsgesetz, Steuererleichterungsgesetz, Anleihestockgesetz.** 240 Seiten. Preis in Ganzleinen geb. 5,— RM.

Müller, Fritz. **Straßenverkehrsrecht** (Reichsgesetz über den Verkehr mit Kraftfahrzeugen und Reichsstraßenverkehrsordnung). Zehnte Auflage. Preis in Ganzleinen gebunden 22,50 RM.

Thieme, Paul. **Grundbuchordnung für das Deutsche Reich** in der Fassung vom 5. August 1935. 2. Auflage. 500 Seiten. Preis in Ganzleinen geb. 14,50 RM.

Wagemann, Gustav, und Marwitz, W. **Die Preußische Pachtschutzordnung** in der Fassung vom 19. 9. 27. 4. Auflage. VIII und 380 Seiten. Preis in Ganzleinen geb. 10,80 RM.

Winckler, Ernst. **Gesetz über Depot- und Depositengeschäfte** vom 26. 6. 25. 48 Seiten. Preis geh. 1,35 RM.

Erbhofrecht.

Zimmer. **Die Rechtsgeschäfte des Erbhofrechts.** 207 Seiten. Preis in Ganzleinen geb. 4,50 RM.

Stilkes Rechtsbibliothek Nr. 2.

Die Gesetze des neuen Deutschen Reichs und der deutschen Länder mit systematischen Erläuterungen.

Lichtspielgesetz

vom 12. Mai 1920

nebst den ergänzenden reichsrechtlichen und landesrechtlichen Bestimmungen

ausführlich erläutert von

Dr. Albert Hellwig
Amtsgerichtsrat in Frankfurt a. O.

Verlag von Georg Stilke in Berlin.
1921.

Herrn Oberlandesgerichtspräsidenten

Dr. jur. h. c. **Cormann**
Geheimem Oberjustizrat

in aufrichtiger Verehrung zugeeignet.

Inhaltsverzeichnis.

Abkürzungen.

I. Für Gesetze, parlamentarische Drucksachen, Zeitschriften.

ALR = Allgemeines Landrecht.

Aussch. = Bericht des 23. Ausschusses über den Entwurf eines Gesetzes über die Prüfung von Bildstreifen für Lichtspiele. — Nr. 1907 der Drucksachen. — (Nationalversammlung 1920, Druckf. Nr. 2317).

AV = Ausführungsverordnung zum Lichtspielgesetz vom 16. Juni 1920.

Bay. AV = Bekanntmachung des Bayerischen Staatsministers des Innern betreffend Vollzug des Lichtspielgesetzes vom 7. August 1920.

Begr. = Begründung.

Ber. I = Bericht des Ausschusses für innere Verwaltung über den Entwurf eines Gesetzes betreffend öffentliche Lichtspielvorstellungen (Württembergische Erste Kammer. Beilage 6. Ausgegeben den 24. April 1913).

Ber. II = Bericht des Ausschusses der Zweiten Kammer über den Entwurf eines Gesetzes betreffend öffentliche Lichtspielvorstellungen (Württembergische Zweite Kammer. Beilage 212. Ausgegeben den 20. Februar 1914).

Bez. A I = Bezirksausschuß I Berlin.

DJZ = Deutsche Juristen-Zeitung.

E I = Entwurf eines Gesetzes, betreffend die Zensur von Bildstreifen für Lichtspiele (Reichsrat, Tagung 1919, Nr 286).

E II = Entwurf eines Gesetzes über die Prüfung von Bildstreifen für Lichtspiele (Nationalversammlung 1920, Drucksachen Nr. 1907).

E III = Zusammenstellung des Entwurfs eines Gesetzes über die Prüfung von Bildstreifen für Lichtspiele – Nr 1907 der Drucksachen — mit den Beschlüssen des 23. Ausschusses in erster Lesung.

E IV = Zusammenstellung des Entwurfs eines Gesetzes über die Prüfung von Bildstreifen für Lichtspiele — Nr. 1907 der Drucksachen — mit den Beschlüssen des 23. Ausschusses. (Anlage 1 zu Aussch. S. 30 ff).

Geb. O = Gebührenordnung für die Prüfung von Bildstreifen vom 18. August 1920.

GwO = Reichsgewerbeordnung.
JW = Juristische Wochenschrift.
KG = Kammergericht.
LG = Lichtspielgesetz vom 12. Mai 1920.
OVG = Oberverwaltungsgericht (preußisches).
OVG, Bd. = Entscheidungen des preußischen Oberverwaltungsgerichts.
PStGB = Polizeistrafgesetzbuch.
PVG = Polizeiverwaltungsgesetz.
Pol V. = Polizeiverordnung.
Pr. VBl. = Preußisches Verwaltungsblatt.
RG = Reichsgericht.
RGSt = Entscheidungen des Reichsgerichts in Strafsachen.
RPrG = Reichspreßgesetz.
RV = Reichsverfassung vom 11. August 1919.
StGB = Reichsstrafgesetzbuch.
StPO = Strafprozeßordnung.
V = Verordnung
Verh. = Verhandlungen der Nationalversammlung am 15. April 1920, 162. Sitzung, S. 5168ff.
Verh. I = Verhandlungen der Württembergischen Ersten Kammer vom 23., 24., 26. Mai 1913 und vom 12. und 13. März 1914.
Verh. II = Verhandlungen der Württembergischen Zweiten Kammer vom 10. Juli 1913, 27. und 28. Februar, 3., 4, 5., 13. März 1914.
WLG = Württembergisches Gesetz betreffend öffentliche Lichtspiele vom 31. März 1914.
ZPO = Zivilprozeßordnung.
ZStrW = Zeitschrift für die gesamte Strafrechtswissenschaft.

II. Für Bücher und Abhandlungen.

Böhm = „Verträge im Filmgewerbe, insbesondere die Filmpacht, die Filmlizenz und der Filmserienvertrag" (Berlin und Leipzig 1919).
Fleiner = „Institutionen des Deutschen Verwaltungsrechts", 2. Auflage. (Tübingen 1912).
Friedmann = „Die Zensurbestimmungen" („Der Film" 1920, Nr. 29, S. 28f.)
Friedrichs = „Das Polizeigesetz" (Berlin 1911).
Goldbaum = „Lichtspielgesetz nebst Ausführungsverordnung erläutert" (Berlin 1920).
Goldbaum (Theaterrecht) = „Theaterrecht" (Berlin 1914).
Hahn = „Die Lustbarkeiten im Rechtssinn" (Erlanger Diss. 1914).
Hellwig (Filmzensur) = „Die Filmzensur. Eine rechtsdogmatische und rechtspolitische Erörterung" (Berlin 1914).

Hellwig (Grundsätze) = Die „maßgebenden Grundsätze für Verbote von Schundfilms nach geltendem und künftigem Rechte" (Verwaltungsarchiv Bd. 21, S 405ff)
Hellwig (Kampf) = „Der Kampf gegen die Schundfilme durch die Verwaltungsgerichte in Gegenwart und Zukunft" (Volkswart 13, S. 36f, 49ff, 65ff, 81ff, 97ff.
Hellwig (Kinematographenzensur) = „Die Kinematographenzensur, zugleich ein Beitrag zur Frage der Umgrenzung der Gewerbe-, Preß- und Versammlungsfreiheit" (Annalen des Deutschen Reichs 1910, S. 32ff, 96ff., 893ff).
Hellwig (Rechtsquellen) = „Rechtsquellen des öffentlichen Kinematographenrechts" (München-Gladbach 1913).
Hellwig (Reform) = „Die Reform des Lichtspielrechts" (Langensalza 1920).
Hellwig (Reichspreßgesetz) = „Filmzensur und Reichspreßgesetz" (Archiv für öffentliches Recht 28, S. 114ff.).
Hellwig (Reichsvereinsgesetz) = „Filmzensur und Reichsvereinsgesetz" (Annalen des Deutschen Reichs 47, S. 871ff.).
Hellwig (Repressivmaßregeln) = „Repressivmaßregeln gegen die Schundplakate und ihre gesetzlichen Grundlagen" (Archiv für Strafrecht 68, S. 140ff.).
Hellwig (Schundfilms) = „Die Schundfilms. Ihr Wesen, ihre Gefahren und ihre Bekämpfung" (Halle 1911).
Hellwig (Verwaltungsgerichte) = „Die Filmzensur nach den Grundsätzen der preußischen Verwaltungsgerichte" (Volkswart 7, S. 99ff., 113ff., 147ff).
Illiger = „Besteuerung der Lustbarkeiten in Preußen" (Berlin 1914).
v. Kamptz = „Die Filmzensur nach der Rechtsprechung des Oberverwaltungsgerichts" (Gesetz und Recht 16, S. 217ff.).
Lagenstein = „Die Gewerbepolizeierlaubnis" (Tübingen 1912).
Lange = „Das Kino in Gegenwart und Zukunft" (Stuttgart 1920).
Liepe = „Das Lichtspielgesetz mit Ausführungsverordnung und Gebührenordnung. Für den praktischen Gebrauch erläutert" (Berlin 1920).
Manasse = „Die rechtlichen Grundlagen der Theater- und Kinematographenzensur" (Greifswalder Diss. 1913).
Müller-Sanders = „Die Kinematographenzensur in Preußen" (Heidelberger Diss. 1912).
Opet = „Deutsches Theaterrecht" (Berlin 1897).
Schaer = „Die Rechtsstellung der Theaterzensur in Preußen" (Greifswalder Diss. 1919).
Seeger = „Die Filmzensur nach dem neuen Lichtspielgesetz" („Der Film" 1920 Nr. 18, S. 40f.; Nr 19, S. 30f.).
Seeger (Filmsketsch) = „Filmsketsch und Erklärer" („Lichtbildbühne" 1920 Nr. 24, S. 14f.).
Seeger (Prüfungskammern) = „Die Filmprüfungskammern" („Lichtbildbühne" 1920 Nr. 25, S. 21f.).

Seeger (Reklame) = „Die Bildstreifen-Reklame“ („Lichtbildbühne“ 1920 Nr. 31, S. 35f.).
Stern = „Lichtspielgesetz nebst Ausführungsverordnung. Ausführlich erläutert.“
Szczesny = „Das Lichtspielgesetz. Herausgegeben und erläutert“ (Berlin und Leipzig 1920).
Treitel = „Ist ein Film eine Abbildung im Sinne des § 184 Strafgesetzbuchs?“ (Preußisches Verwaltungsblatt Bd. 35, S. 15f.).
Wriedt = „Das Anschlagwesen im Recht mit besonderer Berücksichtigung der für Preußen geltenden Vorschriften“ (Erlanger Diss. 1912).

Lichtspielgesetz.

Vom 12. Mai 1920.

(RGBl. Nr. 107 S. 953.)

Die verfassunggebende Deutsche Nationalversammlung hat das folgende Gesetz beschlossen, das mit Zustimmung des Reichsrats hiermit verkündet wird:

Prüfung von Bildstreifen.

§ 1.

Bildstreifen (Filme) dürfen öffentlich nur vorgeführt oder zum Zwecke der öffentlichen Vorführung im Inland und Ausland in den Verkehr gebracht werden, wenn sie von den amtlichen Prüfungsstellen (§§ 8, 13) zugelassen sind. Der öffentlichen Vorführung von Bildstreifen werden Vorführungen in Klubs, Vereinen und anderen geschlossenen Gesellschaften gleichgestellt. Einer Zulassung bedarf nicht die Vorführung von Bildstreifen zu ausschließlich wissenschaftlichen oder künstlerischen Zwecken in öffentlichen oder als öffentlich anerkannten Bildungs- oder Forschungsanstalten.

Die Zulassung eines Bildstreifens erfolgt auf Antrag. Sie ist zu versagen, wenn die Prüfung ergibt, daß die Vorführung des Bildstreifens geeignet ist, die öffentliche Ordnung oder Sicherheit zu gefährden, das religiöse Empfinden zu verletzen, verrohend oder entsittlichend zu wirken, das deutsche Ansehen oder die Beziehungen Deutschlands zu auswärtigen Staaten zu gefährden. Die Zulassung darf wegen einer politischen, sozialen, religiösen, ethischen oder Weltanschauungstendenz als solcher nicht versagt werden. Die Zulassung darf nicht versagt werden aus Gründen, die außerhalb des Inhalts der Bildstreifen liegen.

Bildstreifen, bei denen die Gründe der Versagung der Zulassung nur hinsichtlich eines Teiles der dargestellten Vorgänge zutreffen, sind zuzulassen, wenn die beanstandeten Teile aus den zur Vorführung gelangenden Positiven ausgeschnitten und der Prüfungsstelle übergeben werden, auch der Prüfungsstelle Sicherheit dafür gegeben ist, daß die beanstandeten Teile nicht verbreitet werden.

§ 2.

Bildstreifen von wissenschaftlicher oder künstlerischer Bedeutung, gegen deren unbeschränkte Vorführung Bedenken gemäß § 1 vorliegen, können zur Vorführung vor bestimmten Personenkreisen zugelassen werden.

§ 3.

Bildstreifen, zu deren Vorführung Jugendliche unter achtzehn Jahren zugelassen werden sollen, bedürfen besonderer Zulassung.

Von der Vorführung vor Jugendlichen sind außer den im § 1 Abs. 2 verbotenen alle Bildstreifen auszuschließen, von welchen eine schädliche Einwirkung auf die sittliche, geistige oder gesundheitliche Entwicklung oder eine Überreizung der Phantasie der Jugendlichen zu besorgen ist.

Auf Antrag des gemeindlichen Jugendamts oder eines Jugendamts des Bezirkes oder, falls kein Jugendamt besteht, auf Antrag der Schulbehörde, kann unbeschadet weitergehender landesgesetzlicher Vorschriften die Gemeinde oder ein Gemeindeverband nach Anhörung von Vertretern der Organisationen für Jugendpflege zum Schutze der Gesundheit und der Sittlichkeit weitere Bestimmungen für die Zulassung der Jugendlichen festsetzen, zu deren Innehaltung die Unternehmer der Lichtspiele verpflichtet sind. Diese können Einspruch gegen die Festsetzung bei der zuständigen Stelle erheben.

Kinder unter sechs Jahren dürfen zur Vorführung von Bildstreifen nicht zugelassen werden.

§ 4.

Die Zulassung eines Bildstreifens kann auf Antrag einer Landeszentralbehörde durch die Oberprüfungsstelle für das Reich oder ein bestimmtes Gebiet widerrufen werden, wenn das Zutreffen der Voraussetzungen der Versagung (§§ 1, 3) erst nach der Zulassung hervortritt.

Der Widerruf erfolgt auf Grund erneuter Prüfung. In dem Verfahren ist einem Vertreter der antragstellenden Landeszentralbehörde Gelegenheit zur Äußerung zu geben.

§ 5.

Die Prüfung der Bildstreifen umfaßt die Bildstreifen selbst, den Titel und den verbindenden Text in Wort und Schrift.

Die zur Vorführung von Bildstreifen gehörige Reklame an den Geschäftsräumen und öffentlichen Anschlagstellen und die Reklame durch Verteilung von Druckschriften bedarf, soweit sie nicht bereits von der Prüfungsstelle genehmigt worden ist, der Genehmigung der Ortspolizeibehörde. Sie darf nur unter den Voraussetzungen des § 1 Abs. 2, § 3 Abs. 2 versagt werden.

§ 6.

Bildstreifen über Tagesereignisse und Bildstreifen, die lediglich Landschaften darstellen, sind von der Ortspolizeibehörde, sofern kein Versagungsgrund im Sinne der §§ 1 und 3 gegeben ist, für ihren Bezirk selbständig zuzulassen, ohne daß es einer Entscheidung der Prüfungsstellen bedarf.

§ 7.

Ist die Zulassung eines Bildstreifens von einer Prüfungsstelle abgelehnt, so darf der Bildstreifen, auch in abgeänderter Form, einer Prüfungsstelle nur unter Angabe dieses Umstandes wieder vorgelegt werden.

Prüfungsstellen.

§ 8.

Prüfungsstellen werden nach Bedarf an den Hauptsitzen der Filmindustrie errichtet. Ihre Zuständigkeit wird räumlich abgegrenzt. Zur Entscheidung über Beschwerden (§ 13) wird eine Oberprüfungsstelle in Berlin gebildet.

Die von einer Prüfungsstelle erfolgte Zulassung der Bildstreifen hat für das gesamte Reichsgebiet Gültigkeit.

§ 9.

Die Prüfungsstellen setzen sich aus beamteten Vorsitzenden und Beisitzern zusammen. Von den Beisitzern ist je ein Viertel den Kreisen des Lichtspielgewerbes und der auf den Gebieten der Kunst und Literatur bewanderten Personen, die Hälfte den auf den Gebieten der Volkswohlfahrt, der Volksbildung oder der Jugendwohlfahrt besonders erfahrenen Personen zu entnehmen. Mit Ausnahme der Vertreter des Lichtspielgewerbes dürfen Beisitzer an diesem Gewerbe nicht geschäftlich oder beruflich beteiligt sein.

Die Mitglieder der Prüfungsstellen werden vom Reichsminister des Innern ernannt. Die Beamten sollen Persönlichkeiten von pädagogischer und künstlerischer Bildung sein. Bei der Auswahl der Beamten und Beisitzer sind auch Frauen heranzuziehen. Bei der Auswahl der Beisitzer aus den Kreisen des Lichtspielgewerbes sind die Angestellten und Arbeiter dieses Gewerbes ausreichend zu berücksichtigen. Die Beisitzer werden auf die Dauer von drei Jahren auf Grund von Vorschlagslisten der beteiligten Verbände ausgewählt.

§ 10.

Die Beisitzer sind von dem Vorsitzenden für die Dauer ihrer Tätigkeit durch Handschlag darauf zu verpflichten, daß sie nach bestem Wissen und Gewissen ohne Ansehen der Person ihr Urteil abgeben wollen.

Sie erhalten Anwesenheitsgelder und Ersatz der Reisekosten.

Prüfungsverfahren.

§ 11.

Die Prüfungsstelle entscheidet in der Besetzung von fünf Mitgliedern, die aus einem beamteten Vorsitzenden und vier Beisitzern bestehen. Von den Beisitzern ist einer dem Lichtspielgewerbe und zwei den Kreisen der auf den Gebieten der Volkswohlfahrt, der Volksbildung oder der Jugendwohlfahrt besonders erfahrenen Personen zu entnehmen.

Bei Prüfung der Bildstreifen, die zur Vorführung in Jugendvorstellungen bestimmt sind, sind auch Jugendliche im Alter von 18 bis 20 Jahren nach Bestimmung der Ausschüsse für Jugendwohlfahrt zu hören.

Hat der Vorsitzende keine Bedenken, so kann er die Zulassung auch ohne Zuziehung von Beisitzern aussprechen. Auf Verlangen zweier Beisitzer hat die Prüfungsstelle zu entscheiden.

§ 12.

Wird ein Bildstreifen von einer Prüfungsstelle ganz oder teilweise verboten, so steht dem Antragsteller gegen den Bescheid (§ 15) innerhalb zwei Wochen vom Tage der Zustellung an das Recht der Beschwerde zu.

Das gleiche Recht steht dem Vorsitzenden sowie zwei bei der Entscheidung beteiligten Mitgliedern der Prüfungsstelle zu. Die Beschwerde ist in der Sitzung einzulegen.

§ 13.

Auf Beschwerden entscheidet endgültig die Oberprüfungsstelle in der Besetzung von fünf Mitgliedern, die aus einem beamteten Vorsitzenden und vier Beisitzern bestehen. Die Vorschriften des § 11 finden Anwendung.

Die Mitglieder der Prüfungsstelle, die bei der Entscheidung mitgewirkt haben, sind zu den Verhandlungen zu laden, wenn ihre schriftliche Äußerung nach Ansicht der Oberprüfungsstelle nicht genügt; an der Beschlußfassung nehmen sie nicht teil. Der Antragsteller oder ein von ihm bestellter Vertreter ist auf Verlangen zu hören.

§ 14.

Über die Zulassung eines Bildstreifens wird, abgesehen von dem Falle des § 6, dem Antragsteller eine Zulassungskarte ausgestellt.

§ 15.

Bei Ablehnung eines Bildstreifens ist dem Antragsteller ein schriftlicher Bescheid zuzustellen, der auf Antrag mit Gründen zu versehen ist.

§ 16

Für die Prüfung der Bildstreifen und die Ausstellung der Zulassungskarten werden Gebühren erhoben. Die Gebührenpflicht wird durch eine Ordnung geregelt, die von der Reichsregierung mit Zustimmung des Reichsrats erlassen wird. Auf Verlangen der Prüfungsstelle ist der Antragsteller verpflichtet, bei Stellung des Antrags Vorschuß zu leisten.

Übergangs- und Strafbestimmungen.

§ 17.

Bildstreifen, die vor Inkrafttreten dieses Gesetzes hergestellt und bereits im Verkehre sind, sind innerhalb eines Jahres, nachdem dieses Gesetz Gesetzeskraft erlangt hat, einer Prüfungsstelle (§ 8) vorzuführen. Nach Ablauf dieser Frist finden die Vorschriften dieses Gesetzes auch auf die Vorführung dieser Bildstreifen Anwendung. Bis zur Prüfung dieser Bildstreifen durch die Prüfungsstellen unterliegt ihre Zulassung der Genehmigung der einzelnen Ortspolizeibehörde oder der bisher zuständigen Landesstelle. Sie sind nur zuzulassen, wenn keine Bedenken gemäß §§ 1, 3 entgegenstehen.

§ 18.

Wer vorsätzlich entgegen den Vorschriften dieses Gesetzes Bildstreifen oder Teile von solchen, die von den zuständigen Behörden verboten, nicht zugelassen oder deren Zulassung widerrufen ist, vorführt oder zum Zwecke der öffentlichen Vorführung im Inland oder Ausland in den Verkehr bringt, wird mit Gefängnis bis zu zwei Jahren und mit Geldstrafe bis zu hunderttausend Mark oder mit einer dieser Strafen bestraft. Handelt der Täter fahrlässig, so wird er mit Geldstrafe bis zu zehntausend Mark bestraft.

In gleicher Weise wird bestraft, wer vorsätzlich Bildstreifen, die zur Vorführung vor Jugendlichen nicht zugelassen sind (§ 3 Abs. 1), in Jugendvorstellungen vorführt.

§ 19.

Wer eine nicht genehmigte Reklame benutzt (§ 5 Abs. 2) oder einer Prüfungsstelle einen bereits abgelehnten Bildstreifen unter wissentlicher Verschweigung dieses Umstandes vorlegt (§ 7) oder wer Jugendliche den Bestimmungen des § 3 entgegen zu den allgemeinen Vorstellungen zuläßt, wird mit Geldstrafe bis zehntausend Mark bestraft.

Handelt der Täter fahrlässig, so wird er mit Geldstrafe bis zu dreitausend Mark bestraft.

§ 20.

Neben der Strafe kann auf Einziehung des Bildstreifens erkannt werden, ohne Unterschied, ob er dem Verurteilten gehört oder nicht. Ist die Verfolgung oder die Verurteilung einer bestimmten Person nicht ausführbar, so kann auf Einziehung des Bildstreifens selbständig erkannt werden.

Außerdem kann, sofern der Täter vorsätzlich gehandelt hat, bis zu drei Monaten und bei wiederholtem Rückfall dauernd der schuldigen Person das Betreiben des Gewerbes untersagt werden.

Einleitung.

Dem Lichtspiel ist es eigen, daß Photographien von Zustandsbildern mit Hilfe einer sinnreichen Einrichtung so vorgeführt werden, daß eine größere Anzahl von Zuschauern gleichzeitig den Eindruck der Vorführung von Handlungsbildern erhält. Von den theatralischen Vorstellungen unterscheiden sich Lichtspielvorführungen dadurch, daß bei ihnen nicht lebende Menschen in Person auftreten und eine Handlung aufführen,[1]) und von den Lichtbildvorführungen dadurch, daß Handlungen und Ereignisse bildlich wiedergegeben werden und nicht lediglich Zustände.

Der kinematographische Aufnahmeapparat hält infolge einer sinnreichen Vorrichtung bewegte Bilder in der Reihenfolge der photographischen Einzelaufnahmen fest. Die Aufnahmen finden auf einem sogenannten Rollfilm statt, einem langen, lichtempfindlichen, durchsichtigen Streifen, meistens aus Zelluloid. Von **den** entwickelten Negativen werden gleichfalls auf Rollfilmen die für die Vorführung bestimmten Abzüge hergestellt. Mittels des kinematographischen Vorführungsapparates werden diese Positivfilme dann auf eine Projektionsfläche geworfen. Die Rollfilme nennt man neuerdings auch Bildstreifen.

Wie sich die eigenartige Sinnestäuschung bei der Lichtspielvorführung erklärt, das des Näheren auszuführen, ist hier nicht der Ort. Es mag genügen, darauf hinzuweisen, daß es sich um ein psychologisches, nicht um ein physiologisches Problem handelt.[2])

---

[1]) OVG vom 11. 5. 03 Bd. 43 S. 304; RG vom 10. 6. 07 Bd. 34 S. 47. Hellwig im Pr.V.Bl. Bd. 34 S. 200; Werth „Öffentliches Kinematographenrecht" (Erlanger Diss. 1910) S. 8 ff.; Hahn S. 58 ff.; a. M. Fuld in „Die Selbstverwaltung" 1908 S. 338 ff.; Cohn „Kinematographenrecht" (Berlin 1909) S. 11 ff.; Goldbaum (Theaterrecht) S. 41, 74.

[2]) Hellwig in der „Zeitschrift für Psychotherapie und medizinische Psychologie" Bd. 6 S. 92 ff.

Es gibt bei uns und im Ausland eine Reihe von größeren und kleineren Unternehmungen, welche sich mit der gewerbsmäßigen Herstellung von Bildstreifen für Lichtspielvorführungen befassen. Die Filmfabrikanten verkaufen ihre Erzeugnisse in den seltensten Fällen unmittelbar an die Lichtspielunternehmer selbst, da diese fast nie in der Lage sind, die teuren Filme selbst käuflich zu erwerben, sondern an sogenannte Filmverleiher, die man juristisch treffender als Filmverpächter bezeichnen würde.[3]) Diese Filmverleiher verpachten von ihnen käuflich erworbene Filme an Kinobesitzer und erhalten je nach der Länge des Films, je nach den besonderen Vorrechten, welche sie den Kinobesitzern etwa einräumen, und namentlich auch je nach der Länge der Zeit, die seit Erscheinen des Films verstrichen ist, einen verschieden hoch bemessenen Pachtpreis. Die Kinobesitzer endlich führen die von ihnen gepachteten Filme einige Tage, in der Regel eine Woche, mitunter auch länger, gegen Entgelt dem Publikum vor. Fast immer handelt es sich heute um Vorführungen im stehenden Gewerbebetriebe, weit seltener im Wandergewerbe. Mitunter werden auch in Varietés u. dgl. vereinzelte Lichtspielvorführungen veranstaltet. Manchmal werden die Lichtspielvorführungen von Gesangsvorträgen begleitet, manchmal sind sie auch mit theatralischen Vorstellungen zu einem einheitlichen Ganzen, einem sogenannten Filmsketch, verschmolzen oder sind sie Bestandteil einer Theateraufführung.

Von Bedeutung ist es, daß immer mehr Lichtspielvorführungen auch ohne Erwerbsinteressen veranstaltet werden, insbesondere durch gemeinnützige Gesellschaften, so durch den „Bilderbühnenbund deutscher Städte".[4]) Auch die Nutzbarmachung des Lichtspiels für Unterrichtszwecke gewinnt immer größere Bedeutung, nicht nur im Hochschulunterricht, sondern auch an den höheren Lehranstalten, den Mittelschulen und den Volksschulen.[5])

---

[3]) So schon Hellwig in der Zeitschrift „Der Kinematograph" 1911 Nr. 246 S. 1 ff. Ebenso Böhm in S. 5 ff.; wohl auch Goldbaum (Theaterrecht) S. 19. In meiner ersten lichtspielrechtlichen Arbeit sprach ich noch von dem Vermieten des Films (Hellwig, Kinematographenzensur S. 103).

[4]) Ackerknecht „Das Lichtspiel im Dienste der Bildungspflege" (Berlin 1918) S. 19 ff.

[5]) Vgl. insbesondere Ernst Schultze „Der Kinematograph als Bildungsmittel" (Halle 1911); Ackerknecht; Lange; Häfker „Kino und Erdkunde" (München-Gladbach 1913); Sellmann „Kino und Schule" (München-Gladbach 1913) sowie die seit 1919 in Berlin erscheinende Zeitschrift „Film und Wissen". Die seit 1912 in München-Gladbach erschienene vorzügliche Zeitschrift „Bild und Film" ist 1917 eingegangen.

Welche Entwicklung das Lichtspielgewerbe in den letzten Jahrzehnten bei uns genommen hat, kann man aus einer Statistik ersehen, die Werth über 33 deutsche Großstädte beibringt. Von ihnen hatten am 1. Januar 1900 lediglich Hamburg und Würzburg je ein Lichtspielhaus, während selbst in Berlin nur einige Wanderunternehmungen gelegentlich Lichtspielvorführungen veranstalteten. Dagegen befanden sich am 1. Januar 1910 in diesen Städten nicht weniger als 480 Lichtspielunternehmungen im stehenden Gewerbebetrieb, darunter beispielsweise in Leipzig seit 1906 nicht weniger als 31. Seitdem hat sich die Zahl der Lichtspielunternehmungen noch beträchtlich vermehrt. Man geht wohl kaum fehl, wenn man die Zahl der zurzeit in Deutschland bestehenden Lichtspielunternehmungen auf wenigstens etwa 2500 bis 3000 schätzt.

In den ersten Jahren brachten die Lichtspielvorführungen fast durchweg nur Landschaftsbilder, Wettrennen, Paraden und sonstige Wirklichkeitsaufnahmen. Das wurde aber bald anders, als mit der fortschreitenden Vervollkommnung der Technik auch die Möglichkeit gegeben war, humoristische oder dramatische Filmstücke zu ersinnen und kinematographisch aufnehmen zu lassen. Es wurde dabei nicht nur meistens unendlich albernes und seichtes Zeug hergestellt, sondern es wurden auch Filme geschaffen, die durch Schilderung von abstoßenden Szenen, beispielsweise Hinrichtungen, schweren Unglücksfällen usw., durch sensationelle Schilderung von Verbrechen, durch pikante Darstellungen entsittlichend oder verrohend wirken und zur Verherrlichung der Verbrecher beitragen mußten.[6])

Gerade die Anschaulichkeit des in Lichtspielvorführungen Geschauten, welche die Nutzbarmachung des Lichtspiels für Bildungszwecke ungemein erleichtert, bringt es andererseits auch mit sich, daß solche Lichtspielvorführungen, deren Inhalt bedenklich ist, die ich als Schundfilme bezeichnet habe, mit stärkerer Wirkung das Vorstellungs- und Willensleben der Zuschauer in ungünstiger Weise zu beeinflussen geeignet sind als beispielsweise die Schundliteratur.

Namentlich die kriminellen Schundfilme, in denen alle Arten von Verbrechen verherrlicht und aufs Genaueste geschildert wurden, waren besonders beliebt. Aber auch mehr als stark pikante, teilweise grob unzüchtige Filme und verrohende Schundfilme, wie beispielsweise die kinematographische Wiedergabe von schweren Operationen, von Tierquälereien usw., wurden ungehindert vorgeführt. Die Filmfabrikanten, Filmverleiher und Kinobesitzer, welche auf die niedrigsten Instinkte

---

[6]) Vgl. besonders Hellwig „Die Schundfilms. Ihr Wesen, ihre Gefahren und ihre Bekämpfung" (Halle 1911) sowie „Kind und Kino" (Langensalza 1914).

der großen Masse spekulierten, kamen dabei glänzend auf ihre Rechnung.

Es dauerte ziemlich lange, bis man den zweifellos gegebenen Gefahren kinematographischer Vorführungen derartiger Schundfilme die Aufmerksamkeit in gebührendem Maße zuwandte. Namentlich war es die Lehrerschaft, welche in verdienstvoller Weise darauf hinwies, aber auch die Presse aller Parteien hat sich ein Verdienst dadurch erworben, daß sie den Kampf gegen die Auswüchse des Lichtspielgewerbes angeregt hat.

Mit Recht weist man darauf hin, daß das häufige Anschauen von verrohenden Filmen naturgemäß auch zur Abstumpfung der Empfindlichkeit der Zuschauer beitragen muß, daß die sexuellen Schundfilme geeignet sind, laxere Anschauungen zu verbreiten und das sittliche Gefühl abzustumpfen, sowie vor allem auch, daß die kriminellen Schundfilme, insbesondere bei Jugendlichen, deren Widerstandskraft noch nicht genügend gestählt ist, imstande sind, unmittelbaren Anreiz zur verbrecherischen Betätigung zu geben, oder doch mittelbar wenigstens eine der verbrecherischen Betätigung günstige Disposition zu schaffen.

Hat man die *Gefahren der Schundfilme* auch teilweise vielfach übertrieben, insbesondere kritiklos Fälle als beweiskräftig für einen derartigen Zusammenhang angeführt, die einer näheren Nachprüfung nicht standgehalten haben, so läßt sich doch aus allgemeinen psychologischen Erwägungen, die übrigens auch durch die Erfahrung der Polizeibehörden, der Jugendrichter und Staatsanwälte, sowie in der Jugendfürsorge erfahrener Personen bestätigt werden, nicht in Abrede stellen, daß die Schundfilme verderblich wirken, und daß insbesondere auch ein ursächlicher Zusammenhang zwischen Kriminalität der Jugendlichen und dem Schauen krimineller Schundfilme besteht.[7])

Als minder bedeutsam mag darauf hingewiesen werden, daß die Schundfilme auch noch nach anderen Richtungen, als nach der ethischen Seite hin verhängnisvoll wirken, daß sie vom ästhetischen Standpunkt aus durchaus verwerflich sind, daß sie zu einer ungesunden Überreizung der Phantasie und zu einer Ablenkung von den Aufgaben des Unterrichts und der Erziehung

---

[7]) *Hellwig* in der „Zeitschrift für Jugenderziehung und Kinderfürsorge“ Bd. 3 S. 309 ff., 345 ff.; in der „Monatsschrift für Kriminalpsychologie“ Bd. 9 S. 711 ff.; in der „Österreichischen Rundschau“ 1914 S. 45 ff.; in dem „Archiv für Kriminalanthropologie“ Bd. 51 S. 1 ff.; in der „Ärztlichen Sachverständigen-Zeitung“ 1911 Nr. 11; in der „Zeitschrift für Psychotherapie“ Bd. 6 S. 108 ff.; „Kind und Kino“ (Langensalza 1914) S. 34 ff.

führen, und daß sie vereinzelt auch unmittelbar die Gesundheit der Jugendlichen ungünstig beeinflussen können.

Neben den Schundfilmen sind es die Schundplakate, die in dem letzten Jahrzehnt die Aufmerksamkeit breitester Kreise auf das Lichtspielgewerbe gelenkt haben.[8]) Während die Schundfilme wenigstens nur auf diejenigen wirken, welche Lichtspielvorführungen beiwohnen, ist das Schundplakat jedem Vorübergehenden zugänglich und kann deshalb in ungünstiger Weise auch solche Kreise beeinflussen, welche Lichtspielhäuser nicht aufzusuchen pflegen.

Früher vertrat man häufig die Anschauung — und nicht nur in den Kreisen des Lichtspielgewerbes —, daß eine Besserung der allgemein anerkannten Übelstände von innen heraus und lediglich unter dem Druck der öffentlichen Meinung erfolgen werde. Man glaubte, ein staatliches Einschreiten gegen die Gefahren der Schundfilme usw. ablehnen zu müssen. Schon damals wies ich aber mit Nachdruck darauf hin, daß man sich einer gefährlichen Täuschung hingebe, wenn man davon ausgehe, daß die lediglich vom Geschäftsinteresse geleitete Kinoindustrie unter dem Druck der öffentlichen Meinung veranlaßt werden könnte, eine Besserung der Verhältnisse herbeizuführen.[9]) Immer mehr hat sich — übrigens nicht nur bei uns, sondern auch in den anderen Kulturstaaten — die Anschauung Bahn gebrochen, daß es in der Tat vergeblich wäre, auf ein baldiges Verschwinden der gerügten Auswüchse zu rechnen, wenn nicht gleichzeitig durch staatliche Abwehrmaßnahmen es dem Lichtspielgewerbe unmöglich gemacht wird, sein Geschäftsinteresse weiter in so skrupelloser Weise auszunutzen, wie es das bisher getan hat.

In den meisten Kulturstaaten hat man schon seit längerer oder kürzerer Zeit eingesehen, daß staatliche Abwehrmaßnahmen erforderlich sind, um den erwähnten Übelständen abzuhelfen. Man hat zunächst versucht, mit Hilfe des geltenden Rechts den Schundfilmen usw. entgegenzutreten. Wo sich aber herausgestellt hat, daß das geltende Recht unzureichend war, hat man versucht, im Wege der Gesetzesänderung oder, soweit dies zulässig war, durch Schaffung neuer Polizeiverordnungen die erkannten Gefahren zu bekämpfen.

Um dies Ziel zu erreichen, hat man verschiedene Wege eingeschlagen.

Zunächst wandte man die Aufmerksamkeit insbesondere den durch die Verwendung des Zelluloids heraufbeschworenen Gefahren für Leben und Gesundheit der Zuschauer seine Aufmerksamkeit zu. Es wurden teilweise recht eingehende Verordnungen bau- und feuerpolizeilichen Charakters erlassen.

---

[8]) Hellwig im „Volkswart" 1913 S. 81 ff.
[9]) Hellwig „Die Schundfilme" S. 91 ff.

Wichtiger aber war, daß man auch den sittenpolizeilichen Gefahren Interesse schenkte und auf verschiedene Weise Abhilfe zu schaffen trachtete.

So versuchte man, gewisse Anforderungen an die Persönlichkeit der Kinobesitzer zu stellen und dafür zu sorgen, daß ungeeignete Personen ein Kino nicht betreiben durften. Man legte hier mitunter auch besonderes Gewicht darauf, daß nur so vielen Personen der Betrieb eines Kinotheaters gestattet wurde, als dem öffentlichen Bedürfnis zu entsprechen schien.

Daneben suchte man zu verhindern, daß anstößige Filme vorgeführt wurden. Man begnügte sich dabei in der Regel nicht mit den Bestimmungen der Strafgesetzbücher, auf Grund deren unzüchtige Filme nicht vorgeführt werden dürfen, sondern suchte darüber hinaus auch solche Filme, deren Vorführung geeignet war, zu Störungen der öffentlichen Ordnung Anlaß zu geben, von der öffentlichen Vorführung auszuschließen. Mitunter tat man dies nur in der Weise, daß man die Vorführung solcher Filme verbot, und wenn man bei einer Kontrolle der kinematographischen Vorführungen derartige Filme bemerkte, den Kinobesitzer bestrafte, oder doch die weitere Vorführung des Films verhinderte. Vielfach aber ging man dazu über, statt dieser nachträglichen Kontrolle der Vorführungen eine vorherige Prüfung der Filme einzuführen und die Vorführung von nicht geprüften und nicht genehmigten Filmen zu verbieten. Diese Präventivzensur wurde manchmal lediglich bezüglich solcher Filme ausgeübt, welche auch vor jugendlichen Personen vorgeführt werden sollten, in der Regel aber auch bezüglich solcher Filme, welche nur Erwachsenen gezeigt werden sollten. Man machte dabei fast immer aber einen Unterschied insofern, als an die auch für Jugendliche bestimmten Filme höhere Anforderungen gestellt wurden, als an die Filme, die lediglich Erwachsenen zu Gesicht kommen sollten.

Auch nach anderer Richtung suchte man die für Jugendliche besonders großen Gefahren kinematographischer Vorführungen zu bekämpfen, nämlich durch Einführung besonderer Beschränkungen des Kinderbesuchs. Auch hier fanden sich die verschiedensten Regelungen. Anfangs gestattete man den Jugendlichen auch den Zutritt zu den allgemeinen Vorstellungen, wenn sie sich in Begleitung ihrer Eltern oder sonstiger Aufsichtspersonen befanden. Später ging man aber immer mehr dazu über, Jugendlichen den Zutritt lediglich zu solchen Vorführungen zu gestatten, in welchen auch nur für Jugendliche geeignete Filme vorgeführt wurden. Dies führte ganz von selbst dazu, Jugendlichen nur noch den Zutritt zu besonderen Jugendvorstellungen zu gestatten. Vereinzelt schloß man Kinder unter sechs Jahren von dem Besuch kinematographischer Vorführungen überhaupt aus. Für die Jugendvorführungen wurden meistens besondere Vorschriften gegeben, insbesondere bestimmt, daß sie zu einer bestimmten Stunde beendet sein mußten. Manchmal fanden sich auch Bestimmungen der Art, daß die Jugendvorstellungen nur an bestimmten Tagen der Woche stattfinden durften, daß während der Jugendvorstellungen auch an die etwaigen erwachsenen Zuschauer geistige Getränke nicht verabfolgt werden durften, daß die Jugendlichen nach Geschlechtern getrennt zu setzen seien usw.

Von Bedeutung ist ferner noch die Regelung der Plakatfrage, die man hier und da auch schon in Angriff genommen hat. Man bestimmte beispielsweise, daß alle Plakate über kinematographische Vorführungen zunächst der Ortspolizeibehörde vorgelegt werden müßten. Man wollte dadurch der Ortspolizeibehörde das Recht einräumen, aus verkehrspolizeilichen Gründen die Verwendung eines bestimmten Plakates zu untersagen. Mitunter ging man soweit, daß man jede öffentliche Ankündigung von Filmen, welche noch nicht genehmigt worden seien, unter Strafandrohung verbot. Hier und da wurden auch Ankündigungen von Herrenabenden usw. verboten und Vorschriften darüber erlassen, daß bei der öffentlichen Ankündigung dramatischer Filme lediglich der Titel des Films genannt werden dürfe, eine weitere Kennzeichnung des Inhalts des Films aber unstatthaft sei. Während man sich bei der Filmzensur durchweg auf die Wahrung der sittenpolizeilichen und bei der Kinderzensur etwa noch der pädagogischen Interessen beschränkte, wurden bezüglich der Plakate vereinzelt auch ästhetische Gesichtspunkte herangezogen. Von geringer Bedeutung sind die sonstigen Bestimmungen, so beispielsweise die besonderen Vorschriften über den Schankbetrieb oder über die Sonntagsheiligung.

Wir wollen nunmehr nach dieser kurzen systematischen Übersicht dazu übergehen, einen Blick auf die Regelung der Kinematographenfrage in den Gesetzen und sonstigen Vorschriften der wichtigsten Kulturstaaten zu werfen.

In Deutschland[10]) hatte die eigenartige Verteilung zwischen der Zuständigkeit des Reiches und der einzelnen Bundesstaaten, die bisher auch bezüglich der Regelung des Lichtspielwesens bestand, zur Folge, daß die einschlägigen Vorschriften teils zum Reichsrecht gehören, teils zum Landesrecht.

Was zunächst das Reichsrecht anbetrifft, so könnte man daran denken, daß die kinematographischen Vorführungen als theatralische Vorstellungen im Sinne des § 33a GO aufgefaßt werden könnten, und daß deshalb für sie die Konzessionspflicht bestehe. In der Tat hat man früher wiederholt in der Praxis versucht, mit Hilfe dieser Bestimmung im öffentlichen Interesse Beschränkungen des Kinematographenge-

---

[10]) Hellwig im Pr.V.Bl. Bd. 34 S. 199 ff.

werbes einzuführen. Vereinzelt ist auch in der Literatur die Ansicht vertreten worden, daß kinematographische Vorführungen als theatralische Vorstellungen im Sinne jener Vorschrift aufzufassen seien. Die überwiegende Meinung in der Literatur, sowie die Rechtsprechung der ordentlichen und der Verwaltungsgerichte hat sich aber auf den entgegengesetzten Standpunkt gestellt, da bei kinematographischen Vorführungen es sich lediglich um die Vorführung von Bildern handele, nicht um das Auftreten lebender Personen.

Daß dagegen der § 33 b GO auch auf kinematographische Vorführungen Anwendung findet, wird allgemein zugegeben, da jedenfalls die üblichen kinematographischen Vorführungen zweifellos als Lustbarkeiten im Sinne dieser Bestimmung aufzufassen sind. Der § 33 b GO wird aber für kinematographische Vorführungen kaum jemals von praktischer Bedeutung werden.

Größere Bedeutung hatte es namentlich früher und hat es auch heute noch, daß auch die Bestimmungen der §§ 55 Ziff. 4, und 60 a GO auf kinematographische Vorführungen Anwendung finden. Aber auch diese Bestimmungen sind von keiner irgendwie erheblichen Bedeutung.

Sonst ist noch von Bedeutung lediglich die Bestimmung des § 184 RStGB, nach welcher die Vorführung unzüchtiger Bildstreifen, ja sogar schon die Herstellung und Verbreitung, Ankündigung und das Vorrätighalten strafbar ist. Unzüchtige Filme sind gemäß § 23 RPrG auch ohne richterliche Anordnung zu beschlagnahmen. Gemäß § 41 RStGB sind unzüchtige Filme, sowie die zur Herstellung bestimmten Platten und Formen unbrauchbar zu machen.

Die weiteren reichsrechtlichen Vorschriften, so die Bestimmungen des Kinderschutzgesetzes, ferner die des RStGB über Bestrafung bei Übertretung von Vorschriften über die Sonntagsheiligung, wie die Vorschriften über die Regelung des Verkehrs usw. interessieren hier nicht.

In Preußen[11]) hat man den Kampf gegen die Mißstände verhältnismäßig früh aufgenommen, indem auf Grund das § 10 Teil II Tit. 17 des Allgemeinen Landrechts, sowie auf Grund des § 6 des Gesetzes über die Polizeiverwaltung für kleinere und dann für größere Bezirke Polizeiverordnungen erlassen wurden, durch welche Vorschriften über die bau- und feuerpolizeilichen Anforderungen an Kinotheater, sowie sittenpolizeiliche Vorschriften über die Filmzensur und über den Kinderbesuch eingeführt wurden. Auch gegen die Plakate versuchte man vorzugehen, zunächst auf Grund des § 10 des preußischen Preßgesetzes, wonach niemand an öffentlichen Orten Druckschriften oder andere Schriften oder Bildwerke

---

[11]) Hellwig (Rechtsquellen) S. 41 ff.

anheften oder anschlagen darf, ohne daß er dazu die Erlaubnis der Ortspolizeibehörde erlangt hat, dann aber, nachdem das Oberverwaltungsgericht und das Kammergericht eine derartige Auslegung jener Bestimmung für unzulässig erklärt hatten, auf Grund besonderer Polizeiverordnungen. Durch eine Reihe von Ministerialerlassen wurden gewisse Richtlinien für die Regelung des öffentlichen Kinematographenrechts aufgestellt. Sowohl durch das Oberverwaltungsgericht, als auch durch das Kammergericht sind die Beschränkungen des Kinderbesuchs[12]) sowie die Filmzensur[13]) als rechtlich zulässig anerkannt worden. Bezüglich der Plakatzensur[14]) dagegen haben sich die Gerichte auf den Standpunkt gestellt, daß diese durch Polizeiverordnungen eingeführt werden dürfen. Bezüglich der Filmzensur wurde allgemein anerkannt, daß dabei ästhetische und pädagogische Gesichtspunkte nicht maßgebend sein dürften, daß vielmehr die Vorführung von Filmen nur dann verboten werden dürfe, wenn von ihr eine Störung der öffentlichen Ordnung, Ruhe oder Sicherheit zu befürchten sei. Der Bezirksausschuß I zu Berlin und das Preußische Oberverwaltungsgericht haben zahlreiche Zensurverbote aufgehoben, weil sie über die zulässigen Grenzen hinausgingen. Verpflichtet zur Zensur waren lediglich die Kinobesitzer, oder vielmehr diejenigen, welche öffentliche Lichtspielvorführungen veranstalten wollten. Tatsächlich wurden aber in Berlin die Filme zur Prüfung von den Filmfabrikanten oder zum Teil auch von den sogenannten Filmverleihern eingereicht. Die Ortspolizeibehörden hatten an sich das Recht zur selbständigen Prüfung eines jeden Films, der in ihrem Bezirk öffentlich vorgeführt werden sollte. Wenn der Film aber von dem Berliner Polizeipräsidium zur öffentlichen Vorführung freigegeben war, so wurde seine öffentliche Vorführung, falls nicht besondere Gründe vorlagen, in der Regel ohne weiteres gestattet.

---

[12]) KG vom 28. 4. 10 (Gewerbearchiv Bd. 10 S. 54 f.), vom 1. 6. 11 (DJZ 1911 Sp. 1505 f), vom 21. 9. 11 (ebendort 1912 Sp. 166). Für die anderen Bundesstaaten vgl. Oberlandesgericht Dresden vom 17. 2. 09 (Sächsisches Archiv für Rechtspflege 1909 S. 377 ff.); Bayerisches Oberstes Landesgericht vom 18. 1. 10 (Entscheidungen in Strafsachen Bd. 20 S. 12 ff.); Badischer Verwaltungsgerichtshof v. 14. 2. 11, Oberlandesgericht Rostock vom 6. 1. 11 und 14. 2. 11 sowie Hellwig im PrVBl Bd. 34 S. 203 und im „Volkswart" 1911, S. 181 ff.; 1912 S. 19 ff., 39 ff.

[13]) OVG vom 21. 6. 09 im PrVBl Bd. 31 S. 241; KG vom 29. 9. 10 (DJZ 1910 Sp. 1357 f.).

[14]) Hellwig im „Volkswart" 1913 S. 97 ff. und im „Archiv für Strafrecht" Bd. 68 S. 140 ff.

In Bayern[15]) hatte man auf Grund der Bestimmungen des Art. 32 des Bayerischen PStGB wiederholt versucht, landesrechtlich eine Konzessionspflicht einzuführen, zweifellos aber unberechtigterweise.[16]) Dagegen konnten auf Grund dieser Bestimmung die polizeilichen Vorschriften über Filmzensur, Beschränkung des Kinderbesuchs usw. erlassen werden. Dies ist auch geschehen. Durch Ministerialerlaß wurde eine zentralisierte Filmzensur in München eingeführt. Sämtliche Ortspolizeibehörden durften nur solche Bilder zulassen, die von der Polizeidirektion München geprüft und genehmigt worden waren. Dagegen konnten die Ortspolizeibehörden zugelassene Bilder von der öffentlichen Vorführung dann ausschließen, wenn besondere örtliche Verhältnisse dies erforderlich machten.

In Sachsen[17]) wurden durch Ministerialerlaß die Polizeibehörden darauf hingewiesen, daß es sich empfehle, eine Filmzensur und Beschränkungen des Kinderbesuchs einzuführen. Namentlich bei der Zensur der zur Vorführung vor Jugendlichen bestimmten Filme ging man recht weit, indem man von der Vorführung in Kindervorstellungen alle Bilder ausschloß, von denen eine ungünstige Einwirkung auf die Anschauungen der Kinder befürchtet werden müsse, oder die geeignet seien, die Phantasie der Kinder in ungünstigem Sinne zu erregen.

In Baden[18]) hatte das Ministerium des Innern in ganz besonderem Maße der Lichtspielfrage seine Aufmerksamkeit zugewandt und durch zahlreiche Ministerialerlasse dahin zu wirken versucht, daß Beschränkungen des Kinderbesuchs eingeführt wurden und eine angemessene Kontrolle über die Vorführungen ausgeübt wurde. Der Versuch, eine eigentliche Filmzensur auszuüben, mißlang aber, da nach einer Entscheidung des badischen Verwaltungsgerichtshofs[19]) gemäß § 63 des Badischen PStGB nicht verlangt werden durfte, daß nur solche Filme öffentlich vorgeführt werden, welche vorher polizeilich genehmigt worden seien. Dagegen sei es zulässig, eine vorherige Anzeige von dem Titel der vorzuführenden Filme zu verlangen und die öffentliche Vorführung solcher Filme, die eine Störung der öffentlichen Ordnung herbeizuführen geeignet sei, zu verbieten.

---

[15]) Hellwig (Rechtsquellen) S. 82 ff. sowie im „Archiv für öffentliches Recht" 1914 S. 210 ff.

[16]) Hellwig in der „Zeitschrift für Rechtspflege in Bayern Jhg. 9 S. 220 ff.; Jhg. 10 S. 97 ff.; v. Landmann, ebendort Jhg. 9 S. 237 ff.

[17]) Hellwig (Rechtsquellen) S. 92 ff.

[18]) Hellwig (Rechtsquellen) S. 117 ff. sowie in der „Zeitschrift für badische Verwaltung" Jhg. 46 S. 1 ff.

[19]) Urteil vom 7. November 1911 („Zeitschrift für badische Verwaltung" 1912 S. 46).

Hervorzuheben ist ferner noch das braunschweigische[20]) Gesetz über die öffentlichen kinematographischen Schaustellungen vom 5. Dezember 1911. Es finden sich in ihm Bestimmungen über die Filmzensur, über den Kinderbesuch, über die Dauer der Vorstellungen, über den Schankbetrieb in Kinematographentheatern und über die Sonntagsheiligung. Das braunschweigische Gesetz ist insofern bemerkenswert, als es die erste gesetzliche Regelung des Gegenstandes in Deutschland ist. Von der Einführung einer zentralisierten Filmzensur hat man mit Recht Abstand genommen; jugendlichen Personen ist auch der Besuch der allgemeinen Vorstellungen gestattet, wenn sie sich in Begleitung ihrer Eltern usw. befinden.

Von ganz besonderer Bedeutung ist das württembergische Lichtspielgesetz[21]) vom 31. März 1914. In Württemberg[22]) war es zweifelhaft gewesen, ob eine Filmzensur zulässig war oder nicht. Das gab den Anlaß dazu, daß außerordentlich rege für eine ausführliche gesetzliche Regelung der Lichtspielfrage Stimmung gemacht wurde. Es wurde von der Regierung ein Gesetzentwurf vorgelegt, der in bemerkenswert gründlicher und sorgsamer Weise ausgearbeitet worden war. Es wurde in der Begründung alles irgendwie erreichbare Material verwertet, insbesondere auch die bisherigen Verordnungen und Gesetze in den andern Bundesstaaten und im Ausland herangezogen. Das gesamte Material wurde kritisch gesichtet und erfolgreich der Versuch unternommen, auf Grund dieser Vorarbeiten zu einer noch besseren Lösung des Problems zu gelangen. Auch in den beiden Kammern wurde der Gesetzentwurf eingehend und sachverständig beraten, und die Verhandlungen sowie die Ausschußberichte enthalten viele lehrreiche Materialien.

Da das württembergische Lichtspielgesetz nicht nur geschichtlich von größter Bedeutung ist, seine Bestimmungen vielmehr auch zum Teil das Reichslichtspielgesetz maßgebend beeinflußt haben und zum andern Teil auch künftig in Kraft bleiben und vermutlich die andern Landesrechte beeinflussen werden, mag sein wesentlicher Inhalt eingehender dargestellt werden.

Das württembergische Lichtspielgesetz regelte nicht das gesamte öffentliche Lichtspielrecht, auch nicht, soweit es landes-

---

[20]) Hellwig in der „Zeitschrift für Rechtspflege im Herzogtume Braunschweig" 1913 S. 66 ff.

[21]) Abgedruckt im Anhang. Der Entwurf ist abgedruckt bei Hellwig (Rechtsquellen) S. 113 ff.

[22]) Hellwig in der „Zeitschrift für die freiwillige Gerichtsbarkeit und die Gemeindeverwaltung in Württemberg" 1913 S. 18 ff., sowie in der „Württembergischen Zeitschrift für Rechtspflege und Verwaltung" Jhg. 6 S. 25 ff.

rechtlicher Regelung überhaupt überlassen war, sondern nur einen Teil. Geregelt sind folgende Materien:

1. Die Gefahren der Schundfilme für die Psyche der Zuschauer und dadurch mittelbar auch für die öffentliche Ordnung.

2. Die gesundheitlichen Gefahren für die Augen infolge des Flimmerns, soweit dies Flimmern von dem Material der Filme herrührt.

3. Die Gefahren der Plakate für die Psyche der Beschauer.

4. Die Jugendvorstellungen.

Soweit es sich um diese Materien handelt, enthielt das württembergische Lichtspielgesetz eine ausschließliche Regelung der Materie.

Im einzelnen sind folgende Bestimmungen getroffen:

I. Bestimmungen in bezug auf den Gedankeninhalt des Films.

1. Alle Bildstreifen, welche in öffentlichen Lichtspielen verwendet werden, müssen vorher von der vom Ministerium des Innern hierfür bestimmten Landesstelle geprüft und zugelassen sein. Die Zulassung durch die Landesstelle hat Wirkung für ganz Württemberg. Es ist also eine zentralisierte Filmzensur eingeführt (Art. 1). Der Zensur unterliegen an sich auch diejenigen Bildstreifen, die Bestandteile eines wissenschaftlichen oder belehrenden Vortrages sind, doch kann das Ministerium des Innern für sie Befreiung von den Vorschriften des Gesetzes, also auch von dem Erfordernis einer vorherigen Prüfung, erteilen (Art. 1 Abs. 3).

2. Ausnahmsweise ist eine örtliche Vorzensur zulässig, da auf Grund des Art. 1 Abs. 2 das Ministerium des Innern für Bildstreifen, die nachweislich schon von anderen Polizeibehörden geprüft oder zugelassen sind, auf Antrag der Landesstelle allgemeine Ausnahmen von der Vorschrift in Absatz 1 gestatten kann. Hiernach sind an und für sich auch Ausnahmen möglich derart, daß das Ministerium des Innern allen oder bestimmten württembergischen Ortspolizeibehörden gestattet, alle oder bestimmte Arten von Bildstreifen selbständig zu prüfen mit der Wirkung, daß diese Bildstreifen dann auch in ganz Württemberg vorgeführt werden dürfen, ohne daß sie der Landesstelle vorgelegen haben.

3. Ausnahmsweise besteht ferner eine örtliche Nachzensur (Art. 6). Ausnahmsweise kann nämlich die öffentliche Vorführung eines von der Landesstelle zugelassenen Bildstreifens in einer einzelnen Gemeinde von der Ortspolizeibehörde verboten werden, wenn besondere örtliche Verhältnisse die Annahme rechtfertigen, daß gerade in dieser Gemeinde die Vorführung des Films auf die Zuschauer die öffentliche Ordnung gefährden würde (Art. 6 Abs. 3).

4. Bezüglich der Grundsätze der Filmzensur wird in Art. 2 unterschieden zwischen solchen Bildstreifen, welche nur vor Erwachsenen vorgeführt werden sollen, sowie solchen Bildstreifen, welche in Jugendvorstellungen vorgeführt werden sollen. Der Antrag auf Zulassung eines Bildstreifens bezieht sich an und für sich nur auf die Zulassung zu den allgemeinen Vorstellungen; auf die Zulassung zu Jugendvorstellungen nur dann, wenn dies ausdrücklich beantragt wird (Art. 1 Abs. 1). Der Antrag auf Zulassung zu Jugendvorstellungen gilt aber umgekehrt als Eventualantrag auf Zulassung zu den allgemeinen Vorstellungen, nämlich für den Fall, daß die Zulassung zu Jugendvorstellungen versagt wird.

Die Genehmigung eines Bildstreifens zur Vorführung in den allgemeinen Vorführungen ist gemäß Art. 2 Abs. 1 zu versagen, „wenn seine öffentliche Vorführung vermöge der dargestellten Vorgänge oder der Art, wie sie dargestellt werden, geeignet wäre, die Gesundheit oder Sittlichkeit der Zuschauer zu gefährden, oder das religiöse Empfinden der Zuschauer zu verletzen, oder eine verrohende, die Phantasie verderbende oder überreizende, oder den Sinn für Recht und öffentliche Ordnung verwirrende oder abstumpfende Einwirkung auf sie auszuüben."

Die Genehmigung eines Bildstreifens zur Vorführung in Jugendvorstellungen ist zu versagen, „wenn er zur Vorführung vor Personen unter 17 Jahren nicht geeignet ist" (Art. 2 Abs. 3).

Auch wenn nur ein verhältnismäßig kleiner Teil der dargestellten Vorgänge zu Beanstandungen Anlaß gibt, so ist an und für sich nach der ausdrücklichen Bestimmung des Art. 2 Abs. 4 dennoch die Vorführung des ganzen Films zu verbieten; wenn aber der Antragsteller die beanstandeten Teile der Bildstreifen ausschneiden läßt und der Landesstelle ausfolgt, so können die übrig bleibenden Teile des Bildstreifens zur öffentlichen Vorführung zugelassen werden.

5. Durch die Genehmigung eines Bildstreifens erwirbt der Antragsteller kein subjektives Recht auf Gestattung der öffentlichen Vorführung; vielmehr kann gemäß Art. 3 die Zulassung eines Bildstreifens widerrufen werden, wenn das Zutreffen der Voraussetzungen ihrer Versagung erst nach der Zulassung hervortritt.

6. Das Verfahren bei der Filmzensur wird hauptsächlich von Art. 4 geregelt. Danach kann die Landesstelle in allen Fällen vor der Entscheidung über die Zulassung eines Films ein Gutachten Sachverständiger einholen, denen der Bildstreifen vorzuführen ist. In allen Fällen muß stets ein Gutachten eingeholt werden, nämlich dann, wenn derjenige, der die Prüfung des Bildstreifens veranlaßt hat, es beantragt, sowie dann, wenn es sich darum handelt, ob die Bildstreifen für Jugendvorstellungen zugelassen werden sollen. Ist kein Antrag auf Einholung eines Sachverständigengutachtens gestellt, so muß

die Landesstelle, falls sie die nachgesuchte Zulassung versagen will, vor Erteilung des endgültigen Bescheides dem Gesuchsteller Gelegenheit geben, den Antrag auf Einholung eines Sachverständigengutachtens zu stellen.

Wenn dies auch in dem Gesetz nirgends ausdrücklich gesagt ist, so ist es doch selbstverständlich, daß die Landesstelle im allgemeinen jedenfalls die Entscheidung über die Genehmigung oder Nichtgenehmigung eines Bildstreifens erst treffen darf, wenn sie sich den Bildstreifen hat vorführen lassen. Von diesem Grundsatz ist deshalb auszugehen, weil nur nach erfolgter Vorführung es für die Landesstelle möglich ist, sich eine begründete Überzeugung darüber zu verschaffen, ob einer der Versagungsgründe des Art. 2 vorliegt oder nicht. Daß auch das Gesetz hiervon ausgeht, kann man daraus entnehmen, daß in Art. 4 bezüglich der Sachverständigengutachten ausdrücklich bestimmt wird, daß vor ihrer Erstattung der Bildstreifen dem Sachverständigen vorzuführen ist; auch spricht dafür die Bestimmung des Art. 6 Abs. 1, wonach die Ortspolizeibehörde eine Probevorführung vor ihren beauftragten Sachverständigen oder Beamten verlangen kann, um sich die erforderliche Grundlage für die Entscheidung der Frage, ob ein nachträgliches Verbot angebracht ist oder nicht, zu verschaffen.

Von den Erfordernissen einer Probevorführung kann die Landesstelle nur dann Abstand nehmen, wenn auch ohne eine Probevorführung ausnahmsweise einwandfrei entschieden werden kann, ob Versagungsgründe vorliegen. Dies wird insbesondere dann der Fall sein, wenn ein Exemplar eines Bildstreifens schon verboten worden ist, und ein zweites Exemplar, dessen vollkommene Übereinstimmung mit dem verbotenen von dem Antragsteller behauptet wird, zur Prüfung eingereicht wird.

Unzulässig ist es dagegen, die Vorführung irgendeines Bildstreifens zu gestatten, ohne daß er vorher geprüft worden ist; dies selbst dann, wenn es sich um mehrere Exemplare handelt, welche nach der Behauptung des Antragstellers vollkommen identisch sind. Es muß nämlich auch dann damit gerechnet werden, daß die angeblich übereinstimmenden Exemplare dennoch mit Wissen oder Nichtwissen des Antragstellers in einzelnen, vielleicht erheblichen, Punkten von einander abweichen.

Nur eine scheinbare Ausnahme ist es, wenn auf Grund der Bestimmung des Art. 2 auch Bildstreifen zugelassen werden können, welche von der Landesstelle überhaupt nicht geprüft worden sind. Hierbei wird nämlich von der selbstverständlichen Voraussetzung ausgegangen, daß die betreffenden Bildstreifen von der betreffenden auswärtigen Polizeibehörde, deren Prüfung in Württemberg anerkannt wird, geprüft worden sind, und zwar nachdem eine Vorführung des Bildstreifens stattgefunden hat.

7. Zur Durchführung der erwähnten Bestimmungen ist eine Reihe von Kontrollmaßnahmen bestimmt.

Um zu verhindern, daß von der Landesstelle nicht zugelassene Bildstreifen ohne Wissen der Ortspolizeibehörde öffentlich vorgeführt werden, bestimmt Art. 5, daß der Unternehmer von Lichtspielen alle zur öffentlichen Vorführung bestimmten Bilder der Ortspolizeibehörde rechtzeitig anzumelden hat. Artikel 6 gibt der Ortspolizeibehörde auch das Recht, eine Probevorführung zu verlangen.

Dem gleichen Zweck dient die Bestimmung des Art. 8, wonach der Unternehmer von Lichtspielen bei der öffentlichen Ankündigung und Vorführung der Bilder stets den in der Zulassungskarte zu ihrer Bezeichnung gebrauchten Titel anzuführen hat, und wonach er weiterhin die Zulassungskarte und die Bescheinigung der Ortspolizeibehörde über die erfolgte Anmeldung so bereit zu halten hat, daß sie von dem mit der Überwachung beauftragten Beamten eingesehen werden kann. Endlich hat noch der Unternehmer von Lichtspielen gemäß Art. 9 den von der Polizeibehörde abgeordneten Beamten und Sachverständigen jederzeit den Eintritt in die Vorstellungen zu gestatten.

II. Technische Mängel der Bildstreifen.

1. Zu berücksichtigen sind diese technischen Mängel der Bildstreifen, soweit sie eine besonders nachteilige Einwirkung auf die Augen der Zuschauer auszuüben geeignet sind, schon von der Landesstelle (Art. 2 Abs. 2). Wenn aber die Landesstelle einen Bildstreifen versehentlich genehmigt hat, trotzdem er an derartigen technischen Mängeln litt, oder wenn erst nachträglich infolge der stärkeren Abnutzung des Bildstreifens derartige technische Mängel entstanden sind, so sind die Ortspolizeibehörden nach Einholung eines ärztlichen Gutachtens berechtigt, die öffentliche Vorführung des Bildstreifens zu verbieten, aber nur vorbehaltlich der endgültigen Entscheidung der Landesstelle (Art. 6 Abs. 2).

2. Gebühren für die Prüfung der technischen Mängel entstehen nur bei der Landesstelle, während der Ortspolizeibehörde lediglich die Auslagen für die Sachverständigen zu ersetzen sind (Art. 10).

3. Die Kontrollmaßnahmen sind die gleichen, wie bei der Prüfung bezüglich des Gedankeninhalts der Bildstreifen.

III. Plakate.

1. Eine eigentliche Plakatzensur, d. h. ein Polizeiverbot mit Erlaubnisvorbehalt in der Art, daß die öffentliche Ausstellung von Plakaten verboten wäre, wenn sie nicht im Einzelfalle besonders genehmigt ist, hat das Gesetz nicht eingeführt.

Es besteht weder eine örtliche Plakatzensur, noch eine zentralisierte.

2. Die Ortspolizeibehörden haben lediglich das Recht, Bekanntmachungen, Plakate und Aufrufe der Veranstalter von Lichtspielen, die öffentlich angeschlagen, ausgestellt oder auf Straßen, öffentlichen Plätzen oder anderen öffentlichen Orten unentgeltlich verteilt werden sollen, zu verbieten, wenn sie vermöge der dargestellten Vorgänge oder der Art, wie sie dargestellt werden, eine dem Art. 2 Abs. 1 entsprechende Wirkung auszuüben geeignet sind.

IV. Jugendvorstellungen.

1. Was den Gedankeninhalt der bei Jugendvorstellungen zulässigen Bildstreifen anbetrifft, so sind die diesbezüglichen Grundsätze schon bei I erörtert worden. Hier kommen nur die weiteren Bestimmungen in Betracht.

2. Personen unter 17 Jahren dürfen zu anderen als Jugendvorstellungen nicht zugelassen werden (Art. 7 Abs. 1).

Jugendvorstellungen sind bei der öffentlichen Ankündigung durch deutlich sichtbaren Anschlag am Eingang des Vorstellungsraumes als solche zu bezeichnen und dürfen nicht länger als bis 8 Uhr abends dauern. Lichtspiele, in denen andere als für Jugendvorstellungen zugelassene Bilder in diesen vorgeführt werden, dürfen nicht als Jugendvorstellungen öffentlich angekündigt oder gekennzeichnet werden (Art. 7 Abs. 2).

3. Durch polizeiliche Vorschrift im Sinne des Art. 51 ff. des württembergischen PStGB kann der in Abs. 2 bezeichnete Zeitpunkt anderweitig festgesetzt werden; auch können weitere Vorschriften zum Schutz jugendlicher Besucher von Lichtspielen gegen sittliche oder gesundheitliche Gefährdung erlassen werden (Art. 7 Abs. 4).

4. Die Ortspolizeibehörden sind gemäß Art. 7 Abs. 3 berechtigt, nach Anhörung Sachverständiger den Unternehmern von Jugendvorstellungen zur Vorbeugung gegen Überanstrengung der Augen der Zuschauer und zur Hebung des erzieherischen und bildenden Wertes der Vorstellungen besondere Hinweise hinsichtlich der Auswahl, Reihenfolge und Art der Vorführung der Bilder zu geben.

5. Irgendwelche Gebühren dürfen von den Ortspolizeibehörden bei ihrer besonderen Tätigkeit für die Gestaltung der Jugendvorstellungen nicht erhoben werden; ja, sie sind nicht einmal berechtigt, von den Unternehmern von Jugendvorstellungen Erstattung der Auslagen für die Sachverständigen zu verlangen (arg. e contrario Art. 10 Abs. 2).

6. Die Kontrollmaßregeln gibt Art. 9, wonach den Polizeibeamten und den von den Polizeibehörden abgeordneten Sachverständigen der Eintritt in die Vorstellungen jederzeit zu gestatten ist.

V. Rechtsmittel und Strafbestimmungen.

1. Gegen Vorführungen, durch welche die Zulassung eines Bildstreifens allgemein oder für Jugendvorstellungen versagt oder an die Bedingung 2 Abs. 4 geknüpft wird, sowie gegen Verfügungen auf Grund des Art. 11 steht dem Beteiligten das Beschwerderecht zu. Hierbei finden die Bestimmungen der Gemeindeordnung mit der Maßgabe Anwendung, daß der Beschwerde keine aufschiebende Wirkung zukommt, so daß über Beschwerden gegen Verfügung der Landesstelle und gegen oberamtliche Bescheide auf Beschwerden über ortspolizeiliche Verfügungen das Ministerium des Innern endgültig entscheidet (Art. 12).

2. Zuwiderhandlungen gegen die Vorschriften des Art. 1 Abs. 1, Art. 5, 7 Abs. 1 und 2, Art. 8 und 9, sowie gegen die nach Art. 1 Abs. 3, Art. 6 Abs. 2 und 3, Art. 7 Abs. 3 und 4 und Art. 11 getroffenen Verfügungen und Vorschriften werden mit Geldstrafe bis zu 150 Mark oder mit Haft bestraft (Art. 13 Abs. 1).

Bei Zuwiderhandlungen gegen Art. 1 Abs. 1, sowie gegen ein nach Art. 6 Abs. 2 erlassenes Verbot muß als Nebenstrafe auf Einziehung der unerlaubterweise öffentlich vorgeführten Bildstreifen erkannt werden, ohne Unterschied, ob sie dem Verurteilten gehören oder nicht. Von der Einziehung ist nur dann Abstand zu nehmen, wenn es sich um Bildstreifen handelt, die von der Landesstelle noch gar nicht geprüft worden waren und nun, nachdem unverzüglich der Beschuldigte eine nachträgliche Prüfung veranlaßt hat, von der Landesstelle zugelassen werden, ohne daß diese Zulassung von der Bedingung des Ausschneidens von Filmteilen abhängig gemacht wird. Nicht eingezogen werden ferner unerlaubterweise in Jugendvorstellungen vorgeführte Bildstreifen, wenn sie nachträglich für Jugendvorstellungen zugelassen werden, und Bildstreifen, welche wegen ihrer technischen Mängel vorläufig von der Ortspolizeibehörde gemäß Art. 6 Abs. 2 verboten worden sind, wenn dies vorläufige Verbot nachträglich von der Landesstelle aufgehoben worden ist (Art. 13 Abs. 2).

Bei der Zuwiderhandlung gegen die Vorschrift des Art. 7 Abs. 1 sind auch die Angestellten der Unternehmer von Lichtspielen strafbar, welche wissen oder den Umständen nach annehmen müssen, daß Besucher der Vorstellungen das 17. Lebensjahr noch nicht zurückgelegt haben (Art. 13 Abs. 3).

Bei Zuwiderhandlung gegen Art. 1 Abs. 1, sowie gegen die in Art. 6 Abs. 2 und 3 getroffenen Verfügungen wird jede einzelne Vorführung eines Bildstreifens als eine besondere selbständige Übertretung bestraft, auch wenn die einzelnen Handlungen zusammenhängen und auf einen einheitlichen Vorsatz des Täters oder Teilnehmers zurückzuführen sind (Art. 13 Abs. 4).

Außer in Braunschweig und in Württemberg war nur noch in Lippe-Detmold das öffentliche Lichtspielrecht durch ein Gesetz geregelt, und zwar erst durch das Gesetz vom 24. Dezember 1919 über die öffentlichen kinematographischen Schaustellungen. Von den übrigen deutschen Bundesstaaten sind nur noch zu erwähnen die mecklenburgische[23]) Verordnung vom 28. August 1914, die oldenburgische[24]) vom 5. Juli 1910 und die Verordnung von Sachsen-Weimar[25]) vom 4. Januar 1913, weil sie das öffentliche Lichtspielrecht im allgemeinen einheitlich für das ganze Land regelten.

Auch auf die teilweise besonders wichtigen ausländischen Regelungen mag kurz hingewiesen werden.

In England[26]) sind durch Gesetz vom 25. November 1909 besondere Bestimmungen über Konzessionspflicht und Sicherheitsvorschriften eingeführt worden. Die Praxis hat auf Grund dieser Bestimmungen auch Vorschriften sittenpolizeilichen Charakters, insbesondere Beschränkungen des Kinderbesuchs, und eine Filmzensur für rechtsgültig erachtet.

Von großer Bedeutung ist die schwedische Königliche Verordnung vom 22. Juni 1911, durch welche zum ersten Male eine zentralisierte Filmzensur für ein ganzes Reich eingeführt worden ist.[27]) Es finden sich in dieser Verordnung, deren Bestimmungen durch die Königliche Verordnung vom 23. Oktober 1914 teilweise abgeändert worden sind, ferner Bestimmungen über Sicherheitsvorschriften und über den Kinderbesuch. Nach dem Vorbilde des schwedischen Gesetzes ist auch in Norwegen durch Gesetz vom 25. Juli 1913, sowie in Dänemark[28]) durch Ministerialverordnung vom 5. Juli 1913 eine zentralisierte Filmzensur durchgeführt worden.

In Österreich[29]) gelten die Kinotheater als konzessionspflichtig. Durch Ministerialverordnung vom 18. September 1912 sind die Bedingungen, unter denen die Konzession erteilt wird, näher geregelt worden, auch sind eingehende Bestimmungen namentlich über die Filmzensur und über den Kinderbesuch, sowie über die Plakate und über Sicherheitsvorschriften

---

[23]) Hellwig im „Volkswart" 1916 S. 28 ff.

[24]) Hellwig (Rechtsquellen) S. 143 ff.

[25]) Hellwig in den „Blättern für Rechtspflege in Thüringen" Bd. 40 S. 81 ff.

[26]) Hellwig in den „Blättern für vergleichende Rechtswissenschaft" 1914 S. 257 ff.

[27]) Hellwig in den „Annalen des Deutschen Reichs" 1912 S. 481 ff.

[28]) Hellwig im „Bild und Film" 1914.

[29]) Hellwig im „Volkswart" 1913 S. 50 ff und in der „Österreichischen Zeitschrift für Verwaltung" Jhg. 47 S. 197 f., 201 ff., 205 f.

gegeben worden. Eine zentralisierte Filmzensur besteht in Österreich nicht, aber auch keine ortspolizeiliche Zensur, vielmehr ist die Zensur für jedes Verwaltungsgebiet zentralisiert worden. Tatsächlich ist es aber so, daß in der Regel die öffentliche Vorführung eines Films, welcher von der Wiener Polizeidirektion zur öffentlichen Vorführung freigegeben ist, auch nicht in anderen Verwaltungsbezirken ohne weiteres gestattet wird. Bei der Filmzensur werden Sachverständige, die aber nur beratende Stimme haben, hinzugezogen.

Für die Schweiz[30]) bestehen keine einheitlichen Vorschriften über das Lichtspielwesen, wohl aber sind in verschiedenen Kantonen oder in den Gemeinden vielfach besondere Bestimmungen eingeführt, so namentlich bau- und feuerpolizeilichen Charakters, aber auch über den Kinderbesuch, über Filmzensur und über das Plakatwesen. Beachtenswert sind das Gesetz des Kantons Bern vom 10. September 1916, das Gesetz des Kantons Basel-Stadt vom 16. November 1916 nebst dem Reglement vom 20. Dezember 1916, betreffend die Zensur von Jugendvorstellungen der Kinematographentheater, und das Gesetz des Kantons Luzern vom 15. Mai 1917.

In Italien[31]) begnügte man sich zunächst mit einer Kontrolle der kinematographischen Vorführungen, führte dann aber eine Zensur ein, die man schließlich in Rom zentralisierte.

In Frankreich[32]) ist erst durch Verordnung des Präsidenten vom 25. Juli 1919 eine zentralisierte Filmzensur eingerichtet worden. Doch ist neben ihr die ortspolizeiliche Zensur im vollen Umfange bestehen geblieben.

In Spanien ist durch Königliche Verordnung vom 27. November 1912 eine zentralisierte Filmzensur für das ganze Land eingeführt worden.

In den Vereinigten Staaten von Nordamerika[33]) haben sich die Fabrikanten freiwillig einer von dem National Board of Censorship eingerichteten Zensur unterworfen. Dennoch sind verschiedene Staaten und vereinzelte Gemeinden dazu übergegangen, durch besondere Gesetze oder Verordnungen eine eigene Filmzensur oder Beschränkungen des Kinderbesuchs einzuführen. Diese Bestrebungen gewinnen immer mehr an Ausdehnung.

Auch in Canada[33]) bestehen eine ganze Reihe von derartigen Vorschriften, gleichfalls in den australischen[33]) Staaten und teilweise auch in Asien[33]).

---

[30]) Hellwig im „Volkswart" 1914 S. 17 ff., in den „Blättern für vergleichende Rechtswissenschaft" Jhg. 10 S. 222 ff. und „Rechtsquellen" S. 182 ff.

[31]) Hellwig in den „Blättern für vergleichende Rechtswissenschaft" Jhg. 11 S. 131 ff.

[32]) Hellwig im „Volkswart" 1920 S. 1 ff.

[33]) Hellwig im „Volkswart" 1919 S. 145 ff.

Als unbefriedigend wurde es empfunden, daß es nicht möglich war, den Gefahren der Schundfilme in allen Bundesstaaten in gleichmäßiger Weise entgegenzutreten, da die Verordnungen über Zensur, Jugendschutz und dergleichen lediglich auf Landesrecht beruhten. Anstatt aber, wie es von fast allen Sachkennern seit Jahren gefordert und als unumgänglich notwendig nachgewiesen worden war, diese bisherigen Abwehrmaßnahmen, insbesondere die Filmzensur, auf eine reichsrechtliche Grundlage zu stellen, versuchte man zunächst des Übels auf anderem Wege Herr zu werden, indem man für die gewerbsmäßige Veranstaltung von Lichtspielvorführungen eine gewerbepolizeiliche Erlaubnispflicht einzuführen versuchte.

Der Entwurf eines Gesetzes betreffend Änderung der §§ 33, 33a, 33b, 35, 40, 42a, 45, 49, 147, 148 der Gewerbeordnung (Reichstagsdrucksache Nr. 1432 von 1914) unterstellte den Bestimmungen des § 33a denjenigen, der gewerbsmäßig Lichtspiele in seinen Wirtschafts- oder sonstigen Räumen öffentlich veranstalten oder zu deren öffentlicher Veranstaltung seine Räume benutzen lassen will. Der im Februar 1914 dem Reichstag vorgelegte Entwurf blieb infolge Ausbruchs des Krieges unerledigt. In seiner Sitzung vom 22. März 1917 beschloß der Reichstag, den Bundesrat zu ersuchen, den Entwurf wieder vorzulegen. Der Bundesrat tat dies aber nicht, da mit Sicherheit damit zu rechnen war, daß der Entwurf zu erheblichen Meinungsverschiedenheiten führen würde und daß er während des Krieges doch nicht verabschiedet werden würde. Maßgebend für diese Stellungnahme des Bundesrats waren vor allem die Meinungsverschiedenheiten über die anderen Bestimmungen des Entwurfs. Um dem Wunsche des Reichstags wenigstens bezüglich der Lichtspielunternehmungen zu entsprechen, führte der Bundesrat durch seine Bekanntmachung vom 3. August 1917 über die Veranstaltung von Lichtspielen (RGBl S. 681) auf Grund des Gesetzes über die Ermächtigung des Bundesrats zu wirtschaftlichen Maßnahmen für sie die gewerbepolizeiliche Erlaubnispflicht ein. Da der Reichstag sich aber auf den Standpunkt stellte, daß jenes Gesetz den Bundesrat zu dieser Maßnahme nicht ermächtige, wurde die Bekanntmachung am 26. Oktober 1917 (RGBl S. 972) wieder aufgehoben.

Der sachliche Inhalt der Bundesratsbekanntmachung wurde in den Entwurf eines Gesetzes über die Veranstaltung von Lichtspielen (Reichstagsdrucksachen II 1914/18 Drucks. Nr. 1376) aufgenommen, der am 9. März 1918 dem Reichstag vorgelegt wurde.[34]) Bei der Beratung in der Kommission stellte es sich

---

[34]) Vgl. über diesen Entwurf Hellwig im „Volkswart" 1919 S. 1 ff., 17 ff., 33 ff., 53 ff. und Treitel DStrZ 1918 S. 103 ff.

bald heraus, daß insbesondere gegen die Berücksichtigung der Bedürfnisfrage bei der Erteilung der gewerbepolizeilichen Erlaubnis sehr erhebliche Bedenken bestehen, daß andererseits ein ganz besonderes Gewicht auf eine Vereinheitlichung scharfer Beschränkungen in der Ausübung des Lichtspielgewerbes, insbesondere der Filmzensur, zu legen ist. Ein Zentrumsantrag und ein noch weiter gehender fortschrittlich-nationalliberaler Antrag traten hierfür ein, und es bestand Aussicht, daß diese Bestrebungen bis zu einem gewissen Grade Erfolg hatten, wenngleich die einzelnen Bundesstaaten bemüht waren, ihr Recht auf die Polizeigewalt eifersüchtig vor Eingriffen des Reichs zu bewahren. Der Ausbruch der Revolution machte den Beratungen des Gesetzentwurfs ein Ende.

In seinem Aufruf an das deutsche Volk vom 12. November 1918[35]) verkündete der Rat der Volksbeauftragten in Ziffer 3 mit Gesetzeskraft den folgenden Grundsatz: „Eine Zensur findet nicht statt. Die Theaterzensur wird aufgehoben." Sowohl über die rechtliche Grundlage als auch über die Tragweite dieses Grundsatzes konnten sehr erhebliche Zweifel entstehen.[36]) Richtiger Ansicht nach wurde durch diesen Grundsatz Recht nicht geschaffen. Durch das Übergangsgesetz vom 4. März 1919[37]) wurde dem Aufruf der Volksbeauftragten aber nachträglich Gesetzeskraft verliehen. Dadurch wurden die sehr erheblichen Zweifel, welche Bedeutung dieser Aufruf für die Frage der Filmzensur habe, aber nicht beseitigt.[38]) Es muß als sehr zweifelhaft bezeichnet werden, ob durch jenen Aufruf auch die Filmzensur aufgehoben ist oder auch nur aufgehoben werden sollte. In Bayern, Württemberg und zunächst auch in Oldenburg wurde die Filmzensur nach wie vor ausgeübt, und auch der Polizeipräsident zu Berlin stellte sich zunächst auf den Standpunkt, daß die Filmzensur noch rechtens sei. Nicht folgerichtig aber ist es, wenn Preußen und andere Länder, welche die Ansicht vertraten, die Filmzensur sei nach der Revolution nicht mehr erlaubt, trotzdem ihre Zensurbestimmungen insoweit aufrecht erhielten, als es sich um die Zensur der für Jugendliche bestimmten Filme handelte.

Auch wenn man die Filmzensur für unzulässig erachtete, waren damit doch noch keineswegs alle gesetzlichen Handhaben

---

[35]) Reichsgesetzblatt S. 1303.

[36]) Vgl. z. B. Schwalbe in DJZ 1919 Sp. 281 ff.; Paul in Leipziger Zeitschrift für deutsches Recht 1919 S. 346 ff.; Hellwig in „Soziale Kultur" 1920 S. 14 ff.

[37]) Reichsgesetzblatt S. 285.

[38]) Ausführlich darüber Hellwig in der „Sozialen Kultur" 1920 S. 14 ff.; vgl. auch v. Volkmann und Böttger „Die Rechtsverordnungen des Rates der Volksbeauftragten vom 12. November 1918" (Berlin 1919) S. 41.

zu einem Einschreiten gegen die Schundfilme, auch von § 184 StGB und § 23 des Reichspreßgesetzes abgesehen, beseitigt. Das Zensurverbot besagt nur soviel, daß die Polizeibehörden nicht mehr verlangen können, daß ein Film erst dann öffentlich vorgeführt werden darf, wenn er von ihnen auf Grund einer nicht öffentlichen Probevorführung genehmigt worden ist; dagegen werden durch das Zensurverbot keineswegs die sonstigen polizeilichen Befugnisse, die den Polizeibehörden auf Grund ihrer allgemeinen Ermächtigung zum Schutze der öffentlichen Sicherheit, Ruhe und Ordnung zustehen, außer Kraft gesetzt. Die Polizeibehörden waren deshalb auf jeden Fall befugt, nachträglich gegen die weitere Vorführung eines Schundfilms in genau den gleichen Grenzen einzuschreiten, in denen Zensurverbote vor der Revolution möglich gewesen wären. Sie waren richtiger Ansicht nach aber sogar auch zu einem Vorführungsverbot vor der ersten öffentlichen Vorführung in ihrem Bezirk befugt, falls auf Grund der besonderen Umstände des Falls die Gefahr einer Verletzung der öffentlichen Ordnung, Ruhe und Sicherheit bestand. Diese Voraussetzung war beispielsweise gegeben, wenn der Inhalt und die Wirkung des Films schon durch amtliche Mitteilungen oder Zeitungsberichte und dergleichen an anderen Orten bekannt waren. So hätte beispielsweise nichts im Wege gestanden, den die Homosexualität verherrlichenden Film „Anders als die andern" oder den in Gegenden mit strenggläubiger katholischer Bevölkerung vielleicht anstößigen Film „Das Gelübde der Keuschheit" in der Provinz zu verbieten, bevor er dort überhaupt vorgeführt worden wäre. Von dieser Machtbefugnis hat die Polizei so gut wie nie Gebrauch gemacht, vermutlich, weil sie annahm, sie sei dazu nach Aufhebung der Zensur nicht mehr berechtigt. Ja selbst ein polizeiliches Einschreiten gegen die unzüchtigen Filme im Sinne des § 184 StGB ist verhältnismäßig selten erfolgt, und auch die Strafverfolgungsbehörden haben bei diesem Kampf mitunter versagt. Nur dadurch ist es zu erklären, daß wir nach der Revolution mit einer Schmutzwelle überflutet worden sind.[39])

Ein Gutes hatte die Zügellosigkeit der Filmfabrikanten und der Lichtspielunternehmer sowie die mangelnde Energie der Behörden, insofern nämlich, als sie auch denen, die gemeint hatten, man könne jetzt plötzlich ohne „polizeiliche Bevormundung" auskommen und könne den Kampf gegen die Auswüchse des öffentlichen Lebens dem guten Geschmack des Publi-

---

[39]) Vgl. Hellwig „Revolution und Lichtspielreform" (Hochland, Jhg. 16, S. 635 ff.) und „Sexuelle Schundfilme und Revolution" (Konservative Monatsschrift 1919, S. 647 ff.), sowie Eger „Kinoreform und Gemeinde" (Dezember 1920, S. 40) und Lange S. 14.

kums und der Volkserziehung überlassen, die Augen öffnete. In meinem im Frühjahr 1919 geschriebenen, im September erschienenen Aufsatz über „Revolution und Lichtspielreform" sagte ich: „Wer es noch nicht gewußt hat, daß das Volk zur Freiheit noch lange nicht reif ist, daß es sittliche Freiheit des Handelns und Zügellosigkeit nicht zu unterscheiden weiß, daß es einer gewissen Bevormundung nicht entbehren kann, dem müßten die letzten sechs Monate diese Erkenntnis gebracht haben, wenn er überhaupt noch imstande ist, aus der Geschichte zu lernen! Hat man früher über die Zensur geschimpft, hier und da sicherlich mit Recht, meistens aber unter Verkennung der Tatsachen, so ist es sicher, daß, wenn es so weiter geht, in einem weiteren halben Jahre ein einziger Schrei nach Einführung der Filmzensur durch alle gesunden Volksteile gehen wird. Es wäre geradezu ein Hohn auf alle Volksbildungsbestrebungen, wenn der Staat derartige erziehungswidrige Ungeheuerlichkeiten dulden wollte." Diese Voraussage hat sich erfüllt

In dem im Auftrage des Reichsministeriums des Innern herausgegebenen ersten amtlichen Vorentwurf der Reichsverfassung bestimmte § 21 ganz allgemein „Eine Zensur findet nicht statt." Es sollte damit wohl auch die Filmzensur getroffen werden. Der der Nationalversammlung vorgelegte Verfassungsentwurf sah in § 32 Abs. 2 besondere Bestimmungen über die Filmzensur vor, allerdings in einer Zweifel nicht ausschließenden Weise. Er bestimmte: „Eine Zensur, insbesondere auch eine Vorprüfung von Theater- und Lichtspielvorführungen, findet nicht statt. Der Schutz der Jugendlichen bei Lichtspielvorführungen und anderen öffentlichen Schaustellungen bleibt gesetzlicher Regelung vorbehalten."[40]) Trotzdem die geschäftlich interessierten Kreise alles taten, was in ihren Kräften stand, gelang es, das verfassungsrechtliche Zensurverbot für Lichtspielvorführungen zu beseitigen. § 118 Abs. 2 der Reichsverfassung bestimmt jetzt: „Eine Zensur findet nicht statt, doch können für Lichtspiele durch Gesetz abweichende Bestimmungen getroffen werden. Auch sind zur Bekämpfung der Schund- und Schmutzliteratur sowie zum Schutze der Jugend bei öffentlichen Schaustellungen und Darbietungen gesetzliche Maßnahmen zulässig."[41])

---

[40]) Die Bestimmung war recht unklar. Vgl. Hellwig im Pr. VBl. 40 S. 520 f. —

[41]) Die Bedeutung und die Tragweite dieser Bestimmung ist nicht zweifelsfrei. Vgl. Düringer in der Juristischen Wochenschrift 1919 S. 702; Kommentar von Anschütz zur Reichsverfassung Art. 118; Koch in DJZ 1919 Sp. 609 ff.; Kah „Die Lichtspielzensur" (Diss.); Hellwig in der „Sozialen Kultur" 1920 S. 21 ff.; Reichsminister des Innern Koch am 16. 10. 19 in der 100. Sitzung der Nationalversammlung (S. 3189).

Wenn Art. 118 Abs. 2 der Reichsverfassung auch ein Reichslichtspielgesetz im Auge hat, da nach Art. 7 Ziff. 20 das Reich die Gesetzgebung über das Lichtspielwesen hat, so waren doch die Länder bis zum Inkrafttreten eines Reichslichtspielgesetzes gemäß Art. 12 der Reichsverfassung berechtigt, auf Grund landesrechtlicher Bestimmungen die Filmzensur zu handhaben. Richtiger Ansicht nach machte es dabei keinen Unterschied aus, ob die Filmzensur in einem Gesetz oder in einer Verordnung angeordnet war und ob das Gesetz oder die Verordnung vor oder nach dem Inkrafttreten der Reichsverfassung ergangen war.

Von dieser Befugnis machten insbesondere Württemberg, aber auch Bayern und später auch Sachsen Gebrauch, und auch in Hamburg plante man die Einführung einer Filmzensur. In den andern Ländern dagegen, insbesondere auch in Preußen, blieb alles beim Alten.

In der preußischen Landesversammlung waren schon vor Inkrafttreten der Reichsverfassung wiederholt Anträge gestellt werden, die eine Wiedereinführung der Filmzensur bezweckten, so am 6. Mai 1919 Antrag Nr. 266 der Abgeordneten Mentzel (Stettin) und der übrigen Mitglieder der Deutschnationalen Volkspartei, am 15. Juli der Antrag Nr. 609 der Abgeordneten Dr. Faßbender und von 39 Mitgliedern der Zentrumspartei, und am 17. Juli der Antrag Nr. 639, der Abänderungsantrag des Abgeordneten Dr. Friedberg und der übrigen Mitglieder der Deutschdemokratischen Partei. Dieser Abänderungsantrag ging dahin, die Reichsregierung zu ersuchen, unverzüglich geeignete Maßnahmen zu treffen, um die Vergiftung der Jugend durch unsittliche Schriften und Schaustellungen, insbesondere Kinovorführungen, zu verhüten. Ueber diese drei Anträge wurde in der 51. Sitzung der preußischen Landesversammlung vom 19. September 1919 (Verhandlungen S. 4053) abgestimmt, und zwar gemäß der Geschäftsordnung zunächst über den Abänderungsantrag Nr. 639. Dieser wurde angenommen, und damit waren die weitergehenden beiden anderen Anträge erledigt. Dies Ergebnis der Abstimmung darf aber nicht, wie man dies versucht hat, dahin ausgelegt werden, als habe sich die preußische Landesversammlung gegen die Einführung der Filmzensur auch für Erwachsene aussprechen wollen.

In der Nationalversammlung wurde die Reichsregierung durch eine Interpellation der Abgeordneten Arnstadt, Dr. Heinze und Genossen (Drucksachen Nr. 1092) angefragt, ob sie angesichts der bestehenden schweren Mißstände ohne Verzug im Sinne der durch Art. 118 der Reichsverfassung gegebenen Vollmachten gesetzgeberisch vorzugehen gedenke. Die Reichsregierung hat diese Anfrage bejahend beantwortet.

In dem Reichsministerium des Innern wurde ein vorläufiger Entwurf[42]) ausgearbeitet und mit Kommissaren des Reichsjustizministeriums, des preußischen Ministeriums des Innern, des Justizministeriums und des Ministeriums für Volkswohlfahrt durchgesprochen. Es handelte sich von Anfang an um die Einführung der Reichsfilmzensur. Alle übrigen Fragen, insbesondere die Fragen der gewerbepolizeilichen Erlaubnispflicht, des Jugendschutzes und der Reklame, waren in den ersten, nicht veröffentlichten, amtlichen Vorentwürfen nicht behandelt. Die Zulassung eines Bildstreifens sollte versagt werden, wenn die Vorführung geeignet sei, die öffentliche Ordnung, Ruhe und Sicherheit zu gefährden oder das religiöse oder sittliche Empfinden der Zuschauer zu verletzen. Von der Vorführung vor Jugendlichen unter 17 Jahren sollten außerdem alle Bildstreifen ausgeschlossen werden, welche eine ungünstige Einwirkung auf die Jugendlichen haben könnten. Die Prüfung sollte durch einen gemischten Prüfungsausschuß erfolgen, an welchem auch Angehörige des Lichtspielgewerbes beteiligt sein sollten. Die Grundzüge des Gesetzes standen also von vornherein fest. Von der später hinzugekommenen Regelung der Reklamezensur und eines Teiles der Jugendschutzbestimmungen abgesehen ist der ursprüngliche Entwurf, mitunter allerdings erheblich, nur in seinen Einzelheiten geändert worden.

Unter Hinzuziehung von Vertretern des Lichtspielgewerbes wurde sodann der Vorentwurf durchgesprochen. Nach einer weiteren kommissarischen Beratung, die wiederum zu Änderungen führte, fand eine Besprechung des Vorentwurfs in größerem Kreise statt unter Hinzuziehung auch von Vertretern der Länder, der verschiedenen Verbände des Lichtspielgewerbes, des Goethebundes, der Deutschen Zentrale für Jugendfürsorge, des Männervereins für die Bekämpfung der öffentlichen Unsittlichkeit, des Bilderbühnenbundes deutscher Städte usw. Diese Besprechung mit ihrem Wirrwarr von Meinungen zeigte, daß der von der Regierung eingeschlagene mittlere Weg trotz mancher Bedenken, die man aus grundsätzlichen Erwägungen gegen manchen Kompromißvorschlag haben konnte, wohl der richtige sei.

Nach einer nochmaligen kommissarischen Durchberatung wurde der Entwurf eines Gesetzes betreffend die Zensur von Bildstreifen für Lichtspiele am 20. Februar 1920 dem Reichsrat (Drucksachen Nr. 286) übersandt. In dem Reichsrat wurde der Entwurf in sehr gründlicher und sach-

[42]) Zur Kritik der verschiedenen Entwürfe vgl. Treitel in DStrZ 1920 S. 30 f. Hellwig in „Volkswart" 1919 S 180 ff., im Pr. VBl. Bd. 41 S. 153 ff., in der „Concordia, Zeitschrift der Zentralstelle für Volkswohlfahrt" 1920 S. 61 ff. und in „Die Jugendfürsorge" Jhg. 15 S. 5 f.

gemäßer Weise durchberaten. Insbesondere bezeugte Württemberg ein lebhaftes Interesse an der Regelung der Lichtspielfrage. Den begreiflichen Bestrebungen, den Ländern einen stärkeren Einfluß bei der Zensur einzuräumen, konnte nicht stattgegeben werden, ohne den durch die Einführung der Reichsfilmzensur erzielten Fortschritt zum großen Teil wieder aufzugeben. Von erheblichen Änderungen, die an dem Entwurf im Reichsrat vorgenommen wurden, sind folgende hervorzuheben: Einer Zulassung soll nicht bedürfen die Vorführung von Bildstreifen zu ausschließlich wissenschaftlichen oder künstlerischen Zwecken in öffentlichen oder als öffentlich anerkannten Bildungs- oder Forschungsanstalten. Bildstreifen von wissenschaftlicher oder künstlerischer Bedeutung, gegen deren unbeschränkte Vorführung Bedenken gemäß § 1 vorliegen, können zur Vorführung vor bestimmten Personenkreisen zugelassen werden. Die Zulassung eines Bildstreifens kann widerrufen werden, wenn das Zutreffen der Voraussetzungen der Versagung erst nach der Zulassung hervortritt. Auf Antrag einer Landeszentralbehörde haben die Prüfungsstellen wegen des Widerrufs auf Grund erneuter Prüfung Beschluß zu fassen. In diesem Verfahren ist einem Vertreter der antragstellenden Landeszentralbehörde Gelegenheit zur Äußerung zu geben. Bei der Abstimmung enthielt sich Braunschweig der Stimme; im übrigen wurde der Entwurf einstimmig angenommen.

Am 9. November 1920 wurde der Entwurf der verfassunggebenden deutschen Nationalversammlung vorgelegt (Nr. 1907 der Drucksachen). Nach einer ersten Lesung, in der von allen Parteien die Notwendigkeit anerkannt wurde, gesetzliche Maßnahmen gegen die Schundfilme zu treffen, wurde der Entwurf an den 23ten Ausschuß verwiesen.[43])

Der Ausschuß beriet in sehr eingehender Weise mit großem Eifer die einzelnen Bestimmungen des Entwurfs und nahm eine ganze Reihe von Änderungen vor, die allerdings nicht immer Verbesserungen bedeuten. Die Zensurgrundsätze wurden dahin formuliert, daß die Zulassung zu versagen sei, wenn die Prüfung ergebe, daß die Vorführung des Bildstreifens geeignet sei, durch Anreiz zu Straftaten die öffentliche Ordnung oder Sicherheit zu gefährden, die Religion oder religiöse Einrichtungen herabzuwürdigen oder durch Erregung niedriger Triebe verrohend oder entsittlichend zu wirken oder das deutsche Ansehen oder die Beziehungen Deutschlands zu auswärtigen Staaten zu gefährden. Die Möglichkeit des Widerrufs der Zulassung wurde gestrichen. Die Zensur wurde auch auf die zu dem Bildstreifen gehörende Bild- und Plakatreklame, so-

---

43) 139. Sitzung der Nationalversammlung vom 17. Januar 1920 (Drucks. S. 4462).

weit letztere bildliche Darstellungen bringt, erstreckt unter teilweiser Erweiterung und teilweiser Verengerung der bisher vorgesehenen Vorschrift. Das Recht zum nachträglichen Verbot der Vorführung eines Bildstreifens für eine einzelne Gemeinde wurde dahin formuliert, daß die öffentliche Vorführung eines zugelassenen Bildstreifens für eine Gemeinde oder einen Bezirk durch die zuständige Behörde bis zu erneuter Entscheidung der Oberprüfungsstelle verboten werden könne, wenn auf Grund besonderer örtlicher Verhältnisse die Annahme gerechtfertigt erscheine, daß die Vorführung des Bildstreifens als Anreiz zu Straftaten wirken würde, oder wenn das Zutreffen der Voraussetzungen der Versagung erst nach der Zulassung hervortrete. Die Zahl der Beisitzer der Prüfungsstellen wurde auf vier erhöht. Die angedrohten Geldstrafen wurden erhöht, auch die Nebenstrafe der Untersagung des Gewerbebetriebes auf drei Monate und bei wiederholtem Rückfall auf die Dauer eingeführt.

In der zweiten Lesung wurde das Schutzalter für Jugendliche auf 18 Jahre erhöht, ein Zulassungsverbot für Kinder unter 6 Jahren eingeführt und den Ländern die Befugnis gegeben, weitergehende Bestimmungen zum Schutze der Gesundheit und der Sittlichkeit für die Zulassung der Jugendlichen zu erlassen. Das Widerrufsrecht wurde dahin gefaßt, daß die Zulassung für das Reich oder für ein bestimmtes Gebiet durch die Prüfungsstelle widerrufen werden könne, wenn das Zutreffen der Voraussetzungen der Versagung erst nach der Zulassung hervortritt. Die Prüfung der Bildstreifen sollte auch den verbindenden Text in Wort und Schrift umfassen, also auch die mündlichen Erläuterungen durch die Erklärer. In den einzelnen Ländern soll durch die Landeszentralbehörde vorgeschrieben werden können, daß Bildstreifen, die in dem betreffenden Land vor Jugendlichen vorgeführt werden sollen, außer der Zulassung nach § 1 noch der Prüfung und Zulassung durch eine Landesprüfungsstelle bedürfen. Bei der Prüfung von Bildstreifen, die zur Vorführung in Jugendvorstellungen bestimmt sind, sollen auch Jugendliche im Alter von 18 bis 20 Jahren nach Bestimmung der Ausschüsse für Jugendwohlfahrt als Beisitzer zugezogen werden.

Über den wesentlichen Gang der Beratungen erstattete der Ausschuß am 5. März 1920 einen ausführlichen schriftlichen Bericht (Nr. 2317 der Drucksachen). In den Anlagen zu diesem Bericht sind abgedruckt eine Zusammenstellung der Vorlage und der Beschlüsse des Ausschusses, die Abänderungsanträge, ein Bericht über das Ergebnis der Kinobesuche in Köln durch Beauftragte von der Volksgemeinschaft zur Wahrung von Anstand und guter Sitte sowie ein Zeitungsaufsatz über die Grundsätze der englischen Filmzensur.

Am 15. April fand die zweite und dritte Lesung des Entwurfs in der Vollversammlung statt.[44])

Es wurden noch einige Änderungen vorgenommen, nicht immer in der vollen Erkenntnis ihrer Tragweite. Im § 1 Abs. 1 wurden die Worte „im Inland" ersetzt durch die Worte „im Inland und Ausland", in Abs. 2 die Worte „Religion oder religiöse Einrichtungen herabzuwürdigen" durch die Worte „das religiöse Empfinden zu verletzen". Im Abs. 3 des § 3 wurde als angeblich rein redaktionelle Änderung statt „Prüfungsstelle" gesetzt „Stelle". Im § 17 wurde die Übergangszeit auf ein Jahr festgesetzt statt auf bisher sechs Monate. Im § 18 dreimal das Wort vorsätzlich eingefügt.

Das Reichslichtspielgesetz ist sicherlich nicht in allen Beziehungen so, wie ich es gewünscht hätte. Es enthält manche Halbheiten und selbst grobe Unstimmigkeiten. Wer selbst einmal Gelegenheit gehabt hat, einen Blick hinter die Kulissen der Gesetzgebungsmaschine zu werfen, der wird sich nicht darüber wundern, daß namentlich heutzutage, wo die Gesetze schneller noch wie Pilze aus dem Boden schießen, gar manches an der Fassung und an dem Inhalt der Gesetze mit Recht auszusetzen ist, sondern wird vielmehr darüber erstaunt sein, daß trotz aller Hast und trotz allem Aneinander-Vorbeiarbeitens und gar Gegeneinander-Arbeitens schließlich am Ende doch noch etwas einigermaßen Vernünftiges herauskommt. Die Hast, mit der heute die Gesetzentwürfe bearbeitet werden müssen, ist dem Zustandekommen eines befriedigenden Gesetzes natürlich nicht zuträglich. Das Schlimmste aber ist das parlamentarische Schicksal der Gesetzentwürfe. Hier hängt ihr Schicksal fast nur von Erwägungen der Parteipolitik ab. Mitunter hat man auch das bestimmte Gefühl, daß der eine oder andere Abgeordnete den Sinn des Gesetzes und der zu seiner Erläuterung abgegebenen Regierungserklärungen überhaupt nicht versteht, so daß er die Tragweite seiner eigenen Anträge nicht überschaut. Wenn man dies berücksichtigt, so kann man sich nicht wundern, wenn allerlei Flüchtigkeiten und Ungereimtheiten in die Gesetze hineinkommen.

Auch das Lichtspielgesetz ist von ihnen nicht verschont geblieben, wie die Erläuterungen der einzelnen Bestimmungen ergeben werden, und wie bei einer rechtspolitischen Erörterung über das Lichtspielrecht noch klarer hervortreten würde. Trotzdem aber glaube ich, daß wir uns des Erreichten freuen dürfen. Die Bedeutung des Gesetzes für unsere Kulturentwicklung reicht weit über seine unmittelbare Wirkung hinaus. Es sei mir gestattet, in dieser Beziehung das aus-

[44]) Nationalversammlung 1919/20, 162. Sitzung S. 5168 ff.

zuführen, was ich schon an einem anderen Orte [45]) nach dieser Richtung hin veröffentlicht habe.

„Die zensurlose, die schreckliche Zeit ist nun endlich vorbei, hoffentlich für immer. Bezeichnend ist es, daß alle Parteien, von der äußersten Rechten bis zur äußersten Linken, sich einig darüber waren, daß man nur mit staatlichen Zwangsmaßnahmen des Übels Herr werden könne. Insbesondere in den Ausschußverhandlungen wurde dies immer wieder betont und gleichzeitig hervorgehoben, daß es allgemeiner Wunsch sei, daß die Lichtspielzensur scharf gehandhabt werde. Alle Parteien stellten sich auch auf den Boden des Gesetzes, nur die Unabhängigen lehnten mit gewohnter logischer Folgerichtigkeit die Lichtspielzensur ab, nicht etwa, weil sie meinten, es gehe auch ohne staatliche Zwangsmaßnahmen, sondern nur deshalb, weil sie des Glaubens sind, die von ihnen erhoffte Kommunalisierung sämtlicher Lichtspielunternehmungen sei noch weit besser geeignet, des Schundes Herr zu werden. Die andern Parteien waren bessere Realpolitiker und machten sich, auch soweit sie sonst sich über den alten „Polizeistaat“ und seine veralteten Methoden nicht genug entsetzen können, von dem Banne ihrer Parteiphrasen frei. Wenn man weiß, wie unendlich schwer es ist, sich von alteingewurzelten Vorurteilen freizumachen und freimütig zu bekennen, daß man sich geirrt hat, so wird man diese Mauserung dankbar und mit Freuden begrüßen als ein erfreuliches erstes Anzeichen dafür, daß doch noch allen schönen Redensarten zum Trotz die Parteidoktrin auf die Dauer den gesunden Wirklichkeitssinn nicht zu ersticken vermag.

Insbesondere mag als bedeutsam festgehalten werden, was der mehrheitssozialistische Abgeordnete Krüger (Mecklenburg) am 15. April in der Nationalversammlung bekannt hat. Er begründete dort das Eintreten seiner Partei für die Lichtspielzensur folgendermaßen: „Wenn wir geglaubt haben, daß durch die Befreiung von der Zensur die wahre Freiheit im edlen Sinne geschaffen würde, so müssen wir doch leider konstatieren, daß dies durchaus nicht der Fall ist. Es haben sich ganz unhaltbare Zustände herausgestellt. Namentlich wir Sozialdemokraten bedauern dies um so mehr, weil wir ja die Hoffnung gehabt haben, daß das Volk in jeder Hinsicht reif ist, und weil wir auch das Vertrauen in die deutsche Industrie gesetzt hatten, daß sie sich dieses Vertrauens würdig erweise ... Wenn wir uns nun anschicken, ein solches Gesetz zur Tat werden zu lassen, so geschieht es, soweit wir Sozialdemokraten in Frage kommen, nur schweren Herzens. Nur aus dem Zwange eherner Notwendigkeit heraus können wir uns dazu verstehen; denn wir haben von jeher auf dem prin-

[45]) „Der Tag“ vom 10. August 1920 Nr. 176.

zipiellen Standpunkt gestanden, daß eine Zensur zu vermeiden ist, daß das Volk ohne Zensur auskommen muß. Dennoch haben wir uns dazu verstehen müssen."

Dieses offene Eingeständnis der Unreife eines erheblichen Teiles des deutschen Volkes und der Gewissenlosigkeit zahlreicher Gewerbetreibenden, für die einzig und allein möglichst müheloser und möglichst hoher Gewinn der Leitstern für ihre Handlungen ist, das ist der erste bemerkenswerte Gesichtspunkt, den der Kampf und das Reichslichtspielgesetz gezeitigt hat.

Besonders zu beachten ist ferner, daß die Zensurgrundsätze in dem sogenannten „freiesten Lande der Welt" weit „reaktionärer" sind, als sie es unter dem „alten fluchbeladenen Regime" waren. Das soll keineswegs ein Vorwurf gegen die neueste Richtung sein, im Gegenteil!

Das große Reinemachen hat begonnen; man macht endlich einmal ein wenig Ernst damit, mit dem schandbaren Schmutz, der unserem „Volksstaat" bisher sein unschönes Gepräge gab, aufzuräumen! Das Ausland horcht auf. Aus den Vereinigten Staaten kommt schon das erste Echo: eine freudige Zustimmung und die Anerkennung, daß Deutschland mit seiner Einführung einer scharfen Reichsfilmzensur in der Bekämpfung des Schundfilms vorbildlich wirke und an der Spitze der Kulturvölker marschiere. Wenn wir auch derartige Äußerungen keineswegs überschätzen wollen, so sind wir doch durchaus berechtigt, sie in unserem moralischen Schuldbuch auf der Haben-Seite zu buchen. Und wahrlich dringend not tut es, daß wir endlich einmal wieder anfangen mit unserer sittlichen Erneuerung. Es kann uns schließlich doch nicht ganz gleichgültig sein, daß uns das Ausland mit einem gewissen Recht für eine Nation von schmutzigen, niedrigen Seelen hält nach Art der Kriegsgewinnler und der Revolutionsgewinnler, der Schieber und Schmarotzer im Frack oder im zerlumpten Rock. So großen Anteil auch unsere furchtbare wirtschaftliche Lage an unserem Zusammenbruch und an den moralischen Fäulniserscheinungen hat, die sich in den letzten Jahren gezeigt haben, so wollen wir doch nicht vergessen, daß wirtschaftliche Not keineswegs mit eherner Notwendigkeit auch sittliche Fäulnis im Gefolge haben muß. Es gibt breite Volksschichten des früheren Mittelstandes, insbesondere der geistigen Arbeiter, deren wirtschaftlicher Niedergang nicht minder schwer, sondern sogar schlimmer ist, und die sich doch ihre moralische Widerstandskraft bewahrt haben. Wollen wir zu einer Gesundung unserer Verhältnisse kommen, so müssen wir neben der Aufgabe des wirtschaftlichen Wiederaufbaus als durchaus gleichberechtigt auch das große, wenn auch unendlich mühsame Werk des sittlichen Wiederaufbaus in die Hand nehmen. Als eine erste Etappe auf diesem Weg sei das Lichtspielgesetz begrüßt!

Freilich nur als eine erste Etappe! Denn wer Augen hat, zu sehen, und Ohren hat, zu hören, der weiß auch, daß ebenso ekelhafter Schund und Schmutz sich auf den verschiedensten anderen Gebieten in widerlichster Weise breit machen: Nackttänzereien vor einem Parterre von Schieberkönigen, unzüchtige Postkarten und Photographien, widerliche Schaustellungen von solcher Gemeinheit, daß der Uneingeweihte es nicht für möglich halten sollte, Zeitungen und Zeitschriften, die perversen Geschlechtsverkehr in schamlos zynischer Weise begünstigen, Theaterstücke, die auf die niedrigsten Instinkte der Zuschauer spekulieren, oft nur von einem dürftigen Kunstmäntelchen umhüllt, eine sogenannte Literatur, die an Gemeinheit ihresgleichen sucht. Alles dies und gar manches andere auf diesem Gebiete blüht wie nie zuvor. Die Bestie im Menschen kommt eben in Zeiten der Revolution, wo alle sittlichen Bande sich lockern, unverhüllter zum Vorschein, sowohl bei denen, die solche Darbietungen veranstalten, als auch bei denen, die sich durch ihren Besuch erst ermöglichen. Freilich kenne ich alles dies nur aus meiner amtlichen Tätigkeit, da ich weder Zeit noch gar Lust habe, die wenigen Mußestunden, die einem der — fast hätte ich gesagt: der Königliche — Dienst läßt, auch noch auf derartige „Vergnügungen“ zu verwenden: das überlasse ich getrost dem „reifen“ Volke! Zeit wäre es allerdings, daß man auch hier endlich einen Riegel vorschiebt, wenn man ein wahrer Volksfreund und nicht ein Volksverführer sein will! Aussicht dazu besteht, denn im Anschluß an die Beratung des Lichtspielgesetzes hat die Nationalversammlung folgende Entschließungen angenommen: die Reichsregierung zu ersuchen, die Ausarbeitung eines Gesetzentwurfs zur Bekämpfung der Schund- und Schmutzliteratur sowie zum Schutz der Jugend bei öffentlichen Schaustellungen und Darbietungen zu beschleunigen; mit den Ländern in Verbindung zu treten, damit der vorhandene Schutz gegen unsaubere und verrohende Schaustellungen auf Schaubühnen, Varietés, Zirkus usw. zur Geltung komme; mit den Ländern in Verbindung zu treten, damit der vorhandene gesetzliche Schutz gegen unsaubere und verrohende Postkarten, Schriften und Schaufenster zur Geltung komme. Es ist zu hoffen und zu erwarten, daß der künftige Reichstag auf diesen Bahnen weiterwandeln wird und daß die Regierung mit starker Hand alles tun wird, was sie tun kann, um die sittliche Gesundung des Volkes zu fördern. Vor einer Ueberschätzung dieser Mittel bei dem Gesundungsprozeß wollen wir uns freilich auch hüten: Das Beste, das kann nie und nimmermehr mit staatlicher Zwangsgewalt erzielt werden, sondern nur durch ernste Selbstzucht des einzelnen und der Gesamtheit, insbesondere der Presse, die sich ihrer hohen erzieherischen Aufgabe wieder mehr bewußt werden müßte, als sie es zum guten Teile heute ist.

Möchte es uns, die wir den moralischen Niedergang des deutschen Volkes mit tiefem Schmerz erleben mußten, vergönnt sein, auch noch Zeuge zu sein der sittlichen Wiedergeburt!"

Soll das Gesetz die Hoffnungen, die wir darauf setzen, in vollem Umfange erfüllen, so ist freilich nötig, daß einmal die mit der Durchführung des Gesetzes betrauten Behörden, insbesondere die Prüfungsstellen, oder auch die Ortspolizeibehörden ihre Pflicht tun, daß sie das Gesetz in dem Geiste auffassen, in welchem es geschaffen ist, dann aber auch, daß das Volk in seiner Gesamtheit tatkräftig mithilft: „Die staatliche Hilfe ist da. Die wirksame Durchführung des gesetzlichen Schutzes ist Sache des Volkes. Das ist ja eben das Wesen des Volksstaates, daß jeder Volksgenosse sich mitberufen und mitverantwortlich fühlt für die Ausführung seiner Anordnungen und sich nicht darauf beschränkt, nach der Polizei zu rufen und sich regieren zu lassen."[46])

Das Gesetz ist geschaffen im Interesse des Jugendschutzes, im Interesse der sittlichen Volksgesundheit, und diese Gesichtspunkte, welche das Gesetz beherrschen, müssen auch die Leitgedanken seiner Durchführung sein. Ob das Gesetz so gehandhabt wird, weiß ich nicht, da ich noch nicht Gelegenheit gehabt habe, mich davon zu überzeugen. Eine kleine Anfrage scheint darauf hinzudeuten, daß jedenfalls im Anfang nicht alles getan ist, was hätte geschehen können.[47]) Falsch aber wäre es, von vornherein überhaupt die Möglichkeit zu bestreiten, daß es mit Hilfe des Lichtspielgesetzes gelingen könne, der Schundfilme Herr zu werden.[48]) Von mehreren Seiten ist mir denn auch bestätigt worden, daß das Gesetz unverkennbar schon gut gewirkt habe. Daß das Gesetz jedenfalls keine stumpfe Waffe ist, darauf deutet wohl auch die Aufnahme des Gesetzes durch einen Teil der Fachpresse des Lichtspielgewerbes. So schrieb eine Filmzeitung, die Aufgabe der nächsten Zeit müsse es sein, dieses Gesetz los zu werden oder aber es wenigstens in seinen schlimmsten Bestimmungen zu mildern,[49]) und in einer anderen Fachzeitschrift bezeichnete es ein ungenannter unabhängiger Abgeordneter als „eines der albernsten und undurchführbarsten Kautschukgesetze, die je in einem Polizeistaat gemacht worden sind."[50]) Das zeigt meines Erachtens, daß wir auf dem richtigen Wege sind.

---

[46]) Brunner in „Volkswohlfahrt" Jhg. 1 S. 49.

[47]) Kleine Anfrage Nr. 576 des Abgeordneten Dr. Faßbender (Drucks. der Landesversammlung 1919/20 Nr. 2562).

[48]) Lange S. 351; vgl. auch „Zeitschrift für Rechtspflege in Bayern" 1920 S. 205.

[49]) „Filmkurier" Jhg. 2 Nr. 81 (Berlin 20. 4. 20).

[50]) „Die Lichtbildbühne" 1920 Nr. 18 S. 13.

Ob es erwünscht ist, die gewerbepolizeiliche Erlaubnispflicht einzuführen,[51] ob die Kommunalisierung oder Sozialisierung des Lichtspiels anzustreben ist,[52] das sind alles Fragen zweiter Ordnung. Die wichtigste Waffe gegen die Schundfilme und damit die unerläßliche Handhabe für alle Reformbestrebungen auf dem Gebiete des Lichtspielwesens bietet uns nur die verständnisvoll gehandhabte und scharf durchgeführte Filmzensur.

Können wir uns auch des Erreichten freuen, so wollen wir doch nicht stehen bleiben. Gar manches gilt es noch auf dem weiten Gebiete des Lichtspielwesens zu bessern und dann muß auch gegen die anderen erziehungswidrigen Einflüsse,[53] gegen allen Schund und Schmutz in Wort und Bild der Kampf aufgenommen werden. Geschieht dies in umsichtiger Weise, so werden wir dadurch zu unserem Teile mit zu dem sittlichen Wiederaufbau unseres Volkes beitragen.

---

[51]) Dies verlangt die Entschließung der Nationalversammlung vom 15. 4. 20 (Nationalversammlung 1919/20, 162. Sitzung, S. 5182); ebenso Lange S. 133 ff.

[52]) Dafür Eger „Kinoreform und Gemeinden" (Dresden 1919) S. 46 ff. und besonders Lange S. 246 ff., 277 ff.; dagegen Hellwig in den „Preußischen Jahrbüchern" Bd. 181 S. 54 ff.

[53]) Entschließung der Landesversammlung vom 15. 4. 20 a. a. O. Vgl. Hellwig „Entwurf eines Jugendschutzgesetzes" (Halle 1918) sowie „Der Schutz der Jugend vor erziehungswidrigen Einflüssen" (Langensalza 1919) und Fischer „Die Zukunft des Jugendschutzes" (Leipzig 1918). Über die Bekämpfung der Schundliteratur durch ein Gesetz wird von mir in dem „Pädagogischen Magazin" eine Broschüre erscheinen.

Erläuterungen zum Lichtspielgesetz.

Vom 12. Mai 1920. (RGBl. Nr. 107, S. 953.)

Prüfung von Bildstreifen.

§ 1. Bildstreifen (Filme) dürfen öffentlich nur vorgeführt oder zum Zwecke der öffentlichen Vorführung im Inland und Ausland in den Verkehr gebracht werden, wenn sie von den amtlichen Prüfungsstellen (§§ 8, 13) zugelassen sind. Der öffentlichen Vorführung von Bildstreifen werden Vorführungen in Klubs, Vereinen und anderen geschlossenen Gesellschaften gleichgestellt. Einer Zulassung bedarf nicht die Vorführung von Bildstreifen zu ausschließlich wissenschaftlichen oder künstlerischen Zwecken in öffentlichen oder als öffentlich anerkannten Bildungs- oder Forschungsanstalten.

Die Zulassung eines Bildstreifens erfolgt auf Antrag. Sie ist zu versagen, wenn die Prüfung ergibt, daß die Vorführung des Bildstreifens geeignet ist, die öffentliche Ordnung oder Sicherheit zu gefährden, das religiöse Empfinden zu verletzen, verrohend oder entsittlichend zu wirken, das deutsche Ansehen oder die Beziehungen Deutschlands zu auswärtigen Staaten zu gefährden. Die Zulassung darf wegen einer politischen, sozialen, religiösen, ethischen oder Weltanschauungstendenz als solcher nicht versagt werden. Die Zulassung darf nicht versagt werden aus Gründen, die außerhalb des Inhalts der Bildstreifen liegen.

Bildstreifen, bei denen die Gründe der Versagung der Zulassung nur hinsichtlich eines Teiles der dargestellten Vorgänge zutreffen, sind zuzulassen, wenn die beanstandeten Teile aus den zur Vorführung gelangenden Positiven ausgeschnitten und der Prüfungsstelle übergeben werden, auch der Prüfungsstelle Sicherheit dafür gegeben ist, daß die beanstandeten Teile nicht verbreitet werden.

I. Kreis der prüfungspflichtigen Bildstreifen.

1. Für die öffentliche Vorführung von Bildstreifen und für ihr in den Verkehr Bringen ist ein Polizeiverbot mit Erlaubnisvorbehalt (Fleiner S. 355; Lagenstein S. 43 f.) aufgestellt. Diese Tätigkeiten sind verboten, wenn sie nicht von den — materiell polizeiliche Funktionen ausübenden (so auch Stern S. 15) — amtlichen Prüfungsstellen im Einzelfall vorher erlaubt worden sind. Wer die Bildstreifen vorher öffentlich vorführt oder in den Verkehr bringt, macht sich strafbar. Gleichgültig ist es, ob materiell ein Grund zur Beanstandung des Bildstreifens gegeben gewesen wäre. Zweck der Bestimmung ist es, mit Rücksicht auf die grundsätzlich bei jedem Bildstreifen gegebene Möglichkeit einer Beanstandung und mit Rücksicht auf die Schwierigkeiten einer erst nach dem in den Verkehr Bringen erfolgenden Kontrolle sowie mit Rücksicht auf den bei einem erst nachträglich eintretenden Vorführungsverbot schon eingetretenen Schaden alle Bildstreifen, die für eine größere Öffentlichkeit bestimmt sind, einer vorherigen Zensur zu unterwerfen.

Eine derartige Filmzensur war vor dem 9. November 1918, von Baden abgesehen, in den einzelnen Bundesstaaten auf Grund des Landesrechts zulässig, wie im Schrifttum und in der Rechtsprechung fast allgemein angenommen wurde. Insbesondere verstieß die Zensur nicht gegen § 1 des Reichspreßgesetzes oder § 1 der Reichsgewerbeordnung oder § 1 des Reichsvereinsgesetzes. (Hellwig: Kinematographenzensur; Reichspreßgesetz; Müller-Sanders; Manasse. A. M. Goldbaum S. 67 und Theaterrecht S. 74 f.; Vossen, Der oberverwaltungsgerichtliche Schutz der Industrie und des Gewerbes sowie der Verfassungsgrundrechte gegen polizeiliche Übergriffe, Hannover 1907, S. 55; Reichert in Pr. VBl. 29 S. 469; Elster in „Recht und Wirtschaft“ 1913 S. 103 ff. sowie in ZStrW Bd. 36 S. 598 f. und Kah, „Die Lichtspielzensur“ (Diss. 1919).

Durch die Bekanntmachung des Rates der Volksbeauftragten vom 9. November 1918 wurde die Zensur aufgehoben. Ob damit auch die Filmzensur aufgehoben worden ist, kann zweifelhaft sein. Vgl. Einleitung. In Württemberg und Bayern, zunächst auch in Oldenburg, wurde die Zensur nach wie vor ausgeübt und ganz allgemein wurde die Zensur der zur Vorführung vor Jugendlichen bestimmten Filme aufrechterhalten.

Durch RV 118 Abs. 2 wurde bestimmt: „Eine Zensur findet nicht statt, doch können für Lichtspiele durch Gesetz abweichende Bestimmungen getroffen werden. Auch sind zur Bekämpfung der Schund- und Schmutzliteratur sowie zum Schutze der Jugend bei öffentlichen Schaustellungen und Darbietungen gesetzliche Maßnahmen zulässig." Hierdurch wurde die Filmzensur anerkannt. Die Länder waren jedenfalls seit dem Inkrafttreten der RV wieder berechtigt, die Filmzensur auszuüben. Da das Reich aber gemäß RV Art. 7 Ziff. 20 die Gesetzgebung über das Lichtspielwesen hat, haben die Länder nur, solange und soweit das Reich von seinem Gesetzgebungsrechte keinen Gebrauch gemacht hat, das Recht der Gesetzgebung behalten (RV Art. 12).

Durch das LG ist die Filmzensur abschließend reichsgesetzlich geregelt. Die Länder sind infolgedessen zu zensurpolizeilichen Maßnahmen irgendwelcher Art gegenüber Filmen nicht mehr befugt. Die Maßnahmen zum Schutze der Jugend (vgl. Hellwig: „Kind und Kino", Langensalza 1914) bei öffentlichen Schaustellungen — dazu gehören Lichtspielvorführungen (Hellwig in „Die Polizei", Jhg. 10 S. 265 ff.) — sind dagegen nicht abschließend geregelt (LG § 3). *Auch zum Schutze der Jugend dürfen aber zensurpolizeiliche Maßnahmen, die sich nicht auf das LG stützen können, nicht eingeführt werden.* (So auch Bay. AV Abschn. c 1; a. M. anscheinend Seeger.) Ein dahin zielender Antrag ist ausdrücklich abgelehnt worden. (Vgl. § 3 Anm. Nr. —.) Damit ist es zweifelsfrei zum Ausdruck gebracht, daß auch die Zensur der zur Vorführung vor Jugendlichen bestimmten Filme als eine Filmzensur im Sinne des LG und des RV Art. 118 Abs. 2 anzusehen ist.

Die Filmzensur ist nicht nur insofern abschließend geregelt, als es sich um eine Präventivzensur handelt; vielmehr muß jede polizeiliche Beanstandung eines Films mit Rücksicht auf den Inhalt eines Bildstreifens oder auf die aus seiner Vorführung sich ergebende Wirkung auf die Zuschauer oder auf Dritte grundsätzlich für unzulässig erachtet worden, soweit sie sich nicht auf das LG stützen kann. Vgl. aber § 4 Anm. 3.

Durch diese abschließende Regelung der Filmzensur *nicht beseitigt sind dagegen Bestimmungen anderer Reichsgesetze, die in bestimmten Fällen die Verhinderung der öffentlichen Vorführung oder allgemein der Verbreitung eines bestimmten Films mit Rücksicht auf seinen Inhalt ermöglichen,* so § 184 StGB (richtig Liepe S. 25, Seeger

S. 31; unrichtig Goldbaum S. 74; über die Vorgeschichte vgl. Hellwig, Reform S.81ff. sowie im Pr.VBl. Bd.41 S.155) in Verbindung mit § 23 RPrG, § 94ff. StPO, die Bestimmungen der Urheberrechtsgesetze usw. Nicht beseitigt sind auch vertragsmäßige Vereinbarungen etwa zwischen Städten und städtischen oder allen Lichtspielhäusern, durch die sich die Städte gegen Zusicherung einer Ermäßigung der Lustbarkeitssteuer, der Empfehlung des Besuchs der Lichtspielvorführungen durch die Schulen usw. einen Einfluß auf die Zusammenstellung des Programms sichern. Vgl. den Kinoabgabenrevers der Stadt Sterkrade bei Warstat und Bergmann, „Kino und Gemeinde", München-Gladbach 1913, S. 96 f. und den § 6 des Vertrages der Stadt Wismar mit dem städtischen Lichtspielhaus („Der Film" 1920 Nr. 36 S. 26) sowie Hellwig, „Gemeindezensur und Lichtspielreform" im „Volkswart", Jhg. 13 S. 113 ff.

2. Allgemeiner Grundsatz ist, daß derjenige, der einen Film öffentlich vorführen oder zum Zweck der öffentlichen Vorführung in den Verkehr bringen will, dies nur dann darf, wenn der Bildstreifen von einer amtlichen Prüfungsstelle im Sinne der §§ 8, 13 LG zugelassen worden ist. Eine Ausnahme stellt § 6 auf für Bildstreifen über Tagesereignisse und für Bildstreifen, die lediglich Landschaften darstellen, eine zeitlich begrenzte die Übergangsbestimmung des § 17 für alle Bildstreifen, die vor Inkrafttreten des LG hergestellt und bereits im Verkehr sind. Eine Ausnahme stellt endlich § 1 Abs. 1 Satz 3 auf für die Vorführung von Bildstreifen zu ausschließlich wissenschaftlichen oder künstlerischen Zwecken in öffentlichen oder als öffentlich anerkannten Bildungs- und Forschungsanstalten. (Vgl. Anm. 9.)

3. Der Prüfungspflicht unterliegen alle zur öffentlichen Vorführung bestimmten Bildstreifen, gleichgültig, ob sie in besonderen Lichtspielvorführungen vorgeführt werden sollen oder ob sie zusammen mit Darbietungen anderer Art vorgeführt werden sollen oder ob sie gar wesentlicher Bestandteil einer höheren Einheit sind, die als Lichtspielvorführung nicht angesehen werden kann. Prüfungspflichtig sind daher auch die in Varietés, in Kabaretts usw. vorgeführten Bildstreifen, desgleichen die zu einem sogenannten Filmsketch (so auch Szczesny S. 19) oder einer Filmoper oder zu einer Theatervorstellung (um Visionen, Träume usw. darzustellen) gehörenden, Bestandteile eines Theaterstücks bildenden Bildstreifen. (AV Abschn. A 1.)

Gleichgültig ist es auch, ob die Vorführungen gewerbsmäßig oder nicht gewerbsmäßig, entgeltlich oder unentgeltlich stattfinden sollen. Auch wenn ein Lichtspielunternehmer Jugendlichen unentgeltlich Zutritt gestattet oder wenn der Reinertrag einem gemeinnützigen Zweck zugute kommen soll oder wenn Fremdenvereine, Industriebetriebe usw. zu Propagandazwecken unentgeltlich öffentliche Lichtspielvorführungen veranstalten, sind die Bildstreifen prüfungspflichtig.

Gleichgültig ist es ferner, ob die Bildstreifen ein höheres Interesse der Kunst oder Wissenschaft haben (dazu Hellwig: Grundsätze, S. 418). Eine Ausnahme besteht nur für die in öffentlichen oder als öffentlich anerkannten Bildungs- oder Forschungsanstalten veranstalteten Vorführungen (§ 1 Abs. 1 Satz 3); in gewisser Weise wird die wissenschaftliche oder künstlerische Bedeutung eines Bildstreifens auch in § 2 berücksichtigt. Auch im übrigen ist der Wert und die Zweckbestimmung der Vorführung ohne Einfluß. Prüfungspflichtig sind daher auch Bildstreifen, die lediglich zu Reklamezwecken veranstaltet werden. Auch der politische Zweck macht die Bildstreifen nicht prüfungsfrei. Im Gegenteil ist bei politischen Bildstreifen die Möglichkeit einer Gefährdung der öffentlichen Ordnung mit besonderer Vorsicht zu prüfen (vgl. auch Stern S. 20). Durch § 1 Abs. 2 Satz 2 wird dies keineswegs ausgeschlossen (vgl. auch Aussch. S. 19). Gleichgültig ist es, ob ein mit der gegenwärtigen Regierungsform und den Ansichten der Mehrheitsparteien übereinstimmender politischer Zweck verfolgt wird oder nicht. Prüfungspflichtig sind daher nicht nur monarchistische oder spartakistische Bildstreifen, sondern auch beispielsweise die von der Reichszentrale für Heimatsdienst zur Aufklärung im Sinne der Mehrheitsparteien vorbereiteten Bildstreifen.

4. Der Prüfung unterliegen nur Bildstreifen (Filme) für Lichtspiele. Lichtspiele im Sinne von RV Art. 118 und im Sinne des LG sind kinematographische Vorführungen. Nur für sie, nicht für die Vorführung von stehenden Lichtbildern, hat sich das Wort Lichtspiele, eine Verdeutschung des in Amerika gebräuchlichen photoplay, in unseren Sprachschatz eingebürgert. Wenn man auch zunächst noch nicht scharf zwischen Lichtspielen und Lichtbildvorführungen unterschied, indem z. B. der Entw. eines Gesetzes gegen die Gefährdung der Jugend durch Zurschaustellung von Schriften, Abbildungen und Darstellungen vom 14. Februar 1914 (Reichstag, 13. Legislaturperiode, I. Session 1912/14, Nr. 1385) in der Begründung S. 5 f. kinematographische Filme als Lichtbilder und Lichtspielunternehmungen als Lichtbildunternehmungen bezeichnete, so hat man doch niemals Lichtspiel anders als für kinematographische Vorführungen gebraucht. Die bei der Beratung des WLG verschiedentlich geltend gemachten Bedenken, es könnten auch die Lichtbildvorführungen fälschlicherweise als Lichtspielvorführungen aufgefaßt werden, halte ich deshalb nicht für begründet. Jedenfalls ist durch das WLG

die Bedeutung der Worte Lichtspiel und Bildstreifen in dem obigen Sinne ein für allemal festgelegt. Auch die Begründung der Novelle zur GewO vom 25. Februar 1914 S. 15 (Reichstag, 13. Legislaturperiode, I. Session 1912/14, Nr. 1431) unterscheidet schon scharf zwischen Lichtspielen und Lichtbildern.

Bildstreifen bedeutet soviel wie Filme oder genauer soviel wie Rollfilme. Unter Rollfilmen versteht man — wenn man von den bei manchen photographischen Apparaten zur Herstellung von Zustandsbildern gebräuchlichen Rollfilmen absieht — die schmalen fortlaufenden Streifen aus Zelluloid oder einer anderen durchsichtigen biegsamen Masse, so etwa dem Zellit oder Boroid, auf denen sich die zahlreichen photographischen Reihenbilder befinden, deren Projektion in rascher Vorführung uns ein Handlungsbild vortäuscht. Durch § 5 Abs. 1 wird dieser Begriff des Bildstreifens im technischen Sinne nicht etwa, wie Szczesny S. 57 meint, dahin erweitert, daß das LG auch die zu den Bildstreifen gehörigen mündlichen Erläuterungen und die zu ihm gehörige Reklame unter der Bezeichnung „Bildstreifen" verstehe. Das ist von Bedeutung für die Auslegung verschiedener Bestimmungen des LG.

Als Bildstreifen sind sowohl der Negativfilm (das Erzeugnis der photographischen Aufnahme durch den kinematographischen Aufnahmeapparat) als auch der Positivfilm (die hiervon zu Zwecken der Vorführung gemachten Abzüge) zu verstehen. Es darf also auch ein von der Prüfungsstelle nicht geprüfter Negativfilm zum Zweck der öffentlichen Vorführung des durch ihn hergestellten Positivfilms nicht in den Verkehr gebracht werden.

Lichtbilder unterliegen der Prüfung auch dann nicht, wenn sie in Lichtspielhäusern gezeigt werden. Gleichgültig dagegen ist es, ob die auf den Bildstreifen befindlichen Bilder bei der Vorführung auch den Eindruck eines Handlungsbildes oder aber denjenigen eines Zustandsbildes machen, so bei der Aufnahme von leblosen Gegenständen. Aber auch wirkliche Lichtbilder, die organischer Bestandteil eines Bildstreifens wären, würden der Prüfungspflicht unterliegen, da der ganze Bildstreifen als körperliches Ganzes prüfungspflichtig ist, weil das Gesetz von dem Regelfall ausgeht, daß er lediglich Handlungsbilder enthält.

5. Die Bildstreifen müssen geprüft werden, bevor sie vorgeführt werden. Die Vorführung geschieht durch den sogenannten Vorführer, der den kinematographischen Vorführungsapparat bedient. Das Verbot der Vorführung ohne Zulassung bezieht sich aber in erster Linie nicht auf ihn, sondern auf denjenigen, der diese Vorführung veranstaltet. Nicht der Vorführer, sondern der verantwortliche Leiter des Unternehmens ist derjenige, der im Sinne des LG die Bildstreifen „vorführt". (Vergl.

auch Illiger S. 75 f.) Veranstalter der Lichtspielvorführung aber ist derjenige, der durch seine maßgebende und verantwortliche Tätigkeit die Lichtspielvorführung ermöglicht, also, soweit es sich um gewerbsmäßige Lichtspielvorführungen handelt, der selbständige Gewerbetreibende, mithin derjenige, der weder als Stellvertreter, d. h. im Namen und für Rechnung eines andern noch in einer solchen wirtschaftlichen und persönlichen Abhängigkeit von einem andern, daß er ihm gegenüber als gewerblicher Arbeiter erscheint, ein Gewerbe betreibt. (Landmann § 14 Anm. 2a; Goldbaum, Theaterrecht, S. 17 Anm. 22.)

Das Vorführungsverbot erstreckt sich auch auf die Stellvertreter des Lichtspielunternehmers. Stellvertreter ist derjenige, der das Geschäft als Ganzes oder aber einzelne Teile des Geschäfts für Rechnung und im Namen des Inhabers selbständig verwaltet. (Landmann § 45 Anm. 2a.)

Aber auch derjenige, der im engsten, körperlichen Sinne die Bildstreifen vorführt, der sogenannte Vorführer im technischen Sinne des Worts, wird von dem Vorführungsverbot betroffen. Er macht sich daher, wenn er vorsätzlich oder fahrlässig handelt, nicht der Beihilfe zu dem Vergehen des Gewerbetreibenden oder des Stellvertreters schuldig, sondern eines selbständigen Vergehens als Täter. Der Veranstalter oder sein Stellvertreter können gleichzeitig durch dieselbe Handlung gegen das Vorführungsverbot verstoßen. Es wird dann jeder unabhängig von dem andern bestraft. Die Voraussetzungen der Strafbarkeit sind bei jedem selbständig zu prüfen. So kann der eine wegen vorsätzlicher, der andere wegen fahrlässiger Zuwiderhandlung bestraft werden. Näheres darüber in § 18 Anm. 12.

6. Schon bevor die Bildstreifen zum Zwecke der öffentlichen Vorführung überhaupt in den Verkehr gebracht werden, müssen sie geprüft werden.

In den Verkehr wird der Bildstreifen noch nicht durch die öffentliche Vorführung gebracht, da hierdurch zwar der Gedankeninhalt des Bildstreifens den Zuschauern zugänglich gemacht wird, der Bildstreifen als körperlicher Gegenstand aber in der Hand desjenigen bleibt, der die Vorführung veranstaltet. Andererseits ist es — wie bei dem sogenannten Münzbetrug des StGB § 147 (vgl. Schwartz Anm. 2) — nicht erforderlich, daß mehrere Stücke des Films hergestellt und körperlich weitergegeben worden sind. Es genügt vielmehr die körperliche Weitergabe eines Stückes. In den Verkehr gebracht ist der Bildstreifen aber noch nicht, wenn erst der Vertrag mit dem Filmverleiher abgeschlossen ist oder wenn gar erst ein Vertragsangebot gemacht ist (A. M. Szczesny S. 20). Gleichgültig ist es, ob der Negativfilm oder ein Positivfilm weitergegeben wird, vorausgesetzt nur, daß dieses in den Verkehr

Bringen zum Zwecke der öffentlichen Vorführung geschieht. Eine Prüfungspflicht ist deshalb noch nicht begründet, wenn der Filmfabrikant den Negativfilm an ein Unternehmen schickt, das gewerbsmäßig die Negativfilme entwickelt oder retouchiert. Auch die Versendung von Bildstreifen an die Filmverleiher, um ihnen zu ermöglichen, von dem Inhalt des Bildstreifens Kenntnis zu nehmen und sich dann darüber schlüssig zu werden, ob sie den Bildstreifen kaufen wollen und in wieviel Stücken, ist noch nicht prüfungspflichtig. Wenn der Filmfabrikant aber auf Grund der Bestellungen der Filmverleiher auch nur ein einziges Stück an sie verkauft oder verpachtet, so liegt ein in den Verkehr Bringen zum Zwecke der öffentlichen Vorführung vor. Der Abschluß des Vertrages genügt aber nicht, vielmehr muß die Aufgabe der Verfügungsgewalt hinzukommen, so Übergabe an die Post, den Boten, den Expeditör. Dagegen braucht die Übergabe an den Käufer oder Pächter selbst noch nicht erfolgt zu sein. (So auch Stern S. 13; ungenau Liepe S. 11.)

Das in den Verkehr Bringen vor erteilter Erlaubnis ist verboten worden, weil man schon für die Hersteller der Bildstreifen die Prüfungspflicht einführen wollte. Wenn auch früher schon, wenigstens in Berlin, dem Hauptsitz der Filmindustrie, tatsächlich die Filmfabrikanten ihre Bildstreifen zur Zensur vorführten, bevor sie sie in den Verkehr brachten, so war das doch nur ein in ihrem eigenen Interesse geübtes Entgegenkommen der Filmfabrikanten, zu dem sie rechtlich nicht verpflichtet waren. Der Prüfungspflicht unterworfen waren bisher lediglich die Veranstalter der Lichtspielvorführung, nicht dagegen die Filmfabrikanten und die Filmverleiher. Gerade sie aber muß man treffen. Deshalb hat man auch das in den Verkehr Bringen vor erfolgter Prüfung verboten. Ob das in den Verkehr Bringen geschieht, in der irrigen oder auch in der begründeten Annahme, die Prüfungsstelle werde den zur Zeit des in den Verkehr Bringens noch nicht genehmigten Bildstreifen zulassen, ist unerheblich.

7. Die öffentliche Vorführung bildet nicht das Gegenstück zu der Vorführung in einer geschlossenen Gesellschaft, denn nicht jede Vorführung, die nicht öffentlich ist, findet in einer geschlossenen Gesellschaft statt (vgl. Anm. 8); sonst wäre es sinnlos gewesen, die Vorführungen in geschlossenen Gesellschaften den öffentlichen gleichzustellen, anstatt öffentliche und nichtöffentliche Vorführungen der Prüfungspflicht zu unterwerfen.

Öffentlich ist eine Lichtspielvorführung dann, wenn sie dem Publikum in seiner Allgemeinheit oder doch bestimmten Teilen des Publikums zugänglich ist, wenn sie sich also nicht auf einen individuell bestimmten Personenkreis beschränkt. (OVG vom 9. 7. 91 23 S. 403, vom 9. 3. 92 22 S. 415, vom 4. 1. 95 27 S. 428. KG vom 15. 11. 00 Bd. 20 C 112. Illiger

S. 55, Stahn, Die Rechtsstellung der Theaterzensur in Preußen, Greifswalder Diss. 1919, S. 24 f., Hahn S. 42.) Gleichgültig ist es, ob Eintrittsgeld erhoben wird oder nicht. Eine Lichtspielvorführung, zu der der Zutritt ohne Eintrittsgeld gestattet wird, kann ebenso gut nicht öffentlich sein wie eine Lichtspielvorführung, zu der der Zutritt nur gegen Zahlung eines Eintrittsgeldes gestattet wird, öffentlich sein kann. (OVG vom 24. 9. 08 Bd. 18 S. 422, Opet S. 385, Goldbaum, Theaterrecht, S. 7.)

Nicht öffentlich sind die Veranstaltungen dann, wenn sie von einer geschlossenen Gesellschaft für ihre Mitglieder und für besonders eingeführte Gäste (a. M. Goldbaum, Theaterrecht, S. 6) oder von Privatleuten ausschließlich für ihre Gäste veranstaltet werden. (OVG vom 9. 3. 92 Bd. 22 S. 415, 418, vom 4. 1. 95 Bd. 27 S. 428, vom 24. 1. 96 Bd. 29 S. 434, Illiger S. 55.)

Unter Umständen sind aber auch Vorführungen, die lediglich vor Vereinsmitgliedern stattfinden, öffentlich, nämlich dann, wenn nach dem ganzen Gefüge des Vereins, nach der Stärke der persönlichen Beziehungen seiner Mitglieder und nach den Voraussetzungen des Erwerbes und des Verlustes der Mitgliedschaft kein innerlicher Zusammenhang der einzelnen Mitglieder begründet wird, der ihnen die Eigenschaft eines engeren, nach außen hin bestimmt abgegrenzten Personenkreises verleiht. (RG vom 10. 11. 10, Goldbaum, Theaterrecht, S. 6.)

Ob der Ort, an welchem die Lichtspielvorführung stattfindet, ein öffentlicher Ort ist oder ob sie in einem Privathaus stattfindet, das ist für den Begriff der Öffentlichkeit der Vorführung gleichgültig. (OVG vom 19. 11. 84 Bd. 11 S. 392, Goldbaum, Theaterrecht, S. 5, Stahn, Die Rechtsstellung der Theaterzensur in Preußen, Greifswalder Diss. 1919, S. 25.)

Nichtöffentlich sind hiernach die Probevorführungen zu Zensurzwecken, gleichgültig, ob sie in einem besonderen Vorführungsraum des Polizeipräsidiums stattfinden oder aber in dem Lichtspielhaus veranstaltet werden. Dies gilt selbst dann, wenn im Einverständnis mit der Zensurbehörde der einen oder anderen interessierten Person, etwa einem Vertreter des Filmfabrikanten, einem für Lichtspielfragen sich wissenschaftlich interessierenden Pädagogen oder Juristen, der Zutritt gestattet wird. Nichtöffentlich sind auch die von den Filmfabrikanten oder von den Filmverpächtern in ihren Vorführungsräumen vor kauflustigen Filmverpächtern oder pachtlustigen Lichtspielunternehmern veranstalteten Vorführungen. Nichtöffentlich sind endlich auch die Vorführungen belehrender Filme ausschließlich vor einer bestimmten Gruppe von Schülern zu Unterrichtszwecken, die von der Schulbehörde veranstaltet werden, gleichgültig, ob sie in einem besonderen Vorführungsraum der Schule stattfinden oder aber in einem Gemeindelichtspielhaus oder aber in einem privaten Lichtspielhaus. Daß nur Schüler einer bestimmten Klasse an ihnen teilnehmen, ist nicht erforderlich, ebenso wenig daß die Schüler derselben Schule angehören. Wenn aber nicht nur den Schülern der Zutritt gestattet wird, sondern auch ihren Angehörigen, so handelt es sich um öffentliche Vorführungen, da die Schule zu den Eltern der Schüler nicht in so innigen Beziehungen steht, daß man die Eltern und die anderen Angehörigen als einen so festumgrenzten Kreis ansehen kann, daß die Einheit gewahrt bleibt. Nichtöffentlich sind auch die im besetzten Rheinland von dem feindlichen Besatzungsheere für ihre Truppen in den ihnen gemäß § 8 der „Vereinbarung zwischen den Vereinigten Staaten von Amerika, Belgien, dem britischen Reich und Frankreich einerseits und Deutschland andererseits betreffend die militärische Besetzung der Rheinlande" vom 28. 6. 19 von Deutschland zur Verfügung gestellten Lichtspielhäusern veranstalteten Lichtspielvorführungen.

Die von einem Verein für seine Mitglieder veranstalteten Vorführungen sind in der Regel nicht öffentlich. Dies gilt auch von solchen Vorführungen, die von Lichtspielreformvereinen für ihre Mitglieder veranstaltet werden. Es muß sich dabei aber um ernstliche Reformvereine handeln, nicht um sogenannte Gesetzesumgehungsvereine. (Goldbaum S. 9; Theaterrecht S. 7 Anm. 22.)

8. Der öffentlichen Vorführung werden gleichgestellt Vorführungen in Klubs, Vereinen und anderen geschlossenen Gesellschaften. (Gegen diese Gesetzestechnik, Hofacker, Staatsverwaltung und Strafrechtsreform, Stuttgart 1919, S. 35 f.) Diese Bestimmung erschien erforderlich, um der schon mehrfach beobachteten Abwanderung nicht einwandfreier Bildstreifen in die Klubs usw. vorzubeugen (Begr. S. 8). Es sollten also nur diejenigen nicht öffentlichen Vorführungen getroffen werden, die ihrer Gestaltung nach den öffentlichen Vorführungen nahestehen. Vorbild war die Vorschrift des Art. I des Gesetzes gegen das Glücksspiel vom 23. 12. 19 (RGBl. S. 2145): „Als öffentlich veranstaltet gelten auch Glücksspiele in Vereinen oder geschlossenen Gesellschaften, in denen Glücksspiele gewohnheitsmäßig veranstaltet werden." Auch die Ausführungsanweisung zu dem preußischen Kommunalabgabengesetz vom 14. Juli 1893, dessen § 15 den Gemeinden ganz uneingeschränkt die Besteuerung von Lustbarkeiten gestattet, wäre heranzuziehen. Nach Art. 11 der Ausführungsanweisung vom 10. Mai 1894 ist davon auszugehen, daß grundsätzlich nur die öffentlichen Lustbarkeiten zu

besteuern seien, daß den öffentlichen Lustbarkeiten zwar diejenigen gleichzustellen seien, welche von Vereinen oder Gesellschaften veranstaltet würden, die zu diesem Behufe gebildet seien; es sei aber nicht beabsichtigt gewesen, die Besteuerung von jeder Lustbarkeit von unzweifelhaft rein häuslichem Charakter zu ermöglichen. (Illiger S. 48 f., 77 ff.)

Eine Ausdehnung der Prüfungspflicht auch auf solche Bildstreifen, die in nicht öffentlichen oder doch nicht nachweisbar öffentlichen Lichtspielvorführungen gezeigt werden, ist zweifellos erwünscht, nicht nur um Umgehungen des Gesetzes zu verhindern, sondern auch um Fälle zu treffen, bei denen die Vorführung in ihrer Wirkung der einer öffentlichen Vorführung gleich- oder doch nahekommt, ohne daß es sich doch tatsächlich um eine öffentliche Vorführung handelt. Es muß aber im Einzelfall sorgsam untersucht werden, ob noch eine Vorführung in einer geschlossenen Gesellschaft im Sinne dieser Bestimmung vorliegt oder aber *eine auf den nächsten Familien- oder Freundeskreis begrenzte Vorführung.* So wäre es sinnlos, wenn man etwa verlangen wollte, daß Bildstreifen mit Aufnahmen aus den Kinderjahren des Bräutigams oder der Braut vor der Hochzeitsgesellschaft erst von der Prüfungsstelle zugelassen sein müßten. Wann allerdings noch eine geschlossene Gesellschaft vorliegt, wann noch eine Vorführung im engsten persönlichen Kreise, das kann im Einzelfall sehr zweifelhaft sein. (Illiger S. 80 ff.; zu eng Stern S. 12; Liepe S. 10.) So weit wie nach dem Glücksspielgesetz wird man allerdings nicht gehen dürfen. Hier wird eine verbotene geschlossene Gesellschaft schon dann nicht anzunehmen sein, wenn ein engerer Personenkreis, der in der Wohnung eines Teilnehmers Glücksspiele veranstaltet, durch andere Beziehungen als das Spiel verbunden wird. Goldbaum S. 10, 13 f. meint, diese Bestimmung des LG verstoße gegen RV 118, 123, 124. Er beruft sich darauf, daß durch Polizeiverordnung der Begriff der Öffentlichkeit, der feststehe, nicht abgeändert werden dürfe (Illiger S. 55); das dürfe auch ein Gesetz nicht. Er übersieht, daß die Polizeiverordnung an den Rahmen von ALR § 10 II 17 gebunden ist, nicht aber das Gesetz. Darüber, daß die Filmzensur nicht gegen die Vereins- und Versammlungsfreiheit verstößt, vgl. Hellwig, Kinematographenzensur S. 893 ff. sowie Reichsvereinsgesetz.

Die Vorführungen in Klubs usw. sind als „öffentliche" nur im Sinne des LG, nicht im Sinne anderer Gesetze anzusehen. Insbesondere beziehen sich die *landesrechtlichen* Bestimmungen über Jugendschutz bei öffentlichen Lichtspielvorführungen nur auf die nach dem allgemeinen Sprachgebrauch und der üblichen Begriffsbestimmung der Gesetze öffentlichen Vorführungen, nicht auf die für Zensurzwecke ihnen durch LG gleichgestellten nicht öffentlichen Vorführungen. Bei den nicht öffentlichen sind auch gemäß RV Art. 118 Abs. 2 Satz 2 besondere Maßnahmen zum Jugendschutz nicht zulässig.

9. Von der Prüfungspflicht befreit ist die Vorführung von Bildstreifen zu ausschließlich wissenschaftlichen oder künstlerischen Zwecken in öffentlichen oder als öffentlich anerkannten Bildungs- oder Forschungsanstalten. Die für derartige Vorführungen bestimmten Bildstreifen unterliegen der Prüfungspflicht auch nicht, wenn sie zu diesem Zweck in den Verkehr gebracht werden. Über die Bedeutung dieser durch den Reichsrat in den Entw. II hineingebrachten Bestimmung können Zweifel entstehen. Dem Wortlaut nach ist jede Vorführung zu ausschließlich wissenschaftlichen oder künstlerischen Zwecken von der Prüfungspflicht befreit, wenn sie in öffentlichen Bildungs- oder Forschungsanstalten geschieht. Die Beziehung ist also eine rein räumliche. Das kann aber nicht der Sinn der Bestimmung sein, denn dann wäre nicht einzusehen, weshalb nicht auch an anderen Orten erfolgende Vorführungen zu rein wissenschaftlichen oder künstlerischen Zwecken, beispielsweise in wissenschaftlichen Vereinen, von der Prüfungspflicht befreit sein sollten, da bei ihnen doch mindestens die gleiche Gewähr für Unbedenklichkeit der Vorführung gegeben wäre, als wenn etwa in einer Schule von einem beliebigen Unternehmer eine allgemein zugängliche belehrende Lichtspielvorführung veranstaltet würde. Die Beziehung wird also eine persönliche sein müssen in der Art, daß die Vorführung in den Bildungs- und Forschungsanstalten vor den Schülern oder denjenigen Personen, die bestimmungsgemäß zur Benutzung der Anstalt berechtigt sind, veranstaltet sein muß, und zwar von den betreffenden Organen der Anstalt. Wenn dies aber der Fall ist, so handeln die Organe der Anstalt als Organe der Staatsgewalt, die auf dem ihnen überlassenen Gebiete der Bildung oder Forschung Eingriffen anderer Zweige der Staatsverwaltung an und für sich nicht unterliegen. Es hätte deshalb einer besonderen Bestimmung nicht bedurft. Die Bestimmung ist wohl nur getroffen, um den im Grunde selbstverständlichen Grundsatz klarzustellen. Eine vor den Schülern in den Schulräumen veranstaltete Lichtspielvorführung ist weder öffentlich (a. M. Goldbaum S. 10), noch eine Vorführung vor einer geschlossenen Gesellschaft, da die Schulgemeinschaft auf staatlichem Gebot und nicht auf freiwilliger Bildung durch die Teilnehmer beruht. Derartige Lichtspielvorführungen unterliegen daher unter keinen Umständen der Filmzensur, auch dann nicht, wenn es sich um unterhaltende Lichtspielvorführungen handelt, die in Verfolgung des Erziehungszweckes erfolgen. Dem Wortlaut nach sind prüfungspflichtig auch diejenigen von den Schulbehörden veranstalteten Lichtspielvorführungen, die sie für ihre Schüler nicht in der

Schule selbst veranstalten, sondern in dem städtischen oder einem privaten Lichtspielhaus. Ich möchte dies aber nicht annehmen. Man hat an diesen Fall offenbar nicht gedacht. Es tritt infolgedessen der allgemeine Grundsatz in Kraft, daß die den Erziehungszweck verfolgenden Schulveranstaltungen der polizeilichen Einwirkung entzogen sind. Etwas anderes ist es natürlich, wenn die betreffenden von der Schulbehörde veranstalteten Lichtspielvorführungen außer den Schülern auch Dritten zugänglich sind. Man denke z. B. an die auf einem Schulausflug vor den Schülern und ihren Angehörigen veranstalteten Lichtspielvorführungen. Diese unterliegen dann, auch wenn sie ausschließlich wissenschaftlichen oder künstlerischen Zwecken dienen, doch der Prüfungspflicht.

Wissenschaftlich ist der Zweck nicht nur dann, wenn die Vorführungen der wissenschaftlichen Forschung dienen wollen oder wenn sie neue Ergebnisse wissenschaftlicher Forschung vermitteln wollen, wie etwa Vorführungen in der Universität vor Studenten, sondern allgemein dann, wenn sie belehrende, erziehliche Zwecke verfolgen im Gegensatz zu Unterhaltungszwecken, so etwa die Vorführung von belehrenden Bildstreifen zur Ergänzung des Volksschulunterrichts. Eine höhere wissenschaftliche Leistung ist also nicht erforderlich, überhaupt nicht eine Bereicherung des Wissens der Zuschauer; auch moralische und religiöse Zwecke, soweit sie durch den Unterrichtsplan der betreffenden Anstalt verfolgt werden, genügen. In diesen Fällen liegt auch keine Lustbarkeit im Sinne des Kommunalabgabengesetzes vor. (Illiger S. 11 f.)

Auch der verfolgte künstlerische Zweck braucht nicht künstlerisch im höchsten Sinne des Worts zu sein; er muß aber im Rahmen der Ziele der betreffenden Anstalt liegen. Dabei wird man aber nicht engherzig vorgehen dürfen. Eine gewisse künstlerische Bildung zu erstreben, muß sich jede Schule angelegen sein lassen im Interesse der harmonischen Entfaltung der Persönlichkeit der Schüler. Wenn aber beispielsweise ein staatliches mineralogisches Institut vor den Studenten Lichtspielvorführungen, in denen die Darbietungen einer Nackttänzerin wiedergegeben werden, vorführen wollte, so würde das über die ihm gestellten Aufgaben hinausgehen. Eine derartige Vorführung würde daher erlaubnispflichtig sein, auch dann, wenn sie tatsächlich ausschließlich zu künstlerischen Zwecken veranstaltet wird, ja sogar, wenn sie geeignet ist, diesen Zwecken auch tatsächlich zu dienen.

Es kommt im übrigen nur auf den von den Leitern der Anstalt verfolgten Zweck an, nicht dagegen auf den wissenschaftlichen oder künstlerischen Wert der Vorführungen. Anders § 2.

Über den Begriff der öffentlichen Bildungsanstalt können Zweifel nicht bestehen. Öffentlich ist hier natürlich nicht im Sinne von allgemein zugänglich zu verstehen, sondern im Sinne von durch den Staat, die Gemeinde, einen Gemeindeverband, einen öffentlichen Zweckverband im öffentlichen Interesse errichtet und unterhalten.

Als öffentlich anerkannt werden diejenigen Bildungsanstalten zu gelten haben, deren Ziele eine öffentliche Körperschaft unterstützt durch Zuwendungen, durch Anerkennung der Zeugnisse, die bei ihrem erfolgreichen Besuch verliehen werden, durch Teilnahme an der Auswahl der Lehrkräfte, durch Vergünstigungen, die sie für den Besuch der Anstalt aufstellt u. dergl. Wann diese Voraussetzung gegeben ist, zu würdigen, ist Sache des Einzelfalls. Ein abschließendes Verzeichnis aufzustellen wird ebenso unmöglich sein wie eine Begriffsbestimmung zu geben, die in jedem Einzelfall eine zweifelsfreie Entscheidung ermöglicht. Nach AB Abschn. A, 3 soll die Anerkennung durch die Landeszentralbehörde maßgebend sein. Die Aufstellung entsprechender Verzeichnisse wäre erwünscht; sie ist für den Richter insofern bindend, als er eine von der Landeszentralbehörde anerkannte Bildungs- oder Forschungsanstalt auch als solche behandeln muß, aber nicht umgekehrt.

Es ist Lange S. 245 zuzugeben, daß die Zensurfreiheit dieser Vorführungen, beispielsweise in Volkshochschulen, unter Umständen mißbraucht werden kann.

10. Ausnahmen von der Prüfungspflicht sind außer in § 1 Abs. 1 Satz 3 noch geregelt in § 6 und in § 17. In § 6 handelt es sich um eine auf die Dauer berechnete Ausnahme, aber im Gegensatz zu der Ausnahme des § 1 Abs. 1 nur um eine bedingte Befreiung von der Prüfung durch die Prüfungsstelle, nämlich unter der Voraussetzung, daß die Vorführung von der betreffenden Ortspolizeibehörde, in deren Bezirk die Vorführung erfolgen soll, genehmigt worden ist. Das in den Verkehr Bringen von Bildstreifen über Tagesereignisse oder von Landschaftsfilmen ist aber ganz allgemein ohne jede Prüfung erlaubt. Die Übergangsvorschriften des § 17 enthalten im Gegensatz zu den beiden anderen Fällen nur Ausnahmen vorübergehender Art. Auch hier handelt es sich nur um eine bedingte Befreiung.

II. Prüfungsgrundsätze.

A. Allgemeine Grundsätze.

11. Die Vorführung eines Bildstreifens ist ohne Erlaubnis der Prüfungsstelle verboten. Es liegt aber nicht im freien Ermessen der Prüfungsstelle, ob sie die Erlaubnis erteilen will oder nicht. Sie ist vielmehr dem Antragsteller gegenüber

verpflichtet, die Erlaubnis zu erteilen, wenn nicht einer der in § 1 Abs. 2 abschließend aufgezählten Versagungsgründe gegeben ist. Die Prüfungsstelle hat die Dienstpflicht, die Erlaubnis in allen Fällen, in denen einer der Versagungsgründe vorliegt, zu versagen, sie hat aber auch die Dienstpflicht und die Verpflichtung gegenüber dem Antragsteller, die Erlaubnis zu erteilen, wenn einer der Versagungsgründe nicht vorliegt.

Bei der Entscheidung über die Erlaubnis darf die Prüfungsstelle nur die in den Versagungsgründen anerkannten staatlichen Interessen vertreten. Es handelt sich hierbei um polizeiliche Interessen in dem Sinne, daß es sich um die Abwehr von Schädigungen für die Allgemeinheit handelt. (So auch Stern S. 15.) Der Kreis der polizeilich zu schützenden Interessen ist allerdings gegenüber dem bisherigen Recht erheblich vergrößert worden.

Private Interessen irgendwelcher Art dürfen bei der Erlaubniserteilung nicht berücksichtigt werden (Lagenstein S. 67). So wäre es unzulässig, im Interesse eines Ehemanns, der bei einer kinematographischen Straßenaufnahme zufällig mitaufgenommen ist, während er mit einer Dame zärtlich umschlungen lustwandelte, die Erlaubnis zu versagen oder von dem Ausschneiden des betreffenden Teiles des Bildstreifens abhängig zu machen. Unzulässig wäre es auch, die Zulassung eines Bildstreifens zu versagen, weil der Antragsteller, um von seinem Vertrag beispielsweise mit dem ausländischen Filmfabrikanten befreit zu werden, dies selbst wünscht.

Die Prüfungsstelle darf sich auch nicht von persönlichen, außerhalb der Sache liegenden Motiven leiten lassen (Schikane, Haß, Freundschaft, Laune usw.). So darf sie z. B. bei der Prüfung von Bildstreifen, die von ausländischen Firmen hergestellt sind, keinen strengeren Maßstab anlegen als bei den deutschen; sie darf nicht aus Rücksicht auf die Konfession, Parteizugehörigkeit des Antragstellers usw. die Erlaubnis erteilen oder versagen. Dies ist die eine Bedeutung des Satzes, daß die Zulassung nicht aus Gründen versagt werden darf, die außerhalb des Inhalts der Bildstreifen liegen.

Des weiteren besagt dieser Satz, daß die technische Beschaffenheit des Bildstreifens nicht berücksichtigt werden darf, sondern nur der Gedankeninhalt des Bildstreifens. Es sollte der im WLG Art. 2 Abs. 2 aufgestellte Versagungsgrund ausgeschlossen werden, nach dem die Erteilung der Erlaubnis auch dann zu versagen ist, wenn die Vorführung des Bildstreifens geeignet wäre, eine besonders nachteilige Einwirkung auf die Augen der Zuschauer auszuüben. Ferner wäre es unzulässig die Erlaubnis zu versagen, weil die Bildstreifen aus feuergefährlichem Zelluloid anstatt des weit weniger gefährlichen Zellits oder Boroids bestehen.

Die Tätigkeit der Prüfungsbehörde besteht in einer Interessenabwägung. Sie darf bei der Erlaubniserteilung nicht nach ihrem persönlichen Geschmack zwischen den verschiedenen polizeilichen Zwecken wählen, sondern sie muß diejenigen zu verfolgen suchen, bei deren Verfolgung sie objektiv betrachtet den erreichten Kulturzustand am besten schützt und den erstrebten Kulturzustand am besten herbeiführt. (Lagenstein S. 68.) Diese objektive Einstellung ist niemals leicht, ganz besonders schwer aber bei einer Behörde, die aus einem gemischten Kollegium besteht, dessen Laienbeisitzer zur Objektivität weniger erzogen sind und die weniger oft an den Sitzungen teilnehmen und deshalb nicht die gleiche Erfahrung und den gleichen Überblick wie die Beamten erhalten, auch durch ihre sonstigen Beziehungen und Interessen leicht zu gewissen Einseitigkeiten neigen.

12. Das LG geht zweifellos von dem Grundsatz der Wirkungszensur aus. Man unterscheidet Inhaltszensur und Wirkungszensur (gegen diese Scheidung Lange S. 163 f.), wie dies auch schon für das preußische Recht anerkannt war. (Opet S. 138 ff.; Hellwig, Grundsätze, S. 436; v. Kamptz S. 219.) Bei der Inhaltszensur wird lediglich der Inhalt des Bildstreifens geprüft, ohne Rücksicht darauf, welche Wirkung die Vorführung des Bildstreifens auf die Zuschauer wahrscheinlich ausüben wird. Die Wirkungszensur dagegen stellt es lediglich darauf ab, ob die öffentliche Vorführung des Bildstreifens aller Wahrscheinlichkeit nach gewisse Wirkungen äußern wird. Da bei der Wirkungszensur aus dem Inhalte des Bildstreifens, wenn auch nicht aus ihm allein, die Anhaltspunkte für die wahrscheinliche Wirkung entnommen werden müssen, kann man die Wirkungszensur zwar als eine Abart der Inhaltszensur bezeichnen, doch darf man nicht übersehen, daß beide Systeme in nicht seltenen Fällen zu verschiedenen Ergebnissen bei der Beurteilung ein und desselben Bildstreifens gelangen müssen. (Hellwig, Grundsätze, S. 515 ff.) Gegen die Charakterisierung der Prüfung im Sinne des LG als einer Wirkungszensur spricht nicht § 1 Abs. 2 letzter Satz, dessen Bedeutung eine andere ist (vgl. Anm. 11). A. M. Stern S. 28, der die Wirkung auf die Zuschauer überhaupt ausschalten will. Er stellt es lediglich auf den Inhalt des Bildstreifens ab.

Es kommt lediglich auf die mutmaßliche Wirkung der Vorführung des Bildstreifens auf das Publikum an; ein Bildstreifen, dessen Inhalt an sich vielleicht nicht zu beanstanden wäre, kann zu einer Versagung der Vorführungserlaubnis führen und andererseits kann die Erlaubnis erteilt werden für einen Bildstreifen, dessen Inhalt wenigstens zum Teil bedenklich ist.

Es kommt dabei aber nicht lediglich auf die Wirkung auf die Zuschauer an, wie anscheinend Opet S. 139 f. und Goldbaum (Theaterrecht) S. 58 meinen, sondern daneben auch auf das sonstige Publikum, das von der Vorführung des Bildstreifens erfährt. Bei dieser Berücksichtigung der mittelbaren Wirkung der Vorführung auf das Publikum muß aber ganz besonders sorgsam vorgegangen werden. Es ist insbesondere ein streng objektiver Maßstab anzulegen, indem davon auszugehen ist, welches die Wirkung wäre, wenn der betreffende Teil des Publikums der Vorführung beigewohnt hätte. (Richtig Szczesny S. 25; a. M. Goldbaum S. 22.)

Auf die Absicht, die der Verfasser des Bildstreifens verfolgt hat, kommt es entscheidend nicht an, sondern nur auf die Wirkung, die möglicherweise eine ganz andere sein kann, als Verfasser, Filmfabrikant, Lichtspielveranstalter es voraussehen oder wünschen. Beispielsweise schützt die künstlerische Absicht oder die Absicht zu belehren oder aufzuklären nicht gegen die Versagung der Prüfungserlaubnis, auch wenn jene Absicht nachgewiesen ist oder doch als vorhanden unterstellt wird. (Hellwig, Grundsätze, S. 438; v. Kamptz S. 219; Urteil des OVG vom 2. 5. 92 [Hochwacht Jhg. 3 S. 34 f.] bei Hellwig, Grundsätze, S. 422.) Dagegen spricht nicht § 1 Abs. 2 vorletzter Satz, da hierdurch keineswegs allen Bildstreifen, die soziale, politische, religiöse, ethische oder andere „Weltanschauungstendenzen" verfolgen, ein Freibrief ausgestellt werden soll. (So auch Szczesny S. 25.)

Aus dem gleichen Grunde ist es nicht entscheidend, ob die schauspielerische Leistung hervorragend künstlerisch ist, denn eine vollendete künstlerische Aufnahme kann um so verführerischer wirken und mehr zur Nachahmung reizen, als eine mangelhafte (Urteil des Bez.-A. I Berlin vom 6. 12. 12 bei Hellwig, Verwaltungsgerichte S. 102).

Für die Frage, welches die mutmaßliche Wirkung sein werde, ist, soweit die Wirkung auf die Zuschauer in Betracht kommt, als Maßstab von dem normalen Durchschnittsmenschen derjenigen Gruppen, die vorzugsweise das Lichtspiel häufiger zu besuchen pflegen, auszugehen. Zu weit geht er, wenn Lange S. 201 es als „ganz selbstverständlich" bezeichnet, „daß die Zensur auf die Empfindlichsten, d. h. auf die Frauen und Jugendlichen, berechnet werden muß". (Richtig z. B. das Urteil des Bez.-A. I vom 11. 12. 12 — I. A. 1/13 — über den Bildstreifen „Der verschwundene See", bei Hellwig, Verwaltungsgerichte, S. 115.) Auf die immerhin mögliche Anwesenheit vereinzelter übernervöser oder psychopathischer Personen ist dabei nicht Rücksicht zu nehmen. Die Berliner Prüfungsstelle hat nicht den Maßstab, der in Berlin üblich ist, anzulegen und die Münchener Prüfungsstelle nicht den Maßstab von München; vielmehr haben beide nach Möglichkeit die Verhältnisse in ganz Deutschland zu berücksichtigen, die Verhältnisse in der Großstadt und in der Kleinstadt wie auf dem flachen Lande, Männer und Frauen aller politischen Richtungen und Lebensanschauungen, aller Konfessionen und Berufe usw. Der Grundgedanke ist der, daß ein Bildstreifen, für den die Vorführungserlaubnis erteilt wird, an keinem Orte Deutschlands und vor keinem Publikum berechtigterweise Anstoß erregen darf. Der Maßstab der dabei anzulegen ist, soll ein scharfer sein; darüber waren sich Mehrheits- und Minderheitsparteien in dem Ausschuß, wie wiederholt von den verschiedensten Seiten betont wurde, einig (Aussch. S. 7). Es ist dies eine notwendige Folge der straffen Zentralisierung, welche die Berücksichtigung rein örtlicher Bedürfnisse durch örtliche Prüfungsausschüsse ausschließt. In einem zweifellosen Widerspruch dazu steht die durch den Ausschuß in § 4 geschaffene Möglichkeit des Widerrufs der Erlaubnis auch nur für ein bestimmtes Gebiet, wenn das Zutreffen der Voraussetzungen der Versagung erst nachträglich hervortritt (vgl. § 4 Anm. 4).

13. Bei der Beurteilung der Wirkung der Vorführung des Bildstreifens kommt es auf die Gesamtwirkung an. Es ist also nicht zulässig, einzelne Teile aus dem Ganzen herauszugreifen und zu untersuchen, welche Wirkung ihre Vorführung für sich allein auf die Zuschauer ausüben würde. Die Wirkung der Vorführung einzelner Teile kann nur in dem Zusammenhang richtig beurteilt werden. Diese Wirkung kann durch vorhergehende und besonders durch nachfolgende Teilstücke eine ganz andere werden. (Hellwig, Schundfilms, S. 74 ff.; Grundsätze S. 443 und in der „Zeitschrift für Rechtspflege im Herzogtum Braunschweig" Bd. 60 S. 72.) Dies muß auch für den Titel und den verbindenden Text auf dem Bildstreifen gelten, da sie Teile des Bildstreifens sind. Bei dem Titel ist aber zu berücksichtigen, daß er, auch losgelöst von den bildlichen Darstellungen eine Wirkung ausübt, und zwar auch auf viele Personen, die der Vorführung nicht beiwohnen. Ob ein Titel allein verboten werden kann, ist eine andere Frage. (Vgl. 5 Anm. 1.)

Wenn die zu beanstandenden Teile des Bildstreifens sich über den ganzen Bildstreifen erstrecken, wenn auch nicht über alle einzelnen Teilbilder, so rechtfertigt sich ein Vorführungsverbot für den ganzen Bildstreifen; es ist nicht etwa erforderlich, daß lediglich diejenigen Bildstreifen, gegen die sich die Beanstandungen unmittelbar richten, verboten werden, da der zu beanstandende Gedankeninhalt dem gesamten Bildstreifen sein Gepräge gibt. (Vgl. Urteil des Bez.-A. I vom 6. 12. 12 — I A 151/12 — über „Tom Butlers geheimnisvolle Abenteuer" bei Hellwig, Verwaltungsgerichte, S. 102.)

Unter Umständen kann die Vorführung eines Bildstreifens sogar schon dann verboten werden, wenn der Bildstreifen durch das, was er unmittelbar wiedergibt, noch nicht zu Beanstandungen Anlaß gibt, wohl aber durch das, was der übliche Beschauer des Bildstreifens in den Lichtspielhäusern aus dem, was er sieht, entnehmen muß. Es ist also nicht erforderlich, daß beispielsweise Unzüchtigkeiten bildlich vorgeführt werden; es genügt, wenn sie erkennbar angedeutet werden. Bei der Ausschußberatung wurde auf Anfrage von Regierungsseite ausdrücklich erklärt, daß ein Abbrechen des Films in verfänglicher Situation genau ebenso wie der Film der Zensur unterliege. Deshalb wurde der ursprünglich gestellte Antrag, das Verbot auch zuzulassen, wenn das Abbrechen des Bildstreifens geeignet sei, das religiöse Empfinden zu verletzen oder durch Erregung niedriger Triebe verrohend oder entsittlichend zu wirken, zurückgezogen (Aussch. S. 5). Auf einen andern Standpunkt hatte sich die Strafkammer Liegnitz bezüglich der Bildstreifen „Das unruhige Modell" und „Baden verboten" gestellt, indem sie den Lichtspielveranstalter freisprach, weil die Bilder nicht unzüchtig im Sinne des § 184 Ziff. 1 StGB seien, da sie nicht durch das, was sie zeigten, sondern höchstens durch das, was sie erraten ließen, das Schamgefühl verletzten. Die Strafkammer Breslau dagegen hatte wegen derselben beiden Bildstreifen den Lichtspielveranstalter verurteilt und das Urteil wurde auch von dem Reichsgericht bestätigt. (Reichert im PrVBl 29 S. 470.)

Wenn aber durch die anstößigen Teilbilder nicht der Bildstreifen als solcher anstößig wird, so ist ein Vorführungsverbot bezüglich des ganzen Bildstreifens unzulässig, es dürfen vielmehr nur die einzelnen Teilbilder beanstandet werden (§ 1 Abs. 3). Wann dies der Fall ist, das ist Tatfrage, die nur im einzelnen Fall entschieden werden kann. Allgemeine Gesichtspunkte lassen sich nicht angeben. Dieser Grundsatz entspricht dem bisherigen Recht. Denn wenn es auch auf die Gesamtwirkung des Bildstreifens ankommt, so ist es doch möglich, daß die zu beanstandende Wirkung nicht durch die ganze Anlage des Bildstreifens bewirkt wird, sondern nur durch einzelne, aus dem Ganzen auszusondernde Teilbilder. In diesen Fällen genügt es zur Beseitigung des polizeiwidrigen Zustandes, wenn die betreffenden Teilbilder entfernt werden; die Polizei würde daher nach dem bisherigen Recht ihre Befugnisse überschritten haben, wenn sie sich mit der Entfernung dieser Teilbilder nicht begnügt, sondern die Vorführung des ganzen Bildstreifens verboten haben würde.

(Hellwig, Grundsätze, S. 443 f.) Gleichgültig ist es, ob der nach dem Ausschneiden dieser Teilbilder übrigbleibende Bildstreifen als solcher ohne weiteres verständlich ist oder ob die Einfügung neuer Teilbilder oder die entsprechende Umformung anderer, nicht verbotener Teilbilder erforderlich ist, um ein neues verständliches Ganze zu schaffen. Denn ob der zur Prüfung vorgelegte Bildstreifen vom künstlerischen oder literarischen Standpunkte aus eine vernünftige Geistesschöpfung ist oder nicht, ist für den Prüfungsausschuß gleichgültig; er hat die Vorführung des Bildstreifens auch dann, wenn er vollkommen unverständliche, zusammenhangslose Szenen wiedergibt, zu genehmigen, wenn nur keiner der ausdrücklich aufgezählten Verbotsgründe gegeben ist. Wenn nach Ausschneiden der verbotenen Teile des Bildstreifens an dem übrig gebliebenen Teile irgendwelche Änderungen vorgenommen werden, ist eine neue Prüfung des Bildstreifens erforderlich.

Die Frage, ob vom urheberrechtlichen Standpunkt Bedenken gegen die Zulässigkeit des Ausschneidens von Teilbildern aus den Bildstreifen bestehen, soll nur kurz gestreift werden, da diese Frage nach der Durchführung der Zentralisierung der Bildstreifenprüfung nicht mehr von der früheren Bedeutung ist. Der Urheber hat einen Anspruch darauf, daß seine Geistesschöpfung in derjenigen Form bleibt, die er ihr gegeben hat. Da bei den deutschen Bildstreifen nur derjenige, der an ihnen ein Urheberrecht hat, gänzlich oder teilweise (vgl. Schütze „Kinematographisches Urheberrecht", Leipziger Diss. 1913, S. 27 f.; Goldbaum, Theaterrecht, S. 257; Abel, Kinematographie und Urheberrecht, Wien 1914 S. 25; Bertram, Der Kinematograph in seinen Beziehungen zum Urheberrecht, München und Leipzig 1914 S. 50) berechtigt ist, sie zur Prüfung vorzulegen, können bei ihnen urheberrechtliche Ansprüche aus der mit Einwilligung des die Bildstreifen vorlegenden Filmfabrikanten kaum je erwachsen, es müßte denn ein Eingriff in das Individualrecht des eigentlichen Urhebers (vgl. insbesondere § 12 Abs. 1 des Kunstschutzgesetzes vom 9. 1. 07, RGBl S. 7) vorliegen. Anders ist die Sachlage höchstens bei ausländischen Bildstreifen, da derjenige, der das Vorführungsrecht für Deutschland erworben hat, damit keineswegs ohne weiteres auch das Urheberrecht an dem Bildstreifen für Deutschland erwerben soll. Es wird deshalb auf den Inhalt der vertraglichen Vereinbarung ankommen, ob der Inhaber des Vorführungsrechts auch als befugt zu erachten ist, seine Zustimmung zu von dem Prüfungsausschuß etwa für erforderlich erachteten Ausschnitten aus dem Bildstreifen zu geben. Im Zweifel wird man dies annehmen müssen. Selbstverständlich ist es, daß der Prüfungsausschuß Ausschnitte aus dem Bildstreifen niemals gegen den Widerspruch oder auch nur ohne ausdrückliche Genehmigung des den Bildstreifen zur Prüfung Vorlegenden vornehmen darf. Andernfalls würde er sich wegen Verletzung der urheberrechtlichen Befugnisse schadensersatzpflichtig und unter Umständen auch strafbar machen, da es sich bei seiner Maßnahme zwar um einen Staatshoheitsakt handelt, aber um einen solchen, zu dem ihn das Gesetz nicht berechtigt. Wenn die Zustimmung zu den beabsichtigten Ausschnitten von demjenigen erteilt wird, der nach dem maßgebenden öffentlichen Recht als befugt anzusehen ist, den Bildstreifen zur Prüfung vorzulegen, so dürfen die Ausschnitte vorgenommen werden; der Prüfungsausschuß braucht nicht erst noch zu untersuchen, ob diesem Antragsteller auch das Urheberrecht an dem Bildstreifen tatsächlich zusteht.

Der Prüfungsausschuß hat nur die in dem LG aufgezählten öffentlichrechtlichen Gesichtspunkte zu berücksichtigen, dagegen darf er privatrechtliche Interessen, die unter Umständen den Verletzten zu einem Vorführungsverbot im Wege der einstweiligen Verfügung und der Klage im Wege des Zivilprozesses berechtigen können (Goldbaum S. 19 und Theaterrecht S. 70), nicht berücksichtigen.

14. Die Zulassung des Bildstreifens nach erfolgter Prüfung, nach Vornahme von Ausschnitten oder ohne eine solche, kann für verschiedene Personenkreise erfolgen: Sie kann entweder ganz unbeschränkt erfolgen oder nur für Erwachsene oder nur für bestimmte Personenkreise oder auch nur für das Ausland. Ganz unbeschränkt dürfen nur diejenigen Bildstreifen zugelassen werden, gegen deren Vorführung auch vor Jugendlichen keine Bedenken gemäß § 3 bestehen. Das wird nur ein verhältnismäßig kleiner Teil sein. Nur für das Ausland werden diejenigen Bildstreifen zuzulassen sein, deren Vorführung zwar im Inland gegen die Grundsätze des § 1 verstoßen würde, deren Vorführung im Ausland aber vom deutschen Standpunkt aus zu Bedenken nicht Anlaß gibt.

Ob auch sonstige Beschränkungen der Zulassung statthaft sind, kann bei dem Schweigen des Gesetzes zweifelhaft sein. Bisher waren sie jedenfalls geltenden Rechts. Ich möchte dies für den Fall, daß sonst die Zulassung des Bildstreifens versagt werden müßte, auch nach dem LG annehmen, da es nicht der Wille des Gesetzes sein kann, das Lichtspielgewerbe mehr zu beschränken, als es im öffentlichen Interesse geboten ist. (Vgl. Anm. 24.) Über die privatrechtlichen Folgen eines Zensurverbots vgl. Böhm S. 56 ff., 61 ff., 69 f., sowie Urteil des RG vom 3. 12. 19 (I 137/19) in der „Lichtbildbühne" 1919, Nr. 49 S. 20; Goldbaum S. 46.

B. Absolute Verbotsgründe.

15. Die Verbotsgründe, die § 1 Abs. 2 aufzählt, sind im Gegensatz zu den Verbotsgründen des § 3 insofern absolut, als ihr Vorliegen im allgemeinen eine Zulassung des Bildstreifens gänzlich ausschließt. Ausnahmen von diesem Grundsatz bestehen nur nach zwei Richtungen: Einmal kann ein derartiger Bildstreifen gemäß § 2 zur Vorführung vor bestimmten Personenkreisen zugelassen werden und zweitens ist seine Zulassung zur Verbreitung im Ausland möglich, wenn die Prüfungsstelle dies vom deutschen Standpunkt aus für unbedenklich hält.

Bei der Aufstellung der Prüfungsgrundsätze konnten der Natur der Sache nach die Arten der zu verbietenden Schundfilme nur annähernd umgrenzt werden, da eine feste Begriffsbestimmung unmöglich ist. Immerhin geben die gewählten Begriffe hinreichende Richtlinien, um so mehr, als sie auch schon bisher dem öffentlichen Lichtspielrecht nicht unbekannt sind. Hier wie auch sonst, wo die Rechtssätze nicht so bestimmt formuliert worden sind, daß sie die Behörde als Maßstab für ihre Entscheidungen ohne weiteres benutzen könnte, muß die Behörde Erfahrungsgrundsätze zur Anwendung bringen. (Lagenstein S. 64 f.) In der Zusammensetzung der Prüfungsstellen und besonders der Oberprüfungsstelle aus weder rechtsfremden noch weltfremden Beamten und Beisitzern liegt die beste Gewähr dafür, daß trotz des Fehlens eines festen Maßstabes die Entscheidungen dem Willen des Gesetzes entsprechen.

a) Bildstreifen, die geeignet sind, die öffentliche Ordnung oder Sicherheit zu gefährden.

16. Nach Entw. II Begr. S. 9 ist unter dem Begriff der öffentlichen Ordnung oder Sicherheit die öffentliche Ruhe, Ordnung und Sicherheit im Sinne des § 10 II 17 ALR zu verstehen. Das trifft insofern zu, als das Fortlassen des Wortes Ruhe gegenüber des bisherigen preußischen Recht einen Unterschied nicht begründet. Denn unter Ruhe war nur ein der öffentlichen Ordnung und Sicherheit entsprechendes tatsächliches Verhalten der Bürger zu verstehen. So die Rechtsprechung des OVG und des RG (Friedrichs S. 17). Dennoch decken sich die Verbotsgründe des bisherigen preußischen Rechts und die auf die Gefährdung der öffentlichen Sicherheit und Ordnung gestützten Verbotsgründe in zwei Beziehungen nicht: Einmal sind die Begriffe im Reichsrecht weiter eingeschränkt, da die weiteren absoluten Verbotsgründe zum Teil auch schon nach bisherigem Recht ein Verbot rechtfertigten, weil sie als ein Unterfall der Störung der öffentlichen Sicherheit oder

Ordnung betrachtet wurden, während sie jetzt selbständige Verbotsgründe geworden sind; andererseits reicht das reichsrechtliche Verbot derjenigen Bildstreifen, die geeignet sind, die öffentliche Ordnung oder Sicherheit zu gefährden, weit hinaus über das bisherige Verbot, das nur dann zulässig war, wenn eine unmittelbare Gefahr für die öffentliche Ordnung oder Sicherheit gegeben war.

Nach bisherigem Recht war ein polizeiliches Einschreiten möglich, wenn dem Publikum eine Gefahr drohte, eine Gefahr, durch welche die öffentliche Ordnung oder Sicherheit gestört wurde. Die Gefahr mußte eine unmittelbar bevorstehende sein, eine entfernte Möglichkeit genügte nicht. Der Eintritt des befürchteten Schadens mußte mit einer gewissen Wahrscheinlichkeit zu erwarten sein, die bloße Möglichkeit war nicht ausreichend. (Friedrichs S. 8, 18; Hamm in DJZ 1913 Sp. 433; Jellinek, „Gesetz, Gesetzesanwendung und Zweckmäßigkeitserwägung" 1913 S. 46; Aussch. S. 15.) Deshalb konnten Schundfilme nicht schon deshalb verboten werden, weil aus allgemeinen Erfahrungssätzen zu entnehmen war, daß durch deren öfteres Ansehen allmählich eine Verschlechterung zunächst des sittlichen Denkens und Fühlens und dann auch des sittlichen Handelns herbeigeführt werden könne und in vielen Fällen auch tatsächlich herbeigeführt werde. (Hellwig, Schundfilms S. 103; v. Kamptz S. 220.)

Nach der jetzigen Fassung dagegen ist es nicht mehr erforderlich, daß eine Gefahr im derartigen Sinne für die öffentliche Ordnung vorliegt. Es genügt, wenn der Bildstreifen geeignet ist zu gefährden, ohne daß festgestellt werden muß, ob eine derartige Gefahr tatsächlich besteht. Durch die von der Formulierung im ALR bewußt abweichende Fassung sollte zum Ausdruck gebracht werden, daß die strenge Auslegung des Begriffs der Gefahr, die sich als ein Hemmnis für die wirksame Bekämpfung der Schundfilme erwiesen hatte, nicht zugrunde gelegt werden solle. Es genügt mithin, wenn nach vernünftigem Ermessen die Herbeiführung einer Störung der öffentlichen Sicherheit oder Ordnung, wenn auch erst allmählich und mittelbar, durch die Vorführung zu erwarten ist. (Vgl. auch Stern S. 16.) Dadurch wird in zahlreichen Fällen, in denen nach bisherigem Recht ein Verbot nicht möglich war, es ermöglicht, die Zulassung zu versagen. Von dieser Befugnis muß im Interesse der Bekämpfung der Schundfilme ausgiebig Gebrauch gemacht werden. Andererseits ist aber zu vermeiden, daß auf vage ganz entfernte Möglichkeiten hin das Verbot gestützt wird. Hier die richtige Mittellinie innezuhalten, wird nicht immer leicht sein. Es muß in dieser Beziehung auf den Takt und das durch die Erfahrung sich läuternde Verständnis der Mitglieder der Prüfungsstellen vertraut werden.

Sicherheit bedeutete die Abwesenheit von Gefahren (Friedrichs S. 17), während man als öffentliche Ordnung denjenigen, je nach den politischen und Kulturanschauungen wechselnden Grad bezeichnen kann, in welchem die Freiheit des einzelnen im öffentlichen Interesse durch staatliche Zwangsmittel beschränkt werden muß, um ein geordnetes Zusammenleben zu ermöglichen (vgl. dazu Friedrichs S. 17 und W. Jellinek „Gesetz, Gesetzesanwendung und Zweckmäßigkeitserwägung", Tübingen 1913, S. 74 f.) Der Begriff der Ordnung ist gegenüber dem Begriff der Sicherheit der weitere Begriff. Wäre nach dem Vorschlage von Entw. I lediglich die öffentliche Sicherheit erwähnt worden, so wäre es trotz der Begründung zweifelhaft gewesen, ob alle Fälle, die getroffen werden sollten, auch tatsächlich berücksichtigt worden wären. Viel zu eng schon bezüglich des früheren Rechts, geschweige denn gegenüber dem LG, das bewußt eine schärfere Zensur ermöglichen wollte, als früher möglich war, Goldbaum S. 24, der die Zensur wegen Gefährdung der öffentlichen Sicherheit oder Ordnung auf diejenigen Fälle beschränken will, in denen „dem Publikum durch die Vorführung eine unmittelbare Gefahr droht, die Gefahr des Tumults, bei dem besonders auf engem Raum das Publikum Schaden leiden kann".

Die Gefährdung der öffentlichen Ordnung geht zwar erheblich weiter als die Gefährdung der öffentlichen Sicherheit, doch ist sie scharf zu trennen von der öffentlichen Wohlfahrt (vgl. auch Badstübner „Jugendstrafrecht und Wohlfahrtsverwaltung", Berlin 1920, S. 58 ff.). „Beide erstrecken sich auf alle Zweige des öffentlichen Lebens. Während aber die öffentliche Wohlfahrt die Interessen der Gesamtheit in weitestem Umfange vor Augen hat und ihre Beschränkung nur in der Durchführbarkeit der Maßnahmen findet, die diesen Zwecken dienen sollen, beschränkt sich die öffentliche Ordnung auf ein Mindestmaß der Anpassung des äußeren Verhaltens gegenüber denjenigen Rücksichten, zu welchen das staatliche Zusammenleben verpflichtet. Äußere Merkmale oder Symptome dafür, daß dieses Mindestmaß nicht mehr innegehalten wird, sind das Entstehen grober Unzuträglichkeiten bezw. die Erregung eines öffentlichen Ärgernisses. Die Ordnungspolizei erstreckt sich daher nur auf Maßnahmen, die erforderlich sind, um Anlässe zu derartigen Störungen des geordneten öffentlichen Lebens zu vermeiden" (v. Glasenapp).

Da sich der Begriff der Gefährdung der öffentlichen Sicherheit und Ordnung in weitem Umfange mit dem bisherigen Recht deckt, geben die früheren Entscheidungen des OVG für die Prüfungsstellen einen Anhalt. (Entw. II S. 9.)

Welche Art Bildstreifen als die öffentliche Sicherheit oder Ordnung gefährdend verboten werden können, läßt sich nicht genau umschreiben, da die öffentliche Ordnung ein zu umfassender Begriff ist, als daß alle ihre einzelnen Bestandteile aufgezählt werden könnten. Es lassen sich nur einige besonders wichtige Gruppen aufzählen.

17. **Bildstreifen, deren Vorführung erkennbar eine strafbare Handlung darstellen würde**, verstoßen ohne weiteres gegen die öffentliche Sicherheit und die öffentliche Ordnung, so Vorführungen, die den Tatbestand der Aufreizung zum Klassenhaß, des Verrates militärischer Geheimnisse, der Verbreitung unzüchtiger Bilder, der Gotteslästerung usw. darstellen würde. Auch Bildstreifen, die offensichtlich Beleidigungen enthalten, beispielsweise von stadtbekannten Persönlichkeiten, sind zu verbieten, ohne daß die Stellung eines Strafantrages abgewartet zu werden braucht. (A. M. Goldbaum S. 20.) Das Gleiche müßte auch gelten, wenn die Vorführung einen strafbaren Eingriff in das Urheberrecht enthalten würde, denn es ist kein Anlaß gegeben, derartige Eingriffe anders zu werten als strafbare Eingriffe in das Eigentum. Die Prüfungsstelle wird aber, selbst wenn sie von beteiligter Seite darauf aufmerksam gemacht wird, fast niemals — falls nicht schon eine gerichtliche Entscheidung vorliegt — imstande sein zu beurteilen, ob tatsächlich eine Verletzung des Urheberrechts vorliegt, geschweige denn, ob diese Verletzung auch strafbar ist.

18. Während die Verübung einer strafbaren Handlung durch die Vorführung stets die öffentliche Sicherheit und Ordnung verletzt, sind **Bildstreifen, in denen eine strafbare Handlung geschildert wird**, nicht in allen Fällen zu verbieten, sondern nur dann, wenn durch ihre Vorführung die öffentliche Ordnung gefährdet wird. So wohl auch Stern S. 21. Dies ist bei weitem nicht immer der Fall. [Über die kriminellen Schundfilme vgl. Hellwig, Schundfilms, S. 40 ff., 63 ff., „Kind und Kino" (Langensalza 1914) S. 34 ff., in der Monatsschrift für Kriminalpsychologie Bd 9 S. 711 ff., im „Gerichtssaal" Bd 84 S. 402 ff., im Archiv für Kriminalanthropologie Bd. 51 S. 1 ff. Dazu Näcke, ebendort, Bd. 52 S. 197; Lange S. 38 ff. und 354 sowie „Nationale Kinoreform" (München-Gladbach 1918) S. 82 Anm. 37; Porde „Das Lichtspiel. Wesen. Dramaturgie. Regie", Wien 1919, S. 118 ff.]

Dieser von mir schon 1911 vertretenen Auffassung ist das OVG in seiner Entscheidung vom 12. 1. 14 (III B 139/12) über den Bildstreifen „Gretchens Liebesroman" (Hellwig, Verwaltungsgerichte, S. 149) beigetreten. Das OVG erklärte es für irrig, wenn die Polizeibehörde anscheinend davon ausgegangen sei, das Gesetz berechtige sie, jede kinematographische Vorführung, die verbrecherische Handlungen zum Gegenstande habe, ohne weiteres zu untersagen. Es müsse vielmehr von Fall zu Fall geprüft werden, ob die einzelnen in

Betracht kommenden Vorführungen nach der Art der Handlungen und nach der Art und Weise der Darstellung gegen die öffentliche Ordnung verstoßen. [Vgl auch die Urteile des Bez.-A. I vom 15 1. 13 (I. A. 137/13) über den Bildstreifen „Wie in einem Spiegel", des OVG vom 12 3 14 über den Bildstreifen „Ein Sklave seiner Vergangenheit" und des Bez.-A I vom 17. 7. 14 I. A. 233/13) über den Bildstreifen „Der ungetreue Bankpräsident" bei Hellwig, Verwaltungsgerichte, S. 36 f., 51 ff., 53 f.]

Das Verbot eines Bildstreifens, in welchem Verbrechen geschildert werden, ist jedenfalls dann zulässig, wenn die Darstellung des Verbrechens als Selbstzweck erscheint, wenn der Bildstreifen nach Art der Nic Carter-Literatur nichts weiter als eine unverblümte oder verkappte Verherrlichung des Verbrechens enthält und deshalb mit der Gefahr zu rechnen ist, daß die Vorführung des Bildstreifens die Zuschauer suggestiv beeinflussen und einen Anreiz zur Begehung von Verbrechen geben können.

Einige Entscheidungen aus der Praxis der Preußischen Verwaltungsgerichte mögen zur Erläuterung des Grundsatzes angeführt werden.

Das Verbot der öffentlichen Vorführung des Bildstreifens „Tom Butlers geheimnisvolle Abenteuer" erklärte der Bez.-A. I am 6. 12. 12 (I. A. 151/12) für begründet. (Hellwig, Verwaltungsgerichte S. 102.)

„Es muß der Ansicht des Beklagten beigetreten werden, daß die Vorführung des Films durchaus geeignet ist, zur Nachahmung der vorgeführten strafbaren Handlungen anzureizen. Wenn auch schließlich der Verbrecher nach seiner großen Anzahl mit Erfolg betriebener Schandtaten sich aus dem Fenster stürzt und dabei verunglückt, so ist dies nicht die Folge einer ausgleichenden Gerechtigkeit. Das ganze Stück stellt sich mehr oder minder als eine Verherrlichung der verbrecherischen Gewandtheit des Tom Butler dar, ohne daß von einer sittlichen Sühne die Rede sein kann. Die Handlungen des Verbrechers sind, bis zu seinem letzten Atemzuge, wo er entweder fliehen oder sich selbst umbringen will, ein Triumph des Apachen und eine Verhöhnung der Behörden, die überall das Nachsehen haben. Aber auch durch die abstoßenden Szenen, die Ausführung der Mordversuche, die Darstellung der qualvollen Ängste der Verfolgten, wobei Stein auf Stein recht anschaulich zu dem Verbrechen gehäuft wird, dann ein Revolvergefecht zwischen den entdeckten Verbrechern und der Polizei stattfindet und sich zu Tode getroffen ein Polizist im Vordergrund in Qualen wälzt, sind geeignet, die Nerven und die Gesundheit der Zuschauer ungünstig zu beeinflussen. Es bedarf kaum der Ausführung, daß die sich immer wiederholenden Vorführungen solcher Szenen in breitester Öffentlichkeit zu einer die öffentlichen Interessen berührenden Verschlechterung des sittlichen Denkens und Fühlens führen müssen."

Dagegen gab der Bez.-A. I in seiner Entscheidung vom 10. 10. 13 (I. A. 34/13) der Klage auf Aufhebung des Zensurverbots bezüglich des Bildstreifens „Fluch des Goldes" (Hellwig, Verwaltungsgerichte S. 117) statt, da die Darstellung der in den Bildstreifen vorkommenden verbrecherischen Handlungen im vorliegenden Falle einen Anreiz oder eine Anleitung zum Verbrechen nicht enthalte. Die verbrecherischen Absichten der Beteiligten würden nur in großen, teilweise sogar nur in unbestimmten Zügen angedeutet; die Verbrecher würden in dem Moment, als sie die Helden in ihre Gewalt bekommen zu haben glaubten, von dem Detektiv und seinen Gehilfen selbst überwältigt.

Das Zensurverbot des Bildstreifens „Durch ein Kind gerettet" wurde dagegen durch den Bez.-A. I am 7. 11. 13 (I. A. 78/13) unter anderem deswegen für begründet erklärt, weil bei der Darstellung mehrfach mit dem Revolver in einer Weise umgegangen werde, die unerfahrene, leichtsinnige Zuschauer veranlassen könne, in ähnlicher Weise im Leben mit Schußwaffen umzugehen und so die an sich im Publikum vorhandene Neigung zu leichtfertigem Gebrauch von Schußwaffen noch steigere. Ob diese Entscheidung vom Standpunkte des preußischen Rechts aus haltbar ist, mag dahingestellt bleiben. Vom Standpunkte des LG jedenfalls ist gegen sie nichts einzuwenden. Auch das Zensurverbot des Bildstreifens „Das Geheimnis des gelben Zimmers" hat der Bez.-A. I am 7. 11. 13 (I. A. 85/13) aus ähnlichen Erwägungen für begründet erklärt.

In dem schon erwähnten Urteile vom 12. 1. 14 über den Bildstreifen „Gretchens Liebesroman" (Hellwig, Verwaltungsgerichte S. 149) hat das OVG ausgeführt, daß ein Verbot der öffentlichen Vorführungen rechtfertigender Verstoß gegen die öffentliche Ordnung dann vorliege, wenn schwere Verbrechen in einer so großen Häufung und in einer so beispielgebenden Weise vorgeführt werden, daß ihre Darstellung als Selbstzweck erscheine. Eine solche Darstellung verletze nicht nur das Rechtsgefühl und das sittliche Gefühl des Beschauers von Verbrechen, sondern sei auch geeignet, einen Anreiz zur Begehung ähnlicher Straftaten zu geben.

Das Verbot des Bildstreifens „Doktor Tod" hielt der Bez.-A. I in dem Urteil vom 30. 5. 13 (I. A. 29/13) u. a. deshalb für begründet, weil er einen Giftmord in allen Einzelheiten vor Augen führe; indem er insbesondere zeige, mit welcher Leichtigkeit und welcher geringen persönlichen Gefahr für den Täter ein solcher Mord ausgeführt werden könne, sei er geeignet, die Zuschauer zu Nachahmungen anzureizen (Hellwig, Verwaltungsgerichte S. 114).

Eine ein Vorführungsverbot rechtfertigende Verherrlichung der Verbrecher wird auch dadurch nicht ausgeschlossen, daß der Verbrecher stirbt, jedenfalls dann nicht, wenn der Tod eine sittliche Sühne seiner Verbrechen nicht erhält. (Vgl. das Urteil des Bez.-A. I vom 6. 12. 12 über den Bildstreifen „Tom Butlers geheimnisvolle Abenteuer", Hellwig, Verwaltungsgerichte, S. 103.) Aus dem gleichen Grunde hat der Bez.-A. I am 11. 7. 13 (I. A. 229/12) auch das Verbot des Bildstreifens „Ein mißlungener Plan" (Hellwig, Verwaltungsgerichte S. 114) für begründet erklärt, da Betrug, Erbschleicherei und Beamtenbestechung den ganzen Bildstreifen beherrschen. Es liege zweifellos die Gefahr vor, daß schlechte Charaktere durch die Vorführung zur Nachahmung angeregt würden und daß der Bildstreifen dadurch in sittlicher Beziehung schädigend wirke.

Die Möglichkeit, daß ein Bildstreifen zu Verbrechen anreize, wird, wie bemerkt, dadurch nicht ausgeschlossen, daß der Verbrecher letzten Endes nicht erfolgreich ist. Man muß sogar noch weitergehen und selbst eine wirkliche sittliche Sühne der Straftaten nicht in allen Fällen für geeignet erklären, die gefährlichen Suggestionswirkungen der Vorführungen des Bildstreifens auszuschalten. Man muß damit rechnen, daß durch die Vorführung der Verbrechen in den Zuschauern so nachhaltige und intensive Lustgefühle ausgelöst worden sind, daß die am Schlusse der Vorführung doch noch eintretende Sühne des Verbrechens auf sie die gewünschte belehrende Wirkung nicht auszuüben vermag oder daß sie sogar auf diese Darstellung der Sühne nur mit Unlustgefühlen reagieren. (Hellwig, Schundfilms S. 72 ff.)

Einen Verbrechensanreiz können auch solche Bildstreifen ausüben, welche nach klassischen Romanen oder Theaterstücken bearbeitet worden sind. Ich habe schon vor längerer Zeit darauf hingewiesen, daß derartige kinematographische Bearbeitungen klassischer Stücke, wie beispielsweise von Macbeth, in der Regel nichts anderes seien als ganz krasse kriminelle Schundfilme (Hellwig, Schundfilms S. 29), und bei der Beratung des Entw. des WLG hat man mit Recht auch darauf hingewiesen, daß die Münchener Polizeibehörde die öffentliche Vorführung eines nach Schillers Räubern bearbeiteten Bildstreifens verboten habe und daß dieses Zensurverbot auch von durchaus liberalen Zeitungen vollkommen gebilligt worden sei. (Verh. II S. 2726; vgl. auch Lange, Nationale Kinoreform, München-Gladbach 1913, S. 35, 80, Anm. 30, sowie auch Ackerknecht, Das Lichtspiel im Dienste der Bildungspflege, Berlin 1918, S. 76.)

Die Darstellung von Verbrechen ist aber nicht immer geeignet, ein Vorführungsverbot zu rechtfertigen. Zunächst kann die Schilderung von Verbrechen vollkommen harmlos sein, wenn es sich lediglich um eine schnell vorübergehende Episode handelt, welche auf die Zuschauer irgendwelche nachhaltige Einwirkung nicht hervorzubringen vermag und die demgemäß auch nicht imstande ist, einen Verbrechensanreiz zu geben.

So hat das OVG in seiner Entscheidung vom 8. 12. 13 über den Bildstreifen „Dr. Lafleurs Heilmethode" (Hellwig, Verwaltungsgerichte S. 151) die Besorgnis einer Suggestivwirkung für unbegründet erklärt, weil die von dem Polizeipräsidenten beanstandete Darstellung des Diebstahls und des Einbruchs sehr in den Hintergrund trete und an den Augen der Zuschauer schnell vorüberziehe. In einem Urteil vom gleichen Tage (III. A. 50/13) über den Bildstreifen „Der Kinderhandel" (Hellwig, Verwaltungsgerichte S. 148) heißt es: „Der Eindruck der beiden beanstandeten Szenen (es werden Kinder durch Mißhandlungen zum Betteln und zu betrügerischen Handlungen angetrieben) wird durch ihre große Kürze von vornherein abgeschwächt. Sie gehen zu rasch vorüber, um eine nachhaltige Wirkung zu hinterlassen."

Mitunter wird die schädliche Suggestivwirkung der Darstellung von Verbrechen auch dadurch abgeschwächt, daß die Handlungen innerlich so unwahr, und offensichtlich so sensationell zugestutzt sind, daß auch unreife Zuschauer sich sagen werden, es handle sich hier nicht um eine Wiedergabe der Wirklichkeit. Von diesem Gesichtspunkte aus hat sich beispielsweise der Bez.-A. I in seiner Entscheidung vom 20.6.13 über den Bildstreifen „Die Schmuggler" (I. A. 67/13) leiten lassen. In den Gründen wird ausgeführt, daß die vom Polizeipräsidenten beanstandeten Szenen an großer innerer Unwahrhaftigkeit leiden und daß sie lediglich auf das Sensationsbedürfnis der urteilslosen Menge zugeschnitten seien; gerade durch diesen Umstand werde der Gefahr einer suggestiven oder anregenden Wirkung beider Szenen auf verbrecherisch veranlagte Naturen vorgebeugt.

Es muß aber dabei beachtet werden, daß als Maßstab nicht in Frage kommt, wie die Vorführung des Bildstreifens auf Persönlichkeiten von der geistigen Qualität der Zensoren wirken würde, sondern daß es immer daraufhin abgestellt werden muß, wie die Wirkung der Vorführung auf Leute von der Urteilslosigkeit und mangelnden kritischen Selbstbesinnung eines guten Teiles der Besucher von Lichtspielvorführungen sein würde. Berücksichtigt man diesen Gesichtspunkt, so wird man in manchen Fällen sehr vorsichtig damit sein, die Möglichkeit eines Verbrechensanreizes durch Vorführung des Bildstreifens nur deshalb auszuschließen, weil die ganze Darstellung so sensationell zugestutzt und unwahrscheinlich sei, daß die Zuschauer sich durch sie nicht würden beeinflussen lassen.

Auch die humoristische Art der Behandlung ist mitunter geeignet, einen Bildstreifen mit eingehenden Schilderungen von

Verbrechen bedenkenfrei zu machen, nämlich dann, wenn die humoristische Form so überwiegt, daß die Zuschauer nicht den Eindruck haben, als werde ihnen ein Verbrechen geschildert, sondern den Bildstreifen lediglich als mehr oder minder humorvoll empfinden.

Dieser Gesichtspunkt war maßgebend beispielsweise für die Entscheidung des Bez.-A. I vom 12. 7. 12 (I. A. 73/12) über den Bildstreifen „Eine Kinematographenszene". Die Art der Ausführung des Gaunertricks wurde von dem Bezirksausschuß als belustigend, aber nicht als gefährdend angesehen, zumal die Art der Darstellung jedenfalls nicht geeignet sei, auf die Zuschauer anspornend zu gleichen Taten zu wirken oder sittlich derart gröblich zu verletzen, daß eine unmittelbare Gefahr für die öffentliche Ordnung und Sicherheit, eine Beunruhigung des sittlichen Empfindens entstehen könne. Diesen Gesichtspunkt billigte auch das OVG in seiner Entscheidung vom 24. 4. 13 (III. A. 71/72) über den Bildstreifen „Ein billiges Mahl" (Hellwig, Verwaltungsgerichte S. 118): „Hier wird nicht der Betrug als solcher behandelt; vor allem ist die naive und komische Form der Darstellung nicht geeignet, zur Begehung eines Betruges zu reizen. Es handelt sich um eine harmlose Burleske, die auch nur als solche aufgefaßt wird."

Auch in der Entscheidung vom 20. 6. 13 (I. A. 68/13) über den Bildstreifen „Heinrich und das Glück" (Hellwig, Verwaltungsgerichte S. 116) hat der Bez.-A. I von dem gleichen Gesichtspunkt aus das Zensurverbot für nicht begründet erklärt: „Die in dem Film dargelegte Geschichte ist derart komisch und zugleich derart unwahrscheinlich, daß keine Gefahr vorhanden ist, daß durch sie die Zuschauer verleitet werden könnten, diese oder auch nur ähnliche Betrugsversuche vorzunehmen." Daß die humoristische Art der Behandlung aber nicht in allen Fällen geeignet ist, die Anstößigkeit eines Bildstreifens zu beseitigen, zeigt die Entscheidung des Bez.-A. I vom 14. 2. 13 (I. A. 198/12) über den Bildstreifen „Sich ein Frühstück verschaffen, das ist das Problem", dessen Titel später in „Hunger tut weh" geändert worden war. Es handelte sich allerdings nur um die Frage, ob die Vorführung des Bildstreifens auch vor Kindern erfolgen dürfe. Diese Frage hat der Bezirksausschuß verneint. (Hellwig, Verwaltungsgerichte S. 104.)

Ein Bildstreifen kann unter Umständen seinen gefährlichen Charakter dadurch verlieren, daß die in ihm geschilderten Verbrechen sich offensichtlich in einer von den europäischen Verhältnissen abweichenden Umwelt abspielen und deshalb auch auf unreife Personen einen Anreiz zur Nachahmung dieser Verbrechen nicht ausüben können. Auf diesen Gesichtspunkt habe ich früher schon bezüglich der sogenannten Wild-West-Filme hingewiesen und der Bez.-A. I ist von dem gleichen Gesichtspunkt ausgegangen in seiner Entscheidung vom 28. 3. 13 (I. A. 11/13), in welcher es folgendermaßen heißt: „Nach der ganzen Art, wie die Szenen dargestellt sind, hat der Bezirksausschuß nicht die Überzeugung erlangen können, daß die Vorführung eine Gefahr im Sinne des § 10, II, 17 Allgemeinen Landrechts in sich birgt. Die Umgebung, das fremde Land, sowie die Ausführung der Bedrohung und Erpressungen — die zweifellos vorliegen — haben den Charakter eines mehr oder minder unglaubwürdigen, phantasievollen Romans, der für unsere geordneten europäischen oder deutschen Verhältnisse jedenfalls nicht als zur Nachahmung geeignet oder dazu verführend in Betracht kommen kann. Jedermann wird empfinden, daß derartige Entführungsszenen und räuberische Erpressungen nur unter mangelhaft geordneten staatlichen Verhältnissen vorkommen können, und selbst dort eine geringe Möglichkeit und einen romanhaften Anstrich haben. Es ist nicht anzunehmen, daß unter solchen Umständen jemand zu der Überzeugung gelange, eine Entführungs- und Erpressungsgeschichte wie die vorgeführte, könnte sich hier wirklich durchführen lassen."

Abgesehen von dem Gesichtspunkte des Verbrechensanreizes sind Bildstreifen mit Darstellungen von Verbrechen dann zu verbieten, wenn sie eingehende Schilderungen von nicht allgemein bekannten Verbrechertricks enthalten und so geeignet sind, gewissermaßen verbrecherisch veranlagten Individuen als Lehrbuch zu dienen.

Von diesem Standpunkt aus haben die Verwaltungsgerichte wiederholt Zensurverbote für begründet erklärt.

So wird die erwähnte Entscheidung des Bez.-A. I vom 7. 11. 13 über den Bildstreifen „Durch ein Kind gerettet" u. a. auch damit gerechtfertigt, daß der Bildstreifen Tricks zeige, die in den Verbrecherkreisen angewandt würden, um sich den Nachforschungen der Sicherheitsorgane zu entziehen und die Ergreifung zu verhindern, und das gleiche Argument wird auch bei der erwähnten Entscheidung des Bez.-A. vom 7. 11. 13 über den Bildstreifen „Das Geheimnis des gelben Zimmers" verwendet. Das Verbot des Bildstreifens „Unter fremdem Willen" wurde von dem Bez.-A. I am 6. 12. 12 (Hellwig, Verwaltungsgerichte S. 98 ff.) u. a. deshalb für begründet erklärt, weil die Benutzung der Hypnose zur Verbrechensbegehung gezeigt werde.

Man darf aber die Besorgnis, daß Verbrecher aus der Darstellung etwas lernen könnten, auch nicht allzuweit ausdehnen. Insbesondere wird man die Schilderung ganz allgemein bekannter Verbrechertricks nicht für geeignet halten, von diesem Gesichtspunkt aus zu einem Zensurverbot zu führen. So hat das OVG in seiner Entscheidung vom 10. 7. 13 (Hellwig, Verwaltungsgerichte, S. 120) das Zensurverbot mit Recht für nicht gerechtfertigt erklärt, da das Mittel, sich eines Kindes dadurch zu entledigen, daß man es anscheinend aus Versehen, in Wirklichkeit jedoch mit Absicht, an einem bestimmten Orte zurücklasse, so naheliegend sei, daß seiner bildlichen Vorführung eine Einwirkung auf die Sinnesart der Zuschauer nicht erwartet werden könne. Ebenso ist dem Bez.-A. I beizutreten, wenn er in seiner Entscheidung vom 30. 5. 13 (I. A. 53/13) bezüglich des Bildstreifens „Das Bild des Arztes" (Hellwig, Verwaltungsgerichte S. 116) ausführt, daß durch die bildliche Darstellung des Umschleichens des Hauses und des Absuchens des Zimmers durch den Dieb mit einer Blendlaterne eine Gefährdung der öffentlichen Ordnung, Ruhe und Sicherheit nicht zu erwarten sei. Diese Grundsätze sind entsprechend auch auf die kinematographische Wiedergabe von Selbstmordszenen anzuwenden. In dem Urteil vom 12. 1. 14 über den Bildstreifen „Gretchens Liebesroman" (Hellwig, Verwaltungsgerichte S. 149 f.) tritt das OVG der Anschauung der Polizeibehörde entgegen, daß jede Darstellung eines Selbstmordversuchs wegen seiner Suggestivwirkung auf überreizte Menschen zu beanstanden sei; es komme vielmehr stets auf die näheren Umstände an, ob eine Gefährdung der öffentlichen Ordnung, Ruhe und Sicherheit zu erwarten sei.

19. Auch die Gesundheitsgefährdung führt zu einer Gefährdung der öffentlichen Ordnung und Sicherheit, wenn es sich um wirkliche Gefahren und nicht bloße Belästigungen für die Öffentlichkeit handelt. (Friedrichs S. 145 f.)

In der Entscheidung vom 8. 12. 13 über den Film „Am Fuße des Schafotts" (Hellwig, Verwaltungsgerichte S. 150) ist dies anerkannt worden: „Der Gerichtshof hat nicht die Überzeugung gewinnen können, daß die allerdings spannende, durch starke Kontraste und lebendigen Wechsel außerordentlich eindringliche Handlung auf die Gesundheit des Publikums nach seiner gewöhnlichen Zusammensetzung und bei normaler seelischer und gesundheitlicher Beschaffenheit der einzelnen Zuschauer schädigend wirken würde. Das gilt von den in dem ärztlichen Gutachten bezeichneten Szenen, insbesondere von der Verfolgung und dem Tode des wirklichen Mörders, die schauspielartig aufgenommen sind und erkennen lassen, daß sie nicht einen wirklichen Vorgang wiedergeben; es gilt ebenso von dem Nebeneinander der Vorbereitung der Abführung und der staffelweise gezeigten Hinführung des unschuldig Verurteilten einerseits und der Befreiungsfahrt seiner Mutter und Schwester andererseits, zumal nach der ganzen Art der Szenenfolge der Zuschauer nicht im Zweifel ist, daß die Botschaft von der Unschuld rechtzeitig vor dem Vollzuge der Hinrichtung auf dem Richtplatz eintreffen muß. Die auf die Spannung, die Rührung und die Erschütterung des Publikums gerichtete Darstellung geht nach Inhalt und Darstellung über die gebräuchlichen Mittel der dramatischen Kunst nirgends hinaus." (Vgl. außerdem die Ausführungen bei Hellwig, Kampf S. 99 f. und die dort angezogenen Urteile.)

Daß Gesundheitsschädigungen durch Lichtspielvorführungen tatsächlich vorkommen können, wenn auch vorwiegend bei Jugendlichen sowie bei nervösen Personen, zeigen die Mitteilungen bei Hellwig in der „Zeitschrift für Psychotherapie und medizinische Psychologie" Bd. 6 S. 97 ff., sowie „Kind und Kino" (Langensalza 1914) S. 50 ff. Eine lediglich nervenschwache und leicht erregbare Personen in ihrem Wohlbefinden störende Vorführung eines Bildstreifens schädigt nicht die Gesundheit derart, daß eine Gefährdung der öffentlichen Ordnung vorliegt. So hat der Bez.-A. I in dem Urteil vom 28. 2. 13 (I. A. 1/13) über den Bildstreifen „Der verschwundene See" (Hellwig in der Ärztlichen Sachverständigen-Zeitung 1914 Nr. 6) bezüglich der dort geschilderten Geistervorführungen ausgeführt, es müsse bei der Beurteilung von der Wirkung auf Menschen mit gesunden Nerven ausgegangen werden: „Eine polizeiliche Zensur, die auch den Schutz von Menschen mit kranken Nerven in den Bereich ihrer Fürsorge ziehen würde, würde zu weit gehen..... Es muß vielmehr solchen nervenkranken Menschen überlassen bleiben, den kinematographischen Vorstellungen fernzubleiben, wenn sie nachteilige Folgen für sich davon befürchten." So OVG in dem Urteil vom 18. 9. 13 über den Film „Der Flieger" (Hellwig, Verwaltungsgerichte S. 147) sowie Bez.-A. I in dem Urteil vom 17. 3. 11 über den Bildstreifen „Die Tochter des Centurio". (Hellwig, Ärztliche Sachverständigen-Zeitung 1911, S. 424.)

Je lebenswahrer die Darstellung des Bildstreifens ist, desto näher liegt auch die Gefahr einer Gesundheitsschädigung. Zutreffend hat Bez.-A. I in seiner Entscheidung vom 20. 6. 13 (I. A. 67/13) über den Bildstreifen „Die Schmuggler" ausgeführt, daß die von dem Polizeipräsidenten beanstandeten Szenen an großer innerer Unwahrheit litten und lediglich auf das Sensationsbedürfnis der urteilslosen Menge zugeschnitten seien: „Gerade durch diesen Umstand wird der Gefahr einer, die Nerven der Zuschauer übermäßig bezw. in gesundheitsschädlichem Grade erregenden Wirkung vorgebeugt."

Bei der Würdigung dieses Momentes darf aber zweierlei nicht unberücksichtigt bleiben: Einmal die Zusammensetzung des Publikums der Lichtspielhäuser und zweitens die Art der Einwirkung von Lichtspielvorführungen auf die Psyche der Zuschauer.

Ein sehr beträchtlicher Teil der Besucher von Lichtspielvorführungen gehört den unteren Volksschichten an, deren Urteilsfähigkeit nicht besonders entwickelt ist. Auf diese konkreten Zuschauermassen muß der Zensor Rücksicht nehmen, wenn er sich eine Ansicht darüber bilden will, ob die Darstellung des Lichtspieldramas so unwahrscheinlich sei, daß dies von dem

Zuschauer erkannt werde und dadurch der Eindruck der Vorführung abgeschwächt werde. Ferner muß man aber noch berücksichtigen, daß die Lichtspielvorführungen auch auf den gebildeten, kritisch veranlagten Zuschauer außerordentlich stark einwirken. Deshalb wird man auch bei solchen Lichtspielvorführungen, welche bei kritischer nachträglicher Würdigung als unwahrscheinlich erscheinen, unter Umständen zu dem Ergebnis kommen müssen, daß sie auf die Zuschauer momentan doch nachhaltig einzuwirken vermögen. Hat aber einmal die momentane Einwirkung stattgefunden, so können die schädlichen Folgen durch nachträgliche Selbstbesinnung und Erkenntnis des unwahren Aufbaues der Handlung nicht ohne weiteres wieder wettgemacht werden.

In seiner Entscheidung vom 6. 12. 12 (I. A. 151/12) bestätigte der Bez.-A. I das Zensurverbot des Bildstreifens „Tom Butlers geheimnisvolle Abenteuer", und zwar u. a. auch wegen Gefährdung der Gesundheit der Zuschauer. (Hellwig, Verwaltungsgerichte S. 103.)

Besonders interessant ist das Urteil des Bez.-A. I vom 25. 4. 13 (I. A. 35/13) über den Bildstreifen „Das Opfer". (Hellwig, Verwaltungsgerichte S. 105.) Der Inhalt des Bildstreifens ist folgender: Der zur See gegangene Bräutigam eines jungen Mädchens gilt als verschollen. Das junge Mädchen hat, sich verlassen glaubend, den Werbungen des Leuchtturmwächters, eines älteren Mannes, nachgegeben, der sie, nachdem sie Waise geworden, bei sich aufgenommen hatte. Nachdem sie den Leuchtturmwächter geheiratet hat, geht in der Nähe des Leuchtturms ein großes Schiff durch Brand unter; ein einzelner Seemann rettet sich in einem Wrack von Boot. Als auch dieses untergeht, erreicht er schwimmend die felsige Küste, wo er zu Tode erschöpft vom Leuchtturmwächter und der ebenfalls herbeigeeilten jungen Frau aus dem Wasser gezogen wird. Man bemerkt, wie die Frau zusammenschrickt — denn der Gerettete ist ihr ehemaliger Verlobter. — Er wird nun oben auf dem Leuchtturm gepflegt: der Wächter bemerkt aber bald, wie seine junge Frau dem Matrosen in Liebe zugetan ist, und es kommt, als einmal die beiden Männer oben auf einer Klippe allein sind, zu einer Aussprache zwischen ihnen, die mit immer steigender Leidenschaft zu einem Kampf auf der Klippe — dicht am Rande — führt und damit endet, daß der noch vom Schiffbruch geschwächte Matrose unterliegt, sich nicht halten kann, und den steilen Felsabhang hinunterfällt. Er ist allerdings imstande, da der Felsenhang nicht senkrecht, sondern schief geneigt ist, mit den Händen und Füßen kletternd, sich langsam herabzulassen, bis endlich, wenige Meter über dem festen Boden ihn die Kräfte verlassen, er abstürzt und liegen bleibt. Während der Leuchtturmwächter die Stelle verlassen hat, ist seine junge Frau, Böses ahnend, hinzugekommen; sie sieht den jungen

Mann in der Tiefe liegen und holt eiligst ein langes Seil, worauf sie dies kunstgerecht an einen Felsenvorsprung befestigt, um ihren Leib bindet und sich zu dem Abgestürzten hinabläßt. Letzterer erholt sich; sie bindet ihn ebenfalls an, und beide ziehen sich, langsam kletternd, in die Höhe. In der Zwischenzeit ist der Wächter wieder an der Unfallstelle erschienen, und nun beginnt in ihm der innere Kampf. Er zieht sein Messer, um das straff über die Erde gespannte Seil zu durchschneiden, was unweigerlich den tödlichen Absturz der beiden Liebenden zur Folge haben muß. Immer wieder setzt er das Messer an, immer wieder läßt er ab. Dieser Kampf dauert fast die ganze Zeit hindurch, während sich die jungen Leute in die Höhe ziehen, fast so lange, bis ihre Köpfe an dem Klippenrande erscheinen. Der Leuchtturmwächter gewinnt aber den Sieg über sich, wirft zuletzt das Messer weg und überläßt, da er einsieht, daß die Liebe seines Weibes nicht ihm, sondern dem früheren Verlobten gehört, dem jungen Manne die Frau, während er einsam davongeht, die beiden jungen Leute ihrem Glücke überlassend.

„Der Film, dessen leidenschaftliche und dramatische Darbietungen von besonderer Schönheit sind, hinterläßt nach der Art der Darstellung allerdings einen starken, nervenerregenden Eindruck. Es kann dem Beklagten zugegeben werden, daß die Ringkampfszene in nächster Nähe des Abgrundes und der Absturz resp. das Hinunterklettern des jungen Mannes als höchst spannend, an die Grenze, wo seelische und körperliche Gefahren für den Zuschauer eintreten können, herangeht. Jedoch — da der Wächter seinen Gegner n i c h t hinabstößt, und der Hinabrollende mit feinem Geschick an der schiefgeneigten Wand zu klettern versteht — wirken diese beiden Szenen doch nicht derart, daß hier ein polizeiliches Eingreifen gerechtfertigt wäre. Anders ist die Szene zu beurteilen, in welcher der Versuch, den Strick zu durchschneiden, dargestellt wird. Hier wird durch die Art der Darstellung des Seelenkampfes des Wächters, der vielfach längere Zeit hindurch das Messer an- und absetzt, eine so hochgradige nervenerregende Spannung hervorgerufen, daß sie nach Ansicht des Bezirksausschusses wohl geeignet ist, bei nicht sehr starknervigen Zuschauern Zuschauern, besonders bei Frauen und Kindern, schwere gesundheitsschädliche Wirkungen hervorzurufen. Der Beklagte hat daher mit Recht hinsichtlich dieser Szene das Verbot gemäß der ihm nach § 10 II 17 zustehenden Verpflichtung erlassen; der Kläger ist durch dieses Verbot in seinen Rechten nicht verletzt."

Ob hier nicht nach dem LG auch die Ringkampfszene und der Absturz hätte verboten werden müssen, kann zweifelhaft erscheinen. Soweit sich aus der Beschreibung des Bildstreifens entnehmen läßt, sind auch diese Szenen geeignet, durch die nervenerregende Spannung bei den Zuschauern gesundheitsschädliche Wirkungen auszulösen. Nicht zutreffend scheint es mir zu sein, wenn der Bezirksausschuß als ausschlaggebend die Tatsache betrachtet, daß nicht der Leuchtturmwächter den jungen Mann hinabstößt, sondern daß dieser selbst abstürzt. Hieraus könnte man wohl ein Argument entnehmen, wenn es sich darum handeln würde, ob der Bildstreifen geeignet wäre, verrohend zu wirken, nicht aber, wenn es sich um seine gesundheitsschädliche Wirkung handelt, da die Nervenspannung durch den Absturz selbst bewirkt wird und es hierfür gleichgültig ist, ob der junge Mann durch einen Fehltritt abgestürzt ist oder ob sein Gegner ihn hinabgestoßen hat.

In seiner Entscheidung vom 7. 11. 13 über den Bildstreifen „Paris—St. Petersburg um 12.35" (I. A. 79/13) hat der Bez.-A. I das Zensurverbot für unbegründet erklärt. Es handelte sich hier um die Darstellung eines Falles sogenannter Telepathie. Eine junge Frau, die sich von ihrem Mann und Kind getrennt hatte, um Schauspielerin zu werden, wurde in St. Petersburg, mitten in einer lebhaften Unterhaltung, plötzlich von unerklärlichen Ahnungen befallen. Zur gleichen Zeit lag das von ihr verlassene Kind schwer erkrankt im Bett und rief im Fieber nach der Mutter. In dem gleichen Augenblick, wo das Kind stirbt, stirbt auch die Mutter. Der Polizeipräsident hatte aus gesundheitspolizeilichen Gründen die öffentliche Vorführung des Bildstreifens verboten. Bei nervös veranlagten ängstlichen weiblichen Gemütern müsse die Vorführung die Auslösung schwer nervöser Depressionszustände befürchten lassen. Der Bez.-A. stellte sich nicht auf diesen Standpunkt, sondern meinte, die geschilderten Vorgänge, auch wenn sie in ein wissenschaftliches Gewand gekleidet seien, könnten gesundheitsschädliche Folgen für die Zuschauer nicht haben.

Auch das OVG hat in seinem Urteil vom 19. 6. 13 (III. A. 79/12) über den Bildstreifen „Das Burgverließ" (Hellwig, Verwaltungsgerichte S. 119) ein u. a. auch auf gesundheitspolizeiliche Gründe gestütztes Zensurverbot für unbegründet erklärt. Das polizeiliche Verbot erstreckte sich lediglich auf zwei Szenen am Schluß des zweiten Aktes, wo das vorher im Dämmerlicht liegende Burgverließ unter Beleuchtung gezeigt wird. Sobald der in das Burgverließ hinabgestiegene Detektiv Licht macht, sieht man eine Gruppe von mit Lumpen teilweise bedeckten menschlichen Skeletten und mitten unter ihnen die vermißte Gattin des Schloßherrn, die körperlich keinen Schaden genommen hat. Der Anblick der Gerippe sollte nach Auffassung des Berliner Polizeipräsidenten geeignet sein, in den Zuschauern Entsetzen zu erregen und Personen mit schwächeren Nerven derart in Schrecken zu versetzen, daß sie Schaden an ihrer Gesundheit erleiden könnten. Das OVG gab der Klage statt, da die bloße abstrakte Möglichkeit einer Gefahr nicht genüge, vielmehr aus Tatsachen sich ergebende Wahrscheinlichkeit einer unmittelbar drohenden Gefahr vorliegen müsse; aus dem, was der Polizeipräsident vorgebracht habe, ergebe sich aber nur die entfernte Möglichkeit, daß die beanstandeten Szenen auf nervenschwache und leicht erregbare Naturen eine ihr Wohlbefinden störende Wirkung ausüben.

20. Gegen die öffentliche Ordnung verstoßen auch Bildstreifen, die sich in gehässiger Weise mit dem Richterstand, mit dem Lehrerstand, mit den Ärzten, Apothekern usw. befassen. Darstellungen, in denen vereinzelt vorkommende Übelstände als solche dargestellt und kritisch beleuchtet werden, können nicht beanstandet werden, wohl aber frivole, einseitige, ungerechtfertigte Darstellungen, die darauf ausgehen, das Vertrauen des Publikums zu den genannten Berufen zu stören oder die doch geeignet sind, diese Wirkung hervorzubringen. Das gleiche gilt auch von den unter staatlicher Aufsicht oder Leitung stehenden Verkehrsanstalten sowie anderen gemeinnützigen Anstalten und Wohlfahrtseinrichtungen. Das darf aber nicht zu kleinlichen Beanstandungen führen. Hier haben die Verwaltungsgerichte, soweit man, ohne den Film gesehen zu haben, urteilen kann, nicht immer die richtige Grenze eingehalten. (Vgl. Stern S. 18 f.)

So führt der Bez.-A. I in dem Urteil vom 17. 7. 14 (I. A. 43/14) über den Bildstreifen „Die Katastrophe" (Hellwig, Kampf S. 65) folgendes zur Begründung des Vorführungsverbotes aus: „Die Schilderung der fortgesetzten, mehr als fahrlässigen, pflichtwidrigen und mehr als unverständlichen Handlungsweise eines an verantwortlicher Stelle stehenden Eisenbahnleiters ist geeignet, das Vertrauen des Publikums in die öffentliche Bahneinrichtungen auf das Schwerste zu erschüttern. Wie der Beklagte zutreffend ausführt, gehört aber das Vertrauen des Publikums zu diesen Einrichtungen zu den Voraussetzungen der öffentlichen Ordnung. Bei weniger intelligenten oder weniger urteilsfähigen Zuschauern muß durch die Art der Darstellung mit Notwendigkeit der Eindruck hervorgerufen werden, daß die Sicherheit des reisenden Publikums jederzeit in der Hand eines mehr oder minder gewissenlosen, an verantwortlicher Stelle stehenden Einzelbeamten liegt, und daß hiergegen vorkommendenfalls auch die größte Gewissenhaftigkeit und Pflichttreue der den leitenden Organen unterstellten Unterbeamten keinen ausreichenden Schutz gewährleisten würde." Auch daß die Handlung in Amerika spiele und dort das Privatbahnsystem herrsche und deshalb aus den dortigen Zuständen nicht ohne weiteres Schlüsse auf die bei uns herrschenden gezogen werden könnten, werde voraussichtlich den meisten Zuschauern kaum zum Bewußtsein kommen; auch wenn dies der Fall wäre, würde es doch nicht ausreichend sein, um die durch den Film bewirkten Folgen ganz zu beseitigen.

Dieses Urteil hat das OVG am 16. 11. 14 (III. B. 162/14) bestätigt und dabei noch hervorgehoben, daß die Handlung keinen anderen ersichtlichen Zweck verfolge, als dem Publikum eine nervenreizende grobe Unterhaltung zu bieten; die Vorführung des Films widerstreite der öffentlichen Ordnung. (Hellwig, Kampf S. 66.)

In derselben Richtung zu weitgehend ist das Urteil des OVG vom 12. 3. 14 über den Film „Der Sklave einer Frau". (Hellwig, Kampf S. 67.) Es wird anerkannt, daß der geschilderte Vorgang „bei rein sachlicher Betrachtungsweise" nicht den Schluß rechtfertige, daß ein wirkliches Geschehnis geschildert werde und daß mit der Wiederkehr gleichartiger Geschehnisse zu rechnen sei; die Schilderung aber sei so eindringlich, daß zu befürchten sei, „es werde das Ganze im Gedächtnis vieler Zuschauer mit einer die Grenze zwischen Phantasiebild und Wirklichkeit verwischenden Lebendigkeit haften und so zu sachlich an sich ungerechtfertigten Schlüssen auf die Vertrauenswürdigkeit des ärztlichen Standes überhaupt führen. Die Tatsache, daß die Reue den verbrecherischen Arzt zum Selbstmorde treibt — übrigens erst, nachdem er entlarvt worden ist —, kann keine andere Beurteilung rechtfertigen. Sie rechtfertigt an der vorangegangenen Handlungsweise an sich nichts und kann den Eindruck auf den Zuschauer um so weniger abschwächen, weil sie an Umfang und Anschaulichkeit des Vorgangs durchaus zurücktritt Eine Vorführung aber, die das Vertrauen zu dem Ärztestande zu untergraben geeignet ist, verstößt gegen die öffentliche Ordnung, für deren Aufrechterhaltung das Vertrauen zum Ärztestand unentbehrlich ist".

Die Brandmarkung eines Sträflings wurde von dem Bez.-A. I am 11. 7. 13 (I. A. 71/13) für unzulässig erklärt, da die Szene einmal zeige, daß der Sträfling auf diese Weise für sein ganzes Leben als bestraft gekennzeichnet werde, und andererseits gezeigt würde, daß mit dieser Prozedur körperliche und seelische Qualen des Verurteilten verbunden seien. „Beides ist geeignet, den Zuschauern ein Gefühl größter Beunruhigung über das Bestehen solcher dem modernen menschlichen Empfinden widersprechenden Einrichtungen hervorzurufen und damit die öffentliche Ruhe, Sicherheit und Ordnung zu stören." Dieses Bedenken werde auch nicht dadurch beseitigt, daß es sich um die Darstellung ausländischer Verhältnisse handele, denn bei der sehr verschiedenen Urteilskraft des Publikums und der schnellen Folge der Bilder liege die Annahme nahe, daß ein Teil des Publikums glaube, auch in Deutschland beständen solche Einrichtungen. (Hellwig, Verwaltungsgerichte S. 114.)

Der zweite Akt des Bildstreifens „Theaterbrand" war durch den Polizeipräsidenten verboten worden, da die Vorführung des Theaterbrandes geeignet sei, in hohem Grade das Publikum zu beunruhigen. Bez.-A. I vom 28. 2. 13 (I. A. 243/12) erkannte das Verbot nur insoweit als berechtigt an, als es sich auf die Darstellung des Nichtfunktionierens des eisernen Vorhangs und der dadurch hervorgerufenen Wirkung beziehe, da hieraus die Zuschauer für die Wirklichkeit im Falle einer Gefahr Folgerung ziehen könnten, die Anlaß zu einer Panik und Gefährdung der Sicherheit und Ordnung zu geben geeignet seien. (Hellwig, Verwaltungsgerichte S. 115.) Auch hier scheint mir eine Überspannung vorzuliegen.

Es widerspricht auch der öffentlichen Ordnung, wenn wichtige Interessen des Gemeinwesens als Reklamemittel für rein geschäftliche Zwecke benutzt werden, wenn z. B. die öffentliche Gesundheitspflege in aufdringlicher Weise vorgeschoben wird, um aus geschäftlichen Gründen den Ankauf und Gebrauch eines gänzlich wertlosen Präparates oder Heilmittels zu empfehlen. Greift der Staat in solchen Fällen durch die Veröffentlichung einer Warnung ein, weil er die Verbreitung des Heilmittels als der öffentlichen Ordnung für widerstreitend ansieht, so muß auch ein Bildstreifen, der dieses Heilmittel öffentlich anpreist, als gegen öffentliche Ordnung verstoßend verboten werden. (v. Glasenapp.)

Die öffentliche Ordnung wird in hervorragendem Maße auch durch solche Bildstreifen gefährdet, welche den Klassenhaß schüren. Unter diesem Gesichtspunkt kann ein Verbot erfolgen gegen Bildstreifen mit ausgesprochener antisemitischer Tendenz, gegen Bildstreifen, durch die gegen die Landwirte Stimmung gemacht wird, gegen Bildstreifen, die den Anschein erwecken, als ob nur der körperlich Arbeitende wirkliche Arbeit leiste, während die anderen Gesellschaftsschichten nichts als Schmarotzer seien, die das verpraßten, was der Arbeiter mit seinem Schweiße verdiene usw. Gerade hier aber muß jede kleinliche Engherzigkeit vermieden werden. Nur dann, wenn eine wirkliche Gefährdung zu befürchten ist, muß eingeschritten werden. Man kann nicht alle sogenannten Gesellschaftsfilme, so unerfreulich sie auch von diesem Gesichtspunkte auch sind (Hellwig, Reform S. 6 f., Porde, Das Lichtspiel. Wesen. Dramaturgie. Regie. Wien 1919, S. 109 f.; Lange S. 40), verbieten.

b) Bildstreifen, die geeignet sind, das religiöse Empfinden zu verletzen.

21. Nach bisherigem Recht war die Verletzung des religiösen Empfindens eine Gefährdung der öffentlichen Ordnung. Das religiöse Empfinden war deshalb nach der Entscheidung des OVG vom 1. 5. 08 zu schützen. (Bd. 52 S. 288.)

In dem Urteile vom 8. 12. 13 bemerkt das OVG bezüglich der Darstellung der Lebens- und Leidensgeschichte Christi bis zu seiner Auferstehung in Anlehnung an den Messias von Klopstock, daß Störungen der religiösen Empfindungen von diesem Bildstreifen mit Sicherheit zu erwarten seien: „Religiös empfindende Personen werden in ihren Empfindungen gröblich verletzt werden, wenn die Lebens- und Leidensgeschichte Christi, welche die Grundlage der christlichen Religion bildet, in einem Kinematographentheater, vielleicht in zeitlicher Verbindung mit Humoresken und Burlesken, zur Darstellung gelangt. Es kommt hinzu, daß einzelne Szenen der Leidensgeschichte in allzu realistischer, des Stoffes nicht würdiger Weise vorgeführt werden. An diesen Bildern wird ein großer Teil der Zuschauer mit Recht Ärgernis nehmen." (Kamptz S. 224.)

In dem WLG Art. 2 ist die Verletzung des religiösen Empfindens gleichfalls als ein besonderer Versagungsgrund aufgenommen, doch reicht dieser Versagungsgrund nicht soweit wie in dem LG, da der Bildstreifen nach dem WLG nur dann verboten werden kann, wenn er geeignet ist, das religiöse Empfinden der Zuschauer zu verletzen. Nach dem LG dagegen kann durch die Vorführung auch das religiöse Empfinden von Personen verletzt werden, die der Vorführung selbst gar nicht beigewohnt haben, sondern nur durch Erzählungen, Pressenachrichten usw. von dem Inhalt des Bildstreifens erfahren haben. Praktisch wird das allerdings keinen großen Unterschied machen, da auch dann, wenn man es auf die Wirkung auf die Zuschauer abstellt, davon ausgegangen werden muß, daß nicht diejenigen Zuschauer zugrunde zu legen sind, aus denen sich das großstädtische Kinopublikum in der Hauptsache zusammensetzt, sondern alle Personenkreise, die überhaupt als, wenn auch nur gelegentliche, Besucher von Lichtspielen in Frage kommen.

Wenn auch gemäß RV 135 ff. nicht mehr wie bisher gesagt werden kann, daß das Reich und entsprechend die Länder ihrer verfassungsmäßigen Grundlage nach ein christliches Staatswesen seien, so zeigen doch diese Bestimmungen wie auch §§ 166, 167 StGB andererseits, daß nach wie vor die christliche Religion einen Bestandteil der öffentlichen Ordnung bildet, der auch ohne eine ausdrückliche Bestimmung auch bei der Lichtspielprüfung zu schützen gewesen wäre.

Bei der Ausschußberatung wurde von einer Seite gefordert, daß nur ein Verbot der **Beschimpfung der Religion oder religiöser Einrichtungen** aufgenommen werden solle und ein anderer Redner meinte, der Ausdruck „das religiöse Empfinden zu verletzen" sei zu unbestimmt und bedeute eine Fessel des geistigen Kampfes; ein gewisses Maß von Verletzung müsse sich jede geistige Richtung gefallen lassen, das Verbot der Beschimpfung reiche aus. (Aussch. S. 6.) Dementsprechend wurde in erster Lesung die Fassung gewählt „geeignet, die Religion oder religiöse Einrichtungen herabzuwürdigen". Dann wäre, jedenfalls was die christlichen Kirchen oder eine andere mit Korporationsrechten innerhalb des Reichsgebiets bestehende Religionsgesellschaft anbetrifft, nur dann ein Verbot zulässig gewesen, wenn die Voraussetzungen des § 166 StGB gegeben wären.

Die jetzige Fassung reicht bedeutend weiter. Es ist aber auch hier zu beachten, daß auf *überempfindliche Leute* nicht Rücksicht zu nehmen ist. (Zweifelnd Lange, S. 201 f.) So mag das religiöse Empfinden mancher Kreise schon dadurch verletzt werden, daß ein Geistlicher in einem Filmdrama überhaupt vorkommt, daß eine Prozession in einem Lichtspielhaus vorgeführt wird usw. Das reicht zu einem Verbote aber natürlich nicht aus. Auch ist Goldbaum S. 25 beizustimmen, das Christentum müsse sich wie jede andere Religion auch Angriffe gefallen lassen, nur dürften sie nicht in unwürdiger Weise erfolgen. Ebenso wohl Stern S. 36.

Das religiöse Empfinden ist bei *allen Religionsgemeinschaften* zu schützen, die in Deutschland in erheblichem Maße vertreten sind. In Frage kommen nicht nur die christlichen Kirchen einschließlich der Sekten der Mennoniten, Philipponen usw., sondern auch die jüdische Religion. Zweifelhaft kann es sein, ob auch der Islam, der Buddhismus usw. zu schützen sind. Ich möchte es nicht annehmen. Nicht in Betracht kommen zweifellos die religiösen Empfindungen primitiver Völker (so auch Szczesny S. 32), die sich beispielsweise durch die kinematographische Vorführung eines Zauberpriesters und dergleichen in ihren religiösen Empfindungen verletzt fühlen könnten. Aber auch solche christlichen Sekten, deren Anschauungen mit den bei uns herrschenden und staatlich anerkannten nicht übereinstimmen, können nicht beanspruchen, in allen ihren religiösen Empfindungen geschützt zu werden. So wird von diesem Gesichtspunkt aus nichts gegen einen Bildstreifen einzuwenden sein, in welchem die Vielweiberei der Mormonen gegeißelt wird. Das „religiöse" Empfinden der Anhänger irgendeines *religions-philosophischen Systems* (Szczesny S. 32), der Theosophen, der Anhänger der Christian Science und Spiritisten wird nicht geschützt, noch weniger das pseudoreligiöse Empfinden der Atheisten.

Es sind *zwei große Gruppen* von Bildstreifen zu unterscheiden, die zu einem Verbote unter diesem Gesichtspunkt Anlaß geben können: einmal die religiösen Bildstreifen, deren alleiniger oder doch hauptsächlicher Gegenstand ein religiöses Thema ist, und zweitens diejenigen Bildstreifen, in denen religiöse Gebräuche in einem anderen Zusammenhang behandelt werden oder in denen Geistliche vorkommen.

22. Hierher gehören zunächst zweifellos **diejenigen Bildstreifen, deren öffentliche Vorführung eine Gotteslästerung** im Sinne des § 166 StGB bedeuten würde. Mündliche Äußerungen sind nicht erforderlich, vielmehr genügen Äußerungen durch bildliche Darstellungen. (Ebenso Schwartz, „Das Strafgesetzbuch für das Deutsche Reich", Berlin 1914, § 166 Anm. 26; dagegen allerdings mit der herrschenden Meinung Ettinger, „Zur Lehre von den Religionsvergehen", Breslau 1919, S. 66 f.) Ebenso kann durch Vorführung eines Bildstreifens öffentlich eine der christlichen Kirchen oder eine andere mit Korporationsrechten innerhalb des Bundesgebiets bestehende religiöse Gesellschaft oder ihre Einrichtungen oder Gebräuche beschimpft werden.

Wenn ein Bildstreifen solche Darstellungen enthält, daß seine öffentliche Vorführung gegen § 166 StGB verstoßen würde, so hat sich die Prüfungsstelle mit dem Verbote der öffentlichen Vorführung des Bildstreifens zu begnügen. Der Filmfabrikant oder der Filmpächter, welche den Bildstreifen hergestellt bezw. zur Verbreitung vorrätig gehalten haben, haben sich dadurch noch nicht strafbar gemacht, da weder in der Versendung des Bildstreifens noch in seiner Probevorführung vor der Prüfungsstelle eine öffentliche Lästerung oder ein öffentliches Beschimpfen liegt. Auch wenn der Bildstreifen öffentlich vorgeführt ist, kann die Polizeibehörde ihn nicht vorläufig beschlagnahmen, da der § 166 StGB nicht zu den im § 23 RPrG aufgeführten Fällen gehört.

23. Der Begriff der Verletzung des religiösen Empfindens der Zuschauer ist aber auch auf **solche Bildstreifen anwendbar, deren öffentliche Vorführung gegen den § 166 StGB nicht verstoßen würde.**

Nicht jede Schilderung religiöser Sitten und Gebräuchen darf verboten werden, sondern nur dann, wenn durch sie das normale religiöse Empfinden verletzt werden kann. So ist beispielsweise gegen die Schilderung jüdischer religiöser Zeremonien in den Bildstreifen „Der Shylok von Krakau" nichts einzuwenden, ebensowenig würde von diesem Gesichtspunkte aus an und für sich die Behandlung des Ritualmordproblems bedenklich erscheinen, ebensowenig etwa die Vorführung eines Bildstreifens über die Echternacher Springprozession.

Der obige Grundsatz gilt selbst dann, wenn die Schilderung von Religionsgebräuchen tatsächliche Unrichtigkeiten enthält. Es mag vom pädagogischen Standpunkt aus vielleicht unerwünscht sein, wenn derartige nicht zutreffende Vorstellungen über Religionsgebräuche verbreitet werden, doch wird dadurch die öffentliche Ordnung noch nicht gefährdet, dies ist vielmehr erst dann der Fall, wenn die Ungenauigkeiten derart sind, daß ein vollkommen falsches Bild gegeben und dadurch das religiöse Empfinden der betreffenden Religionsgemeinschaft verletzt wird. Dies hat man vor Jahren beispielsweise mit Recht gegen den Bildstreifen „Die Wittenberger Nachtigall“ geltendgemacht, da seine entstellende Wiedergabe der Persönlichkeit Luthers allerdings geeignet ist, das religiöse Empfinden der Protestanten zu verletzen.

Auch die Schilderung von unerfreulichen Seiten einer religiösen Gemeinschaft, deren Darstellung der betreffenden religiösen Gemeinschaft nicht angenehm ist, ist um deswillen noch keineswegs ohne weiteres geeignet, das normale religiöse Empfinden zu verletzen. Man denke beispielsweise an eine Schilderung der Hexenprozesse, an eine Schilderung des Inquisitionsverfahrens gegen Huß oder Savonarola.

Es genügt natürlich nicht die Schilderung einer allgemein oder vom Standpunkt der religiösen Gemeinschaft für unehrenhaft gehaltenen Handlung einzelner Angehörigen dieser religiösen Gemeinschaft, so beispielsweise Betrügereien oder scheinheiliges Verhalten eines Geistlichen, Austritt des Mönches aus seinem Orden und Übertritt zum Protestantismus, Bruch des Keuschheitsgelübdes usw. Der Bildstreifen „Keuschheitsgelübde“, der 1919 teilweise Erregung verursacht hat, könnte kaum verboten werden.

24. Auch gegen Darstellungen der **Passionsgeschichte** ist an und für sich nichts einzuwenden, doch können sie durch die Art, wie sie ihr Thema behandeln, allerdings geeignet sein, das normale religiöse Empfinden zu verletzen. Es wird das auf die Umstände des Einzelfalls ankommen. Es ist meines Erachtens verkehrt, wenn man die Behauptung aufstellt, daß derartige Passionsbildstreifen ein für allemal zu verbieten seien, da ihre öffentliche Vorführung stets geeignet sei, das religiöse Empfinden zu verletzen. Auf diesem Standpunkt steht der bayrische Ministerialerlaß vom 19. 7. 08. (Hellwig, Rechtsquellen, S. 86; vgl. auch den bayrischen Ministerialerlaß vom 27. 1. 12, III, ebendort S. 88.) Beide sind aufgehoben durch Ministerialerlaß vom 10. 4. 19. Vgl. darüber unten auch die Beratung des WLG (Verh. II S. 1732, 2725).

Das OVG scheint dagegen anzunehmen, daß die öffentliche Vorführung von Bildstreifen aus der Passionsgeschichte in einem Lichtspieltheater unter allen Umständen geeignet sei, das religiöse Empfinden der Zuschauer zu verletzen. In seiner Entscheidung vom 8. 12. 13 (v. Kamptz S. 224) über den Bildstreifen „Satan oder das Drama der Menschheit“, dessen zweiter Teil in Anlehnung an den Messias von Klopstock die Lebens- und Leidensgeschichte Christi bis zu seiner Auferstehung zur Darstellung bringt, hat sich trotz der an und für sich würdigen Darstellung das Oberverwaltungsgericht auf den Standpunkt gestellt, daß dennoch von der Vorführung dieses Bildstreifens Störungen des religiösen Empfindens mit Sicherheit zu erwarten seien: „Religiös empfindende Personen werden in ihren Gefühlen gröblich verletzt werden, wenn die Lebens- und Leidensgeschichte Christi, welche die Grundlage der christlichen Religion bildet, in einem Kinematographentheater, vielleicht in gleichzeitiger Verbindung mit Humoresken und Burlesken, zur Darstellung gelangt." Es komme noch hinzu, daß einzelne Szenen der Leidensgeschichte in allzu realistischer, des Stoffes nicht würdiger Weise, vorgeführt würden und daß an diesen Bildern ein großer Teil der Zuschauer mit Recht Ärgernis nehmen würde. Denselben Standpunkt wie das OVG nimmt Pastor Conradt S. 61 ein. Richtig dagegen Browe in den „Stimmen aus Maria-Laach" Bd. 87 S. 177 und die Broschüre von Jump „The religious possibilities of motion picture" (o. O., o. J.). Der Standpunkt des OVG ist einseitig. (Vgl. auch Wolzendorf in „Die Polizei", Jhg. 9 S. 26 und Hellwig in PrVBl. Bd. 34 S. 202.

Gegen die Entscheidung des badischen Verwaltungsgerichtshofs vom 2. 5. 11 über den Bildstreifen „Dante Alighieris göttliche Komödie" (Badische Rechtpraxis 1911 S. 142, sowie Hellwig, Grundsätze, S. 428 f.) ist daher auch vom Standpunkte der Verletzung des religiösen Empfindens nichts einzuwenden.

Eine andere Frage, die von dem OVG angeschnitten ist, ist die, ob zwar nicht die Wiedergabe von Bildern aus der Passionsgeschichte an sich zu beanstanden sei, ob aber nicht durch die Vorführung dieses Bildstreifens in einem nicht passenden Rahmen der Gesamtvorführungen das religiöse Empfinden verletzt werden kann. Diese Frage ist allerdings zu bejahen. (So auch Stern S. 37.) Das darf auch berücksichtigt werden; § 1 Abs. 2 Satz 4 steht nicht entgegen. Ein Verbot jedes derartigen Bildstreifens wird dadurch aber nicht erfordert. Es genügt, wenn die Zulassung unter der Bedingung erfolgt, daß die Vorführung nur in würdiger, ernster Weise erfolgen darf. Gültig ist daher die bayerische Ministerialentschließung vom 10. 4. 19, durch die in Abänderung der Ministerialentschließung vom 19. 7. 08 (Hellwig, Rechtsquellen S. 86) bestimmt worden ist, daß Passionsfilme nur als Einzelvorführungen oder in Verbindung mit anderen religiösen Filmen und mit passender Musikbegleitung vorgeführt werden dürfen. Sie gilt unmittelbar mit für Bayern und für die Übergangszeit. Materiell sind ihre Normen aber auch von den Prüfungsstellen anzuwenden. Eine derartige Beschränkung der Zulassung muß als zulässig angesehen werden. (Vgl. Anm. 14.)

c) Bildstreifen, die geeignet sind, verrohend zu wirken.

25. Hierher können Bildstreifen gehören, die Unglücksfälle, Tierquälereien, Selbstmordszenen usw. schildern.

Da es nicht auf die Absicht ankommt, welche der Filmautor oder der Filmfabrikant mit dem Bildstreifen verfolgen, sondern auf seine objektive Wirkung auf die Zuschauer, so können auch belehrende Bildstreifen unter Umständen geeignet sein, eine verrohende Wirkung auszuüben und dementsprechend dem Verbote unterliegen. In der Literatur sind derartige Fälle auch schon geschildert worden (vgl. Hellwig, Schundfilms S. 21 ff). Zu dieser Gruppe gehören insbesondere auch Tierquälereien jeder Art. (Stern S. 38.) So hat der Bez.-A. I in seiner Entscheidung vom 17. 3. 11 über den Bildstreifen „Hahnenkampf" (I. A. 70/10) sich mit Recht auf den Standpunkt gestellt, daß die Vorführung dieses Bildstreifens geeignet sei, verrohend zu wirken; die fürchterlichen letzten Zuckungen des verendenden Hahnes, die einzelnen Kampfszenen, die Verbissenheit der beiden Tiere, die durch Menschenhand sichtbar angestachelt werden, sei ein Bild abscheulicher Roheit, das ganz allgemein, auch auf Erwachsene, unsittlich und verrohend wirken müsse.

Bei der Beantwortung der Frage, ob ein Bildstreifen die Schilderung einer Tierquälerei enthalte, welche geeignet sei, verrohend zu wirken, muß die Anschauungsweise unseres Volkes maßgebend sein. In Ländern, in denen die öffentliche Veranstaltung von Hahnenkämpfen gestattet ist, wird man auch die Lichtspielvorführung derartiger Hahnenkämpfe als verrohend nicht ansehen und nicht ansehen können. Hieraus ergibt sich auch der Standpunkt beispielsweise gegenüber Lichtspielvorführungen von Stierkämpfen oder von Boxkämpfen.

Was insbesondere die Boxkämpfe anbetrifft, so würde ein Bildstreifen, der einen Kampf in allen seinen oft abscheulichen Einzelheiten wiedergeben würde, zweifellos als verrohend verboten werden müssen. Daß aber nicht jede Darstellung eines Boxkampfes ohne weiteres schon verrohend wirken muß, zeigt die Entscheidung des OVG über den Bildstreifen „Boxkampf zwischen Johnson und Jeffries" vom 14. 12. 11 (III. B. 135/11). Der Bez.-A. I hat in dem Urteil vom 5. 9. 11 ausgeführt, daß zwar die Vorführung des ganzen Bildstreifens in seiner ursprünglichen Fassung zu verbieten sein würde, weil nach den in Deutschland herrschenden Begriffen das öffentliche Aufeinanderprügeln zweier Menschen, worin der Boxkampf tatsächlich bestehe, als Roheit empfunden werden würde und daher geeignet sei, auf die öffentliche Ordnung störend einzuwirken, daß aber solche Bedenken hinsichtlich des dem Bezirksausschuß vorgeführten abgekürzten Bildstreifens nicht mehr beständen. Das OVG bestätigte diese Entscheidung. Es sei insbesondere noch zu bemerken, daß bei dem Publikum oder einem Teil desselben durch die Vorführung des abgekürzten Bildstreifens die Gefühle eines besonders starken Abscheues oder Roheitsinstinktes nicht ausgelöst würden.

Selbstmordszenen können je nach der Art, wie sie dargestellt werden, als verrohend verboten werden oder aber auch nicht geeignet sein, eine verrohende Wirkung auszuüben. So hat beispielsweise das OVG in seiner Entscheidung vom 12. 1. 14 (III. B. 139/12) über den Bildstreifen „Gretchens Liebesroman" (Hellwig, Verwaltungsgeschichte S. 149) ausgeführt, daß der Ansicht des Polizeipräsidenten, daß die kinematographischen Vorführungen von Selbstmordszenen wegen ihrer Suggestivwirkung auf überreizte Menschen grundsätzlich zu beanstanden seien, nicht zugestimmt werden könne. Es müsse vielmehr auch hier von Fall zu Fall untersucht werden, ob die Vorstellung nach ihrer Art und Weise eine genügende Grundlage für das Verbot gebe. In Übereinstimmung mit dem Bez.-A. verneinte das OVG diese Voraussetzung bei der fraglichen Darstellung.

In der Entscheidung vom 10. 10. 13 über den Bildstreifen „Rege Dich nicht auf" (I. A. 144/13) hat der Bez.-A. I den richtigen Grundsatz aufgestellt, daß auch die Schilderung von Unglücksfällen usw. dann nicht verrohend wirken könne, wenn die phantastische, groteske Art der Behandlung des Stoffes nur geeignet sei, Heiterkeitsempfindungen auszulösen.

d) Bildstreifen, die geeignet sind, entsittlichend zu wirken.

26. Dieser Versagungsgrund greift weit. Er geht weiter als der entsprechende Versagungsgrund im WLG („geeignet, die Sittlichkeit der Zuschauer zu gefährden"), auch weiter als das braunschweigische Gesetz über die öffentlichen kinematographischen Schaustellungen vom 5. 12. 11 (Hellwig, Rechtsquellen, S. 147) § 2 („geeignet, in sittlicher Beziehung Anstoß oder Ärgernis zu erregen oder das Schamgefühl gröblich zu verletzen") oder wie die Verordnung von Sachsen-Weimar vom 4. 1. 13 (Hellwig, Rechtsquellen S. 137) § 8 („die gegen die guten Sitten verstoßen").

Unter diesen Versagungsgrund fallen einmal alle in sexueller Beziehung anstößigen Bildstreifen (über ihre Gefährlichkeit Hellwig, Schundfilms S. 30 ff. sowie „Kind und Kino", Langensalza 1914, S. 31 ff. und Lange S. 26 ff., gleichgültig, ob sie unzüchtig im Sinne des § 184 StGB sind oder nicht. (Goldbaum S. 26 spricht ungenau von Bildstreifen, deren Vorführung „das sittliche Empfinden verletzen würde", und setzt sie dann mit den unzüchtigen gleich.) Dann aber vor allem auch alle Bildstreifen, die geeignet sind, demoralisierend, entsittlichend im weiteren, nicht auf das sexuelle Gebiet beschränkten, Sinne zu wirken. Namentlich in dieser Beziehung wird eine empfindliche Lücke des bisherigen Rechtszustandes ausgefüllt, wenngleich das OVG in seiner Rechtsprechung dadurch, daß es das Verbot auch für zulässig erachtete, wenn die Vorführung zu einer die öffentlichen Interessen berührenden Verschlechterung des sittlichen Denkens und Fühlens zu führen geeignet war, soweit es sich irgend ermöglichen ließ, zu helfen versuchte. Immerhin mußten zahlreiche kriminelle Schundfilme durchgelassen werden, da nicht mit hinreichender Wahrscheinlichkeit das Bestreben einer unmittelbaren Gefahr für die Verschlechterung des sittlichen Fühlens und Denkens nachzuweisen war.

27. Als unsittlich sind in erster Linie alle solchen Bildstreifen zu betrachten, welche als **unzüchtige** Abbildungen im Sinne des § 184 Ziff. 1 RStGB in Betracht kommen. Daß dieser Paragraph auf die öffentliche Vorführung unzüchtiger Bildstreifen Anwendung finden kann, ist in der Theorie und Praxis anerkannt (vgl. RStGB Bd. 39 S. 183; Cohn „Kinematographenrecht", Berlin 1909, S. 15; Werth „Öffentliches Kinematographenrecht", Erlanger Diss. 1910, S. 27; Hellwig in ZStrW Bd. 35 S. 469 ff., sowie in der Zeitschrift für Polizei- und Verwaltungsbeamte, Jhg. 21 S. 282 ff., 305 ff.; Mah ebendort, Jhg. 20 S. 369 f.; Müller-Sanders S. 69 ff.; a. M. Kern, „Die Äußerungsdelikte", Tübingen 1919 S. 38, da das Vorführen kein Verbreiten sei.

Als unzüchtig wird man mit Frank Anm. 1 zu § 184 eine Abbildung, also auch einen Bildstreifen, ansehen können, welcher in seinem Zusammenhang die Absicht, einen geschlechtlichen Reiz hervorzurufen oder der Freude am geschlechtlichen Obscönen zu genügen, dadurch zum Ausdruck bringt, daß er objektiv geeignet ist, das geschlechtliche Schamgefühl unbefangener dritten Personen zu verletzen. Die technische Vollkommenheit und der Kunstwert schließen eine unzüchtige Darstellung nicht aus. Die Absicht, künstlerischen Genuß zu bereiten, ist nicht unvereinbar mit der Absicht, die Lüsternheit anzuregen. Es kommt nicht auf den Zweck an, die Lüsternheit anzureizen, als vielmehr darauf, ob die Darstellung geeignet ist, das Schamgefühl zu verletzen und ob der Verbreiter das Bewußtsein davon hat (RG in Strafsachen vom 22. 11. 04 Bd. 37 S. 313 ff und Stern S. 24 f.). Immerhin kann unter Umständen Zweck und Tendenz von Bedeutung sein. Dem überwiegenden wissenschaftlichen oder künstlerischen Interesse kann die Wirkung beigelegt werden, den sonst unzüchtigen Charakter aufzuheben. Auf den wissenschaftlichen Wert kommt es dabei nicht an (RG vom 4. 11. 04 im „Archiv für Strafrecht" Bd. 52 S. 85 und vom 6. 2. 11, ebendort Bd. 59 S. 128 f.).

Als allgemeiner Grundsatz kann nach Stern S. 29 gelten: „Wo wir im Leben den Anblick des Nackten unbeanstandet empfinden, da kann auch seine Darstellung im Filmbilde nicht unzüchtig sein; was wir in den Schleier der Nacht zu hüllen pflegen, ist unzüchtig, wenn wir es an das Tageslicht zerren." Dem kann als Grundsatz beigestimmt werden, aber nicht der Folgerung, die Stern S. 31 f. aus diesem Grundsatz zieht:

„Wie die Vorführungen von sogenannten Nackttänzerinnen, wenn sie sich dem Charakter der jeweiligen durch den Tanz verkörperten Darstellung anpassen, heute zu den Erscheinungen des Lebens gehören, so kann ihre Wiedergabe im Film, soweit sie sich auf die Tanzvorführung erstreckt, nicht verboten werden." Dabei ist folgendes nicht beachtet: Tanzvorführungen, auch wenn sie unzüchtig sind, können im Gegensatz zu Lichtspielvorführungen nur dann gemäß 183 StGB strafrechtlich verfolgt werden, wenn sie öffentliches Ärgernis erregen; deshalb vermögen die Polizeibehörden ihnen gegenüber nicht so einzuschreiten, wie es erwünscht wäre. Sie finden auch nur in einigen Großstädten statt, während die Filmzensur für das ganze Reich, für Stadt und Land, gelten soll. Sie muß deshalb einen strengeren Maßstab anlegen. Daß die Nackttänzereien in weiten Volkskreisen Anstoß erregen, ergibt sich aus Veröffentlichungen in der Presse und aus Kleinen Anfragen in den Parlamenten (Vgl. auch Lange, „Nationale Kinoreform", München-Gladbach 1918, S. 82 Anm. 36). Die Wiedergabe von Nackttänzerinnen ist daher grundsätzlich nicht zuzulassen.

Es ist von Treitel, PrVBl. 35, die Anschauung vertreten worden, ein Bildstreifen könne nur dann als unzüchtig gelten, wenn einzelne bestimmte Teilbilder des Bildstreifens unzüchtig seien; sei lediglich die Handlung als solche unzüchtig, könne also eine Unzüchtigkeit nur dann konstatiert werden, wenn die Bilder in einem bestimmten Zusammenhange hintereinander vorgeführt würden, so sei § 184 StGB nicht anwendbar. Diese Ansicht ist aber nicht haltbar (so schon Hellwig in ZStrW Bd. 35 S. 478 Anm. 24), wie auch das Reichsgericht in dem Urteil vom 21. 11. 19 in Strafsachen Bd. 44 S. 408 ausgesprochen hat.

Kommt die Prüfungsstelle bezüglich eines ihr zur Prüfung eingereichten Bildstreifens auf Grund obiger Erwägungen zu dem Ergebnis, daß der Bildstreifen unzüchtig sei, so hat sie sich mit dem Verbote der Vorführung des Bildstreifens zu begnügen. Sie kann den Bildstreifen nicht etwa auf Grund des RPrG § 23 Nr. 3 beschlagnahmen. (Früher war ich anderer Meinung.) Die Prüfungsstellen sind überdies trotz der formellen Loslösung von der Polizei, da sie materiell polizeiliche Funktionen ausüben, Polizeibehörden, deren Tätigkeitsgebiet freilich eng begrenzt ist. Die Zuziehung von Laien hindert dies ebensowenig wie sie verhindert, daß die Schöffengerichte oder Schwurgerichte Gerichte sind. RPrG § 23 Nr. 3 setzt aber voraus, daß mit der Verbreitung schon begonnen ist, daß wenigstens der Versuch gemacht ist (Schwarze-Appelius, Reichspreßgesetz, 5. Aufl. von Wulffen, München, Berlin, Leipzig 1914 S. 228). Die Übersendung des Bildstreifens an die Prüfungsstelle ist aber noch kein Verbreiten. Deshalb entfällt auch die Möglichkeit der polizeilichen Beschlagnahme.

Strafbar wegen Vergehens gegen § 184 RStGB macht sich auch ein Lichtspielbesitzer, der einen unzüchtigen Bildstreifen öffentlich vorführt, da auch die Vorführung eine Verbreitung des Bildstreifens im Sinne des RStGB bedeutet, obgleich sie eine Verbreitung im Sinne des RPrG nicht darstellt. (Hellwig, Kinematographenzensur, S. 100 ff., Reichspreßgesetz S. 114 ff.; ZStrW Bd. 35 S. 474 ff.; Müller-Sanders S. 49 ff.; Manasse S. 69 ff.; andererseits Elster in „Recht und Wirtschaft" 1913 sowie in Z.f.St.R.W. Bd. 36 S. 198 f.)

Die Strafbarkeit des Lichtspielbesitzers oder Filmverpächters oder Filmfabrikanten, welcher einen unzüchtigen Bildstreifen hergestellt oder verbreitet oder zum Zwecke der Verbreitung vorrätig gehalten hat, wird grundsätzlich auch dadurch nicht ausgeschlossen, daß die Prüfungsstelle in Verkennung des Begriffs unzüchtig den Bildstreifen zur öffentlichen Vorführung freigegeben hat. Es geht dies darauf zurück, daß durch die Erteilung der Vorführungserlaubnis ein subjektives Recht auf die öffentliche Vorführung des Bildstreifens nicht geschaffen wird, daß darin vielmehr lediglich die Erklärung der Prüfungsstelle zu erblicken ist, daß ihrer Auffassung nach die öffentliche Vorführung des Bildstreifens ein polizeilich wahrzunehmendes öffentliches Interesse nicht verletze. Eine andere Frage ist, ob die Freigabe des Bildstreifens zur öffentlichen Vorführung nicht dafür spricht, daß ebenso wenig wie die Polizeibehörde auch der Lichtspielbesitzer usw. die Unzüchtigkeit des Bildstreifens nicht erkannt habe und daß er deshalb aus subjektiven Gründen freigesprochen werden müsse. Diese Frage wird in der Regel zu bejahen sein. Dennoch kann je nach den konkreten Umständen auch in einem solchen Falle die Anwendbarkeit des § 184 RStGB nicht nur nach seiner objektiven, sondern auch nach seiner subjektiven Seite hin bejaht werden. Derartige Fälle sind früher auch schon vorgekommen.

Endet das eingeleitete Strafverfahren mit der Verurteilung der Angeklagten, so ist gemäß § 41 RStGB im Urteile auszusprechen, daß alle Exemplare des Bildstreifens sowie die zu ihrer Herstellung bestimmten Negativbildstreifen („Platten und Formen") unbrauchbar zu machen sind. (Grünbaum, Voraussetzungen der Unbrauchbarmachung im Reichsstrafgesetzbuche (241) und den Spezialgesetzen des Reichs, Breslau 1913, S. 27 ff.)

Ist der Bildstreifen zwar objektiv unzüchtig, kann aber die Verurteilung eines Täters nicht erfolgen, beispielsweise weil ein Täter nicht ermittelt wird oder weil die Strafverfolgung schon verjährt ist, oder weil der Täter geisteskrank ist usw., so ist gemäß § 42 RStGB das sogenannte objektive Verfahren auf Unbrauchbarmachung der Positivbildstreifen und des Negativbildstreifens einzuleiten.

28. Der Begriff der unsittlichen Bildstreifen umfaßt auch alle diejenigen Bildstreifen, welche man bisher in der Literatur als sexuelle Schundfilme bezeichnet hat, also auch die mehr oder minder stark pikanten Bildstreifen, welche nicht derart geschlechtlich anreizend wirken, daß sie als unzüchtig bezeichnet werden können.

Was in dem Maße pikant ist, daß es als sittlich anstößig zu bezeichnen ist, als geeignet die Sittlichkeit zu gefährden, das wird in noch weit höherem Grade zweifelhaft sein können als der Begriff des Unzüchtigen.

Jedenfalls ist soviel sicher, daß auch hier die Prüfungsstelle einen objektiven Maßstab anzulegen hat, daß sie so gut und so schlecht es geht, von dem Typus eines Normalmenschen auszugehen hat: Es ist ebenso wenig angängig, die Anschauungen abgebrühter Lebemänner oder Dirnen zum Ausgangspunkt zu nehmen, als wie die Bildstreifen von der Prüderie überempfindlicher Personen aus zu beurteilen. Da Frauen im allgemeinen in sexueller Beziehung leichter verletzt sein werden als Männer, und da Frauen erfahrungsgemäß einen großen Bestandteil der Lichtspielbesucher bilden, wird man v. Pischek beistimmen müssen, wenn er bei der Beratung des WLG (Verh. I S. 71) ausgeführt hat, daß Bildstreifen nicht vorgeführt werden dürfen, welche eine anständige Frau ohne Erröten nicht mitansehen könne.

Man muß sich allerdings hüten, den Begriff des sittlich Anstößigen gar zu weit auszudehnen. Insbesondere wäre es verfehlt, wenn man jede Schilderung sexueller Probleme ohne weiteres für anstößig halten würde. Der National Board of Censorship (vgl. Hellwig in der „Concordia, Zeitschrift der Zentralstelle für Volkswohlfahrt" 1913 S. 177) hat sich mit Recht auf den Standpunkt gestellt, daß auch derartige Probleme an und für sich einen geeigneten Gegenstand für Lichtspielvorführungen bilden, vorausgesetzt, daß sie mit dem nötigen Ernste und der erforderlichen künstlerischen Zurückhaltung behandelt worden sind.

Allzu kleinlich darf man auch gewissen kleinen Pikanterien gegenüber in bezug auf die Kleidung und in bezug auf Situationen nicht sein. So hat in dem Urteil vom 27. 5. 14 (P.R. 28/14) über den Bildstreifen „Das Feuer" der braunschweigische Verwaltungsgerichtshof sich bezüglich gewisser Freiheiten in der Kleidung der Asta Nielsen auf einen anderen Standpunkt gestellt als der Sachverständige und hieraus einen Versagungsgrund nicht hergeleitet (Hellwig im „Volkswart" Jhg. 7 S. 162). Ebenso hat der Bez.-A. Cassel in seiner Entscheidung vom 13. 12. 12 (Bez.-A. 184/12) über den Bildstreifen „Nanon" erklärt, daß Unsittlichkeiten auf dem Bildstreifen nicht vorkämen, daß insbesondere auch die Kleidung der handelnden Personen nicht indezent sei. Der Umstand, daß mehrfach Küsse ausgetauscht würden, daß Nanon auf dem Schoße ihres Geliebten sitze oder gerade liege, sowie daß bei einer Theaterszene eine Ballettänzerin in kurzen Röckchen auftrete, erscheine bei normal empfindenden Personen nicht geeignet, eine schwere Verletzung des sittlichen Gefühls herbeizuführen. Auf einen anderen Standpunkt stellte sich das OVG in seiner Entscheidung vom 26. 3. 14 (III. B. 25/13) nicht nur bezüglich der Beurteilung der Gesamtwirkung des Bildstreifens, sondern auch bezüglich der Beurteilung der erwähnten Einzelheiten (Hellwig im „Volkswart" Jhg. 8 S. 17 ff.).

Mir scheint in dieser Beziehung nicht dem engherzigen Standpunkt des OVG beizustimmen zu sein, sondern der freieren Auffassung, wie sie in den erwähnten Entscheidungen des Casseler Bez.-A. und des braunschweigischen Verwaltungsgerichtshofs zum Ausdruck gekommen ist. Von welchen Grundsätzen bei der Beurteilung der sittlichen Anstößigkeit auszugehen ist, kommt klar in den Entscheidungsgründen des erwähnten Urteils des braunschweigischen Verwaltungsgerichtshofs zum Ausdruck, indem dort für entscheidend erklärt wird, „wie die Vorführung auf den Beschauer wirken wird, der von normalem sittlichen Empfinden beherrscht wird, der dem modernen Leben nicht weltfremd gegenüberstehend, das Leben selber kennt und der von falscher Scham und unnatürlicher, engherziger Prüderie ebenso entfernt ist wie von allzu freier, gar lasciver Sinnesart".

Auch für die pikanten Bildstreifen gilt der Grundsatz, daß es nicht erforderlich ist, daß ein bestimmtes Teilbild anstößig wirkt, daß es vielmehr genügt, wenn die Handlung des Bildstreifens als Ganzes anstößig ist. Während der Bez.-A. Cassel in seiner erwähnten Entscheidung über den Bildstreifen „Nanon" verneint hatte, daß der Bildstreifen durch seine Wirkung als Ganzes einen Verstoß gegen die Sittlichkeit bedeute, wenngleich nicht zu leugnen sei, daß durch die ganze Schilderung des Milieus ein gewisses ästhetisches Gefühl des Unbehagens ausgelöst werde, kam das OVG zu der Entscheidung, daß der Bildstreifen in der Tat durchaus geeignet sei, Anstoß und Ärgernis zu erregen: „Der Bildstreifen enthält von Anfang bis zu Ende nichts weiter als die Darstellung eines zügellosen und schamlosen Dirnenlebens, die nicht bloß das Schönheitsgefühl, sondern auch das sittliche Empfinden unmittelbar verletzen muß." Demgegenüber sei es für die Bewertung des Ganzen nicht entscheidend, ob einzelne Bilder oder Vorgänge an sich unmittelbar schamverletzend seien. Dem ist durchaus beizustimmen.

In seiner Entscheidung vom 20. 9. 12 (I. A. 162/12) über den Bildstreifen „Streich eines Dieners" wies der Bez.-A. I die Klage zurück, da die den Höhepunkt der Handlung bildende Entkleidungsszene und die sich daran anschließende Erkennungsszene zwischen Vater und Sohn in ihren intimen Einzelheiten einen in ihren sittlichen Beziehungen durchaus anstößigen Charakter trage.

„Hinter dieser, das sittliche Empfinden der Zuschauer verletzenden Wirkung des Films tritt dessen humoristische Seite verhältnismäßig weit zurück. Vater und Sohn treffen jeder für sich die Vorbereitungen für das erhoffte Liebesabenteuer bis an die äußerste der bildlichen Darstellung gezogene Grenze. Der Umstand, daß sie beide Opfer des wohlgelungenen Streiches des Dieners geworden sind, und die angebliche Nini überhaupt nicht existiert, ist nicht ausreichend, um den erotischen und zugleich im höchsten Grade zynischen Eindruck jener Szenen auf die Zuschauer zu verwischen. Die Tatsache, daß sich hier Vater und Sohn wider ihren Willen gerade in dem Augenblick zusammenfinden, in welchem sich jeder von beiden der verbotenen Liebesfreude hingeben will, ist geeignet, auf das sittliche Denken und Empfinden innerlich nicht genügend gefestigter, insbesondere jugendlicher, Personen im höchsten Grade nachteilig einzuwirken. Auf die sittlich genügend gefestigten Teile des Publikums aber wirkt der Film in seinen genannten, wesentlichsten Teilen abstoßend und verletzend." (I. A. 162/12; Hellwig, Grundsätze, S. 427 f.)

Diese Entscheidung wurde durch Beschluß des OVG vom 12. 7. 13 (B. 63/13) bestätigt. (Hellwig, Verwaltungsgerichte, S. 119.)

Auch in der Entscheidung vom 4. 12. 13 (III. A. 2/13) über den Bildstreifen „Zu spät" (Hellwig, Verwaltungsgerichte S. 150) stellte sich das OVG mit Recht auf den Standpunkt, daß ein Bildstreifen, dessen Hauptzweck unverkennbar die Vorführung des unzüchtigen Treibens der sogenannten Lebewelt beiderlei Geschlechts sei, als sittlich anstößig verboten werden müsse. Hiermit stimmt überein die Entscheidung des OVG vom 8. 12. 13 (III. A. 62/13) über den Bildstreifen „Eine Blüte der Sünde" (Hellwig, Verwaltungsgeschichte S. 148), welcher durch seine Darstellung grober Kuppelei die öffentliche Sittlichkeit und den öffentlichen Anstand verletze. In dem Urteil vom 18. 12. 14 (I. A. 129/14) hielt Bez.-A. I das Verbot des Bildstreifens „Der Storch ist tot" aufrecht, da die Handlung dieses — humoristisch sein sollenden — Bildstreifens im wesentlichen darin bestehe, das Geschlechtsleben in schamloser Weise zu erörtern, ohne daß auch nur ein Schein künstlerischer Absicht erkennbar sei (Hellwig, Kampf S. 50). Vgl. auch das Urteil des OVG vom 12. 3. 14 über den Bildstreifen „Ilonas Tagebuch" (III B 3/14), der eine Verführungsgeschichte breit ausmalt (Hellwig, Kampf S. 49). — Mit einem ganz kraß pikanten Bildstreifen, von dem zweifelhaft sein kann, ob er nicht gar zu den unzüchtigen Bildstreifen zu rechnen ist, hatte sich das OVG in seiner Entscheidung vom 14. 2. 13 (I. A. 197/12) über den Bildstreifen „Das Kino ist zum Anschauen da, nicht zum Greifen" zu beschäftigen. (Hellwig, Verwaltungsgerichte, S. 104.)

Als geeignet, entsittlichend zu wirken, zu verbieten wäre zweifellos auch der in dem Urteil des OVG vom 8. 12. 13 (III. A. 56/13) schon nach bisherigem Recht von dem OVG verbotene Bildstreifen. (v. Kamptz S. 223 f.)

29. Auch die bei weitem meisten sogenannten Aufklärungsfilme, die mit Recht allgemeine Entrüstung bei allen moralisch noch nicht verseuchten Volkskreisen erregt haben, fallen unter die entsittlichend wirkenden Bildstreifen, auch soweit sie nicht unzüchtig sind. So wohl auch Stern S. 33. So würde der Bildstreifen „Anders als die Andern", der in widerlicher Weise für die Homosexualität Propaganda macht, zweifellos verboten werden müssen. In dem Ausschuß wurde von verschiedenen Seiten dem Befremden Ausdruck gegeben, daß dieser Bildstreifen nicht verboten worden sei. Von amtlicher Seite wurde bei dieser Gelegenheit festgestellt, daß infolge der Vorführung dieses Bildstreifens erwiesenermaßen bereits ein Knabe in die Hand eines Lüstlings geraten sei. (Aussch. S. 14, 17.) Der mit Unterstützung der „Deutschen Gesellschaft zur Bekämpfung der Geschlechtskrankheiten" hergestellte und vorgeführte erste Teil — aber nur dieser — des Aufklärungsfilms „Es werde Licht" wurde dagegen von der Mehrheit der Ausschußmitglieder gebilligt. (S. 14, 17.) (Über den Bildstreifen „Anders als die Andern" vgl. auch Ude „Wissenschaftlicher Kinoschund" im „Volkswart" 12 S. 160. Vgl. auch Lange S. 30 ff., über „Es werde Licht"" S. 33 f., über „Anders als die Andern" S. 37.) Interessant ist das Urteil des Bez. A I Berlin vom 16. 10. 14 (I A 63/14), durch das das Verbot des Bildstreifens „Schmutziges Geld" aufgehoben wurde:

„Der Film bringt in allen Einzelheiten die vielfachen Mittel zur Darstellung, deren sich Mädchenhändler und ihre Agenten bedienen, um junge Mädchen in ihre Gewalt zu bekommen und Unzuchtszwecken zuzuführen.

Ein gewisser Trubus, der Vorsitzender eines Hilfsvereins für junge Mädchen ist, ist gleichzeitig Inhaber eines Bureaus, das sich im umfangreichen Maße mit der Verschleppung junger Mädchen in Bordelle befaßt. Es werden in dem Film eingehend die Organisation dieses Bureaus, das Treiben der Agenten, ihre Verbindungen mit überseeischen Ländern, der Fang und die Verschleppung junger Mädchen in Bordelle und die Maßnahmen dieser Häuser, um die Mädchen den unsittlichen Zwecken gefügig zu machen, sowie die Verteilung der aus diesem Handel eingehenden Gelder unter die Agenten und den Leiter des Bureaus sehr anschaulich geschildert. Ein Fall, im dem die Schwester der Braut eines Polizeibeamten auch auf diese Weise in ein Bordell verschleppt wird, führt schließlich zur Entdeckung des Treibens des Bureaus von Trubus und seiner Helfer, sowie zu deren Verhaftung.

Aus dem so in kurzem geschilderten Film geht hervor, daß die Filmhandlung offenbar zu dem Zwecke erdacht und zusammengestellt ist, durch die Schilderung der Gefahren, welche jungen Mädchen von Mädchenhändlern drohen, die Bestrebungen der Vereine zum Schutze der jungen Mädchen und zur Bekämpfung des Mädchenhandels zu unterstützen. Der Bezirksausschuß hat in Übereinstimmung in den gutachtlichen Äußerungen von Autoritäten auf dem Gebiete der Mädchenschutzfrage, welche die Klägerin vorgelegt hat, die Überzeugung gewonnen, daß dieser Zweck durch eine Vorführung des Films erreicht wird, und daß demgegenüber die Befürchtung, der Film würde auf schwach veranlagte Gemüter durch die Vorführung des leichten und reichlichen Gelderwerbs beim Mädchenhandel einen Anreiz zur Begehung ähnlicher Straftaten ausüben, entschieden in den Hintergrund tritt. Auch die Befürchtung des Beklagten, daß in jungen Mädchen infolge der Doppelrolle, welche Trubus in dem Film spielt, Mißtrauen gegen die Hilfstätigkeit der Schutzvereine erweckt werden könnte, kann nicht beigetreten werden, da sie gegenüber den aufklärenden Eindrücken, welche junge Mädchen aus dem Film empfangen, weit zurücktreten muß und überhaupt diese Gefahr sehr fernliegt.

Die Ansicht des Beklagten endlich, daß das öffentliche Scham- und Anstandsgefühl durch den Film verletzt wird, kann ebenfalls nicht geteilt werden, weil bei der Natur der zur Darstellung gelangenden Handlung, die übrigens sehr oberflächliche Vorführung eines Bordells an sich das Schamgefühl zu verletzen noch nicht geeignet ist, auch keinerlei unzüchtige Vorgänge zur Vorführung gelangen." (Hellwig, Kampf S. 49).

e) Bildstreifen, die geeignet sind, das deutsche Ansehen zu gefährden.

30. Das OVG hat in der Entscheidung vom 1. 5. 08 (Bd. 52 S. 288) schon nach bisherigem Recht zutreffend ausgeführt, daß die Zensur auch auf das berechtigte Vaterlandsgefühl Rücksicht zu nehmen habe. Um aber keine Zweifel obwalten zu lassen und um die Aufmerksamkeit der Prüfungsstellen auch auf diesen Gesichtspunkt zu leiten, ist der Schutz des deutschen Ansehens durch die Zensur besonders betont worden. Das deutsche Ansehen muß objektiv erfaßt werden; es soll also nicht jeder Bildstreifen verboten werden, der das Vaterlandsgefühl dieses oder jenen, dieser oder jener Partei verletzt, weil er ihrer Meinung nach das deutsche Ansehen schädigt, sondern nur dann, wenn die Prüfungsstelle dieses Vaterlandsgefühl als berechtigt anerkennt, wenn sie meint, daß

dieser Bildstreifen tatsächlich geeignet sei, das deutsche Ansehen zu schädigen. Vollkommen von der subjektiven Betrachtungsweise werden sich die Mitglieder der Prüfungsstelle allerdings nicht loslösen können; sie müssen sich aber nach Möglichkeit bemühen, sich über den Standpunkt ihrer politischen Partei zu erheben.

Ob das deutsche Ansehen im Inland oder nur im Ausland gefährdet wird, ist gleichgültig (A. M. Stern S. 39). Bildstreifen, die unter diesen Verbotsgrund fallen, werden in der Regel auch schon aus anderen Gründen verboten werden müssen. So ist beispielsweise bekannt, daß die nach der Revolution verbreiteten deutsche Schundfilme, insbesondere auch die Aufklärungsfilme, das deutsche Ansehen im Ausland empfindlich geschädigt haben. (Hellwig, Reform, S. 56 f.; Eger, Kinoreform und Gemeinden, Dresden 1920, S. 52.) Dasselbe trifft zu für das niederträchtige Machwerk von Bonn. Sein Kaiserfilm wurde vom „Stockholm Dagblad" mit Recht als abstoßend und unwürdig, als „denkbar schlimmste Reklame für den neuen deutschen Staat" bezeichnet (Lichtbildbühne 1919 Nr. 45 S. 33 f.).

Das deutsche Ansehen kann nicht nur durch solche Bildstreifen geschädigt werden, die nicht den Anschein einer Wiedergabe der Wirklichkeit erwecken wollen (z. B. Aufklärungsfilme), sondern als auch durch solche, die wirkliche Vorgänge wiedergeben oder doch vorgeben, daß sie sie wiedergeben. So würden Bildstreifen, in denen die angeblichen Greueltaten unseres Heeres in Belgien geschildert werden, verboten werden müssen, ebenso aber auch Bildstreifen, die Ebert und Noske im Badekostüm zeigen oder auch Erzberger wiedergeben würden, wie er am Tage der Unterzeichnung des Friedensvertrages ein Champagnergelage abhält, ebenso Bildstreifen, die Hindenburg verunglimpfen, Bildstreifen, in denen das widerliche Treiben deutscher Mädchen mit weißen und schwarzen Soldaten und Offizieren der Besatzungstruppen gezeigt wurde, usw. Desgleichen die Wiedergabe einer unwürdigen — aber auch nur einer solchen — Demonstration vor einer auswärtigen Gesandtschaft oder einer Insultierung von Mitgliedern der Überwachungskommission (Stern S. 40), wenn man sie nicht zu der folgenden Gruppe zählen will.

Gleichgültig ist es, ob die durch den Bildstreifen bewirkte Gefährdung auch auf anderem Wege erreicht werden kann oder schon eingetreten ist, ohne daß man sie hat hindern können, so insbesondere durch gedruckte Berichte, durch Bilder in Zeitschriften usw. Immerhin muß sich die Prüfungsstelle auch hier vor einer kleinlichen Handhabung der Zensur hüten.

Wenn das deutsche Ansehen nur dann gefährdet werden würde, wenn der Bildstreifen auch im Ausland vorgeführt würde, aber nicht, wenn er lediglich im Inland gezeigt würde, kann er unter der Bedingung zugelassen werden, daß er nicht in das Ausland gebracht wird.

f) Bildstreifen, die geeignet sind, die Beziehungen Deutschlands zu auswärtigen Staaten zu gefährden.

31. Während die Bildstreifen der vorigen Verbotsgruppe den ausländischen Staaten, soweit sie nicht mit uns befreundet sind, nur erwünscht sein könnten, handelt es sich hier um Bildstreifen, gegen die vom deutschen Standpunkt aus vielfach nichts einzuwenden wäre, die aber den auswärtigen Staaten so unerwünscht sind, daß sie die auswärtige Politik des Deutschen Reiches empfindlich stören können.

In Betracht kommen können beispielsweise Bildstreifen über die Fremdenlegion, über das Verhalten der Schwarzen im Rheinland, über die gegen verwundete deutsche Gefangene verübten Mißhandlungen, Schilderungen der „polnischen Wirtschaft", die Wiedergabe des sogenannten Flaggenraubes auf der französischen Botschaft in Berlin, Verherrlichung der Monarchie, Aufforderungen zum Revanchekrieg. Auch hier aber muß jede Kleinlichkeitskrämerei vermieden werden. Dann ist das im Aussch. S. 15 geäußerte Bedenken, es könne durch diese Bestimmung jede deutsche wahrheitsgemäße Kennzeichnung französischer Brutalitäten oder polnischer Wirtschaft unmöglich gemacht werden, nicht begründet. Unter Umständen können allerdings auch wahrheitsgemäße Schilderungen zu dem Verbote Anlaß geben; doch darf man nicht zu ängstlich sein und sich nicht scheuen, namentlich gegenüber der Entente, die seit Jahren uns in schamloser Weise erdichteter Greuel beschuldigt, die Brutalitäten, die gegen uns begangen worden sind und noch begangen werden, wahrheitsgemäß als solche zu kennzeichnen. Entschiedenes Auftreten ist nicht mit einer Gefährdung der auswärtigen Beziehungen gleichbedeutend. Ebenso erfreulicherweise Szczesny S. 39, der mahnt, „darauf Bedacht zu nehmen, daß zuweitgehende Rücksichtnahme namentlich Staaten gegenüber, in denen die gleiche Zurückhaltung gegenüber Deutschland, seinen Einrichtungen usw. nicht geübt wird, den Eindruck der Würdelosigkeit erweckt und damit nicht dem mit der Vorschrift beabsichtigten Zweck entsprechend, sondern eher gegenteilig wirkt". Dagegen viel zu weit gehend Stern S. 49.

Wenn die Möglichkeit des Vorliegens dieses Verbotsgrundes gegeben ist, wird es sich stets empfehlen, einen Vertreter des Auswärtigen Amtes zur Prüfung hinzuzuziehen (AV Abschn. D 3). Er ist aber nur Sachverständiger. Die Entscheidung liegt bei der Prüfungsstelle.

C. Schranken der Zensur.

32. Wegen einer besonderen politischen religiösen, sozialen, ethischen oder sonstigen Grundanschauung allein, wegen der auf die Weltanschauung des Verfassers zurückgehenden Tendenz des Bildstreifens allein darf die Zulassung niemals versagt werden. Andererseits gibt die Tendenz eines Stückes niemals einen Freibrief. Mag die Tendenz des Bildstreifens im Sinne der jeweils herrschenden Regierungsparteien auch noch so erfreulich sein, so muß die Vorführung des Bildstreifens doch verboten werden, wenn einer der obigen Verbotsgründe vorliegt; sie darf aber auch nur dann verboten werden, nicht schon dann, wenn die philosemitische oder antisemitische, die spartakistische oder die monarchistische, die militaristische oder die pazifistische oder sonstige Tendenz des Bildstreifens der Prüfungsstelle zuwider ist. So auch Stern S. 41 f. Lange S. 243 bezeichnet diese Bestimmung zutreffend als „völlig unbestimmt und deshalb unbrauchbar" (vgl. auch S. 356 ff); es geht aber zu weit, wenn er S. 358 meint, sie könne nur zu einer laxen Handhabung der Zensur führen.

33. Gründe, die außerhalb des Inhalts der Bildstreifen liegen, rechtfertigen ein Verbot der Zulassung nur insoweit nicht, als die Tätigkeit der Prüfungsstellen in Frage kommt und insoweit als die Ortspolizeibehörden (§§ 6, 17) und die Landesstellen (§ 17) nur aus dem LG ihre Befugnisse herleiten. Dagegen soll nicht ausgeschlossen werden, daß das Landesrecht den Ortspolizeibehörden und den Landesstellen bei der Prüfung von Bildstreifen, soweit sie nach dem LG noch zulässig ist, die Beachtung solcher Gesichtspunkte überträgt.

In Betracht kommen feuerpolizeiliche Gründe, die sich aus der besonderen Feuergefährlichkeit des zur Herstellung von Bildstreifen meistens verwendeten Zelluloids ergeben. Bisher werden für Bildstreifen, die aus nicht so feuergefährlichen Stoffen hergestellt sind, so aus Zellit, lediglich feuerpolizeiliche Erleichterungen gewährt. So Berlin PV vom 6. 5. 12 § 31 Ziff 2 sowie Badener Min.-Erl. vom 2. 12. 11 Ziff. 1 und vom 18. 7. 21. (Hellwig, Rechtsquellen, S. 63, 128, 132.) Weitergehend PV der Schweizer Gemeinde Baden vom 21. 11. 12 Ziff. 7: „Sofern unverbrennbares Filmmaterial auf den Markt kommen sollte, so ist die weitere Verwendung der brennbaren Filme verboten." (Hellwig, Rechtsquellen, S. 184.) Gleichartige Bestimmungen auf Grund des Landesrechts werden durch das LG nicht ausgeschlossen.

Gesundheitspolizeiliche Vorschriften gegen die Schädigung der Augen und mittelbar auch der Nerven durch das Flimmern der Bildstreifen. Derartige Bildstreifen können von den Prüfungsstellen auch nicht zur Vorführung vor

Jugendlichen verboten werden. (Vgl. § 3 Anm. 12, 14.) Die in dem WLG Art. 2 Abs. 2 und vereinzelt auch sonst (Hellwig in der Deutschen medizinischen Wochenschrift 1913 Nr. 31) aufgestellten landesrechtlichen Verbote behalten aber ihre Kraft. Die Landesstelle in Stuttgart sowie auf Grund des PVG § 6 f. die Ortspolizeibehörden können also, wenn die Bildstreifen so schlecht sind, daß durch das Flimmern die Gesundheit der Zuschauer ernstlich gefährdet wird, auch die Vorführung von der Prüfungsstelle genehmigter Bildstreifen verbieten. Die Kritik von Lange S. 353 ist daher nicht begründet.

Auch alle **sonstigen Gründe** können ein Verbot durch die Prüfungsstelle nicht rechtfertigen. So darf antisemitische Gesinnung nicht dazu führen, die von den jüdischen Filmfabrikanten hergestellten Bildstreifen schärfer zu zensieren, grundsätzliche Kinofeindlichkeit darf bei der Zensur nicht zum Ausdruck kommen, ein Beisitzer, der jedes Kinodrama vom ästhetischen Standpunkt aus für eine Geschmacksverirrung hält, darf sich dadurch nicht verleiten lassen, jedes Filmdrama zu verbieten. (Vgl. Anm. 11.) Hier handelt es sich um zensurpolitische Gesichtspunkte, die daher auch durch das Landesrecht nicht abgeändert werden können.

Dagegen besagt der Grundsatz nicht, daß bei der Zensur lediglich das maßgebend sein darf, was bei der Betrachtung des Bildstreifens sich **unmittelbar als sein Inhalt** ergibt, nicht dagegen auch das, was man aus ihm entnehmen muß, wenngleich es nicht sichtbar vorgeführt wird. (Vgl. oben Anm. 13.) Auch kann man aus diesem Grundsatz nicht mit Stern S. 28 herleiten, daß mit den **Anschauungen und Empfindungen der Zuschauer** nicht gerechnet werden dürfe. (Vgl. Anm. 27.) A. M. Stern S. 42.

Keine Ausnahme von dem Grundsatz ist es, wenn nach AB Abschn. B 6 ausländische Bildstreifen nur dann zuzulassen sind, wenn eine **Bescheinigung des Reichskommissars für Aus- und Einfuhrbewilligung** vorgelegt wird, wonach die Einfuhr dieses Bildstreifens genehmigt ist. Hierfür sind wirtschaftliche Gesichtspunkte maßgebend, die nicht die Entscheidung über die Zulassung zur Vorführung, sondern schon die Entscheidung der Zulassung zur Prüfung beeinflussen. Durch die Erlaubnis des Reichskommissars wird weder bewiesen, daß es sich um einen unbedenklichen Bildstreifen handelt, der nicht gegen § 1 LG verstößt, noch wird durch die Verweigerung der Bescheinigung das Gegenteil festgestellt. Zensurpolitische Erwägungen stellt der Reichskommissar nicht an; ebenso wenig darf die Prüfungsstelle bei der Entscheidung über die Zulassung des Bildstreifens wirtschaftspolitische Gesichtspunkte berücksichtigen.

D. Zulassung von Ausschnitten.

34. WLG Art. 2 Abs. 4 lautet: „Bildstreifen, bei denen die Gründe der Versagung der Zulassung nur hinsichtlich eines verhältnismäßig kleinen Teils der dargestellten Vorgänge zutreffen, können unter der Bedingung zugelassen werden, daß der Antragsteller die beanstandeten Teile der Streifen ausschneiden läßt und der Landesstelle ausfolgt." Die preßrechtlichen Bedenken, die gegen diese Bestimmung möglich waren, kommen gegen die reichsrechtliche Bestimmung des LG nicht in Betracht. Wie bei dem WLG (Ber. II S. 88; Verh. II S. 2748 f.) geht auch das LG davon aus, daß in der Regel ein Bildstreifen entweder in seinem ganzen Umfange zu verbieten oder freizugeben ist, daß also die Genehmigung nach dem Ausschneiden von Teilbildern nur die Ausnahme bildet. Nur dann, wenn lediglich bestimmte, im Verhältnis zum Ganzen kleine Teile des Bildstreifens zu Bedenken Anlaß geben, sollen sie herausgeschnitten und der im übrigen unbedenkliche Bildstreifen genehmigt werden. Ob der verbleibende Rest in derjenigen Gestaltung, die er nach dem Ausschneiden der beanstandeten Teilbilder erhalten hat, noch verständlich ist oder ob er gar ästhetisch noch wirkungsvoll ist, das ist für die Prüfungsstelle, die kein Dramaturg ist, gleichgültig. (Ebenso Szczesny S. 41.) Auch das Verbot des Titels muß trotz des entgegenstehenden Wortlauts als zulässig gelten (§ 5 Anm. 1). Als zulässig muß es erachtet werden, wenn die Prüfungsstelle auf Wunsch des Antragstellers ihm, ohne zu entscheiden, nach Bezeichnung der bedenklichen Teilbilder den Bildstreifen zurückgibt, um es ihm zu ermöglichen, sie durch andere Bilder zu ersetzen, um wieder eine verständliche abgerundete Handlung und dadurch eine ästhetische Wirkung zu erzielen. Für die neue Vorführung vor der Prüfungsstelle sind dann von neuem Gebühren zu bezahlen. (GebO § 2.) Wenn der Filmfabrikant den Bildstreifen aber nicht wieder derselben Prüfungsstelle vorführt, sondern ihn an eine Filmfabrik verkauft, für welche die andere Prüfungsstelle zuständig ist, so liegt eine Zuwiderhandlung gegen § 7 vor, wenn der neue Erwerber diesen Bildstreifen zur Prüfung einreicht, ohne zu erklären, daß er von der anderen Prüfungsstelle schon abgelehnt ist.

Die Ausschnitte erfolgen nur aus dem bei der Probevorführung vor der Prüfungsstelle zur Vorführung gelangenden Positivfilm, nicht etwa aus allen Positivfilmen, die hergestellt werden, auch nicht — was an und für sich zweckmäßig wäre — aus dem Negativfilm. Die Ausschnitte bleiben in der Verwahrung der Prüfungsstelle (AB Abschn. D. 14). Mit der Übergabe geht das Eigentum an den Ausschnitten auf das Reich über.

Es muß der Prüfungsstelle Sicherheit dafür gegeben sein, daß die beanstandeten Teile nicht verbreitet werden, d. h. daß sie nicht in den Verkehr gebracht und nicht vorgeführt werden, gleichgültig, ob im Inland oder im Ausland. Durch irgendeine technische Maßnahme kann dies nicht verhindert werden. Auch wenn man nach dem Beispiele der württ. VV § 9 Abs. 2 die Stellen, an welchen der Bildstreifen nach Entfernung der ausgeschnittenen Teile wieder zusammengefügt wird, mit einem amtlichen Stempel kennzeichnen würde und wenn man dies bei jedem einzelnen Abzug des Bildstreifens täte, so würde man doch nicht verhindern können, daß nachträglich die verbotenen oder andere Teile eingefügt werden. Auch durch das Ausschneiden der betreffenden Teile des Negativs läßt sich keine unbedingte Gewähr geben, da die betreffenden Aufnahmen wiederholt und von neuem kinematographisch aufgenommen und dann in den Bildstreifen eingefügt werden können. (Unklar Szczesny S. 41.) Eine gewisse Sicherheit, wenigstens soweit die Verbreitung im Inland in Frage kommt, geben schon die erheblichen Strafbestimmungen. Bei bekannten großen Firmen wird außerdem der Ruf des Hauses eine Gewähr bieten. Schwerer läßt sich kontrollieren, ob die verbotenen Teile in den zur Ausführung in das Ausland bestimmten Stücken enthalten sind. Hier werden an der Grenze Stichproben vorgenommen werden können, auch kann man die Hinterlegung einer Kaution verlangen. Wann die Prüfungsstelle im gegebenen Fall die Sicherheit für gegeben erachtet, ist ihrem Ermessen überlassen.

Wenn der Antragsteller die Sicherheit, welche die Prüfungsstelle verlangt, nicht geben kann oder will, so wird die Vorführung des ganzen Bildstreifens verboten. Gegen dieses Verbot ist die Beschwerde gemäß § 12 zulässig, wobei sich der Antragsteller darauf beschränken kann, zu erklären, daß er mit den gemachten Ausschnitten sich einverstanden erkläre, daß er aber bitte, nicht so hohe Anforderungen an die Sicherheit zu stellen.

Es muß als zulässig gelten, daß die Prüfungsstelle für diejenigen Bildstreifen, die nur zur Vorführung im Ausland bestimmt sind, weniger Ausschnitte verlangt. Wenn auch durch die Zensur verhindert werden soll, daß nach dem Ausland deutsche Bildstreifen kommen, welche so krasse Schundfilme sind, daß sie das deutsche Ansehen im Auslande schädigen, so läßt sich doch nicht verkennen, daß ein Teil derjenigen Länder, die für die Ausfuhr in Frage kommen, so etwa Italien, Ungarn und die Balkanländer, bei ihrer eigenen Zensur, beispielsweise an Verbrecherfilme, nicht einen so strengen Maßstab anlegen, wie es nach dem LG der Fall ist. Da eine schädliche Einwirkung auf die Psyche Deutscher und auch eine Schädigung des deutschen Ansehens im Ausland in solchen Fällen ausgeschlossen ist, würde es nicht gegen den Sinn des Gesetzes sein, wenn in geeigneten Fällen an die für das Ausland bestimmten Bildstreifen ein weniger strenger Maßstab angelegt werden würde. Über die urheberrechtliche Seite der Frage vgl. oben Anm. 13.

III. Landesrecht.

35. Das LG regelt nur die Zensur selbst abschließend, überläßt dagegen die Kontrollmaßnahmen zur Überwachung der Beachtung der Zensurbestimmungen dem Landesrecht. Es ist von großer Wichtigkeit, daß die Entscheidungen der Prüfungsstellen und überhaupt die reichsgesetzlichen Maßnahmen überall beachtet werden, denn sonst bleibt das Gesetz letzten Endes doch auf dem Papier stehen (Hellwig, Schundfilms S. 130, Lange S. 204, Bayern AB 11). Hierfür durch sachgemäße Vorschriften und durch gewissenhafte Handhabung dieser Vorschriften durch die Polizeiorgane zu sorgen, ist eine der wichtigsten Aufgaben der Länder auf diesem Gebiet.

In Betracht kommen folgende Maßnahmen, an deren Zulässigkeit nicht zu zweifeln ist: Bestimmung einer Anzeigepflicht vor der öffentlichen Vorführung für die von den Prüfungsstellen zugelassenen Bildstreifen. (So Berlin § 5; Braunschweig § 3; München Ziff. 5; Bremen Ziff. 4; Lippe-Detmold § 3; Württemberg Art. 5.) Bestimmung, daß Polizeibeamten und etwaigen anderen Personen, die sich dieser zu Kontrollzwecken bedienen, jederzeit unentgeltlicher Eintritt zu gestatten ist. (Lübeck § 3; Bremen Ziff. 4; Mecklenburg-Schwerin § 6; Sachsen-Meiningen § 14; Württemberg Art. 9.) Bestimmung, daß auf Verlangen eine unentgeltliche Probevorführung vor dem Polizeibeamten stattfinden muß. (Schaumburg-Lippe § 4; Reuß jüngere Linie § 10; Württemberg Artikel 6.) Die Probevorführung darf natürlich nur zu Kontrollzwecken verlangt werden um festzustellen, ob der vorgeführte Film mit dem von der Prüfungsstelle zugelassenen identisch ist, nicht dagegen zu Zensurzwecken. Es wird sich empfehlen, eine Probevorführung nur dann zu verlangen, wenn aus besonderen Gründen der Verdacht begründet erscheint, daß der angekündigte Bildstreifen nicht genehmigt ist, insbesondere, daß er Teile enthält, die bei der Prüfung nicht zugelassen worden sind. Unklar Brunner, „Das neue Lichtspielgesetz im Dienst der Volks- und Jugendwohlfahrt" (Berlin-Lichterfelde 1920) S. 5: „Die Befugnis, sich etwa die neuen Films vor der ersten öffentlichen Vorstellung zwecks Prüfung der ordnungsmäßigen Zensierung gesondert vorführen zu lassen, haben die Ortspolizeibehörden nach dem Lichtspielgesetz im allgemeinen nicht." Bestimmung, daß das der Polizeibehörde vorgelegte Verzeichnis mitsamt der Zulassungskarte bereitzuhalten und dem revidierenden Beamten jederzeit vorzuzeigen ist (München Ziff. 6; Schaumburg-Lippe § 6). Vgl. darüber auch § 5 Anm. 9. Zweifelhafter ist die Rechtsgültigkeit von Bestimmungen darüber, daß bei der Ankündigung die Bildstreifen nur mit denselben Titeln bezeichnet werden dürfen, unter denen sie zugelassen sind. (So Braunschweig § 4 — jetzt allerdings mit Beschränkung auf die in den Jugendvorstellungen vorzuführenden Bildstreifen: „Die öffentliche Ankündigung kinematographischer Bilder darf in den Fällen des § 2 nur unter denjenigen Titeln erfolgen, unter denen sie in das genehmigte Verzeichnis eingetragen sind"; Waldeck und Pyrmont § 7; Württemberg Art. 8: „Der Unternehmer von Lichtspielen hat bei der öffentlichen Ankündigung und Vorführung der Bilder stets den in der Zulassungskarte zu ihrer Bezeichnung gebrauchten Titel anzuführen.") Da auch diese Bestimmungen nicht bezwecken, aus ordnungspolizeilichen Gründen eine Ankündigung ordnungswidriger Titel zu verhindern — dann wären sie gegenüber den Bestimmungen LG rechtsungültig —, sondern nur eine Kontrolle darüber ausüben, ob nur zugelassene Bildstreifen vorgeführt werden sollen, würde ich sie an sich für zulässig halten Nach der herrschenden Meinung wird an diesem Ergebnis auch dadurch nichts daran geändert, daß sich diese Bestimmungen ganz allgemein auf öffentliche Ankündigungen beziehen, also auch auf solche in Zeitungen und anderen Druckschriften (Vgl. auch § 5 Anm. 9). Die Bestimmung, daß bei Lichtspielvorführungen, die nicht für Jugendliche zugelassen sind, bei der Ankündigung darauf hingewiesen werden muß. (Lübeck § 34: „Bei allen Vorstellungen, die nicht als Jugendvorstellungen zugelassen sind, hat der Unternehmer mindestens zwei in die Augen fallende Aushänge mit auffälliger Schrift anzubringen, wonach der Besuch der Vorstellung nur Personen vom 18. Lebensjahre an erlaubt ist"; Württemberg Art. 7: „Lichtspiele, in denen andere als für Jugendvorstellungen zugelassene Bilder vorgeführt werden, dürfen nicht als Jugendvorstellungen angekündigt oder gekennzeichnet werden.")

Feuerpolizeiliche und gesundheitspolizeiliche Maßnahmen, die sich nicht auf die Zensur des Gedankeninhalts der Bildstreifen beziehen, sind dem Landesrecht überlassen, und zwar sowohl bloße Kontrollmaßnahmen als auch Maßnahmen materiellen Charakters. Vgl. Anm. 33.

§ 2. Bildstreifen von wissenschaftlicher oder künstlerischer Bedeutung, gegen deren unbeschränkte Vorführung Bedenken gemäß § 1 vorliegen, können zur Vorführung vor bestimmten Personenkreisen zugelassen werden.

1. Bildstreifen von wissenschaftlicher oder künstlerischer Bedeutung sind nicht gleichbedeutend mit den Bildstreifen, die zu ausschließlich wissenschaftlichen oder künstlerischen Zwecken vorgeführt werden (§ 1 Anm. 9). So auch Stern S. 43 und, wenn auch nicht ganz klar, Szczesny S. 42. Das Verfolgen wissenschaftlicher oder künstlerischer Ziele genügt noch nicht. (A. M. Goldbaum S. 36.) Zur Erläuterung sei auf OVG Bd. 48 S. 172 und die Literatur über Gw.O § 33 b (Lustbarkeiten, ohne daß ein höheres Interesse der Kunst oder Wissenschaft dabei obwaltet) verwiesen: Werth, „Öffentliches Kinematographenrecht",", Erlanger Diss. 1910 S. 12 f; Hahn S. 42 f.; Illiger S. 88 f.; Heinrich Moritz Müller „Kinematograph und Gewerbefreiheit", Leipziger Diss. 1920

2. Zu der viel erörterten Streitfrage der Kinokunst, insbesondere zu der Frage, ob ein Filmdrama künstlerisch wirken könne, wird hier vom Gesetzgeber nicht Stellung genommen. (Vgl. darüber insbesondere einerseits Tannenbaum, „Kino und Theater", München 1913; Elster in „Bild und Film", Jhg. 2 S. 185 ff.; Häfker, „Kino und Kunst", München-Gladbach 1913; Ackerknecht, „Das Lichtspiel im Dienste der Bildungspflege", Berlin 1918, S. 61 ff.; Porde, „Das Lichtspiel. Wesen. Dramaturgie. Regie", Wien 1919, S. 5 ff.; Hellwig, Grundsätze, S. 416 Anm. 12; andererseits Lange, S. 54 ff., 330 ff. sowie „Nationale Kinoreform", München - Gladbach 1913, S. 31 ff., und in der „Zeitschrift für Ästhetik und allgemeine Kunstwissenschaft", Bd. 15 S. 88 ff.- Filmdramen kommen wohl niemals für die Ausnahme des § 2 in Betracht; überhaupt werden selbst Bildstreifen von künstlerischer Bedeutung nur selten in Frage kommen. Denkbar wäre vielleicht, daß ein Bildstreifen, der künstlerisch wirkende Nackttänze wiedergibt, gegen dessen allgemeine Freigabe Bedenken bestehen, zur Vorführung vor Künstlerkreisen zugelassen wird. (So auch Goldbaum S. 36.)

3. Bei wissenschaftlichen Bildstreifen kann § 2 in vielen Fällen praktisch werden. Man denke an Wiedergaben chirurgischer Operationen, von Vorgängen aus dem Sexualleben, von Geisteskrankheiten, von Verbrechertricks, von Hinrichtungen usw.

4. Die Personenkreise müssen näher abgegrenzt werden. Dies kann in allgemeinerer Form geschehen, indem beispielsweise die Vorführung vor ärztlichen Vereinen, auf den Ausstellungen der Gesellschaft zur Bekämpfung der Geschlechtskrankheiten, vor Polizeibeamten, vor Psychiatern usw. zugelassen wird oder aber, indem die Vorführung nur in einem bestimmten ganz konkreten Personenkreis genehmigt wird und zu einer jeden weiteren Vorführung eine neue Genehmigung verlangt wird. Die Prüfungsgebühr ist dann nur einmal zu entrichten,

da ja die Prüfung des Bildstreifens nur einmal vorgenommen wird. Dagegen dürfte jedesmal wieder die Gebühr für die Zulassungskarte fällig werden.

§ 3 Bildstreifen, zu deren Vorführung Jugendliche unter achtzehn Jahren zugelassen werden sollen, bedürfen besonderer Zulassung.

Von der Vorführung vor Jugendlichen sind außer den im § 1 Abs. 2 verbotenen alle Bildstreifen auszuschließen, von welchen eine schädliche Einwirkung auf die sittliche, geistige oder gesundheitliche Entwicklung oder eine Überreizung der Phantasie der Jugendlichen zu besorgen ist.

Auf Antrag des gemeindlichen Jugendamts oder eines Jugendamts des Bezirkes oder, falls kein Jugendamt besteht, auf Antrag der Schulbehörde, kann unbeschadet weitergehender landesgesetzlicher Vorschriften die Gemeinde oder ein Gemeindeverband nach Anhörung von Vertretern der Organisationen für Jugendpflege zum Schutze der Gesundheit und der Sittlichkeit weitere Bestimmungen für die Zulassung der Jugendlichen festsetzen, zu deren Innehaltung die Unternehmer der Lichtspiele verpflichtet sind. Diese können Einspruch gegen die Festsetzung bei der zuständigen Stelle erheben

Kinder unter sechs Jahren dürfen zur Vorführung von Bildstreifen nicht zugelassen werden.

1. Der Schutz der Jugend gegenüber Lichtspielvorführungen, der an sich reichsrechtlicher Regelung unterliegt (RV 118 Abs. 2 Satz 2; 7, Ziff. 20), ist nur zum Teil reichsrechtlich geregelt worden. Geregelt ist einmal die Frage einer besonderen Jugendzensur. Der Ausschuß hatte auf Antrag des Vertreters von Württemberg in der zweiten Lesung einen § 8a angenommen, der als Abs. 1 in den § 6 eingefügt wurde. Danach sollte in den einzelnen Ländern durch die Landeszentralbehörde vorgeschrieben werden können, daß Bildstreifen, die in dem betreffenden Land vor Jugendlichen vorgeführt werden sollten, außer der Zulassung nach § 3 noch der Prüfung und Zulassung durch eine Landesprüfungsstelle bedürften. Ausgesprochener Zweck dieser Bestimmung war, Württemberg wenigstens die Beibehaltung seiner besonderen Jugendzensur zu ermöglichen. Hiermit war allerdings nicht ganz in Einklang zu bringen, daß die Prüfungsgrundsätze des LG entsprechend angewendet werden sollten. (Aussch. 25, 32.) Dieser Abs. 1 des § 6, der den Ländern die Einführung einer besonderen Jugendzensur ermöglicht hätte, wurde aber in der zweiten Lesung durch die

Nationalversammlung gestrichen (Verh. S. 5180). Der Vertreter Württembergs hatte in dem Ausschusse festgestellt, daß auch für den Fall der Ablehnung seines Antrages — gegen den sich der Vertreter Preußens ausgesprochen hatte — den Ländern das Recht zustehe, besondere Bedingungen aufzuerlegen; sein Antrag diene nur zur Verdeutlichung. (Aussch. 25.) Das ist in dieser Form nicht zutreffend. Besondere Bedingungen im Interesse des Jugendschutzes können die Länder allerdings auferlegen, aber nur, soweit es sich dabei nicht um eine besondere Jugendzensur handelt. Nach Streichung des Abs. 1 des § 6 kann kein Zweifel darüber bestehen, daß die Frage der Jugendzensur abschließend durch das Reich geregelt ist. (Ungenau Stern S. 48. Unklar auch Brunner, „Das neue Lichtspielgesetz im Dienst der Volks- und Jugendwohlfahrt" (Berlin-Lichterfelde 1920) S. 7, falsch Lange S. 241, 357, 365 f.) Richtiger Ansicht nach mußte man auch schon nach der Fassung des Entwurfs zu diesem Ergebnis kommen. Diese Klarstellung ist von Bedeutung für die Auslegung des § 3 Abs. 3.

2. Reichsgesetzlich geregelt ist ferner die Zulassung von Kindern unter sechs Jahren. Sie dürfen auch zu Jugendvorstellungen nicht zugelassen werden. An einer Strafbestimmung fehlt es aber. (Vgl. § 19 Anm. 6.) Unzulässig wäre es, wenn landesrechtlich das absolute Zulassungsverbot auch auf Jugendliche über fünf Jahren ausgedehnt werden würde. (A. M. Liepe, S. 17.) Ungültig ist deshalb PV Bremen vom 5. 11. 14. Unzulässig wäre es auch, die fehlende Strafbestimmung landesrechtlich zu ergänzen. (Unrichtig Szczesny S. 47.) Wohl aber kann die Innehaltung des Verbots im Wege des polizeilichen Zwanges erzwungen werden, und zwar auch durch Androhung von Exekutivstrafen, da das Verbot nicht durch allgemeine Strafandrohung geschützt ist. (Anschütz im Verwaltungsarchiv Bd. 1 S. 457.)

3. Für die Jugendlichen von sechs Jahren bis zu achtzehn Jahren ausschließlich ist lediglich die Frage der Jugendzensur geregelt. Soweit in sie nicht eingegriffen wird und soweit es diesen Jugendlichen nicht unmöglich gemacht wird, Bildstreifen, die von der Prüfungsstelle für Jugendliche zugelassen worden sind, zu sehen, hat das Landesrecht vollkommen freie Hand, ohne daß es einer besonderen Bestimmung bedurfte. Dies war schon nach Entw I klar, wenngleich durch die Fassung des § 2 darüber Zweifel entstehen konnten, ob nicht reichsgesetzlich noch vorgeschrieben war, daß die Jugendlichen nur zu besonderen Jugendvorstellungen zugelassen werden sollten. Die Bedeutung des § 3 Abs. 3 besteht also nicht darin, daß er eine landesrechtliche Zuständigkeit für Jugendschutzbestimmungen erst schafft, sondern darin, daß er von Reichs wegen in allen Ländern Stellen bestimmt, die zum

Erlaß bestimmter Jugendschutzbestimmungen zuständig sind, auch wenn sie es nach dem betreffenden Landesrecht nicht wären.

4. Zu unterscheiden sind Jugendzensur und Jugendvorstellungen. Dies verkennt Lange S. 241, 359 f., 365 f. Die Jugendzensur ist durch § 3 Abs. 1 und 2 reichsgesetzlich bindend vorgeschrieben; Jugendvorstellungen dagegen können auf Grund landesrechtlicher Bestimmungen vorgeschrieben werden (§ 3 Abs. 3). Die Jugendzensur bewirkt, daß von den von der Prüfungsstelle zugelassenen Bildstreifen nur ein Teil, nämlich diejenigen, die ausdrücklich zur Vorführung vor Jugendlichen zugelassen worden sind, vor Jugendlichen vorgeführt werden dürfen. Wenn beispielsweise bei einer Lichtspielvorführung drei Bildstreifen vorgeführt werden, von denen der erste und der dritte auch zur Vorführung vor Jugendlichen zugelassen worden ist, aber nicht der zweite, so liegt kein Verstoß gegen die Bestimmungen über Jugendzensur vor, wenn Jugendlichen Zutritt gewährt wird, vorausgesetzt nur, daß sie während der Vorführung des zweiten Bildstreifens den Zuschauerraum verlassen müssen. Wenn dagegen landesrechtlich bestimmt ist, daß Jugendliche nur zu besonderen Jugendvorstellungen zugelassen werden dürfen, so dürfen die Jugendlichen nur zu solchen Vorführungen zugelassen werden, bei denen ausschließlich solche Bildstreifen vorgeführt werden, welche auch zur Vorführung vor Jugendlichen zugelassen worden sind. (Unklar Goldbaum S. 39 und Szczesny S. 43.) Außerdem werden für die Jugendvorstellungen regelmäßig noch weitere Vorschriften erlassen, so die Bestimmung, daß sie als Jugendvorstellungen ausdrücklich bezeichnet werden müssen, daß sie zu einer bestimmten frühen Abendstunde beendet sein müssen usw.

5. Reichsrechtlich ist nur die Jugendzensur vorgeschrieben, nicht dagegen bestimmt, daß die Jugendlichen nur zu besonderen Jugendvorstellungen zugelassen werden dürfen. Entw I § 2 Abs. 1 bestimmte: „Bildstreifen, zu deren Vorführung Jugendliche unter siebzehn Jahren zugelassen werden sollen (Jugendvorstellungen), bedürfen besonderer Genehmigung." In Abs. 2 gab er dann die Grundsätze dafür an, welche Bildstreifen „von der Vorführung in Jugendvorstellungen" auszuschließen seien. Auch in § 11 kam das Wort „Jugendvorstellungen" vor. Da es sich hierbei um einen technischen Ausdruck handelt, konnte es zweifelhaft sein, ob der Gesetzgeber auf diese Weise nicht habe vorschreiben wollen, daß Jugendliche nur zu besonderen Jugendvorstellungen zugelassen werden dürften. Aus der Begr. S. 11 zum Entw I geht aber hervor, daß diese Absicht nicht verfolgt wurde. Denn es heißt dort, in dieser Bestimmung liege zugleich das Verbot, Jugendliche zu Vorführungen der nicht be-

sonders genehmigten Bildstreifen zuzulassen. Ebenso Begr. S. 10 zum Entw II. Die Fassung blieb auch in Entw III und Entw IV dieselbe. Die jetzige Fassung geht auf einen Antrag der Abgeordneten Delius und Ende bei der zweiten Beratung zurück. Der Vizepräsident stellte — nach der obigen Entstehungsgeschichte durchaus mit Recht — fest, daß es sich um rein redaktionelle Änderungen handle. Sie wurden ohne Widerspruch angenommen. (Verh. S. 5279.) Stehen geblieben ist das Wort „Jugendvorstellungen" in § 11 Abs. 2 und in § 18 Abs. 2, da die Antragsteller vergessen hatten, ihren Antrag entsprechend zu ergänzen. Sowohl aus dem Wortlaut des § 3 als auch aus der Entstehungsgeschichte geht aber klar hervor, daß man aus der Fassung der §§ 11 und 18 nicht herleiten darf, daß reichsrechtlich Jugendvorstellungen vorgeschrieben seien.

6. Als **Jugendschutzalter** ist das Alter bis zum vollendeten achtzehnten Lebensjahr bestimmt. Während es im Entw I nach dem Vorgang des WLG auf das vollendete siebzehnte Lebensjahr festgesetzt war. Die meisten übrigen Landesrechte beschränken sich auf das vollendete sechzehnte Lebensjahr. Das achtzehnte Lebensjahr stimmt damit überein, daß RV 145 die Ausdehnung der Fortbildungsschulpflicht auch auf alle Jugendlichen unter 18 Jahren vorsieht. (Vgl. Verordnung vom 28. 3. 19 im RGBl. S. 354 über die Erweiterung der Fortbildungsschulpflicht für die Zeit der wirtschaftlichen Demobilmachung.) Die Frage, wie hoch das Jugendschutzalter anzusetzen sei, ist sehr streitig. (Vgl. Hellwig, Kind und Kino, S. 136 f.; Entwurf eines Jugendschutzgesetzes, Halle 1918, S 30 ff.; Die Reform des Lichtspielrechts, S. 94 f.; Noppel in der „Jugendfürsorge" 1920, S. 51 f., Lange S. 203 f.) Es gehen Bestrebungen des „Bilderbühnenbundes deutscher Städte" und der „Filmliga" dahin, eine **besondere Jugendzensur für die Sechzehn- und Siebzehnjährigen** zu schaffen, indem man diejenigen Bildstreifen besonders bezeichnet, die sich außer zur Vorführung vor Erwachsenen zwar auch zur Vorführung vor Sechzehn- und Siebzehnjährigen, aber nicht zur Vorführung vor jüngeren Jugendlichen eignen. Daß eine derartige Unterscheidung theoretisch möglich ist, muß zugegeben werden. Diesen Gedanken besonderer „Übergangsfilme" hält Faßbender in der verfassunggebenden preußischen Landesversammlung (157. Sitzung am 23. 9. 20, S. 12405 f.) für beachtenswert (A. M. offenbar Lange S. 203 f.).) Da das LG zur Vorführung vor Jugendlichen unter 18 Jahren alle Bildstreifen als ungeeignet bezeichnet, welche eine schädliche Einwirkung auf die Jugendlichen (irgendeiner Altersstufe) auszuüben geeignet sind, kann die gewünschte Änderung nur durch eine Änderung des Gesetzes, nicht durch eine Änderung der AB oder gar durch eine Dienstanweisung erreicht werden. (Unrichtig Stern S. 46, der davon ausgeht, der Zulassung eines Bild-

streifens stehe nichts im Wege, wenn er für das Gemüt eines Achtzehnjährigen in der im Gesetz bezeichneten Richtung nichts Gefährdendes enthalte, auch wenn er Szenen enthalte, für die ein zehnjähriges Kind noch nicht reif sei.)

Durch die reichsgesetzliche Bestimmung des Jugendschutzalters auf das vollendete achtzehnte Lebensjahr werden die bestehenden landesrechtlichen Vorschriften über den Jugendschutz, die sich meistens nur auf jüngere Altersklassen beschränken, nicht ohne weiteres auf alle Jugendlichen unter 18 Jahren ausgedehnt. Wohl aber können auf Grund des § 3 Abs. 3 die Gemeinden oder Gemeindeverbände für alle Jugendlichen unter 18 Jahren Jugendschutzbestimmungen treffen, auch wenn die betreffenden landesgesetzlichen Bestimmungen sich auf die Jugendlichen unter 17 oder 16 Jahren beschränken.

Die landesrechtlichen Jugendschutzbestimmungen können unter dem reichsrechtlichen Jugendschutzalter zurückbleiben, können aber nicht darüber hinausgehen. Sie können also nicht bestimmen, daß die Jugendschutzbestimmungen auch auf die Neunzehn- und Zwanzigjährigen Anwendung finden sollen. Zweifellos ist das, soweit die Jugendzensur in Betracht kommt; es muß aber als dem Sinn des Gesetzes entsprechend angenommen werden, daß auch für die anderen Jugendschutzbestimmungen das vollendete achtzehnte Lebensjahr als die Höchstgrenze für das Jugendschutzalter bestimmt werden sollte.

7. Bei der Frage, welche Jugendschutzbestimmungen zulässig sind, handelt es sich immer um die Frage, welche Bestimmungen ganz allgemein von dem Staat oder den sonstigen Trägern obrigkeitlicher Rechte erlassen werden dürfen mit der Wirkung, daß auf die Zuwiderhandlung gegen sie Strafen im Sinne des StGB angedroht werden dürfen. Dagegen ist es den Verbänden, Gesellschaften, Vereinen usw. unbenommen, innerhalb ihrer satzungsgemäß oder sonst festgelegten Befugnisse ihre Mitglieder zu verpflichten, auch andere Jugendschutzbestimmungen zu beachten und die Durchführung dieser Bestimmung mit den ihnen eigenen Zwangsmitteln der Ordnungsstrafe, des Tadels, der Ausschließung usw. zu erzwingen. So könnte beispielsweise eine strenge religiöse Sekte, die jedes Vergnügen für Sünde hält, ihre Mitglieder verpflichten, ihren Kindern auch den Besuch von Jugendvorstellungen nicht zu gestatten. Jugendlichen, bei denen die Strafvollstreckung unter Gewährung einer Bewährungsfrist ausgesetzt ist, kann die Verpflichtung auferlegt werden, Lichtspielvorführungen überhaupt nicht zu besuchen. (Vgl. Allgemeine Verfügung des preuß. Justizministers vom 19. 10. 20 § 3 Abs. 1, Justizministerialblatt 1920 S. 564.) Handeln sie dieser Verpflichtung zuwider, so setzen sie sich der Gefahr aus, daß die Strafaussetzung widerrufen wird. Ebenso können die Schulen in ihren Schulordnungen ihren Schülern den Besuch auch von

Jugendvorstellungen verbieten oder ihn nur dann gestatten, wenn die Vorführungen nach Vornahme einer weiteren Zensur durch die Lehrer unterworfen sind und dgl. Schüler, die gegen diese Bestimmungen verstoßen, können im Wege der Schulzucht bestraft werden; dagegen können sie weder auf Grund der in Polizeiverordnungen oder Landesgesetzen ergangenen Strafbestimmungen wegen Zuwiderhandlung gegen die polizeilichen Bestimmungen über Jugendschutz bestraft werden, noch auf Grund des LG. Dritte, die der Zucht der Schule nicht unterworfen sind, können überhaupt nicht verantwortlich gemacht werden, so etwa Eltern, die ihre Kinder in von der Schulbehörde nicht genehmigte Jugendvorstellungen mitnehmen, und Lichtspielunternehmer, die ihnen Zutritt zu Jugendvorstellungen gewähren. (Hellwig im Volksschularchiv, Bd. 13 S. 113 ff.)

8. Die Jugendschutzbestimmungen des LG und der Landesrechte finden auf alle Jugendlichen unter 18 Jahren Anwendung, gleichgültig, ob sie vielleicht schon Beamte oder Soldaten sind, gleichgültig auch, ob sie schon verheiratet und selbst schon Mütter sind.

9. Zur Vorführung vor Jugendlichen dürfen zunächst selbstverständlich (so auch Szczesny S. 44) alle Bildstreifen nicht zugelassen werden, die selbst Erwachsenen nicht gezeigt werden dürfen. Praktisch werden kann das für diejenige Bildstreifen, die nur deshalb verboten werden, weil sie geeignet sind, das deutsche Ansehen zu schädigen oder die Beziehungen Deutschlands zu auswärtigen Staaten zu gefährden.

Darüber hinaus sind besondere Verbotsgründe angegeben. Diese Verbotsgründe sind aber in ihrer Tragweite so umfassend, daß statt der Aufzählung der einzelnen Gründe auch in Anlehnung an WLG Art. 2 Abs. 3 hätte gesagt werden können: „Verboten sind alle Bildstreifen, die zur Vorführung vor Jugendlichen nicht geeignet sind.“ Damit ist allerdings nicht gesagt, daß die für die Jugendlichen zugelassenen Bildstreifen vom pädagogischen Standpunkt ohne weiteres als erwünscht, als positiv gut, bezeichnet werden müßten; es genügt vielmehr, daß sie nicht schlecht sind, daß sie nicht schädlich einwirken. Diejenigen Bildstreifen, die als positiv gut zu bezeichnen sind, werden in ein von dem „Zentralinstitut für Erziehung und Unterricht“ in Berlin aufgestelltes besonderes Verzeichnis aufgenommen. In einem Erlaß vom 10. 3. 20 weist der Minister für Wissenschaft, Kunst und Volksbildung auf die Bildstelle hin. Er verweist darauf, daß die von dieser Stelle ausgestellten Prüfungsbescheinigungen für die Verwaltungsbereiche der Ministerien für Wissenschaft, Kunst und Volksbildung, für Volkswohlfahrt, für Landwirtschaft, Domänen und Forsten sowie für Handel und Gewerbe amtliche Geltung haben. Nach der P V des Oldenburgischen Ministeriums des Innern vom 5. 7. 10 § 4 (Hellwig, Rechtsquellen,

S. 144) mußten die Bildstreifen positiv geeignet sein. Ein wesentlicher Unterschied zwischen diesen beiden Fassungen kann allerdings nicht anerkannt werden (vgl. Ber. I S. 78; Ber. II S. 84 und Verhandlungen über WLG II S. 2740). Auch der Unterschied zwischen dem, was für Kinder nicht geeignet, und dem, was ihnen schädlich ist, ist nicht groß. (Vollkommen unzulänglich Goldbaum S. 41, der statt jeden Eingehens auf Einzelheiten sich mit der Bemerkung begnügt, alles hänge vom einzelnen Fall ab.) Die besonderen Verbotsgründe ergeben sich nur zum Teil schon aus den allgemeinen Verbotsgründen bei besonderer Berücksichtigung der Psyche der Jugendlichen. (A. M. Szczesny S. 44.) Nach bisherigem Recht konnten pädagogische Gesichtspunkte, soweit nicht eine Gefahr für die öffentliche Ordnung vorlag, überhaupt nicht berücksichtigt werden. Mißverständlich OVG vom 8. 12. 13 (III B. 176/13): „Es kann nicht Aufgabe der Polizei sein, überall da mit polizeilichen Verfügungen einzuschreiten, wo sich irgendwie vom pädagogischen Standpunkt aus Bedenken geltend machen lassen, dies mag unter Umständen den Erlaß der Polizeiverordnungen rechtfertigen." v. Kamptz S. 225. Das Sächsische OVG vom 27. 6. 11 (416 I S. 1910) ließ die Frage unerörtert, ob es noch in dem Rahmen der Aufgabe der Polizei liege, Films zu beanstanden, die unvorteilhafte Erregungen des Kindergemüts befürchten lassen (Hellwig, Grundsätze S. 428). Vgl. auch das Urteil des OVG vom 11. 8. 13 über den Bildstreifen „Drei böse Buben" bei Hellwig „Kind und Kino", Langensalza 1914 S. 139 f.

10. Bildstreifen, von welchen eine schädliche Einwirkung auf die sittliche Entwicklung der Jugendlichen zu besorgen ist.

Sittliche Entwicklung ist gleichbedeutend mit moralischer, ethischer Entwicklung. Unter diese Gruppe fallen also nicht nur diejenigen Bildstreifen, die in sexueller Beziehung zu Beanstandungen Anlaß geben, sondern auch Bildstreifen, die geeignet sind, auf Kinder verrohend zu wirken, Bildstreifen, die vom religiösen Standpunkt aus anstößig sind, sofern sie auch Jugendlichen gezeigt werden, usw. Es ist in allen diesen Beziehungen selbstverständlich ein erheblich strengerer Maßstab anzulegen als an diejenigen Bildstreifen, die nur vor Erwachsenen vorgeführt werden sollen. Doch muß man sich auch hier vor Übertreibungen hüten. Das sächsische OVG hat durch Urteil vom 27. 6. 11 (416 I S. 1910) das Verbot der Vorführung des Bildstreifens „Belebte Tage in Lissabon" aufgehoben, weil die Bildstreifen, die sich als Wiedergabe von Szenen aus der Revolution in Lissabon ausgäben, in der Hauptsache einen ziemlich harmlosen und nochdazu wenig lebenswahren Eindruck machten und das Gepräge des Gemachten an sich trügen: „Sie sind nach der Ansicht des Oberverwaltungsgerichts nicht geeignet, in Kinderseelen die Empfindung auszulösen, daß revolutionäre Gewaltstreiche verherrlicht werden sollten. Die zur Darstellung gelangten Szenen vermögen selbst in einem Kindergemüte keine seine sittliche Entwicklung gefährdende Verwirrung anzurichten. Ebensowenig sind sie imstande, Gemüt und Phantasie von Kindern unvorteilhaft zu erregen, wenn auch zugegeben werden kann, daß ihr Anblick für Kinder vom erzieherischen Standpunkt aus nicht gerade empfehlenswert ist.“ (Hellwig, Grundsätze, S. 428.)

11. Bildstreifen, von denen eine schädliche Einwirkung auf die geistige Entwicklung der Jugendlichen zu besorgen ist.

Hierher gehören Bildstreifen, in denen den Jugendlichen eine ganz falsche Vorstellung von dem Leben gegeben wird, Bildstreifen, die verdummend wirken, so etwa ganz besonders alberne komische Filme, Bildstreifen, die zur Verbreitung des Aberglaubens beitragen können usw. Vor allem gibt dieser Verbotsgrund auch die Handhabe, um diejenigen Bildstreifen, die Jugendlichen vorgeführt werden sollen, auch vom ästhetischen Standpunkt aus einer Zensur zu unterwerfen. Auch wenn man bei den für Erwachsene bestimmten Bildstreifen den ästhetischen Maßstab mit Recht ablehnt, wird man seine Heranziehung bei der Jugendzensur billigen. Doch ist auch gerade hier die Mahnung, vorsichtig zu sein und sich vor übertriebenen Nörgeleien und Beanstandungen zu hüten, ganz besonders angebracht, da die Meinungen über das, was ästhetisch richtig oder nicht ästhetisch ist, gerade bei der Beurteilung von Bildstreifen besonders weit auseinandergehen (vgl. § 2 Anm. 2) und man schließlich nicht allein an die Bildstreifen höchste ästhetische Anforderungen stellen und durch strenge Strafandrohungen erzwingen darf, solange der Staat auch auf anderen Gebieten nicht wenigstens für die Fernhaltung der gröbsten Erziehungswidrigkeiten von den Jugendlichen Sorge trägt.

12. Bildstreifen, von denen eine schädliche Einwirkung auf die gesundheitliche Entwicklung der Jugendlichen zu besorgen ist.

Hierzu ist zu beachten, daß aufregende Bildstreifen, wie die Erfahrungen deutscher, italienischer und schwedischer Nervenärzte und Psychologen zeigen, auf die gesundheitliche Entwicklung jugendlicher Personen unter Umständen eine recht ungünstige Wirkung ausüben können. (Hellwig in der „Zeitschrift für Psychotherapie und medizinische Psychologie“ Bd. 6 S. 97 ff.)

Das OVG hat in der Entscheidung vom 17. 3. 11 (A I 66/1910) das Verbot der Vorführung des Bildstreifens „Ein Blick in die Zukunft“, der phantastische Kriegsbilder darstellte, vor Jugendlichen für begründet erklärt: „Wenn auch die Vorführung für Erwachsene mit einiger Intelligenz bei der absurden Phantasie des Bildes wenig Eindruck machen dürfte, so ist dazu im Gegensatz bei Kindern, denen Übersicht und Sachkenntnis abgeht, und denen unter Umständen auch das Unmöglichste und Absurdeste in die Geschehensmöglichkeit gerückt werden kann, das Schlimmste zu befürchten. Die Schrecken der aus der Luft von den Luftschiffen herabgeworfenen Sprengtorpedos, die eine Stadt einäschern, die Luftschiffe, die ihrerseits wieder von einem Automobil verfolgt und beschossen werden und auch dieses in die Luft sprengen, wobei die Insassen natürlich zu Tode kommen, ein Lufttorpedo, der dann eine der Luftschiffe zur Explosion bringt und mit den Insassen in einen See stürzt, — der Anblick solcher Vorgänge scheint geeignet, bei Kindern Erregungszustände und Nervenkrankheiten zu verursachen." (Hellwig, Grundsätze, S. 425.)

Auch soweit es sich um die besonderen Bestimmungen der Jugendzensur handelt, sind aber die allgemeinen Grundsätze zu beachten. Insbesondere sind als Maßstab nur die normalen Kinder zwischen sechs und achtzehn Jahren zu nehmen; dagegen ist ein Verbot nicht gerechtfertigt, wenn der Bildstreifen lediglich auf anormale, psychopathische Kinder ungünstig einzuwirken vermag. (Bez.-A. I vom 17. 3. 11 — I A 96/1910 — bei Hellwig, Grundsätze, S. 424.)

13. Bildstreifen, von deren Vorführung eine Überreizung der Phantasie der Jugendlichen zu besorgen ist.

Nach dem WLG waren auch zur Vorführung vor Erwachsenen verboten Bildstreifen, deren Vorführung geeignet wäre, auf die Zuschauer eine „die Phantasie verderbende oder überreizende Einwirkung auszuüben". Bei der Beratung über diese Bestimmung stritt man sich darüber, ob durch sie eine ästhetische Filmzensur eingeführt werden solle. (Ber. I S. 7 f; Verh. I S. 71, 53, 73, 74; Verh. II S. 2726.) Anlaß dazu hatte die unklare Begründung zu dem Entw. S. 13 gegeben. Hier war ausgeführt, daß unter dieses Verbot diejenigen Bildstreifen fielen, die, ohne daß von ihrer Vorführung eine der besonders erwähnten schlechten Wirkungen auf die Zuschauer zu erwarten sei, doch geeignet seien, „durch die Schilderung grausiger, ekelhafter oder sonst nervenerregender Vorgänge, durch grob-geschmacklose Darstellung an sich einwandfreier Handlungen, durch Häufung unsinniger und alberner, auf Lachen berechneter Szenen und dergleichen die Phantasie der Beschauer zu verderben und zu überreizen, und den Sinn für das Gute und Schöne in ihnen abzustumpfen". Richtiger Ansicht nach sollte trotz dieser mißverständlichen Begründung der Bestimmung eine ästhetische Filmzensur nicht eingeführt werden. (Hellwig in der „Zeitschrift für die freiwillige Gerichtsbarkeit und die Gemeindeverwaltung in Württemberg" 1913 S. 146 ff., in „Bild und Film", Bd. 2 S. 159 f., im „Volkswart" 1913 S. 67 ff.; a. M. Lange, „Nationale Kinoreform", München-Gladbach 1918

S. 82 ff. Anm. 38. In seinem neuesten Buche S. 55 f., 353 f. gibt Lange aber zu, daß in der Praxis seine Ansicht keinen Boden gewonnen habe.

Welchen Inhalt der Verbotsgrund nach dem LG haben soll, ist aber nicht zu erkennen, man müßte denn annehmen, daß dadurch die Zulässigkeit einer ästhetischen Zensur noch ausdrücklich der Sicherheit halber hervorgehoben werden sollte. Szczesny S. 44 sagt lediglich, auch dieser Verbotsgrund sei wohl schon in den allgemeinen Verbotsgründen enthalten. (So auch Stern S. 48.)

14. Landesrechtliche Bestimmungen über den Jugendschutz sind auf reichsrechtlicher Grundlage nur zulässig, soweit sie zum Schutze der Gesundheit oder der Sittlichkeit bestimmt sind, also nicht zum Schutze der geistigen Entwicklung oder zur Verhinderung einer Überreizung der Phantasie. Zulässig sind sie nicht bei allen Vorführungen, die im Sinne des LG als öffentlich gelten, sondern nur bei denen, welche nach dem mit dem allgemeinen Sprachgebrauch übereinstimmenden Sprachgebrauch der Gesetze, insbesondere des ALR § 10 II 17, öffentlich sind. Die Vorführungen in geschlossenen Gesellschaften gehören nicht dazu. Durch die Gleichstellung dieser Vorführungen mit den öffentlichen durch das LG werden selbstverständlich die bestehenden landesrechtlichen Vorschriften über öffentliche Lichtspielvorführungen nicht auf diese fingiert öffentlichen ausgedehnt. Eine derartige Ausdehnung darf aber auch künftig durch Polizeiverordnung oder Gesetze nicht erfolgen, da RV 118 Abs. 2 Satz 2 nur bei öffentlichen Vorführungen besondere Jugendschutzmaßnahmen für zulässig erklärt. (Vgl. Giese, „Die Verfassung des Deutschen Reiches", 2. Aufl., Berlin 1920, Art. 118 Anm. II 14.)

Erlassen werden können sie durch eine Gemeinde oder einen Gemeindeverband, auch wenn der Erlaß polizeilicher Bestimmungen — und um solche handelt es sich ihrem Wesen nach — nicht den Gemeinden zusteht. Es ergibt sich dann, so in Preußen, der eigenartige Zustand, daß die Gemeinden oder Gemeindeverbände polizeiliche Bestimmungen erlassen dürfen, daß Zuwiderhandlungen gegen diese Bestimmungen aber nicht bestraft werden können, da weder das LG eine reichsrechtliche Grundlage schafft, noch das Landesrecht die nötigen Handhaben bietet. Diese Bestimmung wird daher Wirksamkeit kaum erlangen.

Werden von der Gemeinde oder einem Gemeindeverband Jugendschutzbestimmungen erlassen, so ist gegen die Festsetzung, also wohl gegen den Erlaß dieser Bestimmungen, Einspruch bei der zuständigen Stelle zulässig. Wer die zuständige Stelle ist, binnen welcher Frist der Einspruch erhoben werden kann, welche Wirkung der Einspruch hat, ob die Verwerfung des

Einspruchs nur gegen denjenigen Rechtskraft erlangt, der den Einspruch eingelegt hatte, das ist in dem Gesetz nicht zum Ausdruck gebracht.

In der ursprünglichen Fassung des Antrages, der die Fassung von Entw. IV entsprach, hieß es statt „Stelle“ „Prüfungsstelle“. Erst bei der zweiten Beratung ist als angeblich rein redaktionelle Änderung die jetzige Fassung auf Grund eines Antrages von Frau v. Gierke und Genossen angenommen worden. (Verh. S. 5179.) Wenn es sich tatsächlich um eine rein redaktionelle Änderung handeln würde, dann müßte man annehmen, daß die reichsrechtlichen Prüfungsstellen als Beschwerde- oder Einspruchsinstanz gegen die von den Gemeinden oder Gemeindeverbänden getroffenen Bestimmungen zuständig sein sollen. (So Stern S. 49 ohne Begründung.) Die Filmprüfungsstelle München würde dann für Bayern, Württemberg, Baden und Hessen und die Filmprüfungsstelle Berlin für die übrigen Teile Deutschlands als zuständig zu gelten haben. (AB Abschn. C 1.)

Trotzdem dies nach der Entstehungsgeschichte als Absicht des Gesetzgebers zweifellos unterstellt werden muß, halte ich diese Auslegung als mit dem Wortlaut des LG nicht vereinbar nicht für zulässig. überall, wo die Prüfungsstelle zuständig sein soll, wird in dem Gesetz stets die von dem Gesetz erst eingeführte technische Bezeichnung angewandt. Wenn in § 3 Abs. 3 statt dessen nur Stelle gesagt ist, so muß man als zuständige Stelle diejenige Stelle ansehen, die auch sonst nach Landesrecht zuständig ist, gegen Beschlüsse der Gemeinden auf Einspruch oder Beschwerde eines Beteiligten zu entscheiden. (So auch Bayer. AB Abschn. C; Seeger S. 40 und Liepe S. 17; beide aber ohne Begründung; a. M. ohne Begründung Lange S. 242, 360.) Ist nach Landesrecht eine Anfechtung der Beschlüsse der Gemeinden oder Gemeindeverbände aber nicht möglich, so fehlt es eben an einer zuständigen Stelle und ein Einspruch ist nicht möglich.

Wenn ein Jugendamt besteht — vgl. dazu jetzt den Entwurf eines Reichsjugendwohlfahrtsgesetzes, Reichsratsdrucksachen 1920, Nr. 45 —, so kann die Gemeinde oder der Gemeindeverband die Jugendschutzbestimmungen nur dann erlassen, wenn das Jugendamt es beantragt. Besteht kein Jugendamt, so tritt an seine Stelle die Schulbehörde. In Betracht kommen nur die Ortsschulbehörden. Für die Volksschulen sind das in Preußen die Schuldeputationen in den Städten und die Schulvorstände auf dem Lande, in Bayern in den unmittelbaren Städten die Stadtschulkommission, auf dem Lande und in den mittelbaren Städten des rechtsrheinischen Bayern die Lokalschulinspektion, in der Pfalz die Ortsschulkommission. In Sachsen ist es in Städten, die unter die Städtordnung fallen, der Schulausschuß, in anderen Städten und auf dem Lande der Ortsschulrat und in Baden der verstärkte Gemeinderat. (Dircksen bei v. Stengel-Fleischmann, „Wörterbuch des deutschen Staats- und Verwaltungsrechts“ Bd. 3, Tübingen 1913 S. 836 f.) Für die höheren Schulen bestehen als Aufsichtsbehörden nur die Zentralinstanzen und vereinzelt daneben Provinzialbehörden, so in Preußen die Provinzialschulkollegien (Ziehen, ebendort Bd. 3, S. 638). Sie kommen infolgedessen nicht in Betracht.

15. Landesgesetzliche Bestimmungen können weitergehen bei dem Jugendschutz. (RV 118 Abs. 2 Satz 2.) Auch sie dürfen sich nicht auf Vorführungen in geschlossenen Gesellschaften beziehen (vgl. Anm. 14). Als Landesgesetze kommen auch Polizeiverordnungen in Frage. Die landesgesetzlichen Bestimmungen können nach verschiedenen Richtungen hin weitergehen. Sie können die Gemeinden und Gemeindeverbände formell freier stellen, indem sie sie zum Erlaß der Jugendschutzbestimmungen auch ohne Antrag des Jugendamts oder der Schulbehörde ermächtigen; sie können auch materiell die Befugnisse der Gemeinden usw. erweitern, indem sie auch Bestimmungen zum Schutze der geistigen Entwicklung und zur Verhütung der Überreizung der Phantasie zulassen; sie können auch selbst von sich aus Jugendschutzbestimmungen erlassen, die weitergehen als die von den Gemeinden usw. erlassenen Bestimmungen. Für das Landesrecht gilt nur die Schranke, daß die Bestimmungen in die Jugendzensur nicht eingreifen dürfen, und daß sie die Zulassung von Jugendlichen zur Vorführung von Bildstreifen, die zur Vorführung vor Jugendlichen zugelassen sind, nicht unterbinden dürfen. Durch § 3 Abs. 3 wird nicht erst reichsgesetzlich eine Grundlage für die landesgesetzlichen Bestimmungen geschaffen (so Seeger S. 46); vielmehr wäre die Rechtslage ganz dieselbe auch, wenn § 3 Abs. 3 fehlen würde. Ob derartige landesrechtliche Vorschriften rechtsgültig sind, bestimmt sich daher nach Landesrecht. Vgl. darüber Hellwig in „Volkswart“ Jhg. 5 S. 39 ff. unter Anführung der Urteile des KG vom 28. 4. 10 (Gewerbearchiv 10 S. 54 ff.), vom 1. 6. 11 (DJZ 1911 Sp. 1505 f.), vom 21. 9. 11, vom 25. 9. 11; des Oberlandesgerichts Dresden vom 17. 2. 09 (Sächsisches Archiv für Rechtspflege 4 S. 377 ff.), des Bayerischen Obersten Landesgerichts vom 18. 1. 10 (Entscheidungen des Bayerischen Obersten Landesgerichts in Strafsachen 20 S. 12 ff.), des Badischen Verwaltungsgerichtshofs vom 14. 2. 11, des Oberlandesgerichts Rostock vom 6. 1. 11 und 14. 2. 11.

16. Als nicht zulässig würden beispielsweise folgende Bestimmungen zu gelten haben:

Ein völliges Verbot von Jugendvorstellungen (für sie Schönhuber bei Fischer, Die Zukunft des Jugendschutzes, Leipzig 1918, S. 168 f. und Lange S. 240; dagegen Hellwig, Reform S. 96, richtig auch Stern S. 48); das Vorschreiben von Erläuterungen zu den Vorführungen; das Verlangen der Nachprüfung der Bildstreifen durch die Landesstelle (vgl. Aussch. S. 25, 32; Verh. S. 5180); Nachprüfung der Bildstreifen durch die Schulbehörde (vgl. München, bei Hellwig, Rechtsquellen, S. 89); Verbot der Vorführung von Filmdramen (Lange S. 204) und humoristischen Filmen vor Jugendlichen; Bestimmung, daß auch Jugendlichen von 18 bis 20 Jahren nur für Jugendliche genehmigte Bildstreifen gezeigt werden dürften; das Verlangen, daß Musikstücke bei den Jugendvorstellungen nur nach vorheriger Genehmigung gespielt werden dürfen. (Lübeck, PV vom 4. 12. 11, §§ 31, 32.)

17. Als zulässig sind dagegen folgende Vorschriften zu erachten: Die Beschränkung der Jugendvorstellungen auf bestimmte Wochentage (Sachsen-Meiningen 15.3.13 § 8; Sachsen-Altenburg 3. 5. 13 § 7). Anordnung, daß die Jugendlichen, wenn sie ohne Begleitung ihrer Eltern, Vormünder oder anderer Aufsichtspersonen erscheinen, nach Geschlechtern getrennt zu setzen sind (Braunschweig, Gesetz vom 11. 11. 19 § 6, auch bisher schon im Gesetz vom 5. 12. 11 § 7, bei Hellwig, Rechtsquellen, S. 148). Bestimmung, daß die Jugendvorstellungen an einer bestimmten frühen Abendstunde beendet sein müssen (WLG § 7; Mecklenburg-Schwerin § 2; Waldeck § 9). Die Bestimmung, daß Jugendliche nur zu besonderen Jugendvorstellungen zugelassen werden dürfen (WLG § 7; Mecklenburg-Schwerin § 2; Oldenburg § 4). Die Bestimmung, daß Jugendliche auch zu Jugendvorstellungen nur in Begleitung Erwachsener zugelassen werden dürfen (Westfalen, PV vom 26. 11. 10 § 15, bei Hellwig, Rechtsquellen, S. 75; Provinz Sachsen, PV vom 26. 1. 11, „nur in Begleitung ihrer Eltern, Vormünder oder sonstiger Personen, denen ein Aufsichtsrecht zusteht", bei Hellwig, Rechtsquellen, S. 76; Braunschweig, Gesetz vom 5. 12. 11 § 7; bei Hellwig, Rechtsquellen, S. 148; diese Bestimmung gilt nicht mehr nach dem neuen Gesetz vom 11. 11. 19). Die Vorschrift, daß sie die Dauer von 75 Minuten (Anhalt § 11) oder von zwei Stunden (Bremen, PV vom 5. 11. 14) nicht überschreiten dürfen. Die Bestimmung, daß nach Beendigung der Jugendvorstellung eine Pause von bestimmter Dauer stattfinden muß (Sachsen-Meiningen § 8; Sachsen-Altenburg § 7). Die Bestimmung, daß die Jugendvorstellungen durch einen Aushang in bestimmter Form ausdrücklich als Jugendvorstellungen bezeichnet werden müssen (WLG § 7; Mecklenburg-Schwerin § 2; Sachsen-Meiningen § 8). Die Bestimmung, daß die Spielpläne zu den Jugendvorstellungen binnen einer bestimmten Frist vorher eingereicht werden müssen (WLG § 5; Mecklenburg-Schwerin § 4; Sachsen-Meiningen § 11). Die Bestimmung, daß vor der öffentlichen Vorstellung eine unentgeltliche Probevorführung auf Verlangen veranstaltet werden muß (Mecklenburg-Schwerin § 4; Sachsen-Meiningen § 11). Die Bestimmung, daß den Polizeibeamten unentgeltlich Zu-

tritt zu gestatten ist (Mecklenburg-Schwerin § 4; Sachsen-Meiningen § 14). Die Vorschrift, daß die Ortspolizeibehörden zur Vorbeugung gegen Überanstrengung der Augen der Zuschauer (aber nicht mehr auch „zur Hebung des erzieherischen und bildenden Werts der Vorstellungen") von der Ortspolizeibehörde nach Anhörung Sachverständiger besondere Auflagen hinsichtlich der Auswahl, Reihenfolge und Art der Vorführung der Bilder gemacht werden dürfen (WLG Art. 7). Das Verbot des Verkaufs von Näschereien während der Jugendvorstellung (Bremen, PV vom 5. 11. 14). Das Verbot der Verabreichung geistiger Getränke (Braunschweig, Gesetz vom 5. 12. 11, bei Hellwig, Rechtsquellen, S. 148; § 8; das Verbot besteht nach dem Gesetz vom 11. 11. 19 nicht mehr). Verbot des Rauchens (Lübeck § 36). Die Bestimmung, daß ein Verzeichnis der in der Jugendvorstellung vorgeführten Bilder öffentlich ausgestellt werden muß (Lübeck §§ 36, 33). Die Bestimmung, daß die Besucher von Lichtspielvorführungen verpflichtet sind, dem Unternehmer auf sein Verlangen Auskunft über ihr Alter zu geben (Lübeck § 34, zweiter Nachtrag vom 16. 1. 18 § 34). Die Bestimmung, daß bestraft wird, „wer Jugendliche, ohne daß er zu ihnen im Verhältnis des Vaters, der Mutter, des Vormunds oder des Lehrers steht oder ohne daß ihm sonst ein Aufsichtsrecht zusteht, in öffentliche kinematographische Vorstellungen begleitet, sofern es sich nicht um Jugendvorstellungen handelt" (Braunschweig, Gesetz vom 5. 12. 11, bei Hellwig, Rechtsquellen, S. 148; § 10; nach dem Gesetz vom 11. 11. 19 § 7 Abs. 3 wird bestraft, „wer jugendliche Personen unter 16 Jahren in öffentliche kinematographische Vorführungen begleitet, sofern es sich nicht um Jugendvorstellungen handelt").

18. Von größter Bedeutung ist die K o n t r o l l e der Durchführung der Bestimmungen des LG, insbesondere auch über den Jugendschutz. Brunner regt in seiner Schrift über „Das neue Lichtspielgesetz im Dienst der Volks- und Jugendwohlfahrt" (Berlin-Lichterfelde 1920) S. 3 f., 6, die Bildung von Ortsausschüssen für Lichtspielpflege an, die auch diese Kontrolle zu übernehmen oder doch zu unterstützen hätten.

§ 4. **Die Zulassung eines Bildstreifens kann auf Antrag einer Landeszentralbehörde durch die Oberprüfungsstelle für das Reich oder ein bestimmtes Gebiet widerrufen werden, wenn das Zutreffen der Voraussetzungen der Versagung (§§ 1, 3) erst nach der Zulassung hervortritt.**

Der Widerruf erfolgt auf Grund erneuter Prüfung. In dem Verfahren ist einem Vertreter der antragstellenden Landeszentralbehörde Gelegenheit zur Aeußerung zu geben.

1. Die Tragweite dieser eigenartigen, unklaren und widerspruchsvollen Bestimmung ist nur zu verstehen, wenn man die Entstehungsgeschichte dieses Paragraphen kennt.

Entw. I § 4 Abs. 1 bestimmt: „Die öffentliche Vorführung eines nach §§ 1, 2 zugelassenen Bildstreifens sowie die von der Prüfungsstelle zugelassene Reklame (§ 3 Abs. 2) kann in einer Gemeinde von der Ortspolizeibehörde verboten werden, wenn auf Grund besonderer Verhältnisse die Annahme gerechtfertigt erscheint, daß die Vorführung des Bildstreifens oder der Anschlag der Reklame in dieser Gemeinde durch ihre Wirkung auf die Zuschauer die öffentliche Sicherheit gefährden würde." Nach § 5 Abs. 2 konnte die Zulassung eines Bildstreifens von der Prüfungsstelle widerrufen werden, „wenn das Zutreffen der Voraussetzungen der Versagung (§§ , 2) erst nach der Zulassung hervortritt".

Es wurde also der Ortspolizeibehörde die Möglichkeit gegeben, in besonderen Ausnahmefällen auch die Vorführung eines von der Prüfungsstelle zugelassenen Bildstreifens zu verbieten. Diese Regelung entsprach einem auch in Staaten mit einer zentralisierten Filmzensur, wie Württemberg (WLG Art. 6 Abs. 3), bestehenden Rechtszustand, der im polizeilichen Interesse, im Interesse der öffentlichen Sicherheit und Ordnung durchaus erforderlich ist. Dieses ortspolizeiliche Verbotsrecht sollte sich aber nur auf selten vorkommende Ausnahmefälle beschränken, nicht dagegen eine Nachzensur mit Rücksicht auf die besonderen örtlichen Bedürfnisse ermöglichen (vgl. Hellwig, Reform, S. 78 ff.). Das geht auch klar aus der Begründung S. 12 hervor: „Da es nicht ausgeschlossen erscheint, daß die öffentliche Vorführung eines bereits genehmigten Bildstreifens sowie die Ausstellung einer bereits zugelassenen Reklame auf Grund besonderer örtlicher Verhältnisse in einer Gemeinde, z. B. zur Zeit von öffentlichen Unruhen, die öffentliche Sicherheit gefährden oder Anstoß erregen kann, so ist die Ortspolizeibehörde für berechtigt erklärt, die Aufführung in solchen Fällen für ihren Bezirk oder für eine einzelne Gemeinde zu verbieten." Einige Länder mit zentralisierter Filmzensur, so in Bayern (Ministerialerlaß vom 27. 1. 11 II und Frankreich (Verordnung vom 25. 7. 19, Art. 5, angeführt in der Anlage zu der Begr.), geben im Gegensatz dazu den Ortspolizeibehörden das allgemeine Recht der Nachzensur. Dieses allgemeine Recht der Nachzensur sollte den Ortspolizeibehörden nicht gegeben werden.

Zur Begründung dafür, daß allgemein der Widerruf durch die Prüfungsstelle vorgesehen war, wurde angeführt, daß auch die Prüfungsstellen Irrtümern unterworfen seien (Begr. S. 12).

Im Entw. II blieb die Bestimmung über den Widerruf — als § 4 Abs. 1 — in ihrer bisherigen Form. Hinzugefügt wurde folgender Abs. 2: „Auf Antrag einer Landeszentralbehörde haben die Prüfungsstellen wegen des Widerrufs auf

Grund erneuter Prüfung Beschluß zu fassen. In diesem Verfahren ist einem Vertreter der antragstellenden Landeszentralbehörde Gelegenheit zur Äußerung zu geben. Die Prüfungsstelle sollte also ohne weiteres, auch von Amts wegen, zum Widerruf berechtigt, aber auf Antrag einer Landeszentralbehörde zur erneuten Prüfung sogar verpflichtet sein (vgl. Begr. S. 10). Das ortspolizeiliche Verbietungsrecht des § 4 wurde als § 6 Abs. 1 wörtlich übernommen, nur wurde statt „öffentliche Sicherheit" gesagt „öffentliche Ordnung oder Sicherheit".

Bei der Ausschußberatung fanden um diese Bestimmungen die heftigsten Kämpfe statt, die durch eine unklare Auffassung der Bedeutung und Tragweite dieser Bestimmungen hervorgerufen wurden. Ein Teil der Mitglieder des Ausschusses war gegen diese Bestimmungen, weil sie eine allgemeine örtliche Nachzensur und einen zu großen Einfluß einzelner Länder auf die Entscheidungen der Prüfungsstellen fürchteten. In dieser Ansicht wurden sie durch die auf einer irrigen Auslegung dieser Bestimmung beruhende Verteidigung der Regierungsvorlage durch einige Abgeordnete noch bestärkt. Trotzdem von Regierungsseite immer wieder die Notwendigkeit der vorgeschlagenen Bestimmungen und ihre Unbedenklichkeit auseinandergesetzt wurde, ließ sich die Mehrzahl in ihrem Mißtrauen nicht überzeugen, wenngleich sie nicht verkannte, daß die von der Regierung vorgebrachten Gründe beachtlich seien. (Vgl. Aussch. S. 3 f., 6 f., 21, 23 f.) Das Ergebnis der ersten Ausschußberatung war, daß § 4 ganz gestrichen wurde und daß § 6 Abs. 1 in Entw. III folgendermaßen gefaßt wurde: „Die öffentliche Vorführung eines nach §§ 1, 3 zugelassenen Bildstreifens kann für eine Gemeinde oder einen Bezirk durch die zuständige Behörde bis zu erneuter Entscheidung der Oberprüfungsstelle verboten werden, wenn auf Grund besonderer örtlicher Verhältnisse die Annahme gerechtfertigt erscheint, daß die Vorführung des Bildstreifens als Anreiz zu Straftaten wirken würde, oder wenn das Zutreffen der Voraussetzungen der Versagung (§ 1 und 3) erst nach der Zulassung hervortritt." Diese ungeheuerliche Mißgeburt zeigt auch demjenigen, der den Ausschußberatungen nicht beigewohnt hat, daß sie ein durchaus unbrauchbares, unbefriedigendes Ergebnis eines Kompromißversuchs ist.

Nicht besser ist die Lösung, welche bei der zweiten Lesung das Ausschusses gefunden wurde. Das Widerrufsrecht wurde wieder eingeführt, aber in einer verunglückten Form. Entw. IV § 4 bestimmte: „Die Zulassung eines Bildstreifens kann für das Reich oder ein bestimmtes Gebiet durch die Prüfungsstelle widerrufen werden, wenn das Zutreffen der Voraussetzungen der Versagung (§§ 1, 3) erst nach der Zulassung hervortritt."

Auf Antrag einer Landeszentralbehörde hat die Oberprüfungsstelle wegen des Widerrufs auf Grund erneuter Prüfung Beschluß zu fassen. In diesem Verfahren ist einem Vertreter der antragstellenden Landesbehörde Gelegenheit zur Äußerung zu geben. Das Widersinnige ist die Möglichkeit der Beschränkung des Widerrufs auf ein bestimmtes Gebiet, trotzdem die Voraussetzung, an die sie geknüpft ist, nämlich, daß sich herausstellt, daß der Bildstreifen hätte verboten werden müssen, gar nicht vorliegen kann, da bei der Prüfung es nur auf die im Wesentlichen überall im Reiche gleichen Verhältnisse, nicht aber auf irgendwelche nur einem bestimmten Gebiet besonders eigentümlichen Verhältnisse abgestellt werden kann und darf. Die Bestimmung des § 6 Abs. 1 über das Verbotsrecht der Ortspolizeibehörde strich man und ersetzte diese Bestimmung durch eine Ermächtigung der Länder, für die zur Vorführung vor Jugendlichen bestimmten Bildstreifen ganz allgemein eine Nachzensur einzurichten. Auch diese Bestimmung war aber in sich widerspruchsvoll.

Bei der zweiten Lesung in der Landesversammlung endlich wurde den Bestimmungen ihre gegenwärtige Gestalt gegeben.

2. Aus dieser Entstehungsgeschichte ergibt sich folgendes: Man hat den dauerden Widerruf durch die Prüfungsstelle (oder Oberprüfungsstelle) für den Fall, daß sich nachträglich ergibt, daß der Bildstreifen für das ganze Reich hätte verboten werden müssen oder, wenn er doch hätte verboten werden müssen, falls er erst zur Zeit der Nachprüfung eingereicht worden wäre, in eigenartiger Weise verquickt mit dem nur zeitweiligen Verbot eines von der Prüfungsstelle zugelassenen Bildstreifens auf Grund besonderer, vorübergehender örtlicher Verhältnisse durch die Ortspolizeibehörde. Wenn man die Entstehungsgeschichte dieser Bestimmungen miterlebt hat, weiß man, es ist schwer, ja fast unmöglich, mit einiger Sicherheit zu sagen, was als „Wille" des Gesetzes zu gelten habe. Mit dem unbefriedigenden Ergebnis muß sich die Praxis so gut es geht abfinden. Aufgabe der Wissenschaft aber ist es, trotz der gänzlich verunglückten Fassung des § 4 das Gesetz so auszulegen, daß es einigermaßen Sinn hat.

3. Ob das ortspolizeiliche Verbotsrecht als beseitigt zu gelten hat, kann zweifelhaft sein. Wäre in den Entwurf keine ausdrückliche Bestimmung aufgenommen worden, so würde man wohl aus dem Recht und der Verpflichtung der Polizei zur Verhinderung strafbarer Handlungen entnehmen dürfen, daß sie gegen die Vorführung eines von der Prüfungsstelle zugelassenen Bildstreifens nicht nur dann einschreiten dürfe, wenn durch seine Vorführung eine strafbare Handlung begangen wird — so wenn ein unzüchtiger Bildstreifen aus Versehen genehmigt ist —, sondern daß sie auch dann einschreiten darf, wenn die Vorführung des Bildstreifens zur Begehung

strafbarer Handlungen durch Dritte Anlaß gibt. Das ist allerdings streitig. (Vgl. Fleiner S. 353; Kitzinger „Die Verhinderung strafbarer Handlungen durch Polizeigewalt, München 1913, S. 165 f.; Jellinek, „Gesetz, Gesetzesanwendung und Zweckmäßigkeitserwägung", Tübingen 1911, S. 310 ff.) Trotz der Entstehungsgeschichte möchte ich diese Auffassung auch für das geltende Recht vertreten. Der Erklärung eines Regierungsvertreters bei der ersten Lesung im Ausschuß, durch die Streichung des § 6 zwinge man die Polizei, wenn z. B. an einem Ort Generalstreik sei, die Lichtbildbühne zu solchen Zeiten ganz zu schließen (Aussch. S. 6), ist von keiner Seite widersprochen worden. Wenn die Polizeibehörde aber berechtigt ist, die Schließung des Lichtspielhauses — diese ist etwas anderes als die Untersagung des Gewerbebetriebes (vgl. § 20 Anm. 7); vgl. auch Alsberg, Kriegswucherstrafrecht, Berlin 1916, S. 43 Anm. 12 — durchzusetzen, um zu verhindern, daß durch die Vorführung eines Bildstreifens Unruhen entstehen, so muß sie auch als berechtigt gelten, die für den Lichtspielunternehmer weniger empfindliche, ihn weniger schwer schädigende Maßnahme zur Erreichung desselben Zwecks zu treffen, nämlich die Vorführung eines von der Prüfungsstelle zugelassenen Streikfilms für die Dauer des Streiks zu verbieten. Da die Polizei bei ihren Verfügungen immer dasjenige Mittel wählen muß, durch welches in die Interessensphäre desjenigen, von dem die Störung ausgeht, am wenigsten eingegriffen wird, so muß sie dazu sogar für verpflichtet gehalten werden. Es wäre aber widersinnig, wenn man der Polizeibehörde hätte jede Möglichkeit nehmen wollen, bei Störungen der öffentlichen Sicherheit, die durch die Vorführung eines von der Prüfungsstelle zugelassenen Bildstreifens infolge ausnahmsweise gegebener vorübergehender Verhältnisse in ihrem Bezirk gegeben sind, einzuschreiten, wenn man sie gezwungen hätte, zu dulden, daß durch die Vorführung des Bildstreifens immer weitere Personen verführt werden, sich strafbar zu machen. Es wäre eine der Polizei ganz unwürdige Rolle, welche sie spielen müßte, wenn sie sich damit begnügen müßte, gegen die sich strafbar machenden Opfer des Bildstreifens einzuschreiten, anstatt vor allem auch die Quelle des Verderbens zu verstopfen. Eine derartige, dem Staatswohl so widersprechende Auslegung des Gesetzes wäre nur dann zulässig, wenn sie durch den Gesetzestext und die Entstehungsgeschichte des Gesetzes zwingend erfordert würde. Diese Voraussetzung trifft hier aber nicht zu. Die Ortspolizeibehörden müssen also als berechtigt angesehen werden, in besonderen vorübergehenden Ausnahmefällen, in denen die dringende Gefahr besteht, daß durch die Vorführung eines Bildstreifens erhebliche Störungen der öffentlichen Sicherheit hervorgerufen werden, die Vorführung des Bildstreifens für die kritische Zeit zu verbieten. Würde man eine andere Auffassung vertreten, so wäre die notwendige Folge, daß die Prüfungsstelle bei der Zensur einen weit schärferen Maßstab, der durch die allgemeinen Verhältnisse nicht begründet wäre, anlegen müßte, um nach Möglichkeit auch für diese etwa eintretenden Ausnahmefälle Sorge zu tragen, daß sie beispielsweise alle Bildstreifen mit Revolutionsszenen, Streikszenen und dergleichen, die in Zeiten einer Massenerregung aufhetzend wirken können, verbieten müßte. Trotz aller, dem Lichtspielgewerbe nur unerwünschten Strenge bei der Prüfung würde doch der eine oder andere Bildstreifen durchschlüpfen, von dem die Prüfungsstelle beim besten Willen nicht voraussehen kann, daß er unter ganz abnormen örtlichen Verhältnissen einmal zu Störungen der öffentlichen Sicherheit Anlaß geben kann. In solchen Fällen würde vermutlich die Ortspolizeibehörde sich über ein etwa bestehendes reichsrechtliches Verbot, da sie sich in einem gewissen Notstand befindet, einfach hinwegsetzen.

4. Nicht zweifelsfrei ist auch die Stellung, welche dem Widerrufsrecht gegeben ist. Wäre keine Bestimmung aufgenommen, so würde nach allgemeinen Grundsätzen ein Widerruf möglich sein. (Aussch. S. 4; Fleiner S. 176 ff.; Lagenstein S. 144 ff.) Aus der Entstehungsgeschichte ergibt sich, daß man zunächst das allgemeine Widerrufsrecht hervorhob und daß man dann, um den Ländern einen größeren Einfluß zu geben, die Oberprüfungsstelle zur Einleitung eines Widerrufsverfahrens verpflichtete, wenn die Landeszentralbehörde den Antrag stellte. Daraus, daß man schließlich nur diesen Sonderfall in das Gesetz aufgenommen hat, wird man wohl schließen müssen, daß das sonst bestehende allgemeine Recht zur Einleitung eines Widerrufsverfahrens hat beseitigt werden sollen, daß die Oberprüfungsstelle also nur noch unter den in § 4 ausdrücklich erwähnten Voraussetzungen zur Einleitung eines Widerrufsverfahrens sollte berechtigt sein. Für diese Auffassung spricht die Erklärung des Staatssekretärs Lewald bei der ersten Lesung im Ausschuß, bei Streichung des § 4 gebe es nach der Genehmigung eines Bildstreifens keine Instanz, die den Film ausschließen könne (Aussch. S. 4), und die Erklärung der preußischen Regierung, man könne den Widerruf von dem Antrag der Landeszentralbehörde abhängig machen (Aussch. S. 4), sowie die bei der zweiten Lesung im Ausschuß abgegebene Erklärung der Vertreter Sachsens, Württembergs und Preußens, es sei kaum erträglich, daß eine vielleicht sehr schnell getroffene Entscheidung des Zensors in keiner Weise mehr anfechtbar sei, § 4 müsse daher wieder hergestellt werden (Aussch. S. 21). Mit diesem Ergebnis kann man sich abfinden, da in allen geeigneten Fällen ein Antrag irgendeiner Landeszentralbehörde sicherlich gestellt werden wird. (So auch Seeger S. 40, ohne Begründung, offenbar auch Bayer. AB Abschn. D.)

5. Der Widerruf ist zulässig, wenn das Zutreffen der Voraussetzungen der Versagung erst nach der Zulassung hervortritt. Diese Voraussetzung ist in zwei verschiedenen Fällen gegeben: Einmal, wenn die tatsächlichen Gründe, die den Widerruf rechtfertigen, schon bei der Zulassung des Bildstreifens gegeben waren, aber entweder der Prüfungsstelle nicht bekannt oder aber von ihr tatsächlich oder rechtlich nicht zutreffend gewürdigt worden waren (a. M. Stern S. 50 ff.; damit nicht ganz übereinstimmend S. 52 unten); zweitens aber auch dann, wenn die tatsächlichen Verhältnisse sich seit der Zulassung geändert haben, wenn also die Zulassung begründet war, die Prüfungsstelle sich bei der Zulassung nicht geirrt hatte, die Prüfungsstelle aber infolge einer Änderung der tatsächlichen Verhältnisse zur Zeit der Einleitung des Widerrufsverfahrens zu einem anderen Ergebnis kommen muß. Diese zweite Gruppe von Fällen wird zwar selten vorkommen, doch sind sie durchaus möglich.

Nicht beizutreten ist Goldbaum S. 45, der die Auffassung vertritt, bei der Beurteilung der Tatfrage müsse ein schärferer Maßstab angelegt werden als bei der Prüfung: Das Bestehen einer Gefährdung genüge nicht, es müsse ein Schaden schon entstanden sein und weitere Gefährdung bestehen. Ähnlich auch Szczesny S. 48, der dabei aber den Widerruf durch die Prüfungsstelle mit dem nachträglichen ortspolizeilichen Verbot verwechselt.

Vollkommen widersinnig ist es, daß der Widerruf nicht nur für das ganze Reich zulässig ist, sondern auch für einen bestimmten Ort, einen Kreis, ein Land oder ein anderes bestimmtes Gebiet, während die Prüfung sich nur auf die im ganzen Reich gegebenen Verhältnisse zu erstrecken hat und die Zahlung deshalb auch nur für das ganze Reich erfolgen kann. Die Beschränkung des Widerrufs auf das Gebiet des betreffenden Landes ist nicht nur schwer durchführbar (Aussch. S. 4), sondern wird überhaupt kaum jemals praktisch werden können. Das übersieht vollständig Goldbaum S. 43, der sogar meint, dieser Fall werde häufiger vorkommen, „weil ja die antragstellende Landeszentralbehörde lediglich die Wirkungen in ihrem Verwaltungsbereich beurteilen kann". Ob der Widerruf auch für das Ausland zulässig ist, kann zweifelhaft sein. Goldbaum S. 43 schließt aus dem Wortlaut („für das Reich oder ein bestimmtes Gebiet"), daß sich der Widerruf nur auf das Deutsche Reich beziehen könne. Der Schluß ist nicht zwingend, da das Ausland auch als „bestimmtes Gebiet" bezeichnet werden kann. Die Ausdrucksweise dürfte aus der Entstehungsgeschichte zu erklären sein. Wenn man an die beiden letzten Gruppen von Verbotsgründen denkt, muß man unbedingt auch den Widerruf für das Ausland für zulässig erklären. Er hat Wirkung natürlich nur für die Zukunft. Stern

S. 49 f. denkt offenbar wie Goldbaum nur an den Widerruf für ein bestimmtes deutsches Gebiet.

Ist nicht der ganze Bildstreifen zu beanstanden, so darf sich der Widerruf nur auf die betreffenden Teilbilder erstrecken, wenn der Prüfungsstelle Sicherheit dafür gegeben ist, daß die beanstandeten Teile nicht verbreitet werden (§ 1 Abs. 4), denn auch der Widerruf darf nicht weitergehen als nötig ist. (A. M. Stern S. 50.)

6. Der Widerruf darf immer nur soweit gehen, als es erforderlich ist. Genügt der Widerruf bezüglich eines Teiles des Bildstreifens, so ist der Widerruf auf die anstößigen Teile des Bildstreifens zu beschränken. Ebenso ist der Bildstreifen nur zur Vorführung vor Jugendlichen zu verbieten, wenn bei der Vorführung vor Erwachsenen eine Schädigung der zensurpolizeilich zu schützenden Interessen nicht zu erwarten ist. Genügt es, die Vorführung des Bildstreifens im Inland zu verbieten, so ist die Verbreitung im Ausland freizugeben. Bringt die Vorführung eines Bildstreifens von wissenschaftlicher oder künstlerischer Bedeutung, der zu Beanstandungen bei der allgemeinen Freigabe Anlaß gegeben hat, keine Gefahren, wenn er nur zur Vorführung vor bestimmten Personenklassen zugelassen wird, so findet § 2 Anwendung. Gleichgültig ist dagegen, welchen Antrag die Landeszentralbehörde stellt; das Verbot kann auch für das Reich erfolgen, wenn nur der Widerruf für ein Teilgebiet beantragt ist. (A. M. Goldbaum S. 43 f.)

7. Auf das Widerrufsverfahren sind die für das Prüfungsverfahren geltenden Grundsätze entsprechend anzuwenden. § 4 Abs. 2 bestimmt ausdrücklich, daß in dem Widerrufsverfahren einem Vertreter der antragstellenden Landeszentralbehörde Gelegenheit zur Äußerung zu geben sei. Über die Gebühren bestimmt GebO .

8. Der Bildstreifen, dessen Zulassung widerrufen ist, kann von neuem zur Prüfung vorgelegt werden, aber nicht der Prüfungsstelle (so Goldbaum S. 45 f.), sondern der Oberprüfungsstelle, da es nicht angeht, daß die untergeordnete Stelle die Berechtigung des Widerrufs nachprüft.

9. Geregelt ist nur das Widerrufsrecht bezüglich der durch die Prüfungsstelle zugelassenen Bildstreifen. Das gleiche gilt natürlich für den Fall, daß der Bildstreifen durch die Oberprüfungsstelle zugelassen worden war. Das Widerrufsrecht bezüglich der von der Ortspolizeibehörde zugelassenen Bildstreifen (§§ 6, 17) bestimmt sich nach Landesrecht. Der Widerruf ist nach allgemeinen Grundsätzen zulässig, wenn die oben angegebenen materiellen Voraussetzungen gegeben sind. (A. M. Goldbaum S. 42, der den Widerruf für ausgeschlossen hält. Richtig Szczesny S. 49.)

§ 5. Die Prüfung der Bildstreifen umfaßt die Bildstreifen selbst, den Titel und den verbindenden Text in Wort und Schrift.

Die zur Vorführung von Bildstreifen gehörige Reklame an den Geschäftsräumen und öffentlichen Anschlagstellen und die Reklame durch Verteilung von Druckschriften bedarf, soweit sie nicht bereits von der Prüfungsstelle genehmigt worden ist, der Genehmigung der Ortspolizeibehörde. Sie darf nur unter den Voraussetzungen des § 1 Abs. 2, § 3 Abs. 2 versagt werden.

1. Der Prüfung unterliegt einmal alles, was sich auf der ganzen Fläche des Bildstreifens befindet, also nicht nur die Bilder selbst (mögen sie bei der Vorführung als bewegte oder als stehende Lichtbilder erscheinen), sondern auch der Titel und die sogenannten Untertitel (verbindender Text). Über Untertitel vgl. Pordes, Das Lichtspiel, Wien 1919, S. 44 f. Unter verbindendem Text sind nicht nur die zwischen den Bildern befindlichen Texte, Briefe, Überschriften usw. zu verstehen, sondern auch etwaige schriftliche Äußerungen vor dem ersten oder nach dem letzten Bilde. Es wird also der gesamte Inhalt des Bildstreifens in Wort und Schrift und Bild der Zensur unterworfen. Soweit sich die Prüfung auf diesen Gedankeninhalt des Bildstreifens selbst erstreckt, kann man von einer Filmzensur im engeren Sinne des Worts sprechen. In diesem Sinne ist das Wort gebraucht worden, wenn man früher über die Zulässigkeit und die Grenzen der Filmzensur stritt.

Die Bezeichnung auch der nicht von Bildern, sondern von Schriften eingenommenen Teile des Rollfilms als Bildstreifen, ist gang und gäbe. Sie entspricht auch dem WLG. Eine Ausnahme machte nur der preußische Allerh. Erlaß vom 26. 3. 14 über die Erhebung von Gebühren für die polizeiliche Prüfung der Filme (Ges.-Sammlung S. 65) und ihm folgend die von dem Finanzminister und dem Minister des Innern erlassene Ordnung, betr. Erhebung von Gebühren für die polizeiliche Prüfung der Filme vom 4. 5. 14. In ihnen wird der Ausdruck Filme erläutert durch den Zusatz „Schriften, Bildstreifen“. In der Begr. S. 10 zu Entw. II wird ausgeführt, die Prüfung auch des verbindenden Textes sei geboten, da er einen Teil des Bildstreifens darstelle. Was den Titel anbetreffe, so erscheine auch seine Prüfung erforderlich, weil die Titel häufig mit dem Inhalt des Bildstreifens nicht übereinstimmten und für sie vielfach eine Fassung gewählt werde, die auf die Phantasie des Publikums anreizend wirken solle. Ein Verbot nur des Titels ist nach Goldbaum S. 48 nicht zulässig, da der Titel kein „dargestellter Vorgang“ sei; es bleibe also nichts übrig, als den Bildstreifen ganz zu verbieten, falls der Antragsteller nicht bereit sei, den Titel zu ändern. Dasselbe müßte aber gelten, wenn der Titel und einige Bilder beanstandet werden, nicht der ganze Bildstreifen. In der Praxis steht man auf einem anderen Standpunkt. So hat der Berliner Polizeipräsident bei dem Film „INRI" den Titel und einige Teilbilder verboten (Der Film 1920, Nr. 23 S. 28). Dem ist beizutreten, wenngleich der Wortlaut für Goldbaum spricht. Da aus § 5 aber folgt, daß auch der Titel beanstandet werden kann und es unzweckmäßig wäre, wenn der ganze Bildstreifen verboten werden müßte, auch wenn nur der Titel zu beanstanden ist, muß, über den Wortlaut des § 1 Abs. 3 hinausgehend, auch der Titel als „Teil der dargestellten Vorgänge" gelten. Daß die Titelzensur mit RV 118 zu vereinbaren ist, erscheint mir zweifellos, da der Titel als Teil des Bildstreifens, der bei der Lichtspielvorführung vorgeführt wird, der Zensur unterworfen werden kann. Zweifelnd die Diss. von Kah „Die Lichtspielzensur", der die Frage aber auch bejaht mit der Begründung: Wenn die Reichsverfassung eine Lichtspielzensur gestatte, so könne mit der Hauptsache, den lebenden Filmteilen, auch die Nebensache, die toten Filmteile, zensuriert werden. Früher war die Rechtsgültigkeit der Titelzensur recht zweifelhaft. (Hellwig im Archiv für öffentliches Recht, Bd. 28 S. 114 ff.) Ein Bildstreifen ohne Titel kann nicht genehmigt werden, da seine Identifizierung nicht möglich ist. Privatrechtliche Gesichtspunkte (vgl. z. B. Gesetz gegen den unlauteren Wettbewerb vom 7. 6. 09 § 16) können zu einer Beanstandung des Titels nicht führen.

Der Prüfung unterliegen nicht die Filmmanuskripte (Aussch. S. 17 f.; Goldbaum S. 48). Eine derartige Vorprüfung, die allerdings einen sicheren Schluß auf die Wirkung des Bildstreifens nicht gestattet, ist aber nicht ohne Wert (Hellwig, Schundfilms, S. 121 f.; Reform, S. 83 f.). Die Beamten der Prüfungsstelle dürften berechtigt sein, eine derartige unverbindliche Vorprüfung vorzunehmen. Nach dem Aufsatz von Klüglein in der „Deutschen Lichtspielzeitung" 1920, Nr. 26/27, hat sich dies Verfahren in München bewährt. Den Vorsitz bei der Prüfung des Bildstreifens dürfen diese Beamte dann aber nicht übernehmen.

2. Die Prüfung erstreckt sich aber weiter auch auf den gesprochenen verbindenden Text. Hier kann man nur noch in einem weiteren Sinne von einer Filmzensur sprechen. Richtiger handelt es sich um eine Zensur der Erläuterungen. Auch hier kommt es nicht darauf an, ob die Worte zwischen der Vorführung der Bilder (oder zugleich mit ihrer Vorführung) gesprochen werden oder aber ob sie vor Beginn der Vorführung des ersten oder erst nach Beendigung der Vorführung des letzten Bildes gesprochen werden. (Vollkommen unverständlich Goldbaum S. 49: „Die Worte ‚ver-

bindender Text' könnten nicht die vorhergehenden und nach folgenden Darbietungen treffen. Das Kinokabarett kann man nicht unter Zensur stellen. Ein Couplet über Marmelade zwischen Filmlustspielen ist nicht der ,verbindende Text' dieser Lichtspiele.") Getroffen werden sollten vor allem die sogenannten Erklärer, die teilweise in der übelsten Weise wirken (Aussch. S. 21, 22). Es fallen unter diese Bestimmung aber auch die Worte, die bei dem sogenannten Filmsketch gesprochen werden (a. M. Szczesny S. 50, der dies für die Regel verneint, zu eng auch Seeger, Reklame S. 36, richtig dagegen Seeger, Filmsketch), die mitunter nicht minder zu Beanstandungen Anlaß geben wie die sogenannten Erläuterungen. Filmsketche darf nach Urteil des OVG vom 11. 7. 18 Bd. 74 S. 450 nur vorführen, wer die Erlaubnis gemäß GwO § 33a besitzt. Die von mir im PrVBl. 34 S. 200 vertretene Einheitstheorie wird verworfen: „Wenn zwei Gewerbe, die in rechtlicher Beziehung verschieden zu behandeln sind, zugleich oder nebeneinander ausgeübt werden, so bleiben für jedes der beiden Gewerbe die darauf bezüglichen besonderen Rechtsvorschriften bindend.... Eine Ausnahme könnte allein Platz greifen, wenn der hinzutretende Betrieb überhaupt keine nennenswerte Ausdehnung hätte und deshalb rechtlich ganz außer Betracht bliebe. So liegt die von dem Kläger geplante Darbietung aber nicht." Richtig dagegen Heinrich Moritz Müller „Kinematograph und Gewerbefreiheit", Leipziger Diss. 1920. Ob auch die nicht von lebenden Personen gesprochenen oder gesungenen Worte, so bei Benutzung eines Grammophons usw. — besonders von Bedeutung für die sogenannten Filmopern —, zensurpflichtig sind, kann zweifelhaft sein. Da es sich auch in diesen Fällen um Worte handelt, um Worte, die ursprünglich auch von einem Menschen gesprochen sind, möchte ich dies annehmen. Hierfür spricht auch, daß es andernfalls möglich wäre, die ganze Zensur der Erläuterungen hinfällig zu machen.

Zu beachten ist, daß von einem verbindenden Text nur dann die Rede sein kann, wenn die bildlichen Vorführungen die Hauptsache sind. Wenn dagegen die mündlichen Darlegungen mehr sind als eine nebensächliche Begleiterscheinung der Lichtspielvorführung, wenn sie insbesondere die Hauptsache sind, die Bildstreifen nur zu ihrer Erläuterung dienen, dann unterliegen sie nicht der Zensur. Hiermit stimmt auch die Erklärung des Antragstellers, auf den die gegenwärtige Fassung zurückgeht, überein, er wolle nicht ernste Vorträge treffen, die durch Lichtspiele nur erläutert würden, wohl aber alle die gewerblichen Lichtspiele begleitenden Vorträge der Zensur unterwerfen (Aussch. S. 23). Dies übersieht Lange S. 370. Wenn bei Filmopern und Filmoperetten der Gesang durch Sänger und Sängerinnen erfolgt, so können die gesanglichen Darbietungen selbständige Bedeutung haben; sie unterliegen dann nicht der Zensur. (Nach Szczesny S. 50 sind sie stets zensurfrei; nach Stern S. 54 stets zensurpflichtig. Richtig Liepe S. 20.) Einfache Randbemerkungen und Zwischenbemerkungen zum Publikum, die mit dem Bildstreifen an sich nichts zu tun haben, unterliegen nicht der Prüfung (Liepe S. 20). Die bisher übliche Stegreiferklärung ist nicht mehr möglich: „Damit ist eine Gefahr beseitigt, die darin lag, daß durch das gesprochene Wort selbst harmlos aussehende Szenen mit Zweideutigkeiten und Pikanterien aufgeputzt wurden und die durch die Zensur vorgenommene Reinigung des Films völlig illusorisch gemacht werden konnte" (Brunner, „Das neue Lichtspielgesetz im Dienst der Volks- und Jugendwohlfahrt", Berlin-Lichterfelde 1920, S. 9). Musikalische Darbietungen, die nicht gesprochene Worte enthalten (Instrumentalmusik), unterliegen nicht der Zensur.

3. Daß die Filmzensur im engeren Sinne, auch soweit sie sich auf Titel und verbindenden Text bezieht, rechtsgültig ist — früher war dies recht zweifelhaft (Hellwig, Reichspreßgesetz S. 135 ff. und im PrVBl. Bd. 34 S. 210) —, kann nicht zweifelhaft sein. Dagegen können Bedenken entstehen, ob auch die Filmzensur im weiteren Sinne rechtsgültig ist. Nach RV 118 können „für Lichtspiele" Beschränkungen der freien Meinungsäußerung erfolgen. Lichtspiele ist hier im Sinne von Lichtspielvorführungen, nicht im Sinne von Lichtspieltheatern gebraucht. Als Lichtspielvorführung im eigentlichen engeren Sinne kann nur die Vorführung des Bildstreifens selbst bezeichnet werden. Dieser Sprachgebrauch war auch üblich. Da aber in der Nationalversammlung Einigkeit darüber bestand, daß man die nötigen Handhaben schaffen müsse, um den bei Lichtspielvorführungen hervorgetretenen Mißständen entgegenzutreten, und da die mündlichen Erläuterungen in engem unmittelbaren Zusammenhange mit den bildlichen Vorführungen stehen, so daß sie mit ihnen eine Einheit bilden, ist man berechtigt, auch die Filmzensur im weiteren Sinne als nach RV 118 für zulässig zu betrachten. Der Wortlaut der Bestimmung schließt diese Deutung zum mindesten nicht aus.

4. Auch die „zur Vorführung von Bildstreifen gehörige", d. h. die sich auf Bildstreifen beziehende (dazu auch Stern S. 54 f.) „Reklame" ist — allerdings nur zum Teil — einer Zensur unterworfen. Auch die Reklamezensur muß nach den Ausführungen in Anm. 3 aus denselben Gründen für zulässig erachtet werden, wobei es dahingestellt bleiben mag, ob sich RV 118 auf die Reklame überhaupt bezieht und ob in der Freigabe der Regelung des Plakatwesens an das Landesrecht durch Reichspreßgesetz § 30 Abs. 2 auch die Freigabe zur

Zensur liegt, so daß die Plakatzensur, soweit sie nicht reichsrechtlich geregelt ist, landesrechtlich zulässig wäre. Goldbaum S. 50, 51 hält die Reklamezensur für unzulässig, da die Verfassung eine Zensur von Druckschriften nicht kenne. Er übersieht dabei, daß allgemein anerkannt wird, daß auch der Bildstreifen eine Druckschrift ist. Kah „Die Lichtspielzensur" (Diss.) hält die Reklamezensur für zulässig, da man, wenn man etwas — durch RPrG § 30 Abs. 2 — für „preßrechtlich vogelfrei" erkläre, in erster Linie an Zensur denken müsse und da außerdem die Lichtspielreklame in einem so engen Zusammenhang mit den Lichtspielen selbst stehe, daß man die für Lichtspiele zugelassene Zensur auch auf die dazu gehörige Reklame erstrecken dürfe.

5. Die Reklamezensur bezieht sich auf die an (auch in: Goldbaum S. 50, anders anscheinend Szczesny S. 51) den Geschäftsräumen (d. h. nur der Lichtspielhäuser, Filmhersteller, Filmverleiher; a. M. Goldbaum S. 50, anscheinend auch Szczesny S. 51) und an öffentlichen Anschlagstellen (insbesondere Litfaßsäulen, aber auch in der Eisenbahn, in der Straßenbahn usw.) angeschlagene, angeheftete, ausgestellte Reklame durch bildliche oder schriftliche Darstellungen, gleichgültig, ob sie mechanisch durch irgendein Verfahren vervielfältigt sind oder ob es sich um handschriftliche, gemalte oder sonstwie hergestellte Originale handelt. Auch durch Lichtbilder (OVG 6. 12. 10 „Die Selbstverwaltung" Bd. 37 S. 825 und Wriedt S. 7) und Lichtspiele erfolgende Reklame an den Geschäftsräumen oder an öffentlichen Anschlagstellen unterliegt der Zensur. Anzeigen in Zeitungen und Zeitschriften unterliegen also der Zensur nicht (a. M. Seeger Nr. 18 S. 41; richtig Seeger, Reklame S. 36), außer wenn sie als Plakate an den Geschäftsräumen usw. angeschlagen werden. Das Anbringen von Reklameplakaten an anderen Stellen als Geschäftsräumen der Lichtspielunternehmer und an öffentlichen Anschlagstellen unterliegt gemäß § 5 nicht der Zensur (Szczesny S. 52). Zweifelhaft kann die Frage sein, ob für diese Plakate, also insbesondere für die in Geschäftsräumen von Zigarrenläden, Friseurgeschäften, Warenhäusern usw. angebrachten Plakate für Lichtspielvorführungen landesrechtlich die Zensur eingeführt werden darf. An sich wäre das möglich, da RPrG § 30 Abs. 2 hierfür auch gegenüber RV 118 die gesetzliche Grundlage gäbe. Durch die Regelung der Zensur für einen Teil der Plakate in LG § 5 kommt aber m. E. zum Ausdruck, daß die Reklamezensur reichsrechtlich abschließend geregelt sein soll. Das unerfreuliche Ergebnis kann aber dadurch ausgeglichen werden, daß durch Polizeiverordnung das Anbringen von Plakaten, soweit sie nicht für den eigenen Gewerbebetrieb bestimmt sind, nur an den öffentlichen Anschlagstellen gestattet wird. Das ist zulässig. Vgl. Anm. 7.

6. Die Reklame ist ferner dann zensurpflichtig, wenn sie durch Verteilung von Druckschriften erfolgt. Nicht hierher gehören die Programme und Textbücher (a. M. Liepe S. 20), die verkauft werden. Werden Zeitungen verteilt, so sind sie insofern zensurpflichtig. Wann und wo die Verteilung geschieht, ist gleichgültig. A. M. Goldbaum S. 51, der einen besonderen (zeitlichen? örtlichen?) Zusammenhang mit der Vorführung für erforderlich hält. Reklame durch Ausrufer ist nicht zensurpflichtig. (A. M. Goldbaum S. 50.)

5. Nach der Begr. zu Entw. II S. 11 soll die Reklame an sich von der Filmprüfungsstelle genehmigt werden: „Insbesondere gilt dies von den einzelnen photographischen Aufnahmen, die am Eingang oder in den allgemein zugänglichen Vorräumen der Lichtspieltheater ausgehängt zu werden pflegen. Abgesehen von der dadurch bewirkten Einheitlichkeit der Entscheidungen scheint dies auch im Interesse der Filmindustrie erwünscht, um zu verhindern, daß die Genehmigung für die allgemeine Reklame eines Bildstreifens bei jeder Ortspolizeibehörde nachgesucht werden muß. Die örtliche Reklame, die vielfach noch neben der allgemeinen erfolgt, ist der Genehmigung der Ortspolizeibehörde unterworfen.“ Nach dem Gesetz steht es aber vollkommen im Belieben desjenigen, der die Reklame benutzen will, ob er sie der Prüfungsstelle zur Prüfung einreichen will oder aber der Ortspolizeibehörde. Hat die Prüfungsstelle die Reklame verboten, so darf die Ortspolizeibehörde sie nicht genehmigen. Diese Bestimmung wird aber schwer durchführbar sein, da sie voraussetzt, daß den Ortspolizeibehörden von jedem Verbot in zuverlässiger Weise Kenntnis gegeben werden kann. Für die Prüfung ist diejenige Filmprüfungsstelle zuständig, die für die Prüfung des betreffenden Bildstreifens zuständig wäre. Gleichgültig ist, wo der Antragsteller und wo die Fabrik, welche die betreffende Reklame hergestellt hat, ihren Sitz hat. Gegen das ortspolizeiliche Verbot der Reklame sind die landesrechtlichen Rechtsmittel gegen polizeiliche Verfügungen gegeben (Stern S. 55), also in Preußen auch Klage im Verwaltungsstreitverfahren. Da die Grundsätze für die Zulassung der Reklame die gleichen sind wie für die Bildstreifen, kann auf diese Weise auch eine verwaltungsgerichtliche Entscheidung über die Zensurgrundsätze erzielt werden.

6. Die Prüfung der Reklame hat nach denselben Grundsätzen zu erfolgen wie die Prüfung der Bildstreifen, mit der Maßgabe, daß stets die Reklame nur dann nicht zu verbieten ist, wenn sie auch Jugendlichen gezeigt werden kann. (Aussch. S. 5; verkehrt Stern S. 55; richtig Bayer. AB Abschn. B 1.) Dieser strenge Maßstab rechtfertigt sich durch die Erwägung, daß die Reklame in der breitesten Öffentlichkeit erfolgt und mithin jugendlichen Personen auch dann zugänglich ist, wenn sie sich auf Bildstreifen bezieht, von deren Vorführung Jugend-

liche ausgeschlossen sind. (Begr. S. 10 f. zu Entw. II.) Immerhin wird man auch hier nicht so engherzig sein dürfen, solange nichts geschieht selbst gegen groben Schund und Schmutz, der namentlich in der Großstadt den Kindern auf Schritt und Tritt oft in der unflätigsten und aufdringlichsten Weise entgegentritt.

7. Strafbar macht sich nur, wer die nicht genehmigte Reklame benutzt. (Vgl. § 19 Anm. 2.)

8. Nach GewO § 43 bedarf einer Erlaubnis der Ortspolizeibehörde, wer gewerbsmäßig Druckschriften oder andere Schriften oder Bildwerke auf öffentlichen Wegen, Straßen und Plätzen oder an anderen öffentlichen Orten ausrufen, verkaufen, verteilen, anheften oder anschlagen will. Diese Bestimmung findet aber nicht auf Lichtspielunternehmer und andere Gewerbetreibende Anwendung, die zur Förderung ihrer eigenen gewerblichen Interessen Druckschriften verteilen usw., sondern nur auf Personen, die aus dem Verteilen von Druckschriften usw. für andere ein Gewerbe machen. § 43 findet also auch nicht auf Angestellte eines Lichtspielunternehmens Anwendung, die für das Verteilen von Druckschriften Entgelt bekommen. (A. M. anscheinend Szczesny S. 53.)

9. Die landesrechtlichen Vorschriften über das Plakatwesen, soweit sie sich nicht auf eine Zensur beziehen, werden durch LG § 5 Abs. 2 nicht berührt.

Abschließend ist in dem LG geregelt die Plakatzensur, d. h. die Zensur des Gedankeninhalts der Plakate Insoweit sind also alle landesrechtlichen Maßnahmen künftig ausgeschlossen. Zulässig ist nach dieser Richtung nur, daß landesrechtlich eine Kontrolle über die Plakatzensur ausgeübt wird und daß zu diesem Zweck verlangt wird, daß die Plakate, auch wenn sie von der Prüfungsstelle genehmigt worden sind, vor dem Anschlag oder dem Ausstellen der Ortspolizeibehörde vorgelegt werden, damit diese sich davon überzeugen kann, ob die Plakate tatsächlich genehmigt worden sind. Derartige Bestimmungen bestehen in zahlreichen Polizeiverordnungen — so in Anhalt § 8 —, meistens in der Form, daß die Plakate zur „Genehmigung" vorgelegt werden sollen. Das ist rechtlich aber nichts anderes als eine Anzeigepflicht (Anschütz, Kommentar zur Reichsverfassung Art. 118 Anm. 4 und Erlaß des preuß. Min. d. Innern vom 2. 12. 13). Diese Anzeigepflicht kann auch die Grundlage für ein Einschreiten aus verkehrspolizeilichen Gründen bilden; aus diesem Grunde hatte das KG durch Urteil vom 16. 3. 20 (S. 109/20) eine gleichartige Breslauer Polizeiverordnung auch nach der Aufhebung der Zensur für rechtsgültig erklärt.

§ 30 Abs. 2 des Gesetzes über die Presse vom 7. Mai 1874, der den Landesgesetzgebungen das Recht gibt, Vorschriften

„über das öffentliche Anschlagen, Anheften, Ausstellen sowie die öffentliche unentgeltliche Verteilung von Bekanntmachungen, Plakaten und Aufrufen zu erlassen“, ist auch für die Reklame der Lichtspielvorführungen noch von Bedeutung. Die Bedeutung der §§ 9 und 10 des preuß. Gesetzes über die Presse vom 12. Mai 1851 (Ges.-Samml. S. 273), auf die Szczesny S. 52 lediglich verweist, ist sehr gering, doch finden sie grundsätzlich Anwendung. (A. M. Goldbaum S. 51.) § 9, den Näckell in ZStrW Bd. 41 S. 693 übrigens spätestens durch RV 118 für aufgehoben erklärt (vgl. auch Kitzinger „Das Reichsgesetz über die Presse“, Tübingen 1920 S. 211), dürfte nur in zwei Fällen zur Anwendung kommen können: Einmal, wenn auf den nicht genehmigten Plakaten sich Darstellungen aus verbotenen Teilen eines Bildstreifens befinden oder wenn sich das Plakat auf eines Bildstreifens befinden oder wenn sich das Plakat auf einen noch gar nicht zugelassenen Bildstreifen bezieht. Dann handelt es sich nicht um „gesetzlich erlaubte“ Vergnügungen; zweitens wenn es sich um Plakate über nicht öffentliche Vergnügungen handelt, soweit es sich nicht um Plakate über Lichtspielvorführungen in geschlossenen Gesellschaften handelt, die gemäß LG § 5 ausgestellt werden dürfen, wenn sie genehmigt worden sind. Auch § 10 hat keinerlei praktische Bedeutung. Er bezieht sich nicht auf Gewerbetreibende. Sie bedürfen jedenfalls für Anschläge innerhalb ihres Geschäftslokals, die sich auf ihren Gewerbebetrieb beziehen, keiner polizeilichen Genehmigung, da die Befugnis zu derartigen Ankündigungen zu dem Wesen des erlaubten Gewerbebetriebes gehört (OVG vom 1. 5. 08 Bd. 52 S. 287; KG vom 19. 12. 12, 17. 2. 13, 24. 2. 13, sämtlich bei Hellwig, Repressionsmaßregeln S. 163, 165, 167; vgl. Werth S. 93, Wriedt S. 27). Läßt der Lichtspielunter-unternehmer durch einen anderen Plakate nicht in seinen Geschäftsräumen, sondern an den öffentlichen Anschlagsäulen anschlagen, so bedarf dieser Dritte dazu der polizeilichen Genehmigung.

§§ 9, 10 des preußischen Preßgesetzes enthalten keine abschließende Regelung des Plakatwesens, soweit es überhaupt landesrechtlicher Regelung unterliegt. Es sind daher ergänzende Polizeiverordnungen zulässig. (So in ständiger Rechtsprechung KG und OVG.)

Zweifellos gültig sind Bestimmungen, die vom verkehrspolizeilichen Gesichtspunkt aus erlassen werden. (A. M. Goldbaum S. 51, der sie als „schweren juristischen Mißgriff“ bezeichnet.) Ob es allerdings zulässig ist, aus verkehrspolizeilichen Gründen vorzuschreiben, daß das Plakat eine bestimmte Größe nicht überschreiten dürfe (so Berlin 11. 7. 16), kann zum mindesten zweifelhaft sein. (Wriedt S. 30, OVG Bd. 42 S. 425; a. M. anscheinend Szczesny S. 52.) Bestimmungen gegen den Inhalt der Plakate aus verkehrspolizeilichen Gründen, wie sie früher zulässig waren (KG vom 17. 2. 13 bei Hellwig, Repressionsmaßregeln S. 166), sind jetzt nicht mehr statthaft. Dagegen kann bestimmt werden, daß die Plakate nur an den städtischen Anschlagsäulen oder an anderen bestimmten Stellen angeschlagen werden dürfen. (Schaumburg-Lippe 2. 4. 17; Wriedt S. 29; Friedrichs S. 212.) Nicht nur zur Kontrolle der Plakatzensur, sondern auch aus verkehrspolizeilichen Gründen darf vorgeschrieben werden, daß die Plakate, bevor sie ausgestellt werden, der Ortspolizeibehörde zur Genehmigung vorgelegt werden müssen. (KG vom 19. 12. 12 und 17. 2. 13, bei Hellwig, Repressionsmaßregeln S. 164 f., 166.)

Zweifelhaft ist die Rechtsgültigkeit von Polizeiverordnungen, die sich ganz allgemein auf die Ankündigung oder die öffentliche Ankündigung von nicht genehmigten Lichtspielvorführungen beziehen. (So Berlin 20. 5. 08, § 8, „Öffentliche Ankündigungen von kinematographischen Bildern, deren Vorführung polizeilich verboten ist, sind unzulässig"; Dresden 8. 5 09, § 9, „Öffentliche Ankündigungen kinematographischer Bilder, deren Vorführung polizeilich verboten ist, sind unzulässig. Von solchen Bildern dürfen namentlich auch an den Eingängen und den Fenstern der Schaustellungsräume Darstellungen nicht angebracht werden"; Oldenburg 5. 7. 10, § 6 Abs. 2, „Öffentliche Ankündigung nach § 5 nicht zugelassener Bilder sind verboten. Auch dürfen aus solchen Bildern bei der Ankündigung von kinematographischen Vorführungen Darstellungen nicht gebracht werden"; bei Hellwig, Rechtsquellen S. 68, 102, 145.) Diese Verbote beziehen sich ihrem Wortlaut nach nicht nur auf Ankündigungen durch Plakate, sondern auch auf Ankündigungen in anderen Druckschriften, besonders in den Zeitungen, aber auch auf Ankündigungen, die nicht durch Druckschriften erfolgen, z. B. durch Ausrufen. Die Strafkammer Oldenburg hatte die oldenburgische Bestimmung insoweit für ungültig erklärt, als sich das Verbot gegen die öffentliche Ankündigung durch Zeitungen, Plakate und Programme richtet, weil sie gegen § 1 des Reichspreßgesetzes verstoße. (Hellwig, Repressionsmaßregeln S. 169.) Das Oberlandesgericht Oldenburg trat in dem Urteil vom 5. 5. 13 (Hellwig, Repressionsmaßregeln S. 169 ff.) dieser Auffassung nicht bei, mit der Begründung, daß ganz allgemein jede öffentliche Ankündigung verboten sei, nicht nur die Ankündigung durch die Presse und daß deshalb diese allgemeine Polizeiverordnung, auch wenn sie sich hauptsächlich gegen die Ankündigung in Druckschriften richte, auch nach dieser Richtung hin gültig sei. Denselben Standpunkt hat das Oberlandesgericht Dresden in dem Urteil vom 29. 4. 14 vertreten, mit der Begründung, daß es der Behörde grundsätzlich unbenommen bleibe, von allgemeinen polizeilichen Gesichtspunkten aus Bestimmungen zu erlassen, die in ihrem Ergebnis dazu führen, daß der Einzelne beim Vorliegen bestimmter Voraussetzungen in der Benutzung der Presse gewissen Beschränkungen unterworfen sei, denn eine Handlung, die allgemein verboten sei, werde nicht dadurch erlaubt, daß sie unter Benutzung der Presse begangen sei. (So auch Schwarze-Appelius-Wulffen, Reichspreßgesetz, 5. Aufl. 1914, S. 6, und die dort angeführten Urteile. A. M. Friedrichs S. 208, Gerland im PrVBl. 28 S. 177, OVG 23 S. 276; 28 S. 327; 52 S. 289, im PrVBl. 14 S. 1521; 20 S. 1241; 27 S. 7741.) Ich neige mich gleichfalls dieser letzteren Ansicht zu. (Hellwig, Rechtsquellen S. 68 Anm. 1; vgl. auch über eine ähnliche Streitfrage in demselben Sinne Hellwig, Kinematographenzensur S. 99 f. und Lagenstein S. 31 f.). Vgl. oben § 1 Anm. 35.

Die Rechtsfrage ist die gleiche bezüglich der Bestimmung von Braunschweig § 4, daß die öffentliche Ankündigung kinematographischer Bilder nur unter denjenigen Titeln erfolgen darf, unter denen sie in das genehmigte Verzeichnis eingetragen sind (Hellwig in der Zeitschrift für Rechtspflege im Herzogtum Braunschweig 1913, S. 75; vgl. oben § 1 Anm. 35).

Jedenfalls in dieser allgemeinen Fassung für nicht gültig halte ich aus demselben Grunde Polizeiverordnungen, durch die, wie der Erlaß des Sächsischen Ministeriums des Innern vom 6. 4. 09 Ziff. 2 es ausdrückt, jede Art öffentlicher Ankündigung, „die schlüpfrige Darstellungen in Aussicht stellt", z. B. „Nur für Herren", „Kabarett" oder „Spezialvorstellung nur für Erwachsene", untersagt werden (vgl. Halle 20. 10. 10, § 5, bei Hellwig, Rechtsquellen S. 82). Aber auch, wenn sich diese Bestimmungen nur auf Plakate beziehen, sind doch die Verbote solcher Ankündigungen, in denen nur zum Ausdruck gebracht wird, daß lediglich Erwachsene Zutritt haben, nicht gültig, da das LG selbst die Scheidung zwischen Vorführungen vor Jugendlichen und Vorführungen nur vor Erwachsenen kennt.

§ 6. Bildstreifen über Tagesereignisse und Bildstreifen, die lediglich Landschaften darstellen, sind von der Ortspolizeibehörde, sofern kein Versagungsgrund im Sinne der §§ 1 und 3 gegeben ist, für ihren Bezirk selbständig zuzulassen, ohne daß es einer Entscheidung der Prüfungsstellen bedarf.

1. Bildstreifen über Tagesereignisse sind zeitgeschichtliche Wirklichkeitsaufnahmen, wobei es gleichgültig ist, ob sie irgendeinen geschichtlichen oder sonstigen Wert haben oder nur der Befriedigung der Neugierde und der Schaulust dienen. (Ungenau Liepe S. 22.) In Betracht kommen beispielsweise Aufnahmen von Paraden, Wettrennen, Schützenfesten, von der Eröffnung des Reichstages, Verwüstungen durch

Kämpfe mit den Spartakisten, Bilder aus dem Abstimmungsgebiet, Bilder von Erntefesten, von einem Hochzeitszug im Spreewald, von der Abreise erholungsbedürftiger Kinder nach Schweden usw. Bildstreifen über Tagesereignisse werden in der Regel zu einem Verbote nicht Anlaß geben, sie werden in der Regel auch auf Jugendliche nicht schädlich wirken können. Trotzdem ist ein Verbot auch der Vorführung nur vor Erwachsenen keineswegs ausgeschlossen, insbesondere bei Tagesbildern mit politischem Beigeschmack. Wird der Bildstreifen nicht unmittelbar nach den Tagesereignissen an Ort und Stelle, sondern nach gestellten, jenen Ereignissen nachgebildeten Darstellungen aufgenommen, so handelt es sich nicht mehr um Tagesereignisse. (Szczesny S. 55.) So bei dem Bildstreifen „Belebte Tage in Lissabon". (Sächsisches OVG vom 27. 6. 11, 416 I S. 1910, bei Hellwig, Grundsätze S. 428.) Zweifelhaft, ob es sich um eine Wirklichkeitsaufnahme handelt, ist es bei einer Modenschau; da sie nicht zu Zwecken der Lichtspielaufnahme veranstaltet wird, möchte ich sie nicht als gestellt betrachten.

2. Bildstreifen, die lediglich Landschaften darstellen, sind alle Bildstreifen, in denen die Schilderung der Landschaft die Hauptsache ist. Daß nur Bäume, Wiesen, Berge, Wasser usw. zu sehen sind, ist nicht erforderlich. Tiere, Statuen, selbst Menschen nehmen dem Bildstreifen nicht den Charakter eines Landschaftsbildes. Lebende Personen dürfen aber nur zur Staffage dienen. (So wohl auch Szczesny S. 55, Goldbaum S. 52, Liepe S. 22.) Sobald es sich nicht um Wirklichkeitsaufnahmen handelt, sondern um gestellte Bilder, handelt es sich nicht mehr um Bildstreifen, die lediglich Landschaften darstellen, selbst dann nicht, wenn die gestellten Bilder im Verhältnis zum Ganzen nur eine untergeordnete Rolle spielen. So würde unter die Bestimmung des § 6 nicht fallen ein Bildstreifen, der im übrigen Landschaftsbilder von märchenhafter Schönheit wiedergibt, auf dem aber auch ein Reigentanz von Elfen auf mondbeschienener Waldwiese dargestellt wird. Ob irgendetwas sich gegen den Elfentanz einwenden läßt, ist für diese Frage unerheblich. Zu Mißverständnissen gibt es Anlaß, wenn Liepe S. 22 es mit darauf abstellt, ob die Personen sich im Hintergrund oder im Vordergrund des Bildstreifens befinden. Nach der Begr. S. 11 zu Entw. II ist der Begriff Landschaften im weiteren Sinne aufzufassen, so daß auch Bilder von Städten und Ortschaften als Landschaftsaufnahmen anzusehen sind.

3. Der Grund für die besondere Bevorzugung der Bildstreifen über Tagesereignisse (vgl. auch Schweden, Gesetz vom 22. 6. 11 § 4, bei Hellwig, Rechtsquellen, S. 233, sowie Hellwig in den „Grenzboten" Jhg. 72 S. 612 ff.) ist, daß es bei ihnen vielfach erwünscht ist, daß sie möglichst bald nach der Auf-

nahme vorgeführt werden, da sie sonst kein Interesse mehr bieten (Hellwig, Reform, S. 80 f.). Die vereinfachte Prüfung findet aber auch dann Anwendung, wenn dieses gesetzgeberische Motiv nicht gegeben ist. Ermöglicht wird die Prüfung durch die Ortspolizeibehörden dadurch, daß es sich hier in der Regel um unbedenkliche Aufnahmen handelt, die leicht daraufhin geprüft werden können, ob sie zuzulassen sind oder nicht. Bei den Landschaftsbildstreifen war für ihre Sonderstellung lediglich ihre regelmäßige Harmlosigkeit maßgebend. Gewerbliche Aufnahmen, naturkundliche Bilder usw. sind in der Regel auch unbedenklich. Eine Ausnahme ist für sie aber nicht gemacht. Bei naturkundlichen Bildern sind auch Beanstandungen, die bei den Landschaftsaufnahmen vollkommen ausgeschlossen erscheinen, immerhin möglich. Insbesondere eignen sich viele vorzügliche naturkundliche Bildstreifen nicht zur Vorführung vor Jugendlichen.

4. Zweifelhaft kann es sein, ob die Bildstreifen auch zur Vorführung vor Jugendlichen zugelassen werden dürfen. In der Begr. S. 9 zu Entw. I war ausdrücklich bemerkt, daß die Ortspolizeibehörden nicht berechtigt sein sollten, die Bildstreifen auch für Jugendvorstellungen zuzulassen. Das hing damit zusammen, daß Entw. I § 9 auch bei der Prüfungsstelle eine besondere Zusammensetzung für die Prüfung von Bildstreifen für Jugendliche vorsah. Ebenso § 11 Entw. II. § 11 Entw III enthielt nicht mehr diese andersartige Zusammensetzung der Prüfungsstelle, wenn sie die Jugendzensur vornehmen wollte. Hiermit steht es wohl im Zusammenhang, daß in Begr. S. 11 sich nicht mehr die Bemerkung findet, daß die Zulassung für Jugendliche von der Ortspolizeibehörde nicht mehr erteilt werden dürfe. Eine Besonderheit besteht nach der jetzigen Fassung des LG allerdings insofern, als die Anhörung von zwei Jugendlichen zwischen 18 und 20 Jahren vorgeschrieben ist (§ 11 Abs. 2). Da es sich hier aber nur um Sachverständige handelt, deren Ansicht außerdem in den seltensten Fällen einen wirklichen Einfluß auf die Entscheidung ausüben wird, und da schließlich die Bildstreifen über Tagesereignisse und die Landschaftsfilme in der großen Mehrzahl der Fälle ganz unbedenklich sein werden, so möchte ich annehmen, daß die Zulassung auch für Jugendvorstellungen erfolgen kann, um so mehr als nach dem Wortlaut des § 6 die Zulassung ganz allgemein erfolgen kann. Hierfür spricht auch die Erwähnung der Versagungsgründe des § 3, die allerdings auch dahin gedeutet werden könnte, daß die Bildstreifen (zur Vorführung vor Erwachsenen) nur dann zugelassen werden dürften, wenn sie so harmlos seien, daß sie auch Jugendlichen vorgeführt werden könnten. Das würde aber doch zu weit gehen. Jugendliche brauchen bei der Prüfung nicht hinzugezogen werden, da die Bestimmung des

§ 11 Abs. 2, wie alle Bestimmungen der §§ 11 bis 16, sich nur auf das Prüfungsverfahren bei der Prüfungsstelle beziehen.

5. Die Zulassung erfolgt nur für den Bezirk der Ortspolizeibehörde. Die von dem Berliner Polizeipräsidenten ausgesprochene Zulassung hat also auch nur für Berlin Wirkung. Zulassungskarten werden nicht ausgestellt (§ 14); doch muß es als zulässig erachtet werden, daß eine schriftliche Erlaubnis zur Vorführung des Bildstreifens in der betreffenden Gemeinde erteilt wird. Durch das Verbot der Ausstellung einer Zulassungskarte in § 14 sollte nur verhindert werden, daß Verwechslungen mit den von der Prüfungsstelle ausgestellten Zulassungskarten vorkämen. Wenn eine Ortspolizeibehörde die von einer anderen Ortspolizeibehörde ausgestellten Erlaubnisscheine anerkennt und bei den betreffenden Bildstreifen in der Regel von einer besonderen Probevorführung absieht, so ist dagegen nichts einzuwenden.

6. Ob auch die Landesstellen in Stuttgart und in München zuständig sind zu der Erteilung der Zulassung auf Grund des § 6 kann zweifelhaft sein. Ich möchte es annehmen.

7. Maßgebend bei der Prüfung sind materiell die Prüfungsgrundsätze des LG, § 1, soweit nur die Zulassung vor Erwachsenen in Frage kommt, §§ 1 und 3, soweit die Zulassung auch für Jugendliche beantragt ist.

7. Auch eine Genehmigung nach Vornahme von Ausschnitten (§ 1 Abs. 3) muß als zulässig gelten. Will der Antragsteller sich mit dem Ausschneiden nicht einverstanden erklären, so ist die Vorführung des ganzen Bildstreifens zu verbieten. Die Ausschnitte sind dem Antragsteller, wenn der Bildstreifen in dem betreffenden Bezirk nicht mehr vorgeführt werden soll, gegen Aushändigung des Erlaubnisscheins wieder zurückzugeben. Auch eine Genehmigung für bestimmte Personenkreise (§ 2) ist theoretisch denkbar (Szczesny S. 55), dürfte aber kaum je praktisch werden.

8. Die Prüfung erstreckt sich auch auf die Erläuterungen und die Reklame (§ 5).

9. Ist der Bildstreifen von der Prüfungsstelle genehmigt worden, so haben die Ortspolizeibehörden nicht mehr das Prüfungsrecht. Ist er von der Prüfungsstelle verboten worden, so gilt dieses Verbot im ganzen Reich.

10. Verweigert die Ortspolizeibehörde die Zulassung, so hat der Antragsteller die in den Landesgesetzen geregelten Rechtsmittel gegen polizeiliche Verfügungen. (So auch Stern S. 56.) Für Preußen vgl. Gesetz über die allgemeine Landesverwaltung vom 30. 7. 83 §§ 127 ff. An das Verbot ist der Antragsteller gebunden; auch wenn es nicht begründet war und nachträglich auch aufgehoben wird, macht er sich strafbar, wenn er vor der Zulassung den Bildstreifen vorführt. (Unrichtig Szczesny S. 55 f.)

§ 7. Ist die Zulassung eines Bildstreifens von einer Prüfungsstelle abgelehnt, so darf der Bildstreifen, auch in abgeänderter Form, einer Prüfungsstelle nur unter Angabe dieses Umstandes wieder vorgelegt werden.

1. Zweck der Bestimmung ist, zu verhindern, daß ein Bildstreifen, der abgelehnt ist, nach einiger Zeit, vielleicht mit anderem Titel und nach einigen sonstigen Änderungen, einer anderen (Liepe S. 23) oder derselben Prüfungsstelle vorgelegt wird. Wenn der Bildstreifen einer anderen Kammer überwiesen wird, könnte er, wenn es sich um einen zweifelhaften Fall handelt, genehmigt werden, trotzdem er im Wesentlichen identisch mit dem verbotenen Bildstreifen ist. Weiß die Kammer dagegen, daß und aus welchen Gründen seine Zulassung abgelehnt war, so wird sie diese Momente bei der Prüfung mitberücksichtigen und dann vielleicht dazu kommen, gleichfalls seine Zulassung zu versagen.

2. Nach AB Abschn. B 7 darf die Vorlegung nur unter Benennung der betreffenden Prüfungsstelle, des Datums und des Aktenzeichens des Bescheides wieder vorgelegt werden. § 7 findet nur Anwendung, wenn der Bildstreifen von einer Prüfungsstelle abgelehnt war, nicht, wenn die Vorentscheidung von einer Landesstelle oder Ortspolizeibehörde (§§ 17, 6) ergangen war. Er gilt aber auch, wenn die Oberprüfungsstelle ihn abgelehnt hatte. (So auch Stern S. 57.)

3. Auch wenn der Bildstreifen abgeändert ist, muß dies bei der neuen Vorlegung angegeben werden. Dabei ist es gleichgültig, ob nur die beanstandeten Teile abgeändert sind oder ob auch andere Teile. Gleichgültig ist es auch, ob eine rein mechanische Abänderung stattgefunden hat dadurch, daß Teile des ursprünglichen Bildstreifens fortgelassen sind oder ob eine gewisse künstlerische Umarbeitung stattgefunden hat, indem statt der herausgeschnittenen beanstandeten Teile neue Teilbilder eingefügt sind oder gar die ganze Aufnahme von neuem vorgenommen ist. Von einer bloßen Abänderung des Bildstreifens wird man aber dann nicht mehr sprechen können, wenn nur einzelne Teilbilder verblieben und in einen Bildstreifen mit wesentlich anderer Fabel mit hineingearbeitet sind. Wenn durch freie Benutzung des alten Bildstreifens eine „eigentümliche Schöpfung" hervorgebracht ist (§ 13 des Gesetzes, betreffend das Urheberrecht an Werken der Literatur und der Tonkunst vom 19. 6. 01), liegt dem alten Bildstreifen gegenüber nicht mehr ein nur abgeänderter, sondern ein völlig neuer vor. Der Gedanke der Bestimmung ist der, zu verhindern, daß die eine Prüfungsstelle sich mit der Entscheidung der anderen in Gegensatz setzt. Diese Möglichkeit besteht aber nicht mehr, wenn es sich um zwei wesentlich verschiedene Bildstreifen handelt.

4. Das Verbot gilt nicht nur für denjenigen, demgegenüber der Bildstreifen abgelehnt ist, sondern auch jedem Dritten gegenüber. (So auch Szczesny S. 56.) Voraussetzung aber ist, daß der Täter gewußt hat oder doch hätte wissen müssen, daß der Bildstreifen von einer Prüfungsstelle schon abgelehnt worden war (§ 19).

5. § 7 bezieht sich nur auf den Bildstreifen, d. h. die bildlichen und schriftlichen Darstellungen auf dem Rollfilm, also einschließlich Titel und verbindendem Text in Schrift. Dagegen findet es nicht Anwendung auf die mündlichen Erläuterungen und auf die Reklame. Nach dem Wortlaut des § 5 Abs. 1 erstreckt sich zwar die Prüfung der Bildstreifen auch auf den verbindenden Text in Worten; dadurch werden die Erläuterungen aber nicht zu einem Teile des Bildstreifens gemacht. Noch weniger trifft das auf die Reklame zu, die zur Vorführung des Bildstreifens gehört, das heißt zu ihm in inneren gedanklichen Beziehungen steht, aber niemals ein Teil des Bildstreifens ist. Werden Erläuterungen oder Reklameplakate usw. nicht genehmigt, so kann man nicht sagen, daß der Bildstreifen nicht genehmigt worden sei. (A. M. Szczesny S. 57 unter Hinweis auf § 5 und Goldbaum S. 53 ohne Begründung.)

Prüfungsstellen.

§ 8. Prüfungsstellen werden nach Bedarf an den Hauptsitzen der Filmindustrie errichtet. Ihre Zuständigkeit wird räumlich abgegrenzt. Zur Entscheidung über Beschwerden (§ 13) wird eine Oberprüfungsstelle in Berlin gebildet.

Die von einer Prüfungsstelle erfolgte Zulassung der Bildstreifen hat für das gesamte Reichsgebiet Gültigkeit.

1. Prüfungsstellen sind errichtet in München und Berlin. Sie führen die amtliche Bezeichnung „Film-Prüfstelle Berlin (München)". Die Filmprüfstelle München ist für Bayern, Württemberg, Baden und Hessen zuständig, die Filmprüfstelle Berlin für die übrigen Teile Deutschlands. Die Zuständigkeit richtet sich nach dem Ort der Niederlassung des Antragsberechtigten; hat dieser mehrere Niederlassungen, so ist der Hauptsitz maßgebend. (AB Abschnitt C 1.) A. M. Stern, der diese Bestimmung der AB für ungültig ansieht, da die räumliche Abgrenzung der Zuständigkeit in dem Gesetz nur die Bedeutung haben könne, daß die Zulassung der im Bezirk einer Prüfungsstelle zuerst öffentlich vorzuführenden oder in Verkehr zu bringenden Bildstreifen dieser Prüfungsstelle unterliege. Das geht aus dem Gesetzestext nicht hervor und widerspricht dem Sinn und der Entstehungsgeschichte dieser Bestimmung.

Für ausländische Bildstreifen ist eine Sonderbestimmung nicht getroffen. Ursprünglich war beabsichtigt, für sie die Zuständigkeit der Filmprüfungsstelle Berlin zu begründen. Nach der jetzigen Fassung der AB kann man dies aber nicht annehmen. Für ausländische Bildstreifen ist daher je nach dem Sitz der Niederlassung des Antragsberechtigten die Filmprüfungsstelle Berlin oder die Filmprüfungsstelle München zuständig. (So auch Liepe S. 24.) Antragsberechtigt für ausländische Bildstreifen ist derjenige, dem über einen Bildstreifen das ausschließliche Verfügungsrecht für Deutschland zusteht. (AB Abschn. B 6.) Sollte ausnahmsweise das ausschließliche Verfügungsrecht nicht für ganz Deutschland erteilt worden sein, sondern nur für Teilgebiete, so ist zuständig diejenige Filmprüfungsstelle, in deren Bezirk der zuerst den Antrag stellende Berechtigte seine Niederlassung hat. Um zu vermeiden, daß gleichzeitig ein anderer Berechtigter bei der anderen Filmprüfungsstelle den Antrag auf Zulassung stellt, muß die Filmprüfungsstelle vor der Vornahme der Prüfung mit der anderen in Verbindung treten. Ist es zu zwei widersprechenden Entscheidungen gekommen, so ist bis zur Entscheidung der Oberprüfungsstelle, selbst wenn die Beschwerdefrist abgelaufen sein sollte, eine maßgebliche Entscheidung über die Zulassung noch nicht erfolgt, denn nicht nur die von einer Prüfungsstelle erfolgte Zulassung hat Gültigkeit für das gesamte Reichsgebiet (§ 8 Abs. 2), sondern auch die von einer Prüfungsstelle ausgesprochene Versagung der Zulassung. Die widersprechenden Entscheidungen heben einander also auf.

2. Hat eine unzuständige Prüfungsstelle die Zulassung ausgesprochen, so dürfte die ausgesprochene Entscheidung dennoch wirksam sein. Die räumliche Abgrenzung der Zuständigkeit soll es den Filmfabrikanten usw. unmöglich machen, sich stets die mildere Prüfungsstelle auszusuchen. Wenn vereinzelt von einer Prüfungsstelle gegen die Vorschriften über die Zuständigkeit verstoßen wird, so wird dadurch der Erfolg, der verhindert werden sollte, noch nicht herbeigeführt. Im Interesse des Antragstellers und derjenigen, die von ihm das Vorführungsrecht erworben haben, liegt es aber, daß die erfolgte Zulassung durch eine Prüfungsstelle stets als gültig betrachtet wird, auch wenn die Prüfungsstelle an sich nicht zuständig war. (Ebenso Stern S. 59, der aber irrigerweise behauptet, die unzuständige Prüfungsstelle sei nur berechtigt, nicht verpflichtet, die Prüfung abzulehnen. A. M., aber unklar, Goldbaum S. 55.)

3. Die von einer Prüfungsstelle erfolgte Zulassung der Bildstreifen hat für das gesamte Reichsgebiet Gültigkeit, d. h. wer einen von einer Filmprüfungsstelle zugelassenen Bildstreifen in irgendeinem Orte des Reichs vorführen will, bedarf dazu keiner weiteren zensurpolizeilichen Erlaubnis. Dieser

Grundsatz schließt dagegen nicht aus, daß aus feuerpolizeilichen Gründen seine Vorführung nur unter Beobachtung bestimmter Sicherheitsvorschriften gestattet wird oder daß aus gesundheitspolizeilichen Gründen die Vorführung eines von der Prüfungsstelle zugelassenen Bildstreifens, der gänzlich abgenutzt ist, verboten wird. Wenn in einzelnen Teilen des Reichs „Belagerungszustand" erklärt ist, so kann dort die Vorführung auch von der Prüfungsstelle zugelassener Bildstreifen verboten werden, falls der Reichspräsident das Grundrecht des Art. 118 RV außer Kraft gesetzt hat. (RV Art. 48 Abs. 2.) Desgleichen, wenn dies vorübergehend durch eine Landesregierung geschehen ist. (RV Art. 48 Abs. 4.) Wird durch die Vorführung eines zugelassenen Bildstreifens eine strafbare Handlung begangen, insbesondere ein Vergehen gegen § 184 StGB, so können die Strafverfolgungsbehörden und die Gerichte innerhalb ihrer Zuständigkeit die Vorführung des Bildstreifens verhindern. (A. M. Goldbaum S. 55 f.) Das gleiche gilt, wenn in einem Zivilprozeß, etwa über das Urheberrecht an einem Bildstreifen, durch einstweilige Verfügung oder durch Urteil ein Vorführungsverbot ergangen ist. § 8 Abs. 2 gibt also **kein uneingeschränktes Recht zur Verbreitung** des Bildstreifens, sondern bringt nur zum Ausdruck, daß es sich trotz des Bestehens mehrerer Prüfungsstellen, deren Zuständigkeit zur Vornahme der Prüfung räumlich abgegrenzt ist, doch bezüglich der Wirkung der vorgenommenen Prüfung um eine Reichsfilmzensur handelt.

Eine Ausnahme besteht nur für das vom Feinde **besetzte Rheinland** nach der „Verordnung der Hohen interalliierten Rheinlandkommission betreffend die Verkehrspolizei usw. vom 10. 1. 20" (Drucks. der Nationalversammlung Nr. 1954), Titel III Art. 13:

„. . . . Alle kinematographischen Films, die die Aufrechterhaltung der öffentlichen Ordnung gefährden, oder die Sicherheit oder das Ansehen der Hohen Kommission oder der Besatzungstruppen zu beeinträchtigen geeignet sind, sind verboten und können gegebenenfalls durch Befehl der Hohen Kommission oder in dringenden Fällen durch Befehl der Kreisdelegierten der Hohen Kommission beschlagnahmt werden. . . ."

„Die getroffenen Maßnahmen sind sofort zum Gegenstande eines Berichtes an die Hohe Kommission zu machen, die über die erwähnten Maßnahmen beschließt. . . ."

„. . . . ."

„Personen, die sich mit dem Verkaufe, dem Auslegen, der Verbreitung oder der Verteilung von verbotenen . . . . Films beschäftigen, haben die Strafen zu gewärtigen, die für Übertretung der Verordnungen der Hohen Kommission festgesetzt sind. Die in ihrem Besitze gefundenen . . . . Films werden sofort beschlagnahmt und es kann die Schließung ihres Geschäftes durch die Hohe Kommission für eine Dauer bis zu höchstens 3 Monaten ausgesprochen werden."

An der Rechtsgültigkeit dieser Verordnung ist im Gegensatz zu mancher anderen Verordnung der „Hohen Kommission" nicht zu zweifeln. Nach Art. 3 der „Vereinbarung zwischen den Vereinigten Staaten von Amerika, Belgien, dem britischen Reiche und Frankreich einerseits und Deutschland andererseits betreffend die militärische Besetzung der Rheinlande" vom 28. 6. 1919 ist nämlich der Hohe Ausschuß befugt, Verordnungen zu erlassen, soweit dies für die Gewährleistung der Sicherheit der Streitkräfte der alliierten und assoziierten Mächte nötig ist. Die Verordnungen haben Gesetzeskraft. Das LG ist zwar von dem Hohen Ausschuß, der in Überschreitung seiner Befugnisse sich eine Art Vetorecht gegen neu erlassene Gesetze anmaßt, als gültig anerkannt worden (Amtsblatt des Reichskommissars für die besetzten rheinischen Gebiete 1920, Nr. 8 S. 54); die Verordnungen der Hohen interalliierten Rheinlandkommission gehen aber den deutschen Gesetzen vor. Die hier angedrohte dinglich wirkende Schließung des Geschäfts ist übrigens etwas anderes als die persönlich wirkende Untersagung des Gewerbebetriebs. (Vgl. § 20 Anm. 7.)

4. Nicht nur die Zulassung hat Gültigkeit für das gesamte Reichsgebiet, sondern auch die Versagung der Zulassung (so auch Szczesny S. 58) und im allgemeinen der Widerruf der Zulassung, außer wenn er auf ein bestimmtes Gebiet beschränkt ist (§ 4 Abs. 1). In diesem Falle hat dann die Zulassung nicht mehr für das gesamte Reichsgebiet Gültigkeit. Keine Ausnahme von § 8 Abs. 2 enthält dagegen § 2.

§ 9. Die Prüfungsstellen setzen sich aus beamteten Vorsitzenden und Beisitzern zusammen. Von den Beisitzern ist je ein Viertel den Kreisen des Lichtspielgewerbes und der auf den Gebieten der Kunst und Literatur bewanderten Personen, die Hälfte den auf den Gebieten der Volkswohlfahrt, der Volksbildung oder der Jugendwohlfahrt besonders erfahrenen Personen zu entnehmen. Mit Ausnahme der Vertreter des Lichtspielgewerbes dürfen Beisitzer an diesem Gewerbe nicht geschäftlich oder beruflich beteiligt sein.

Die Mitglieder der Prüfungsstellen werden vom Reichsminister des Innern ernannt. Die Beamten sollen Persönlichkeiten von pädagogischer und künstlerischer Bildung sein. Bei der Auswahl der Beamten und Beisitzer sind auch Frauen heranzuziehen. Bei der Auswahl der Beisitzer aus den Kreisen des Lichtspielgewerbes sind die Angestellten und Arbeiter dieses Gewerbes aus-

reichend zu berücksichtigen. Die Beisitzer werden auf die Dauer von drei Jahren auf Grund von Vorschlagslisten der beteiligten Verbände ausgewählt.

1. An der Spitze der Prüfungsstelle steht ein Beamter als Leiter. Zur Erledigung der Prüfung werden nach Bedarf Kammern eingerichtet, die in der in § 9 Abs. 1 vorgesehenen Besetzung entscheiden (AB Abschn. C 2).

2. Der beamtete Vorsitzende ist in seiner Eigenschaft als Vorsitzender der Prüfungsstelle Beamter, und zwar Reichsbeamter. Ob er auch schon vor seiner Ernennung zum Vorsitzenden der Prüfungsstelle Beamter gewesen ist, ist gleichgültig. Die Bestimmung, daß die Beamten Persönlichkeiten von pädagogischer und künstlerischer Bildung sein sollen, ist, wie Aussch. S. 26 ausdrücklich festgestellt ist, dahin auszulegen, daß sie pädagogisches und künstlerisches Verständnis haben sollen, nicht dagegen dahin, daß sie Pädagogen oder Künstler von Beruf sein sollen. Dies würde nicht einmal erwünscht sein, da die Zensur in erster Linie öffentliche polizeiliche Interessen wahrzunehmen hat. Die von dem „Film“ 1920 S. 25 wiedergegebenen und gebilligten Bemerkungen des „Vorwärts“, die Filmprüfung sei mehr als eine polizeiliche Angelegenheit, sie solle nicht im polizeilichen Geiste erledigt werden, die Vorsitzenden dürften deshalb nicht Polizeibeamte sein, geht daher fehl.

Umgekehrt sind die Beisitzer als solche keine Beamten, doch können auch Beamte, wenn anders sie die Vorbedingungen erfüllen, zu Beisitzern ernannt werden; sie werden dadurch aber nicht Beamte der Prüfungsstelle. Beamte bedürfen zu der Übernahme des Nebenamtes nach den allgemeinen Bestimmungen der Erlaubnis ihrer vorgesetzten Behörde. Für Preußen vgl. Allerhöchste Kabinetts-Order vom 13. 7. 39 (Ges.-Sammlung S. 235) und Allerhöchsten Erlaß vom 25. 8. 09 (Ges.-Sammlung S. 784), abgeändert durch Verordnung der Preußischen Staatsregierung vom 31. 7. 20 (Ges.-Sammlung S. 417).

3. Die Beisitzer werden in der erforderlichen Anzahl auf Grund der Vorschlagslisten der beteiligten Verbände vom Reichsminister des Innern auf die Dauer von drei Jahren ernannt. Welche Verbände als beteiligt anzusehen sind, ist dem Ermessen des Ministers des Innern überlassen. Es muß sich nur handeln um Verbände des Lichtspielgewerbes, der Kunst und Literatur, der Volkswohlfahrt, der Volksbildung oder der Jugendpflege. Die Verteilung der Beisitzer auf die einzelnen Kammern erfolgt unter Beobachtung der Vorschriften der §§ 9, 11 durch die Leiter der Prüfungsstellen (AB Abschn. C 3). Unter dem Ausdruck Lichtspielgewerbe sind alle Gewerbezweige zusammengefaßt, welche sich mit der Herstellung, dem Vertriebe und der Vorführung der Bild-

streifen befassen. Nicht dazu gehören beispielsweise Fabriken, die sich mit der Herstellung von kinematographischen Vorführungsapparaten befassen, dagegen Filmschauspieler, Filmfabrikanten, Vorführer, Filmverleiher, Kinobesitzer. Ob auch die Besitzer von Kopieranstalten dazu gehören (so Stern S. 62), kann zweifelhaft sein. Dagegen wird man mit Liepe S. 26 annehmen dürfen, daß Personen, die früher dem Lichtspielgewerbe angehört haben, jetzt aber nicht mehr — falls sie vorgeschlagen werden — als Vertreter des Lichtspielgewerbes zu Beisitzern ernannt werden können. Zu den auf den Gebieten der Kunst und Literatur bewanderten Personen sind Schauspieler, Theaterbesitzer, Schriftsteller, Kritiker, auch bildende Künstler zu rechnen. Zur Volkswohlfahrt sind alle Bestrebungen zu rechnen, die auf eine Hebung der sittlichen, geistigen, gesundheitlichen oder wirtschaftlichen Lage des Volkes abzielen. Gedacht ist insbesondere an die sittliche Wohlfahrt. Soweit sich die Bestrebungen auf die Jugendlichen beschränken, handelt es sich um Jugendwohlfahrt. Unter Volksbildung sind diejenigen Bestrebungen zusammengefaßt, die sich mit der geistigen Hebung des Volkes befassen.

4. Ein und dieselbe Person kann verschiedenen Personenkreisen angehören. Zu welcher der drei Gruppen sie dann zu rechnen ist, hängt davon ab, von welchem Verband sie vorgeschlagen ist. Personen, die beruflich oder geschäftlich an dem Lichtspielgewerbe interessiert sind, dürfen aber weder als Beisitzer aus den Kreisen von Kunst und Literatur noch aus den Kreisen der Volkswohlfahrt, Volksbildung oder Jugendwohlfahrt aufgenommen werden. Deshalb hat sich der Leiter der Prüfungsstelle bei der Verpflichtung der Beisitzer, die nicht zum Lichtspielgewerbe gehören, zu vergewissern, daß sie an diesem Gewerbe nicht geschäftlich oder beruflich beteiligt sind (AV Abschn. C 4). Beruflich an dem Lichtspielgewerbe beteiligt ist derjenige, der in irgendwelchem Anstellungsverhältnis zum Lichtspielgewerbe sich befindet, so der Filmschauspieler, der Schriftsteller, der regelmäßig die Filmmanuskripte einer Filmfabrik prüft, der Künstler, der bei einer Filmfabrik als sachverständiger Beirat verpflichtet ist. Geschäftlich beteiligt sind alle diejenigen, die sich zwar nicht in einem Angestelltenverhältnis zu dem Lichtspielgewerbe befinden, aber wirtschaftlich an dem Lichtspielgewerbe unmittelbar interessiert sind. Hierher gehören Aktionäre von Filmfabriken (nach Liepe S. 27 soll das von Fall zu Fall entschieden werden: Nach welchen Grundsätzen?), Schriftsteller, deren Romane verfilmt sind, Schauspieler, die sich häufiger an Filmaufnahmen beteiligen. Da verhindert werden soll, daß, wenn auch unbewußt, für die Stellungnahme der Beisitzer aus den Kreisen der Kunst, Literatur, Volkswohlfahrt usw. andere Gesichtspunkte maßgebend sind als diejenigen, deren Pflege die von ihnen vertretenen

Verbände zur Aufgabe haben, muß die Auslegung des Begriffs der geschäftlichen Beteiligung weit sein. Daß die Beteiligung „eine auf Dauer gerichtete" sein muß, wie Goldbaum S. 58 meint, trifft nicht zu. Als geschäftlich beteiligt sind aber nicht anzusehen Fabrikanten von Rohfilmen oder von Vorführungsapparaten, Hauseigentümer, die ein Kino vermietet haben, Rechtsanwälte, die einen Filmschriftsteller oder eine Filmfabrik rechtlich vertreten haben, Schriftsteller, die sich mit der Lichtspielfrage befassen und dergleichen. Wo die Grenze zu ziehen ist, kann im einzelnen Fall zweifelhaft sein.

5. Beisitzer, die sich im einzelnen Falle für befangen erachten, haben dies dem Vorsitzenden zu erklären; sie dürfen bei der Prüfung nicht mitwirken (AB Abschn. D 5), wenn der Vorsitzende die Möglichkeit der Befangenheit für gegeben erachtet. Als befangen werden sich insbesondere Angehörige des Lichtspielgewerbes ablehnen, wenn es sich um die Prüfung eines Bildstreifens handelt, an dem sie persönlich oder ihre Firma geschäftlich interessiert sind. Aber auch ein Künstler, der über den betreffenden Bildstreifen auf Wunsch des Filmfabrikanten oder des Verfassers ein Gutachten abgegeben hat, kann sich als befangen bezeichnen. Eine Ablehnung wegen Befangenheit findet nicht statt. Auch ist der Vorsitzende nicht als befugt zu erachten, einen von ihm für befangen erachteten Beisitzer von der Prüfung gegen seinen Willen auszuschließen.

§ 10. Die Beisitzer sind von dem Vorsitzenden für die Dauer ihrer Tätigkeit durch Handschlag darauf zu verpflichten, daß sie nach bestem Wissen und Gewissen ohne Ansehen der Person ihr Urteil abgeben wollen.

Sie erhalten Anwesenheitsgelder und Ersatz der Reisekosten.

Durch den Reichsminister des Innern sind die Anwesenheitsgelder für die Beisitzer der Prüfungsstellen und der Oberprüfungsstelle für jeden Sitzungstag gleichmäßig auf 40 Mark festgesetzt worden, wenn Bildstreifen von insgesamt 1000 Meter Länge geprüft werden, auf 60 Mark, wenn Bildstreifen von mehr als 1000 Meter Länge geprüft werden. Auswärts wohnende Beisitzer erhalten außerdem die Reisekosten nach den für Reichsbeamte der Tagegeldklasse IV festgesetzten Sätzen. Sie sollen zur Prüfung nur dann herangezogen werden, wenn an dem betreffenden Sitzungstage Bildstreifen von insgesamt über 1000 Meter Länge zu prüfen sind.

Prüfungsverfahren.

§ 11. Die Prüfungsstelle entscheidet in der Besetzung von fünf Mitgliedern, die aus einem beamteten Vorsitzenden und vier Beisitzern bestehen. Von den Beisitzern ist einer dem Lichtspiel-

gewerbe und zwei den Kreisen der auf den Gebieten der Volkswohlfahrt, der Volksbildung oder der Jugendwohlfahrt besonders erfahrenen Personen zu entnehmen.

Bei Prüfung der Bildstreifen, die zur Vorführung in Jugendvorstellungen bestimmt sind, sind auch Jugendliche im Alter von 18 bis 20 Jahren nach Bestimmung der Ausschüsse für Jugendwohlfahrt zu hören.

Hat der Vorsitzende keine Bedenken, so kann er die Zulassung auch ohne die Zuziehung von Beisitzern aussprechen. Auf Verlangen zweier Beisitzer hat die Prüfungsstelle zu entscheiden.

1. Von den Beisitzern der Kammer muß einer, darf aber auch nur einer dem Lichtspielgewerbe angehören (Aussch. S. 9). Zwei Beisitzer müssen den Kreisen der auf dem Gebiete der Volkswohlfahrt, der Volksbildung oder der Jugendwohlfahrt besonders erfahrenen Personen angehören. Der vierte Beisitzer soll den Kreisen der auf den Gebieten der Kunst oder Literatur besonders bewanderten Personen entnommen werden. Doch ist nichts dagegen einzuwenden, wenn er ausnahmsweise gleichfalls zu der zweiten Gruppe von Beisitzern gehört. (A. M. Goldbaum, Juristische Wochenschrift 1920 S. 49, unter Berufung auf § 9.) Regel darf das aber nicht werden.

2. Der Vorsitzende kann Bildstreifen, bei denen nach seiner Ansicht ein Versagungsgrund nicht gegeben sein wird, ohne Zuziehung von Beisitzern prüfen und wenn er seine Annahme bestätigt findet, selbständig zulassen. Kommen ihm dagegen während der Vorführung Bedenken, so hat er die Vorführung abzubrechen und die Entscheidung der Kammer herbeizuführen (AB Abschn. D 1). Die Gebühr für die Prüfung ist in einem solchen Falle nur einmal zu berechnen. Auch wenn es sich um Bildstreifen handelt, die zur Vorführung vor Jugendlichen bestimmt sind, kann der Vorsitzende die Prüfung allein vornehmen (a. M. Seeger S. 30), doch nur unter Anhörung der beiden Jugendlichen (§ 11 Abs. 2). Szczesny S. 63 nimmt irrigerweise offenbar an, daß die Vorprüfung in Gegenwart der Beisitzer geschehe.

3. Daß der Vorsitzende einen Bildstreifen nur zur Vorführung vor Erwachsenen zulassen darf, wenn nur dies beantragt ist, dürfte keinem Zweifel unterliegen. Er darf aber auch die Zulassung nach Ausschneiden von Teilbildern oder für bestimmte Personenkreise aussprechen, aber stets vorausgesetzt, daß der Antragsteller mit dieser Zulassung einverstanden ist, seinen Antrag also entsprechend einschränkt. Zu irgendeiner Verbot soll der Vorsitzende nicht befugt sein. Die Hinzuziehung der Beisitzer soll insbesondere auch dem Antrag-

steller Gewähr für sorgsame Berücksichtigung seiner Interessen geben. Zu weitgehend daher Szczesny S. 63.

4. Zu der Verhandlung ist der Antragsteller oder ein von ihm bestellter Vertreter zu laden (AB Abschn. D 2). Die Ladung erfolgt formlos. Eine Ladungsfrist ist nicht vorgeschrieben. Ein Recht auf Gehör ist dem Antragsteller oder dem von ihm bestellten Vertreter ausdrücklich nur bei der Verhandlung vor der Oberprüfungsstelle eingeräumt (§ 13 Abs. 2 letzter Satz). Doch muß dies auch auf die Verhandlung vor der Prüfungsstelle ausgedehnt werden. Deshalb ist davon auszugehen, daß die Ladung so rechtzeitig erfolgen muß, daß der Antragsteller oder sein Vertreter die Möglichkeit hat, der Prüfung beizuwohnen.

5. Die Prüfung eines Bildstreifens ohne Zuziehung der Beisitzer darf nur dann erfolgen, wenn anzunehmen ist, daß die Beisitzer mit diesem vereinfachten Verfahren einverstanden sind. Diese Vermutung trifft nicht zu, wenn zwei Beisitzer ausdrücklich verlangen, daß die Prüfungsstelle entscheiden soll. Diese Bestimmung wird in der Praxis schwer durchführbar sein (Aussch. S. 27; Seeger S. 30), da sie voraussetzt, daß von vornherein feststeht, welche Kammer jeden einzelnen Bildstreifen zu prüfen hat und welche einzelnen Beisitzer bei jedem Bildstreifen zur Prüfung berufen wären. Nicht klar ist es, ob die Beisitzer nur im voraus verlangen können, daß die Prüfung unter ihrer Zuziehung stattfinde oder ob sie auch nach erfolgter Prüfung und Zulassung des Bildstreifens durch den Vorsitzenden noch verlangen können, daß die Prüfung vor der Kammer wiederholt werde. Ich möchte das erstere annehmen. Zweifelhaft ist dann des weiteren, ob die beiden Beisitzer ganz allgemein verlangen können, daß der Vorsitzende die Prüfungen nur unter ihrer Hinzuziehung unternehme oder ob sie ihren Antrag auf einen bestimmten Bildstreifen beschränken müssen. Da das Gesetz davon ausgeht, daß die Prüfung und Zulassung der Bildstreifen in der großen Mehrzahl der Fälle allein durch den Vorsitzenden erfolgen solle, möchte ich das letztere annehmen.

6. Die Jugendlichen, die bei der Prüfung von Bildstreifen, die zur Vorführung vor Jugendlichen bestimmt sind, hinzugezogen werden sollen, sind keine Jugendlichen im Sinne des LG, da der besondere Jugendschutz des § 3 sich nur auf die Jugendlichen unter 18 Jahren erstreckt; sie sind auch keine Beisitzer im Sinne des § 9, also keine Mitglieder der Prüfungsstellen. Sie sind nur gutachtlich zu hören, gewissermaßen als Sachverständige (vgl. Verh. S. 5181), haben aber nicht das Recht, mitzuberaten und zu beschließen. Sie haben auch nicht das Recht der Beschwerde, wenn die Entscheidung entgegen ihrem Gutachten ergeht. Nach E IV § 11 Abs. 2 waren diese Jugendlichen dagegen „als Beisitzer zuzuziehen". Diese

mit § 9 sowie § 11 Abs. 1 nicht zu vereinbarende und auch sachlich nicht zu rechtfertigende Bestimmung ist erst bei der zweiten Beratung in der Nationalversammlung (Verh. S. 5181) wieder geändert worden. Das Recht zur Einreichung von Vorschlagslisten sollen nicht nur die Berliner und Münchener Ausschüsse für Jugendwohlfahrt haben (Aussch. 26.) Tatsächlich werden aber wohl die Jugendlichen aus den Jugendausschüssen der nächsten Umgebung von Berlin und München entnommen werden müssen, schon mit Rücksicht auf die sonst entstehenden, durch nichts gerechtfertigten, hohen Kosten. Es bestand Einverständnis der Reichsregierung und des Ausschusses darüber, daß diejenigen, die als Jugendliche zugezogen worden sind, auch nach Vollendung des zwanzigsten Jahres in dem Ausschusse verbleiben können (Aussch. S. 26). Dies übersieht Liepe S. 29. Über die Berechtigung der Hinzuziehung derartiger „Sachverständiger" kann man sehr verschiedener Meinung sein (vgl. Lange S. 238 f, 351).

7. Der Vorsitzende kann in allen Fällen, in denen er dies für angebracht hält, auch private Sachverständige oder Vertreter von Behörden, beispielsweise des Auswärtigen Amtes, wenn die Gefährdung von Beziehungen Deutschlands zu auswärtigen Staaten in Frage kommt, hinzuzuziehen (AV Abschn. D 3). Dies ist in allen Fällen zulässig, auch in den Fällen des § 2, sowie dann, wenn es sich um einen Bildstreifen handelt, der auch in Jugendvorstellungen vorgeführt werden soll. Auch wenn der Vorsitzende ohne Hinzuziehung von Beisitzern entscheiden will, ist er berechtigt, Sachverständige zu hören. Die Anhörung kann auch schriftlich erfolgen. Da ein zuverlässiges Gutachten aber nur dann abgegeben werden kann, wenn dem Sachverständigen der Bildstreifen aus eigener Wahrnehmung bekannt ist, wird dabei vorausgesetzt werden müssen, daß dem Sachverständigen der Bildstreifen entweder schon vorher bekannt gewesen ist oder aber, daß er ihn jedenfalls vor Abgabe seines Gutachtens besichtigt.

Auch der Antragsteller kann Sachverständige hinzuziehen oder schriftliche Gutachten von Sachverständigen einreichen.

8. Die Bestimmung der Gebühren der Sachverständigen ist nicht geregelt worden. Sie unterliegt der freien Vereinbarung zwischen der Prüfungsstelle und den Sachverständigen. Für die Jugendlichen, die als Sachverständige der Prüfung der zur Vorführung in Jugendvorstellungen bestimmten Bildstreifen beiwohnen, werden zweckmäßigerweise, wie die Beisitzer, Anwesenheitsgelder und Ersatz der Reisekosten erhalten. Bei den übrigen Sachverständigen wird die Gebührenordnung für gerichtliche Sachverständige zugrunde gelegt werden dürfen, falls nicht besondere Sätze vereinbart worden sind.

Die Gebühren sind für diejenigen Sachverständigen, die der Vorsitzende zugezogen hat, oder die, wie die Jugendlichen, infolge gesetzliche. Bestimmung hinzugezogen werden müssen, aus der Staatskasse zu zahlen. Rückgriff gegen den Antragsteller ist nicht zulässig. Die von ihm selbst gestellten Sachverständigen hat der Antragsteller selbst zu bezahlen. Dies auch dann, wenn die Oberprüfungsstelle auf Grund dieser Gutachten den Bescheid der Prüfungsstelle abgelehnt hat. Hat er aber die Anregung zur Hinzuziehung von Sachverständigen gegeben und hat der Vorsitzende dieser Anregung entsprochen, so sind die Sachverständigengebühren aus der Staatskasse zu bezahlen.

Beamte, die als Sachverständige hinzugezogen sind, haben nach den allgemeinen Bestimmungen Anspruch auf Reisekosten und Tagegelder.

9. Der Vorsitzende leitet die Verhandlung und die Abstimmung. Er stimmt zuletzt. Die Beschlußfassung erfolgt in nicht öffentlicher Sitzung. Über die Beratung ist Stillschweigen zu bewahren (AB Abschn. D 4, 6).

In der Befugnis der Verhandlungsleitung liegt die Befugnis, zu bestimmen, wer außer den unmittelbar Beteiligten der Prüfung beiwohnen darf und wann den Beteiligten das Wort gegeben und entzogen werden soll. Irgendwelches Ordnungsstrafrecht steht ihm weder gegenüber den Beisitzern und den anderen Beteiligten, noch gegenüber Dritten, denen er die Anwesenheit gestattet hat, zu. Benehmen sich diese ungebührlich, so ist er befugt, sie hinauszuweisen; folgen sie seiner Aufforderung nicht, so machen sie sich des Hausfriedensbruchs schuldig. Wenn Beteiligte die Sitzung stören und durch gütliches und ernstes Zureden nicht zu veranlassen sind, sich sachgemäß zu verhalten, so bleibt dem Vorsitzenden nur übrig, die Prüfung abzubrechen.

10. Über den Gang des Prüfungsverfahrens ist eine kurze Niederschrift aufzunehmen und von dem Vorsitzenden zu unterzeichnen. Auf Antrag ist dem Antragsteller eine Abschrift der Niederschrift, soweit sie die öffentliche Verhandlung wiedergibt, gegen Erstattung der Kosten zu erteilen (AB Abschn. D 7).

§ 12. Wird ein Bildstreifen von einer Prüfungsstelle ganz oder teilweise verboten, so steht dem Antragsteller gegen den Bescheid (§ 15) innerhalb zwei Wochen vom Tage der Zustellung an das Recht der Beschwerde zu.

Das gleiche Recht steht dem Vorsitzenden sowie zwei bei der Entscheidung beteiligten Mitgliedern der Prüfungsstelle zu. Die Beschwerde ist in der Sitzung einzulegen.

1. Die Beschwerde steht dem Antragsteller zu. Er kann sie durch einen Bevollmächtigten einlegen. (Unverständlich

Goldbaum S. 61: Die Beschwerde stehe nur dem Antragsteller zu, „nicht aber den Beteiligten. Wollen diese das Recht der Beschwerde erhalten, müssen sie den Antrag auf Zulassung stellen".) Eine besondere Form für die Beschwerde ist nicht vorgeschrieben, doch wird Schriftform vorausgesetzt. Die Beschwerde ist einzulegen bei der Prüfungsstelle, doch schadet es nichts, wenn sie bei der Oberprüfungsstelle eingelegt ist, da das Gesetz über die Stelle, bei der die Beschwerde eingelegt werden soll, nichts sagt, und ein allgemeiner Rechtssatz des öffentlichen Rechts, daß die Einlegung nur bei derjenigen Stelle, deren Entscheidung angefochten werden soll, zu erfolgen hat, nicht besteht.

2. Die Beschwerdefrist läuft stets von der Zustellung des Bescheides an, auch dann, wenn der Antragsteller selbst der Prüfung beigewohnt hat. Seine bei der Verkündung der Entscheidung etwa mündlich erfolgte Erklärung, er lege gegen die Entscheidung Beschwerde ein, ist aber als gültige Erhebung der Beschwerde zu betrachten. Sie ist in die Niederschrift aufzunehmen. Eine Zustellung des Bescheides hat trotzdem zu erfolgen, damit der Antragsteller die schriftlichen Entscheidungsgründe kennen zu lernen Gelegenheit hat und damit er auch in der Lage ist, die Beschwerde zurückzuziehen.

Bei der Berechnung der Beschwerdefrist wird der Tag, an dem die Zustellung erfolgt, nicht mitzurechnen sein. (BGB § 187 Abs. 1.) Auf die Berechnung der Fristen sind ferner anzuwenden BGB §§ 186, 188 Abs. 2; ZPO §§ 221 Abs. 2, 222.

3. Eine Zurücknahme der Beschwerde ist zulässig (Aussch. S. 27; Szczesny S. 65; Goldbaum S. 62.) Sie muß so lange als zulässig erachtet werden, bis die Oberprüfungsstelle über die Beschwerde entschieden hat. Doch ist der Beschwerdeführer zur Erstattung der inzwischen etwa schon entstandenen Unkosten verpflichtet. Auch die Zurücknahme der Beschwerde kann formlos erfolgen, doch wird für sie mindestens diejenige Form gewahrt werden müssen, die bei der Einlegung der Beschwerde beachtet worden ist.

4. Ein teilweises Verbot liegt vor, wenn einzelne Teilbilder des Bildstreifens verboten sind oder wenn der Bildstreifen nur zur Vorführung vor Erwachsenen zugelassen worden ist, trotzdem seine Zulassung auch vor Jugendlichen ausdrücklich beantragt worden war, oder wenn er nur zur Vorführung vor bestimmten Personenkreisen zugelassen worden ist. (Unklar Stern S. 65.)

5. Ein Beschwerderecht steht auch dem Vorsitzenden sowie zwei bei der Entscheidung beteiligten Beisitzern zu. Trotz der mißverständlichen Fassung („Das gleiche Recht") haben sie aber nicht nur im Falle des Verbotes das Recht zur Beschwerde, sondern auch im Falle der Zulassung. (Ebenso Szczesny S. 64 und wohl auch Stern S. 65 und Seeger, „Prü-

fungskammern", S. 21; a. M. Goldbaum S. 62; Friedmann S. 28 f.) Ja, an diesen Fall, daß im öffentlichen Interesse der überstimmte Vorsitzende oder zwei überstimmte Beisitzer gegen die beschlossene Zulassung eines Bildstreifens Beschwerde einlegen, um eine Nachprüfung durch die Oberprüfungsstelle zu erreichen, ist in erster Linie gedacht. Wenn der Bildstreifen verboten worden ist, wird es, wenn selbst der geschäftlich interessierte Antragsteller sich bei dem Verbot durch die Prüfungsstelle beruhigt, kaum jemals im öffentlichen Interesse liegen, daß eine Nachprüfung durch die Oberprüfungsstelle erfolgt. Selbstverständlich ist es, daß vor endgültiger Entscheidung über die Zulassung durch die Oberprüfungsstelle der Bildstreifen nicht vorgeführt oder in den Verkehr gebracht werden darf, auch wenn die Prüfungsstelle ihn genehmigt hat.

Machen der Vorsitzende oder zwei Beisitzer von ihrem Beschwerderecht Gebrauch, so ist dies in die Niederschrift mit aufzunehmen (AB Abschn. D 8).

§ 13. Auf Beschwerden entscheidet endgültig die Oberprüfungsstelle in der Besetzung von fünf Mitgliedern, die aus einem beamteten Vorsitzenden und vier Beisitzern bestehen. Die Vorschriften des § 11 finden Anwendung.

Die Mitglieder der Prüfungsstelle, die bei der Entscheidung mitgewirkt haben, sind zu den Verhandlungen zu laden, wenn ihre schriftliche Äußerung nach Ansicht der Oberprüfungsstelle nicht genügt; an der Beschlußfassung nehmen sie nicht teil. Der Antragsteller oder ein von ihm bestellter Vertreter ist auf Verlangen zu hören.

1. Da die Vorschriften des § 11 Anwendung finden, kann auch der Vorsitzende der Oberprüfungsstelle, wenn er keine Bedenken hat, die Zulassung ohne Hinzuziehung von Beisitzern aussprechen. Zweckmäßigerweise wird dieses abgekürzte Verfahren aber nur in ganz besonders gelagerten Ausnahmefällen zur Anwendung kommen dürfen. Ist der Bildstreifen von der Prüfungsstelle nicht zugelassen worden, so werden immer Zweifel bestehen, ob sein Verbot begründet ist oder nicht. Es wäre jedenfalls nicht angemessen, wenn der Vorsitzende der Oberprüfungsstelle über die Entscheidung der Prüfungsstelle einfach hinwegginge. (Ebenso Liepe S. 33.) Die Sachlage ist aber kaum anders, wenn die Prüfungsstelle den Bildstreifen zwar zugelassen hat, aber der Vorsitzende oder zwei Beisitzer von ihrem Beschwerderecht Gebrauch gemacht haben. Auch dann wird es fast immer sachgemäß sein, über die nicht zweifelsfreie Sachlage die Oberprüfungsstelle selbst entscheiden zu lassen. Trotzdem nur auf § 11 verwiesen

wird, muß angenommen werden, daß auch § 9 sinngemäße Anwendung zu finden hat. (Szczesny S. 66.)

2. In Entw. I besagte § 11 Abs. 2: „Die Mitglieder der Prüfungsstelle, die bei der Entscheidung mitgewirkt haben, sind zu den Verhandlungen zu laden; an der Beschlußfassung nehmen sie nicht teil." Nach der Begr. bezweckte diese Bestimmung einmal, die Oberprüfungsstelle in den Stand zu setzen, die Mitglieder der Prüfungsstelle selbst über die Gründe der Ablehnung zu hören, dann aber auch, ihnen Gelegenheit zu geben, sich persönlich über die Anschauungen der Oberprüfungsstelle zu unterrichten. Das liege im Interesse der Herbeiführung einheitlicher Entscheidungen.

Diese Bestimmung geht auf die Anregung süddeutscher Regierungen zurück, die auf diese Weise es vermeiden wollten, daß die Oberprüfungsstelle ohne zwingenden Grund von den Entscheidungen der Münchener Prüfungsstelle abweiche; man wollte den Mitgliedern der Münchener Prüfungsstelle Gelegenheit geben, ihre Auffassung zu vertreten und dadurch vielleicht entscheidenden Einfluß auf die Stellungnahme der Oberprüfungsstelle herbeizuführen.

In der gegenwärtigen Fassung wird diese Bestimmung dieser Zweckbestimmung allerdings nicht mehr ganz gerecht, da die Ladung nur für den Fall vorgeschrieben ist, daß die schriftliche Äußerung nicht genügt. Bei der schriftlichen Äußerung ist wohl in erster Linie an die Niederschrift über die Prüfung durch die Prüfungsstelle und an die Begründung des Bescheides gedacht, daneben aber auch an eine der Oberprüfungsstelle von Amts wegen oder auf Ersuchen eingereichte besondere schriftliche Äußerung der Prüfungsstelle. Nur wenn diese Äußerung nach Ansicht der Oberprüfungsstelle nicht genügt, besteht für die Oberprüfungsstelle die Pflicht, die Mitglieder der Prüfungsstelle zu laden. Daß sämtliche Mitglieder der Prüfungsstelle erscheinen, ist nicht erforderlich; es wird sich aber im allgemeinen empfehlen, wenn der Vorsitzende oder ein von ihm beauftragtes Mitglied der Prüfungsstelle vor der Oberprüfungsstelle den Standpunkt der Prüfungsstelle vertritt.

Wenn es sich um grundsätzliche Fragen handelt, wird es sich stets empfehlen, wenn ein Mitglied der Prüfungsstelle der Verhandlung vor der Oberprüfungsstelle beiwohnt, auch wenn die schriftliche Äußerung nach Ansicht der Oberprüfungsstelle genügt. Die Teilnahme an der Verhandlung ist den Mitgliedern der Prüfungsstelle stets zu gestatten und, um sie ihnen zu ermöglichen, wird es sich empfehlen, die Prüfungsstelle von dem Termin in allen Fällen rechtzeitig zu benachrichtigen.

3. Daß die Mitglieder der Prüfungsstelle an der Beschlußfassung nicht teilnehmen, ist selbstverständlich. Es soll wohl zum Ausdruck gebracht werden, daß auch ihnen gegenüber die Beratung und Abstimmung geheim ist.

4. Der Antragsteller, der auf Verlangen zu hören ist, ist nicht immer identisch mit dem Beschwerdeführer. Antragsteller ist derjenige, der bei der Prüfungsstelle den Antrag auf Zulassung des Bildstreifens gestellt hat.

5. Ist die Beschwerde verspätet eingelegt, so ist sie von der Oberprüfungsstelle als unzulässig zurückzuweisen (AV Abschn. F 2).

6. Eine besondere Aufsichtsbeschwerde neben oder an Stelle der Rechtsbeschwerde ist nicht gegeben.

7. Gegen die Entscheidung der Oberprüfungsstelle gibt es kein Rechtsmittel, weder eine weitere Beschwerde an den Reichsminister des Innern noch die Revision an ein Verwaltungsgericht.

8. Die mit Gründen versehenen Entscheidungen der Oberprüfungsstelle sind den Prüfungsstellen bekannt zu geben. Auf Wunsch ist den Organisationen des Lichtspielgewerbes Abschrift gegen Erstattung der Kosten zu erteilen (AV Abschn. F 3). Es empfiehlt sich, über diese Vorschrift hinaus auch diejenigen Entscheidungen der Oberprüfungsstelle mit Gründen zu versehen und sie beiden Prüfungsstellen mitzuteilen, durch die in Abweichung von dem Bescheide einer Prüfungsstelle der Bildstreifen ganz oder teilweise freigegeben wird (Szczesny S. 67 f.). Auch Dritten kann gegen Erstattung der Kosten Abschrift erteilt werden, beispielsweise Vereinen zur Bekämpfung der Schundfilme, interessierten Juristen usw.

9. Irreführend ist die Bemerkung Goldbaums S. 63, bis zur Entscheidung könne der Beschwerdeführer den Bildstreifen ändern. Dies kann er schon deshalb nicht, weil nach AV Abschn. E 2 bis zur endgültigen Entscheidung über die eingelegten Rechtsmittel der Bildstreifen in Verwahrung der Prüfungsstelle bleibt. Diese Vorschrift bezweckt gerade, nachträgliche Änderungen zu verhindern.

§ 14. Ueber die Zulassung eines Bildstreifens wird, abgesehen von dem Falle des § 6, dem Antragsteller eine Zulassungskarte ausgestellt.

1. Die Ortspolizeibehörden, die Bildstreifen über Tagesereignisse oder Landschaftsfilme für ihren Bezirk erlassen, dürfen Zulassungskarten nicht ausstellen. Zweck der Bestimmung ist, einen möglichen Mißbrauch zu vermeiden. Eine schriftliche Vorführungserlaubnis, die aber nicht die Form der amtlichen Zulassungskarte haben darf, auszustellen, müssen sie aber als berechtigt gelten.

2. Die Zulassungskarte ist eine öffentliche Urkunde im Sinne der §§ 267 ff. StGB. Wer sie fälscht, macht sich daher der Urkundenfälschung schuldig. Werden aber nur an

dem Bildstreifen selbst Veränderungen vorgenommen, nicht dagegen auch an der Zulassungskarte, so liegt eine Urkundenfälschung nicht vor, da der geprüfte Bildstreifen, solange nicht — wie es in Schweden und in Frankreich gebräuchlich ist — jedes zugelassene Stück des Bildstreifens mit einem amtlichen Stempel versehen wird, als Urkunde nicht anzusehen ist. (Mißverständlich Goldbaum S. 64.) Wohl aber liegt in solchen Fällen ein Vergehen gegen § 18 LG vor.

3. Eine reichsrechtliche Verpflichtung für den Lichtspielunternehmer, die Zulassungskarten stets bereit zu halten, damit die Ortspolizeibehörde prüfen kann, ob der Bildstreifen genehmigt ist und ob gegenüber dem genehmigten Bildstreifen Änderungen vorgenommen sind, besteht nicht.

Dagegen sind die landesrechtlichen Vorschriften, die dies vorschreiben, als bloße Maßnahmen zur Kontrolle der Filmzensur aufrechterhalten. Derartige Vorschriften bestehen in dem WLG Art. 8, in Anhalt § 6, Waldeck § 6, Berlin V vom 20. 5. 08 § 2. Gleichgültig ist dabei, daß bei diesen Bestimmungen an die von der damals noch nicht bestehenden Prüfungsstelle im Sinne des LG noch gar nicht gedacht sein konnte und daß in Waldeck und Anhalt sogar ausdrücklich von der von dem Polizeipräsidenten in Berlin ausgestellten Zulassungskarte die Rede ist. Sollte man aber aus diesem Grunde die bestehenden Bestimmungen für ungültig halten, so würde jedenfalls nichts im Wege stehen, in die Ausführungsverordnungen entsprechende Bestimmungen aufzunehmen.

4. Auf der Zulassungskarte sind Titel, schriftlicher verbindender Text, Bilder nebst etwaigen Ausschnitten genau zu bezeichnen. Das gilt wohl auch für die Erläuterungen. Ob auch für die Reklame, falls sie mitgeprüft ist, wie Szczesny S. 68 annimmt, möchte ich bezweifeln. Der Wortlaut des § 5 Abs. 2, daß die Prüfung des Bildstreifens auch die Reklame umfasse, spricht jedenfalls nicht zwingend für diese Auslegung, schon deshalb nicht, weil die Reklame von der Prüfungsstelle keineswegs stets mitgeprüft wird. Jedenfalls wird das Kenntlichmachen der durch die Filmstelle geprüften Reklame Schwierigkeiten machen.

§ 15. Bei Ablehnung eines Bildstreifens ist dem Antragsteller ein schriftlicher Bescheid zuzustellen, der auf Antrag mit Gründen zu versehen ist.

1. Der schriftliche Bescheid ist auch dann zuzustellen, wenn der Antragsteller der Verhandlung beigewohnt hat. Die Zustellung ist erforderlich, um die Beschwerdefrist in Lauf zu setzen.

2. Die Beschwerdefrist läuft von der Zustellung des Bescheides an, auch wenn dieser nicht mit Gründen ver-

sehen ist. Der Antrag auf Mitteilung der Gründe des Verbots hat den Lauf einer neuen Frist nicht zur Folge (AB Abschn. E 4).

3. Der Antrag auf Mitteilung der Gründe kann schon vor der Zustellung des Bescheides gestellt werden, ja er kann vor der Verkündung der Entscheidung gestellt werden. Es ist auch zulässig, daß ein Filmfabrikant ganz allgemein den Antrag stellt, ihm in allen Fällen, in denen seinem Antrage auf Zulassung nicht entsprochen wird, die Gründe mitzuteilen, da der Filmfabrikant an der Mitteilung der Gründe stets ein berechtigtes Interesse hat und es formell wäre, ihn zu zwingen, in jedem einzelnen Fall von neuem den Antrag auf Mitteilung der Gründe zu stellen.

4. Eine Frist, innerhalb derer der Antragsteller die Mitteilung der Gründe verlangen darf, ist nicht vorgeschrieben. Da die Kenntnis der Gründe den Antragsteller aber in erster Linie in den Stand setzen soll, sich darüber schlüssig zu werden, ob er Beschwerde einlegen und wie er sie begründen soll, so muß angenommen werden, daß das Verlangen nicht mehr gestellt werden kann, wenn die Rechtsmittelfrist abgelaufen ist, ohne daß der Antragsteller Beschwerde eingelegt hat.

5. Eine Ablehnung liegt nicht nur dann vor, wenn die Zulassung des Bildstreifens vollkommen abgelehnt worden ist, sondern auch dann, wenn die Zulassung nur beschränkt (§§ 1 Abs. 3; 2; 3) genehmigt worden ist; denn insoweit sie nicht genehmigt ist, liegt eine Ablehnung vor. (So auch Szczesny S. 69.) Dies aber nur dann, wenn der Antragsteller bis zum Schluß der Verhandlung den Antrag auf unbeschränkte Zulassung aufrecht erhalten hat. Hat er auf Vorstellungen des Vorsitzenden hin, der ihn auf entgegenstehende Bedenken aufmerksam gemacht hat, seinen Antrag beschränkt, so liegt keine (teilweise) Ablehnung des Bildstreifens vor, wenn diesem Antrage entsprochen wird.

6. Auch wenn der Bildstreifen genehmigt worden ist, hat der Antragsteller unter Umständen Interesse an der Kenntnis der Gründe, nämlich dann, wenn der Vorsitzende oder zwei Beisitzer der Prüfungsstelle gemäß § 13 Abs. 2 Beschwerde eingelegt haben. In solchen Fällen, in denen jedenfalls ein Teil der Mitglieder der Prüfungsstelle erhebliche Bedenken gegen die Zulassung gehabt haben, werden sich die Gründe der Entscheidung darüber verbreiten, weshalb diese Bedenken von der Mehrheit der Prüfungsstelle nicht für ausschlaggebend gehalten sind. Die Kenntnis dieser Gründe ist für den Antragsteller von Bedeutung, da sie ihm die Vertretung seines Standpunkts bei der Oberprüfungsstelle erleichtert. Einen Anspruch auf Mitteilung der Gründe hat der Antragsteller aber in einem solchen Fall nicht. Es ist aber auch nicht unzulässig, ihm die Gründe mitzuteilen.

§ 16. Für die Prüfung der Bildstreifen und die Ausstellung der Zulassungskarten werden Gebühren erhoben. Die Gebührenpflicht wird durch eine Ordnung geregelt, die von der Reichsregierung mit Zustimmung des Reichsrats erlassen wird. Auf Verlangen der Prüfungsstelle ist der Antragsteller verpflichtet, bei Stellung des Antrags Vorschuß zu leisten.

1. Über die Einzelheiten der Gebührenpflicht vgl. Geb. O. Von der Erhebung von Gebühren wird abgesehen allgemein bei der Prüfung der Reklame, da sich bestimmte Grundsätze für die sachgemäße Berechnung der Gebühren für die Prüfung der Reklame nur schwer aufstellen lassen (Geb. O § 3). Auch die Landesgesetzgebung ist nicht berechtigt, für die Prüfung der Reklame, soweit sie durch die Ortspolizeibehörden erfolgt, Gebühren festzusetzen. Bei der Prüfung von Bildstreifen werden in zwei Fällen besondere Gebühren für die nochmalige Prüfung bei der Oberprüfungsstelle nicht erhoben: Einmal bei der Nachprüfung auf Grund des § 4 LG und ferner bei der Nachprüfung auf Grund des § 12 Abs. 2 (Geb. O § 3).

2. Die Gebühren werden „bei der Entscheidung über die Zulassung des Bildstreifens" festgesetzt, und zwar durch den Leiter der Prüfungsstelle (Geb. O § 4), also nicht durch den Vorsitzenden allein oder die betreffende Kammer. Das gleiche gilt gemäß Geb. O § 6 für die Festsetzung der Gebühren, die bei der Oberprüfungsstelle entstanden sind. Wenn Beschwerde gegen die Entscheidung der Prüfungsstelle über das Verbot des Bildstreifens eingelegt ist, so entscheidet der Leiter der Oberprüfungsstelle gleichzeitig auch über die Gebühren der Prüfungsstelle. Es handelt sich um eine einheitliche Entscheidung über die Gebührenpflicht, gegen die Beschwerde bei dem Reichsminister des Innern zulässig ist. Hat die Prüfungsstelle dagegen den Bildstreifen zugelassen, hat sich also die Oberprüfungsstelle mit dem Bildstreifen nur auf Grund des § 12 Abs. 2 LG zu befassen, so liegt bezüglich der Gebührenpflicht nur eine Entscheidung des Leiters der Prüfungsstelle vor, da für die Prüfung der Oberprüfungsstelle Gebühren nicht fällig werden. Die Entscheidung ist also durch Beschwerde bei dem Leiter der Oberprüfungsstelle anzufechten (vgl. auch Geb. O § 6).

3. Die Beitreibung der Gebühren erfolgt auf Ersuchen des Leiters der Prüfungsstelle oder der Oberprüfungsstelle nach den Vorschriften über die Beitreibung öffentlicher Abgaben (Geb. O § 7). Da in allen zweifelhaften Fällen von der Befugnis, einen Vorschuß einzufordern, Gebrauch gemacht werden wird und außerdem die Gebühren nach Geb. O § 4 spätestens bei Aushändigung des zur Prüfung eingereichten Bildstreifens zu entrichten sind, so daß der Antragsteller den

auch als Rohfilm wertvollen Bildstreifen nur gegen Entrichtung der Gebühren zurückerhält, wird es zu einer zwangsweisen Beitreibung kaum jemals kommen.

Übergangs- und Strafbestimmungen.

§ 17. **Bildstreifen, die vor Inkrafttreten dieses Gesetzes hergestellt und bereits im Verkehre sind, sind innerhalb eines Jahres, nachdem dieses Gesetz Gesetzeskraft erlangt hat, einer Prüfungsstelle (§ 8) vorzuführen. Nach Ablauf dieser Frist finden die Vorschriften dieses Gesetzes auch auf die Vorführung dieser Bildstreifen Anwendung. Bis zur Prüfung dieser Bildstreifen durch die Prüfungsstellen unterliegt ihre Zulassung der Genehmigung der Ortspolizeibehörde oder der bisher zuständigen Landesstelle. Sie sind nur zuzulassen, wenn keine Bedenken gemäß §§ 1, 3 entgegenstehen.**

1. Die Übergangsbestimmungen finden nur Anwendung auf diejenigen Bildstreifen, die schon vor dem 29. Mai 1920 nicht nur hergestellt, sondern auch schon im Verkehr gewesen sind. Über den Begriff des Im-Verkehr-Seins vgl. § 1 Anm. 6. Vorausgesetzt ist, daß die Bildstreifen im Reichsgebiet im Verkehr gewesen sind (Bayer. AB Abschn. A 3); es genügt nicht, daß sie im Ausland vor dem 29. Mai 1920 im Verkehr gewesen sind. Ob die Bildstreifen gerade am 29. Mai noch im Verkehr waren oder ob sie schon seit längerer Zeit wieder aus dem Verkehr herausgezogen waren, ist gleichgültig. Auch auf diese Bildstreifen finden die Bestimmungen des LG über die Zensur nur bis zum 28. Mai 1921 einschließlich im allgemeinen keine Anwendung. Werden die Bildstreifen nach dem 28. Mai 1921 noch vorgeführt oder in den Verkehr gebracht, so ist dies nur zulässig, nachdem sie von einer Prüfungsstelle im Sinne des LG zugelassen worden sind. Das will der etwas unklare erste Satz sagen. Dagegen besteht keinerlei Verpflichtung, diese Bildstreifen einer Prüfungsstelle vorzuführen, wenn die Bildstreifen nach dem 28. Mai 1921 nicht mehr in den Verkehr gebracht werden sollen. (Unklar Liepe S. 35.)

2. Auch während der Übergangszeit können die vor dem 29. Mai 1920 bereits im Verkehr befindlichen Bildstreifen jederzeit der Prüfungsstelle vorgeführt werden. Wenn sie zugelassen werden, hat diese Zulassung Wirkung für das ganze Reich; werden sie verboten, so sind die Ortspolizeibehörden nicht mehr befugt, sie zuzulassen.

3. Für die Übergangszeit sind die Ortspolizeibehörden oder die „bisher zuständige Landesstelle" befugt,

die Bildstreifen, die vor dem 29. Mai 1920 im Verkehr gewesen sind, zuzulassen.

Zuständig ist die Ortspolizeibehörde. Ortspolizeibehörde ist in Preußen in Städten im allgemeinen der Bürgermeister, in Berlin der Polizeipräsident, auf dem Lande der Amtsvorsteher. (Friedrichs S. 29.) Nirgends ist in Preußen die Ortspolizeibehörde kollegial organisiert, insbesondere besteht sie auch nicht aus einem Kollegium mit einem Beamten als Vorsitzenden und Laien als Beisitzern. Zu der Zensur während der Übergangszeit ist nur die Ortspolizeibehörde befugt. Deshalb ist es unzulässig, wenn, wie es in Köln geschehen ist (Deutsche Lichtspiel-Zeitung 1920 Nr. 31, vgl. auch „Volkswart" 1920 S. 142), ein Vorprüfungsausschuß und ein Prüfungsausschuß gebildet worden sind, bestehend aus einem Prüfungsbeamten des Polizeipräsidiums und zwei von dem Oberbürgermeister aus den Kreisen der Bevölkerung vorgeschlagenen Vertrauenspersonen bezw. aus dem Leiter der Theaterabteilung des Polizeipräsidiums, je einem Vertreter der Stadtverwaltung und des Lichtspielgewerbes und zwei Vertrauenspersonen. Zwar ist es der Polizeibehörde unbenommen, vor ihrer Entscheidung den Rat Sachverständiger einzuziehen — das könnte auch in der Form der Befragung der Ausschußmitglieder geschehen (vgl. den Beirat nach § 16 der Verordn. des österr. Min. des Innern vom 18. 9. 12 bei Hellwig, Rechtsquellen, S. 159) —, die Entscheidung aber muß sie allein treffen. Wenn sie sich nur zum Vollstrecker des Mehrheitswillens des Ausschusses, der keinerlei polizeiliche Befugnisse hat, macht, so wird sie nicht als Polizeibehörde tätig und ihre Handlungen haben nicht die Wirksamkeit polizeilicher Verfügungen. Das gleiche Bedenken ist gegen PV des Rats der Stadt Annaberg vom 5. 12. 19 geltend zu machen, nach dem die „Prüfung" der Bildstreifen durch einen Überwachungsausschuß erfolgen sollte, dessen Zusammensetzung nicht angegeben wird. Zweifelhaft, aber wohl in demselben Sinne auszulegen, ist die Fassung der PV der Polizeidirektion Dresden vom 14. 12. 19, nach der zur „Begutachtung" der Bildstreifen bei der Polizeidirektion eine ständige Prüfungsstelle eingesetzt ist, in der „die Polizeibehörde, die beteiligten Kreise sowie das Publikum entsprechend vertreten sind".

4. Statt der Ortspolizeibehörde ist zuständig auch die „bisher zuständige Landesstelle", d. h. die Landesstelle in denjenigen Ländern und in derjenigen Form, in der sie bei dem Inkrafttreten des LG eingerichtet war. Landesstellen gab es nur in Württemberg auf Grund des WLG, in Bayern auf Grund des Ministerialerlasses vom 27. 1. 12 sowie in Braunschweig auf Grund des Gesetzes vom 11. 11. 19 § 2. In Württemberg wurde die Zensur in der Form der reinen Beamtenzensur ausgeübt, in Bayern auf Grund einer Vereinbarung mit den betreffenden

Verbänden seit dem 1. 1. 19 durch einen ähnlich den Prüfungsstellen des LG zusammengesetzten gemischten Ausschuß. In Braunschweig war — unter Aufhebung der nach dem Gesetz vom 5. 12. 11 (Hellwig, Rechtsquellen, S. 147) bestehenden allgemeinen Zensur — nur für die zur Vorführung vor Jugendlichen bestimmten Bildstreifen eine Zensur eingeführt, und zwar als Landeszensur vor einem bei dem Rat der Volksbeauftragten gebildeten gemischten Filmausschuß. Unzulässig wäre es, wenn Württemberg statt der Beamtenzensur das gemischte System einführen oder wenn Braunschweig den umgekehrten Schritt tun wollte. Zweifelhaft kann es sein, ob durch die Vereinbarung der Polizeidirektion München mit den beteiligten Kreisen die „erweiterte Lichtspielprüfungskommission" rechtlich geschaffen und mit polizeilichen Befugnissen ausgestaltet werden konnte. Ich möchte diese Frage verneinen und daher annehmen, daß als bayerische Landesstelle nur die Münchener Polizeidirektion in Frage kommt. (Anscheinend so auch Bayer. AV Abschn. A 3.) Unzulässig wäre es auch, wenn in Preußen oder in einem anderen Land eine besondere Landesstelle neu geschaffen werden würde, so zweckmäßig das auch wäre. Dagegen steht nichts im Wege, daß die Polizeibehörden darauf hingewiesen werden, daß ein von dem Berliner Polizeipräsidenten zugelassener Bildstreifen im allgemeinen zu Beanstandungen nicht Anlaß geben werde. (Ministerialerlaß vom 16. 12. 10, bei Hellwig, Rechtsquellen, S. 43.) Eine bindende Anweisung an die Ortspolizeibehörden ist aber nicht zulässig. Für die Zensur der nicht zur Vorführung vor Jugendlichen bestimmten Bildstreifen sind gemäß LG § 17 die Ortspolizeibehörden berufen (ebenso Szczesny S. 72 f.); es dürfte aber wohl zulässig sein, die Zuständigkeit der ja schon bestehenden Landesstelle auch auf ihre Prüfung auszudehnen.

5. Sowohl die Landesstellen als auch die Ortspolizeibehörden dürfen, da § 6 in Verbindung mit § 14 LG nicht in Frage kommt, Z u l a s s u n g s k a r t e n ausstellen, es sei denn, daß ihnen dies nach Landesrecht verboten ist. (So in Preußen nach dem Ministerialerlaß vom 6. 7. 12 bei Hellwig, Rechtsquellen, S. 44, die Ausstellung doppelter Zensurkarten.)

6. Die Übergangsvorschrift bezieht sich l e d i g l i c h auf die formelle Frage, w e l c h e B e h ö r d e in der Übergangszeit zur Prüfung z u s t ä n d i g ist. § 17 ist nicht etwa dahin auszulegen, daß lediglich an die Stelle der Prüfungsstelle die Landesstelle oder die Ortspolizeibehörde trete, wenn der Antragsteller es vorziehe, bei ihr statt bei der Prüfungsstelle den Antrag auf Prüfung zu stellen, daß aber im übrigen auch die formellen Bestimmungen des LG Anwendung fänden, so etwa die Bestimmungen des § 4, 11 Abs. 2, 13. Eine entsprechende Anwendung mancher Vorschriften, so des § 11 Abs. 2, wäre zwar möglich, diejenige anderer Bestimmungen, so derjenigen

des § 3 Abs. 1, aber nicht. Es muß deshalb davon ausgegangen werden, daß während der Übergangszeit bezüglich der Förmlichkeiten des Verfahrens es bei dem bisherigen Recht sein Bewenden haben soll. Das ist besonders wichtig für die Frage, unter welchen Voraussetzungen ein Widerruf der Zulassung eines Bildstreifens zulässig ist, sowie der Frage, welche Rechtsmittel gegen die Verfügungen der Ortspolizeibehörde oder der Landesstellen gegeben sind.

Nach WLG Art. 3 kann die Zulassung eines Bildstreifens widerrufen werden, wenn das Zutreffen der Voraussetzungen ihrer Versagung erst nach der Zulassung hervortritt. Unter der gleichen Voraussetzung ist nach allgemeinen Grundsätzen auch nach preußischem Recht der Widerruf der erteilten Erlaubnis zulässig (vgl. § 4 Anm. 4). Irgendeines Antrages wie nach LG § 4 bedarf es nicht. Der Widerruf erfolgt immer von Amts wegen, gleichgültig, ob er von dritter Seite angeregt ist oder nicht.

Besonders wichtig ist es, daß die Rechtsmittel für die Übergangszeit sich nicht geändert haben. Für Württemberg und Bayern, die nur den Beschwerdeweg kennen, ist das allerdings gleichgültig, von um so größerer Bedeutung aber für Preußen, Baden, Sachsen, Braunschweig und andere Länder, die das Verwaltungsstreitverfahren kennen. Da nämlich nach der ausdrücklichen Bestimmung des LG § 17 für die Prüfung der Landesstellen und der Ortspolizeibehörden materiell die Grundsätze des LG maßgebend sind, besteht die Möglichkeit, in der Übergangszeit Entscheidungen der Verwaltungsgerichte, insbesondere des pr. OVG herbeizuführen, durch welche die Zensurgrundsätze des LG an zweifelhaften Fällen näher erläutert werden. Es wäre erwünscht, wenn von dieser Möglichkeit Gebrauch gemacht werden würde.

7. Materiell finden die Grundsätze des LG Anwendung, denn die Bildstreifen sind nur zuzulassen, wenn keine Bedenken gemäß §§ 1, 3 bestehen, d. h. sie sind zuzulassen zur Vorführung vor Erwachsenen, wenn keine Bedenken gemäß § 1 und zur Vorführung auch vor Jugendlichen, wenn keine Bedenken gegen § 3 bestehen. Es wäre richtiger gewesen zu sagen § 1 oder § 3. Eine Zulassung nur für bestimmte Personenkreise (§ 2) muß als zulässig angesehen werden, da bei einer derart beschränkten Zulassung Bedenken gegen die Vorführung gemäß § 1 nicht mehr vorliegen. (A. M. Szczesny S. 73.)

8. Da die Prüfungsberechtigung der Landesstellen und der Ortspolizeibehörden gemäß den Zensurgrundsätzen des LG erst neu geschaffen worden ist, darf streng genommen kein Bildstreifen vorgeführt werden, der nicht nach dem Inkrafttreten des LG von der betreffenden Ortspolizeibehörde oder der Landesstelle zugelassen worden ist. (Unrichtig Goldbaum

S. 67.) Das wäre aber nicht nur widersinnig für Württemberg, dessen WLG noch strengere Zensurgrundsätze hatte, als das LG sie hat, sondern wäre auch im übrigen unzweckmäßig und, insbesondere in Berlin, undurchführbar. Es muß deshalb angenommen werden, daß die Landesstellen und die Ortspolizeibehörden befugt sind, nach ihrem freien Ermessen von der Nachprüfung solcher Bildstreifen Abstand zu nehmen, die sie schon früher zugelassen haben. Sie sind dazu aber nur berechtigt, nicht auch verpflichtet. Wenn sie aus irgendeinem Grunde, beispielsweise weil die öffentliche Meinung sich über einen Bildstreifen beschwert, Bedenken haben, ob die nach den früheren Grundsätzen ausgesprochene Zulassung auch unter Anwendung der Zensurgrundsätze des LG auszusprechen wäre, so müssen sie sogar für verpflichtet erachtet werden, in eine Nachprüfung einzutreten und gegebenenfalls die Zulassung zu widerrufen.

9. Die Übergangsvorschrift bezieht sich nur auf die Bildstreifen, nicht auf die Reklame (so auch Goldbaum S. 66) und die Erläuterungen. Für sie findet das LG daher sofort Anwendung. (Unrichtig, ohne Begründung, Goldbaum S. 66: „Die Reklame unterliegt der Nachprüfung nicht".) Für die Reklame ist das ohne Belang (§ 5 Abs. 2); für die Erläuterungen hat das aber die unerwünschte Wirkung, daß ihre Zensur nur durch die Prüfungsstelle vorgenommen werden kann. Wegen ihres innigen Zusammenhangs mit dem Bildstreifen — ohne dessen Vorführung sie nicht verständlich ist, anders wie die Reklame — kann man ihre Prüfung, über den Wortlaut des § 17 hinausgehend, vielleicht doch den Ortspolizeibehörden oder Landesstellen überlassen.

§ 18. **Wer vorsätzlich entgegen den Vorschriften dieses Gesetzes Bildstreifen oder Teile von solchen, die von den zuständigen Behörden verboten, nicht zugelassen oder deren Zulassung widerrufen ist, vorführt oder zum Zwecke der öffentlichen Vorführung im Inland oder Ausland in den Verkehr bringt, wird mit Gefängnis bis zu zwei Jahren und mit Geldstrafe bis zu hunderttausend Mark oder mit einer dieser Strafen bestraft. Handelt der Täter fahrlässig, so wird er mit Geldstrafe bis zu zehntausend Mark bestraft**

In gleicher Weise wird bestraft, wer vorsätzlich Bildstreifen, die zur Vorführung vor Jugendlichen nicht zugelassen sind (§ 3 Abs. 1), in Jugendvorstellungen vorführt.

1. Verboten ist das Vorführen nur, soweit es gegen die Bestimmungen des LG verstößt, also nur, soweit es öffentlich im Sinne des § 1 Abs. 1 erfolgt (vgl. § 1 Anm. 7, 8). Bei

dem In-den-Verkehr-Bringen ist ausdrücklich gesagt „zum Zweck der öffentlichen Vorführung“. Diese Unstimmigkeit beruht auf einer sprachlichen Flüchtigkeit und ist nicht dahin zu deuten, daß das Vorführen auch dann bestraft werden solle, wenn es nicht öffentlich im Sinne des § 1 Abs. 1 erfolge. Über den Begriff des Vorführens § 1 Anm. 5.

2. Verboten können die Bildstreifen sein von der Prüfungsstelle, während der Übergangszeit von den Landesstellen oder von den Ortspolizeibehörden, von letzteren auch im Falle des § 6. Gleichgültig für die Frage der Strafbarkeit ist es, ob das Verbot gerechtfertigt war, insbesondere auch, ob gegen das Verbot die zulässigen Rechtsmittel eingelegt worden waren und ob die Rechtsmittel auch Erfolg gehabt haben. Auch wenn das Verbot nachträglich aufgehoben wird, macht sich derjenige strafbar, der den Bildstreifen vorher öffentlich vorführt, denn nicht das rechtlich begründete Verbot macht das öffentliche Vorführen erst strafbar, sondern nur die materiell begründete oder nicht begründete Erlaubnis der zuständigen Behörde beseitigt erst die Strafbarkeit des Vorführens.

Nicht zugelassen sind diejenigen Bildstreifen, die den zuständigen Behörden zur Prüfung gar nicht eingereicht sind, die deshalb auch nicht haben verboten werden können. Ob sie bei einer Prüfung verboten worden wären, ist gleichgültig. Die Vorführung und das In-den-Verkehr-Bringen der nicht zugelassenen Bildstreifen ist kraft Gesetzes (§ 1 Abs. 1) verboten; der Bildstreifen selbst ist aber nicht verboten.

Widerrufen werden kann die Zulassung von der Prüfungsstelle unter den Voraussetzungen des § 4, ferner in den Fällen des § 6 von den Ortspolizeibehörden, sowie während der Übergangszeit von den Landesstellen und den Ortspolizeibehörden (vgl. § 17 Anm. 6). Auch hier kommt es nur auf die Tatsache des Widerrufs an, nicht dagegen darauf, ob der Widerruf sachlich begründet war oder nicht.

3. Über den Begriff des In-den-Verkehr-Bringens vgl. § 1 Anm. 6. Zu beachten ist, daß für Bildstreifen über Tagesereignisse und Bildstreifen, die lediglich Landschaften darstellen, nur das Vorführungsverbot des § 1 in Verbindung mit § 6 gilt, nicht dagegen das Verbot des In-den-Verkehr-Bringens. Deshalb macht sich also nicht strafbar z. B. ein Berliner Filmfabrikant, der einen von dem Berliner Polizeipräsidium noch nicht zugelassenen oder gar ausdrücklich verbotenen Bildstreifen über Tagesereignisse an die Filmverleiher in Berlin und in der Provinz verschickt und verkauft, oder ein Filmverleiher, der einen solchen Film an Lichtspielbesitzer verpachtet.

4. Vorsätzlich handelt derjenige, der nicht überzeugt davon ist, daß der Bildstreifen von der zuständigen Behörde zugelassen ist. Ob der Täter gewußt hat, daß das Vorführen

usw. eines nicht zugelassenen Bildstreifens verboten ist, ist gleichgültig (Szczesny S. 57 f.; unklar Goldbaum S. 69). Ist der Bildstreifen von einer unzuständigen Behörde zugelassen, hat der Veranstalter der Vorführung usw. dies aber nicht gewußt, vielmehr angenommen, die Zulassung sei von der zuständigen Behörde erfolgt, so kann er jedenfalls wegen vorsätzlicher Zuwiderhandlung nicht bestraft werden. So etwa, wenn ein Bildstreifen über Tagesereignisse von dem Polizeipräsidenten zu Berlin zugelassen ist und ein Lichtspielbesitzer in der Provinz irrigerweise annimmt, die ortspolizeiliche Genehmigung des Berliner Polizeipräsidenten habe in ganz Preußen Gültigkeit. Desgleichen handelt nicht vorsätzlich, wer der Überzeugung ist, daß ein bestimmter Bildstreifen von der Prüfungsstelle zugelassen ist, während dies in Wirklichkeit nicht der Fall ist, oder wem nicht bekannt ist, daß die Zulassung auch für den Ort, an dem die Vorführung erfolgt, widerrufen worden ist.

5. Fahrlässig handelt derjenige, der zwar nicht gewußt hat, daß der Bildstreifen verboten, nicht zugelassen oder seine Zulassung widerrufen worden war, der dies aber bei Anwendung der erforderlichen und ihm möglichen Sorgfalt hätte wissen müssen. (Unrichtig Liepe S. 37, der es lediglich auf die verkehrsübliche Sorgfalt abstellt; richtig, aber unverständlich ausgedrückt Szczesny S. 84.) In den meisten Fällen, in denen infolge Irrtums ein vorsätzliches Handeln nicht vorliegt oder doch infolge der Behauptung des Irrtums nicht nachweisbar ist, wird Fahrlässigkeit anzunehmen sein. Hat sich der Täter aber in entschuldbarem Irrtum über die Zulassung befunden, so liegt Fahrlässigkeit nicht vor. (A. M. Liepe S. 37.)

6. Wenn ein Filmfabrikant einen nicht zugelassenen Bildstreifen in mehreren Stücken an Filmverleiher verkauft, so liegen mehrere selbständige Handlungen gegen § 18 vor. Für die Bemessung der Strafe kommt § 74 StGB zur Anwendung. Wenn dagegen ein Lichtspielunternehmer einen nicht zugelassenen Bildstreifen mehrmals an einem Abend oder auch an mehreren Abenden hintereinander vorführt, so liegen nicht mehrere selbständige Handlungen vor, sondern eine fortgesetzte Handlung. (Anders nach der ausdrücklichen Bestimmung des Art. 14 Abs. 4 WLG.)

7. Idealkonkurrenz zwischen dem Vergehen gegen § 18 und anderen Vergehen, so etwa gegen §§ 110, 184, 185 StGB ist möglich. Es kommt dann § 73 zur Anwendung. Infolge der angedrohten hohen Strafen dürfte stets § 18 dasjenige Gesetz sein, das die schwerste Strafe androht.

8. Nach Abs. 2 ist das Vorführen von Bildstreifen, die zur Vorführung vor Jugendlichen nicht zugelassen sind, vor Jugendlichen nur dann strafbar, wenn

es vorsätzlich geschieht. (Szczesny S. 78.) Für diese unterschiedliche Behandlung ist ein stichhaltiger Grund nicht gegeben. Das Wort vorsätzlich ist erst in der dritten Beratung durch einen Antrag der Abgeordneten Delius-Ende und Delius eingefügt worden. (Verh. S. 5181.) Zweck des Antrages war nur die Verdeutlichung. Durch diesen Antrag wurde auch in Abs. 1 das Wort vorsätzlich eingefügt. Man wollte diejenigen, die sich gegen Abs. 2 vergehen, nicht besser stellen. Man hätte deshalb in Abs. 2 das Wort vorsätzlich nicht einfügen dürfen oder aber hätte den letzten Satz des Abs. 1 als Abs. 3 an den Schluß stellen müssen.

An dem Ergebnis, daß Fahrlässigkeit im Falle des Abs. 2 nicht genügt, wird auch dadurch nichts geändert, daß der ganze Abs. 2 überflüssig ist, da Bildstreifen, die zur Vorführung vor Jugendlichen nicht zugelassen sind, im Sinne des Abs. 1 nicht zugelassen sind, wenn sie trotzdem vor Jugendlichen vorgeführt werden, während sie zugelassen sind, wenn sie nur vor Erwachsenen vorgeführt werden. Nachdem nun aber einmal der Gesetzgeber es für nötig gehalten hat, diesen Fall besonders zu erwähnen, geht es nicht an, auf dem Umwege über die allgemeine Bestimmung des Abs. 1 zu einer Bestrafung des nur aus einer Nachlässigkeit des Gesetzgebers nicht ausdrücklich als strafbar erklärten fahrlässigen Zuwiderhandelns gegen die Vorschrift des Abs. 2 zu gelangen. Die landesrechtlichen Strafbestimmungen können natürlich zur Ergänzung nicht herangezogen werden .

9. In Abs. 2 ist das Wort in Jugendvorstellungen, ebenso wie in § 11 Abs. 2, nur versehentlich stehen geblieben, während es in § 3 Abs. 2 geändert worden ist. Wäre dies nicht der Fall, so wäre der Schluß möglich, daß auf diese Weise mittelbar bestimmt werden sollte, daß Jugendliche nur zu besonderen Jugendvorstellungen zugelassen werden dürften, nicht dagegen zu den allgemeinen Vorstellungen, selbst dann nicht, wenn lediglich solche Bildstreifen gezeigt werden, die auch zur Vorführung vor Jugendlichen zugelassen worden sind. Diese Folgerung kann jetzt nicht gezogen werden. Ein reichsrechtliches Verbot der Zulassung von Jugendlichen zu anderen als besonderen Jugendvorstellungen besteht nicht (vgl. auch § 19 Anm. 5); wohl aber können derartige Vorschriften gemäß § 3 Abs. 3 durch das Landesrecht erlassen werden. Der Unterschied ist aber der, daß ihre Übertretung nur mit den meist geringfügigen Strafen geahndet werden kann, welche die Polizeiverordnungen usw. androhen, nicht aber mit den Strafen des LG. Die vollständige Selbständigkeit der auf den Jugendschutz bezüglichen landesrechtlichen Strafbestimmungen bringt es andererseits mit sich, daß auch fahrlässige Zuwiderhandlungen gegen die Bestimmungen über die Jugendvorstellungen unter Strafe gestellt werden können.

10. Wer **Bildstreifen** von wissenschaftlicher oder künstlerischer Bedeutung, **die** gemäß § 2 nur **zur Vorführung vor bestimmten Personenkreisen zugelassen worden sind, vor anderen Personenkreisen öffentlich vorführt**, macht sich strafbar, da die Vorführung dieser Bildstreifen vor denjenigen Personen, vor denen sie erfolgt, nicht zugelassen ist. (§ 17 Abs. 1; vgl. oben Anm. 8.) Dagegen ist es nicht allgemein verboten, derartige nur beschränkt zugelassene Bildstreifen zum Zwecke der öffentlichen Vorführung in den Verkehr zu bringen. Dies ist nur dann strafbar, wenn es in bewußter Weise geschieht, um eine öffentliche Vorführung vor anderen Personenkreisen als vor denjenigen, für welche die Bildstreifen zugelassen sind, zu ermöglichen, falls die nicht genehmigte Vorführung tatsächlich stattfindet.

11. Von der Festsetzung einer **Mindeststrafe** ist abgesehen worden, auch für den Fall des Rückfalls. Es kann also bis zu 3 Mark Geldstrafe oder bis zu einem Tage Gefängnis heruntergegangen werden. (StGB §§ 27; 16.) Für die Umwandlung einer nicht beitreibbaren Geldstrafe ist der Betrag von 3 bis 15 Mark zu setzen, doch darf die Ersatzfreiheitsstrafe nicht mehr als ein Jahr betragen. (StGB § 29.)

12. Der **Versuch** ist nicht strafbar, da es sich um ein Vergehen handelt (StGB § 43 Abs. 2). Für die **Teilnahme** gelten die allgemeinen Bestimmungen StGB §§ 47 ff. Zu beachten ist Gw. O § 151. Der Begriff der polizeilichen Vorschriften ist hier im weitesten Sinne zu nehmen (v. Landmann § 151 Anm. 2). Die sittenpolizeilichen Vorschriften des LG gehören dazu. Hat der Gewerbetreibende einen Vertreter, so haftet er, wenn er fahrlässig handelt, neben ihm, insbesondere wenn er bei der nach den Verhältnissen möglichen eigenen Beaufsichtigung des Betriebs, bei der Auswahl der Betriebsleiter oder Aufsichtspersonen oder bei ihrer Beaufsichtigung hat an der erforderlichen Sorgfalt fehlen lassen (v. Landmann § 151 Anm. 3).

13. Nach der herrschenden Ansicht können nur **physische Personen** als Täter usw. in Frage kommen, nicht dagegen juristische Personen oder gar Personengesamtheiten ohne Rechtsfähigkeit (Olshausen I 4 N. 6, Szczesny S. 77, Stern S. 71, dagegen z. B. Hofacker, „Die Staatsverwaltung und die Strafrechtsreform" (Berlin, Stuttgart, Leipzig 1919) S. 30 ff, 335 ff. und Kohler, Archiv für Strafrecht 64 S. 500 ff.), trotzdem jedenfalls Geldstrafen und die Untersagung des Gewerbebetriebes auch gegen sie vollstreckt werden könnten, ja dann erst die eigentlich beabsichtigte Wirkung haben könnten. Strafbar machen sich hiernach nur die Organe oder Angestellten der Personengesamtheiten. Es ist auch nicht ihre Haftung für die Geldstrafen ausgesprochen. Eine Untersagung des Gewerbebetriebes ist ihnen gegenüber auf Grund der Verur-

teilung des Organes oder Angestellten nicht möglich. Sie stehen sich daher besser als die einer physischen Person gehörenden Betriebe, ohne daß dies sachlich gerechtfertigt wäre. Eine Einziehung eines ihnen gehörenden Bildstreifens ist dagegen zulässig (vgl. § 20 Anm. 1).

14. Zuständig zur Aburteilung sind die Strafkammern. Nach dem Gesetz über die Vereinfachung der Rechtspflege vom 21. 10. 17 (RGBl S. 1037) — vgl. § 27 Abs. 2, 3 des Ausführungsgesetzes zum Friedensvertrag vom 31. 8. 19 (Reichsgesetzblatt S. 1530) — Art. I kann die Zuständigkeit des Schöffengerichts dadurch begründet werden, daß der Staatsanwalt bei der Erhebung der Anklage die Eröffnung des Hauptverfahrens vor dem Schöffengericht beantragt, aber nur, wenn anzunehmen ist, daß auf keine höhere Strafe als Gefängnis von 6 Monaten erkannt werde. Nach Art. II 2 ist auch das Strafbefehlsverfahren zulässig.

15. Die §§ 18—20 regeln nur die Strafbestimmungen. Der Verwaltungszwang bei Zuwiderhandlung gegen die Verbote ist daneben zulässig. Er richtet sich nach dem Landesrecht. In Betracht kommt vor allem unmittelbarer Zwang durch Verhinderung der Vorführung, Entfernung des Jugendlichen, Wegnahme des Plakates usw., daneben aber auch Geldstrafe als Zwangsmittel (vgl. Lagenstein S. 49 ff; Fleiner, Institutionen des Deutschen Verwaltungsrechts, 2. Aufl., Tübingen 1912 S. 192 ff., besonders 197 ff.; Hofacker, „Die Staatsverwaltung und die Strafrechtsreform", Stuttgart, Berlin und Leipzig 1919 S. 295 ff. Vgl. auch das jetzt aufgehobene Braunschweigische Gesetz vom 5. 12. 11 (Hellwig, Rechtsquellen) § 10 sowie die oben § 4 Anm. 3 angeführte Bemerkung Aussch. S. 6).

§ 19. Wer eine nicht genehmigte Reklame benutzt (§ 5 Abs. 2) oder einer Prüfungsstelle einen bereits abgelehnten Bildstreifen unter wissentlicher Verschweigung dieses Umstandes vorlegt (§ 7) oder wer Jugendliche den Bestimmungen des § 3 entgegen zu den allgemeinen Vorstellungen zuläßt, wird mit Geldstrafe bis zehntausend Mark bestraft.

Handelt der Täter fahrlässig, so wird er mit Geldstrafe bis zu dreitausend Mark bestraft.

1. In Abs. 1 ist nicht wie in § 18 nachträglich das Wort „vorsätzlich" eingefügt worden. Aus Abs. 2 ergibt sich aber, daß in Abs. 1 nur die vorsätzliche Handlung unter Strafe gestellt werden soll. (So auch Szczesny S. 80.)

2. Strafbar macht sich nur, wer die Reklame benutzt, d. h. wer sie ausstellt, anschlägt, verteilt, veröffentlicht. Benutzen ist ein engerer Begriff als verbreiten. Insbesondere ist das Versenden der Reklameplakate usw. an die Lichtspielunter-

nehmer usw. noch keine Benutzung der Reklame. Benutzung ist an sich zwar das Veröffentlichen der Reklameanzeigen in Zeitungen und Druckschriften; da § 19 Abs. 1 aber kein neues Verbot aufstellen will, sondern nur die Strafsanktion für das in § 5 Abs. 2 normierte Verbot geben will, kommt nur eine solche Benutzung in Frage, die dem § 5 widerspricht. Die Reklame durch Veröffentlichung in Druckschriften, soweit diese nicht verteilt werden, fällt mithin nicht unter die Strafbestimmung (vgl. § 5 Anm. 5).

3. Die Zuwiderhandlung gegen § 7 muß wissentlich geschehen sein, d. h. der Täter muß gewußt haben, daß der betreffende Bildstreifen von einer Prüfungsstelle schon abgelehnt war wenn auch in abgeänderter Form. (So auch Szczesny S. 82.) Enthält der Bildstreifen nur einige Teilbilder eines abgelehnten Bildstreifens, insbesondere wenn diese selbst zu Beanstandungen Anlaß nicht gegeben hatten, ist er also dem abgelehnten gegenüber ein völlig neuer, anderer Bildstreifen, so macht sich derjenige, der ihn ohne weiteres einer Prüfungsstelle vorlegt, nicht strafbar. Nimmt der Vorlegende aber irrtümlich an, der vorgelegte Bildstreifen sei nicht lediglich der abgelehnte in abgeänderter Form, so liegt jedenfalls eine vorsätzliche Zuwiderhandlung nicht vor.

4. Durch das Verbot, Jugendliche den Bestimmungen des § 3 zuwider zu den allgemeinen Vorstellungen zuzulassen, wird der Tatbestand einer neuen strafbaren Handlung aufgestellt, die in § 3 nicht enthalten ist. Nach § 3 ist nur die Vorführung von Bildstreifen, die nicht besonders zur Vorführung vor Jugendlichen zugelassen sind, vor Jugendlichen verboten. Die Strafbestimmung für Zuwiderhandlungen gegen dieses Verbot enthält schon der § 18. Wer derartige Bildstreifen vor Jugendlichen vorführt, läßt dadurch notwendigerweise auch Jugendliche zu den allgemeinen Vorstellungen zu. Dies tun aber auch andere Personen, deren Tätigkeit eine Vorführung des Bildstreifens nicht enthält (so Kassierer), die einem Jugendlichen eine Eintrittskarte zu einer allgemeinen Vorstellung verkaufen (Szczesny S. 84, Goldbaum S. 72), Platzanweiser, die ihm einen Platz anweisen, Kontrolleure, die ihn nicht hinausweisen. (Goldbaum S. 72.) Zulassen ist nicht im engen Sinne des Einlassens zu verstehen, sondern im weiteren Sinne, indem auch das Dulden darunter fällt.

5. Die allgemeinen Vorstellungen bilden den Gegensatz zu denjenigen Vorstellungen, in denen lediglich Bildstreifen gezeigt werden, die nur zur Vorführung vor Jugendlichen zugelassen sind. Es soll hier ebensowenig wie in § 19 Abs. 2 durch das Wort Jugendvorstellungen ein reichsrechtliches Verbot der Zulassung der Jugendlichen zu anderen als besonderen Jugendvorstellungen aufgestellt werden (vgl.

§ 18 Anm. 9). Es macht sich beispielsweise nicht strafbar, wer Jugendliche zu allgemeinen Vorstellungen, die nicht den besonderen landesrechtlichen Anforderungen an Jugendvorstellungen entsprechen, zuläßt, vorausgesetzt, daß alle diejenigen Bildstreifen, die vor den Jugendlichen vorgeführt werden, auch besonders zur Vorführung vor Jugendlichen zugelassen worden sind.

6. Für das erst nachträglich hinzugefügte Verbot der Zulassung von Kindern unter sechs Jahren zur Vorführung von Bildstreifen besteht keine besondere Strafbestimmung. Sie ist vergessen worden. Strafbar ist die Zuwiderhandlung infolgedessen nur, soweit sie gegen die allgemeinen Bestimmungen verstößt, die für alle Jugendlichen, also auch für Kinder unter sechs Jahren, gelten. Strafbar macht sich also, wer Kindern unter sechs Jahren Bildstreifen vorführt, die zur Vorführung vor Jugendlichen nicht zugelassen sind. Dagegen macht sich nicht strafbar, wer Kinder unter sechs Jahren zu Jugendvorstellungen zuläßt oder überhaupt vor ihnen nur solche Bildstreifen vorführt, die zur Vorführung vor Jugendlichen zugelassen sind. (Szczesny S. 47.) Diese Lücke des Gesetzes kann auch landesrechtlich nicht ausgefüllt werden. (A. M. Szczesny S. 47; richtig Goldbaum S. 72.) Die Materie des Jugendschutzes bezüglich der Kinder unter sechs Jahren ist reichsrechtlich abschließend geregelt. Mit den landesrechtlichen Vorschriften sind auch die entsprechenden landesrechtlichen Strafvorschriften (so PV Berlin vom 5. 12. 12 §§ 1, 3 usw.) außer Kraft gesetzt.

7. Eine reichsrechtliche Strafbestimmung für die in § 3 Abs. 3 zugelassenen weitergehenden landesgesetzlichen Vorschriften über den Jugendschutz besteht nicht.

8. Über Fahrlässigkeit vgl. § 18 Anm. 5.

Über Bemessung und Umwandlung der Geldstrafe vgl. § 18 Anm. 11.

§ 20. Neben der Strafe kann auf Einziehung des Bildstreifens erkannt werden, ohne Unterschied, ob er dem Verurteilten gehört oder nicht. Ist die Verfolgung oder die Verurteilung einer bestimmten Person nicht ausführbar, so kann auf Einziehung des Bildstreifens selbständig erkannt werden.

Außerdem kann, sofern der Täter vorsätzlich gehandelt hat, bis zu drei Monaten und bei wiederholtem Rückfall dauernd der schuldigen Person das Betreiben des Gewerbes untersagt werden.

1. Die Einziehung der Bildstreifen ist keine Nebenstrafe, da auf sie erkannt werden kann, ohne Unterschied, ob der Bildstreifen dem Verurteilten gehört oder nicht. (Schwartz § 40 Anm. 1.) Die Einziehung ist entgegen der Regel des § 40

StGB nicht nur bei vorsätzlichen, sondern auch bei fahrlässigen Vergehen statthaft.

2. Die Einziehung setzt im Regelfall voraus, daß in demselben Urteil gleichzeitig auf eine Strafe wegen Zuwiderhandlung gegen LG §§ 18, 19 erkannt worden ist. Da das LG einen strafbaren Versuch nicht kennt, der Versuch einer Zuwiderhandlung also nicht strafbar ist, kann auch die Einziehung nur erfolgen, wenn die Zuwiderhandlung vollendet ist. (Schwartz § 40 Anm. 2.)

3. Eingezogen wird nur der betreffende Bildstreifen, durch dessen Vorführung oder In-den-Verkehr-Bringen oder Vorlegen die Zuwiderhandlung begangen ist. (A. M. Szczesny S. 86.) In der Regel wird dies ein Positivfilm sein; soweit es sich um ein In-den-Verkehr-Bringen handelt, kommt aber auch ein Negativfilm, der beispielsweise ohne Zensur in das Ausland hindurchzuschmuggeln versucht worden ist, in Frage. Nicht mit eingezogen werden die Reklameplakate und der Text der mündlichen Erläuterungen. (A. M. Szczesny S. 85 f. und Seeger, Reklame S. 31).

4. Die Einziehung ist nicht nur bei Vergehen gegen § 18 möglich, sondern auch bei Vergehen gegen § 19 und gegen § 17.

5. Wenn der Inhalt des Bildstreifens strafbar ist — so bei Vergehen gegen § 184, 185 StGB, nicht dagegen bei den Formaldelikten des LG —, so ist gemäß § 41 StGB im Urteile auszusprechen, daß alle Exemplare sowie die zu ihrer Herstellung bestimmten Formen unbrauchbar zu machen sind, soweit sie sich im Besitze des Verfassers oder Herausgebers befinden oder öffentlich ausgelegt oder angeboten sind. Im Gegensatz zu der Einziehung ist die Unbrauchbarmachung bindend vorgeschrieben, auch bezieht sie sich nicht nur auf das betreffende Exemplar des Bildstreifens, der gerade vorgeführt usw. ist. Ist nur ein Teil des Bildstreifens strafbaren Inhalts, so ist nur die Unbrauchbarmachung dieser Teile und des entsprechenden Teiles des Negativfilms auszusprechen. Daß § 41 StGB auch auf Bildstreifen anwendbar ist, ist anerkannt. (Hellwig in ZfStrW 35 S. 469 ff.; Grünbaum, „Voraussetzungen der Unbrauchbarmachung im Reichsstrafgesetzbuche [§ 41] und den Spezialstrafgesetzen des Reichs", Breslau 1913, S. 29, RGSt Bd. 39 S. 138.)

6. Ist die Verfolgung oder Verurteilung einer bestimmten Person nicht ausführbar, z. B. weil der Täter im Ausland ist oder die Strafverfolgung verjährt ist (Schwartz § 42 Anm. 5), so kann sowohl auf die Einziehung (LG § 20) als auch auf die Unbrauchbarmachung selbständig, d. h. ohne Verurteilung des Täters, erkannt werden (StGB § 42). Voraussetzung ist aber stets, daß sowohl in objektiver wie in subjektiver Beziehung der volle Tatbestand des Vergehens gegeben ist.

7. Die Untersagung des Gewerbebetriebes ist eine Nebenstrafe, die nur bei einer vorsätzlichen Zuwiderhandlung zulässig ist. Sie ist zwar hauptsächlich als äußerstes Mittel gegen Lichtspielunternehmer gedacht (Aussch. S. 10), kann aber ebenso gut auch gegen Filmfabrikanten, Filmverleiher, Kassierer, Platzanweiser und sonstige Angestellte verhängt werden. A. M. Goldbaum S. 73, der sie auf Lichtspielunternehmer beschränkt, und Szczesny S. 88, der sie außerdem nur noch auf Filmverleiher und Filmhersteller ausdehnt. Sie ist nur zulässig gegen die schuldige Person, d. h. gegen den verurteilten Täter usw. Da als solche nur physische Personen in Frage kommen (§ 18 Anm. 13), kann Aktiengesellschaften usw. das Betreiben des Gewerbes nicht untersagt werden. (Ebenso Szczesny S. 88.) Diese Nebenstrafe verstößt nicht gegen EG zum StGB § 6, denn die neuere Reichsgesetzgebung ist in der Einführung anderer als im StGB enthaltener Strafarten nicht beschränkt (Olshausen § 6 EG zum StGB Anm. 1) Wiederholter Rückfall liegt dann vor, wenn der Täter usw. wegen eines Vergehens gegen §§ 18 oder 19 zum dritten Mal verurteilt wird. § 244 StGB darf nicht zur Auslegung herangezogen werden. Es ist deshalb nicht erforderlich, daß der Täter die früheren Strafen ganz oder zum Teil verbüßt hat (so auch Szczesny S. 88; a. M. Stern S. 74), auch nicht, daß er die zweite Tat nach der Bestrafung wegen der ersten und die dritte nach der Bestrafung wegen der zweiten begangen hat (nicht ganz klar Szczesny S. 88).

Über die von der nur persönlich wirkenden Untersagung des Gewerbebetriebes zu unterscheidende dingliche Schließung des Geschäfts durch die Ortspolizeibehörde sowie im besetzten Rheinland durch die Hohe interalliierte Rheinlandkommission vgl. § 4 Anm. 3 und § 8 Anm. 3.

Ergänzende reichsrechtliche und landesrechtliche Bestimmungen.

Die Verfassung des Deutschen Reiches
vom 11. August 1919 (RGBl. S. 1383)

Artikel 118.

Jeder Deutsche hat das Recht, innerhalb der Schranken der allgemeinen Gesetze seine Meinung durch Wort, Schrift, Druck, Bild oder in sonstiger Weise frei zu äußern. An diesem Rechte darf ihn kein Arbeits- oder Anstellungsverhältnis hindern, und niemand darf ihn benachteiligen, wenn er von diesem Rechte Gebrauch macht.

Eine Zensur findet nicht statt, doch können für Lichtspiele durch Gesetz abweichende Bestimmungen getroffen werden. Auch sind zur Bekämpfung der Schund- und Schmutzliteratur sowie zum Schutze der Jugend bei öffentlichen Schaustellungen und Darbietungen gesetzliche Maßnahmen zulässig.

Gebührenordnung für die Prüfung von Bildstreifen.
(Deutscher Reichsanzeiger 1920, Nr. 203.)

Für die Prüfung von Bildstreifen auf Grund des § 16 des Lichtspielgesetzes vom 12. Mai 1920 (RGBl. S. 953) wird mit Zustimmung des Reichsrats nachstehende Gebührenordnung erlassen:

§ 1. Die Gebühren für die Prüfung von Bildstreifen werden nach der Zahl der laufenden Meter berechnet. Die Prüfstelle stellt die Meterzahl fest; angefangene Meter sind voll zu berechnen.

§ 2. Die Gebühren betragen für den laufenden Meter Bildstreifen eine Mark, bei Bildstreifen, die einen rein belehrenden Inhalt haben oder Landschaften darstellen oder für die bereits eine Zulassungskarte von einer Landes- oder Polizeibehörde ausgestellt ist, die nur nachgeprüft werden, fünfzig Pfennig. Die Gebühren sind für jede Prüfung sowohl bei den Prüfstellen als auch bei der Oberprüfstelle zu entrichten und fließen in die Reichskasse.

§ 3. Die auf Antrag einer Landeszentralbehörde vorgenommenene Nachprüfung bereits genehmigter Bildstreifen (§ 4 des Gesetzes) sowie die Prüfung der Reklame ist gebührenfrei; das bleiche gilt, wenn der Vorsitzende oder zwei bei der Entscheidung geteiligte Beisitzer von ihrem Beschwerderecht Gebrauch machen (§ 12 des Gesetzes).

§ 4. Die Gebühren werden bei der Entscheidung über die Zulassung des Bildstreifens durch den Leiter der Prüfstelle festgesetzt, der auch berechtigt ist, die Zahlung von Vorschüssen zu fordern. Die Gebühren sind spätestens bei Aushändigung des zur Prüfung eingereichten Bildstreifens zu entrichten.

§ 5. Für die dem Antragsteller auszuhändigenden Zulassungskarten wird bei der Aushändigung eine Ausstellungsgebühr von zehn Mark erhoben. Für die Beglaubigung von Abschriften der Zulassungskarten ist eine Bescheinigungsgebühr von einer Mark zu entrichten.

§ 6. Auf Beschwerden über die Festsetzung der Gebühren bei den Prüfstellen entscheidet der Leiter der Oberprüfstelle, gegen Festsetzung der Gebühren bei der Oberprüfstelle der Reichsminister des Innern. Die Entscheidungen sind endgültig.

§ 7. Die Beitreibung der Gebühren erfolgt auf Ersuchen des Leiters der Prüfstelle oder der Oberprüfstelle nach den Vorschriften über die Beitreibung öffentlicher Abgaben.

§ 8. Die Gebührenordnung tritt mit Wirkung vom 21. Juni 1920 in Kraft.

Berlin, den 18. August 1920.

Der Reichsminister des Innern. J. V.: Lewald.

Ausführungsverordnung zum Lichtspielgesetze
vom 12. Mai 1920 (RGBl. S. 953).
Vom 16. Juni 1920 (RGBl. S. 1213).

A. Allgemeines

1. Der Prüfung durch die Prüfstellen unterliegen alle Bildstreifen, d. h. alle bildlichen Darstellungen, die vermittels eines Geräts zur Vorführung von Bildstreifen (Kinoapparat) öffentlich vorgeführt oder zum Zwecke der öffentlichen Vorführung im Inland und Ausland in den Verkehr gebracht werden, nicht als Diapositive und ähnliche Einzelbilder. Gleichgültig ist, ob die Bildstreifen selbständig oder im Zusammenhange mit anderen Darstellungen oder als Bestandteile solcher, z. B. Theateraufführungen, Filmsketsche, Filmopern usw., vorgeführt werden.

2. Bildstreifen über Tagesereignisse und Bildstreifen, die lediglich Landschaften darstellen, sind, sofern nicht Bedenken auf Grund des Gesetzes vorliegen (§§ 1, 3) von der Ortspolizeibehörde für ihren Bezirk zuzulassen. Die Berechtigung, diese Bildstreifen auch den Prüfstellen vorzulegen, bleibt hiervon unberührt.

3. Der Zulassung bedarf es nicht, wenn die Bildstreifen zu ausschließlich wissenschaftlichen und künstlerischen Zwecken in öffentlichen oder als öffentlich von der Landeszentralbehörde anerkannten Bildungs- oder Forschungsanstalten zur Vorführung gelangen.

B. Antrag

1. Der Antrag auf Zulassung eines Bildstreifens ist schriftlich zu stellen. Er muß die Ursprungsfirma, ihren Sitz, den Titel des Bildstreifens, die Länge und die Anzahl der Teile oder Akte enthalten. Dem Antrag ist ein Verzeichnis des verbindenden Textes (Zwischentitel), nach Akten geordnet, nebst Inhaltsangabe des Bildstreifens, beides in dreifacher Ausfertigung, beizufügen. In dem Verzeichnis des verbindenden Textes muß alles enthalten sein, was in dem Bildstreifen als sogenannte Zwischentitel erscheint (also z. B. der Wortlaut von Schriftstücken, Briefen, Zeitungsnotizen, Ankündigungen usw.).

2. Etwaige bei der Vorführung von Bildstreifen zu gebende Erklärungen, soweit sie nicht eine selbständige Bedeutung haben, sind dem Antrag in dreifacher Ausfertigung beizufügen.

3. In dem Antrag ist anzugeben, ob die Zulassung auch für Vorstellungen vor Jugendlichen erfolgen soll.

4. Dem Antrag ist ferner die Reklame im Umfang des § 5 des Gesetzes, soweit ihre Prüfung durch die Prüfstellen gewünscht wird, in doppelter Ausfertigung beizufügen.

5. Alle Änderungen eines zugelassenen Bildstreifens bedürfen eines neuen Antrags.

6. Antragsberechtigt ist für inländische Bildstreifen der Hersteller des Bildstreifens, für ausländische, wem über einen Bildstreifen das ausschließliche Verfügungsrecht für Deutschland zusteht. Für Bildstreifen, die bei Inkrafttreten des Gesetzes bereits im Verkehre sind, ist antragsberechtigt auch der Verfügungsberechtigte. Im Ausland hergestellte Bildstreifen sind zur Prüfung nur zuzulassen, wenn eine Bescheinigung des Reichskommissars für Aus- und Einfuhrbewilligung vorgelegt wird, nach der die Einfuhr dieses Bildstreifens genehmigt ist.

7. Bildstreifen, deren Zulassung von einer Prüfstelle bereits abgelehnt ist, dürfen, auch in abgeänderter Form, nur unter Angabe dieser Tatsache, und zwar unter Benennung der betreffenden Prüfstelle, des Datums und des Aktenzeichens des Bescheids wieder vorgelegt werden.

C. Prüfstellen

1. Amtliche Prüfstellen werden in Berlin und München errichtet; sie führen die amtliche Bezeichnung „Filmprüfstelle Berlin (München)". Ihre Entscheidungen gelten für das ganze Reich. Die Filmprüfstelle München ist für Bayern, Württemberg, Baden und Hessen, die Filmprüfstelle Berlin für die übrigen Teile Deutschlands zuständig. Die Zuständigkeit der Prüfstelle richtet sich nach dem Orte der Niederlassung des Antragsberechtigten; hat dieser mehrere Niederlassungen, so ist der Hauptsitz maßgebend.

2. An der Spitze der Prüfstelle steht ein Beamter als Leiter. Zur Erledigung der Prüfung werden bei den Prüfstellen nach Bedarf Kammern errichtet, die in der Besetzung von 5 Mitgliedern (einem Beamten als Vorsitzenden und vier Beisitzern) entscheiden.

3. Die Beisitzer werden in der erforderlichen Anzahl auf Grund von Vorschlagslisten der beteiligten Verbände vom Reichs-

minister des Innern auf die Dauer von 3 Jahren ernannt. Ihre Verteilung auf die einzelnen Kammern erfolgt unter Beachtung der gesetzlichen Bestimmungen (§§ 9, 11 des Gesetzes) durch die Leiter der Prüfstellen.

4. Die Beisitzer sind von dem Leiter der Prüfstelle für die Dauer ihrer Tätigkeit durch Handschlag zu verpflichten, ihr Urteil nach bestem Wissen und Gewissen ohne Ansehen der Person abzugeben. Bei der Verpflichtung der Beisitzer, die nicht dem Lichtspielgewerbe angehören, hat er sich zu vergewissern, daß sie an diesem Gewerbe nicht geschäftlich oder beruflich beteiligt sind.

5. Bei der Prüfung von Bildstreifen, die für Jugendvorstellungen bestimmt sind, sind Jugendliche im Alter von 18 bis 20 Jahren zu hören. Sie werden auf Vorschlag der Ausschüsse für Jugendwohlfahrt von der Prüfstelle zugezogen.

6. Die den Beisitzern zu gewährende Entschädigung (Anwesenheitsgelder und Reisekosten) setzt der Reichsminister des Innern fest.

D. Prüfungsverfahren

1. Der Vorsitzende kann Bildstreifen, bei denen nach seiner Ansicht kein Versagungsgrund im Sinne der gesetzlichen Bestimmungen gegeben ist, selbständig zulassen. Andernfalls ist die Entscheidung der Kammer herbeizuführen.

2. Zu der Verhandlung ist der Antragsteller oder ein von ihm bestellter Vertreter zu laden.

3. Von den Vorsitzenden können Sachverständige oder Vertreter von Behörden (z. B. des Auswärtigen Amtes, wenn die Gefährdung der Beziehungen Deutschlands zu auswärtigen Staaten in Frage kommt) zugezogen werden. Dies trifft auch auf die Fälle des § 2 des Gesetzes zu.

4. Der Vorsitzende leitet die Verhandlung und Abstimmung. Er stimmt zuletzt.

5. Beisitzer, die sich im einzelnen Falle als befangen erachten, haben dies dem Vorsitzenden zu erklären und dürfen bei der Prüfung nicht mitwirken.

6. Die Beschlußfassung erfolgt in nicht öffentlicher Sitzung. Ueber die Beratung ist Stillschweigen zu bewahren.

7. Ueber den Gang des Prüfungsverfahrens ist eine kurze Niederschrift aufzunehmen, aus der bei Ablehnung auch die Gründe ersichtlich sein müssen. Die Niederschrift ist von dem Vorsitzenden zu unterzeichnen. Dem Antragsteller ist auf Antrag eine Abschrift der Niederschrift, soweit sie die öffentliche Verhandlung wiedergibt, gegen Erstattung der Kosten zu erteilen.

8. Machen der Vorsitzende oder zwei bei der Entscheidung beteiligte Beisitzer von ihrem Beschwerderechte gemäß § 12 des Gesetzes Gebrauch, so ist dies in der Niederschrift mit aufzunehmen.

9. Bei Ablehnung eines Bildstreifens ist dem Antragsteller ein schriftlicher Bescheid gegen Zustellungsurkunde zuzustellen. Er ist auf Antrag mit Gründen zu versehen.

10. Die vorstehenden Bestimmungen finden sinngemäß auf die Prüfung der Reklame Anwendung. Auch wenn Bildstreifen nicht vor Jugendlichen vorgeführt werden sollen, sind bei Prüfung der Reklame neben den Gesichtspunkten des § 1 Abs. 2 die des § 3 Abs. 2 des Gesetzes zu beachten.

11. Bildstreifen von wissenschaftlicher und künstlerischer Bedeutung können von der Prüfstelle, falls Bedenken gegen die unbeschränkte Vorführung vorliegen, gemäß § 2 des Gesetzes für die Vorführung vor einem bestimmten Personenkreise zugelassen werden.

12. Ueber die Zulassung eines Bildstreifens durch die Prüfstelle wird dem Antragsteller eine Zulassungskarte ausgestellt. Die Kosten fallen ihm zur Last.

13. Das Prüfungsverfahren ist gebührenpflichtig. Die Höhe der Gebühren wird durch besondere Ordnung festgesetzt. Von dem Antragsteller kann die Zahlung eines Vorschusses verlangt werden.

14. Die freiwillig oder auf Grund einer Entscheidung herausgeschnittenen Teile des Bildstreifens bleiben in Verwahrung der Prüfstelle, die auch je ein Stück der eingereichten Reklame zurückbehalten kann.

E. Rechtsmittel

1. Das Recht der Beschwerde steht dem Antragsteller, dem Vorsitzenden sowie gemeinschaftlich zwei bei der Entscheidung be-

teiligten Beisitzern der Prüfstelle zu. Die Einlegung der Beschwerde gemäß § 12 des Gesetzes hat bei der Prüfstelle zu erfolgen, deren Entscheidung angefochten wird. Diese hat die Beschwerde unverzüglich an die Oberprüfstelle zu leiten.

2. Bis zur endgültigen Entscheidung über die eingelegten Rechtsmittel bleibt der Bildstreifen in Verwahrung der Prüfstelle.

3. Die Einlegung der Beschwerde ist auch gegen die Entscheidung der Prüfstelle über das ihr vorgelegte Reklamematerial zulässig.

4. Der Antrag auf Mitteilung der Gründe des Verbots gemäß § 15 des Gesetzes hat den Lauf einer neuen Frist nicht zur Folge.

5. Die Zurücknahme der eingereichten Beschwerde hat schriftlich zu erfolgen.

F. Oberprüfstelle

1. Die Oberprüfstelle hat ihren Sitz in Berlin. Die Bestimmungen über die Prüfstellen und das Verfahren vor diesen finden auf die Oberprüfstelle sinngemäße Anwendung.

2. Die Oberprüfstelle entscheidet auf die gegen die Entscheidung der Prüfstellen eingelegten Beschwerden sowie über Anträge von Landeszentralbehörden auf Widerruf eines Bildstreifens für das Reich oder ein bestimmtes Gebiet (§ 4 des Gesetzes). Ist die Beschwerde verspätet eingelegt, so ist sie von der Oberprüfstelle als unzulässig zurückzuweisen.

3. Die mit Gründen versehenen Entscheidungen der Oberprüfstelle sind den Prüfstellen bekannt zu geben. Auf Wunsch ist den Organisationen des Lichtspielgewerbes Abschrift gegen Erstattung der Kosten zu erteilen.

4. Der Leiter der Oberprüfstelle hat auf eine gleichmäßige und beschleunigte Behandlung der Dienstgeschäfte und auf die Beachtung gleicher Grundsätze bei den Prüfstellen hinzuwirken. Zu diesem Behuf ist er berechtigt, an den Sitzungen der Prüfstellen teilzunehmen, die Leiter und die Mitglieder zu gemeinsamer Beratung zusammenzurufen, auch Bestimmungen über die sonstigen Erfordernisse für das Verfahren vor den Prüfstellen zu erlassen. Etwaige Meinungsverschiedenheiten der Prüfstellen (z. B. über die Zuständigkeit) unterliegen seiner Entscheidung.

Geschäftsanweisung
für die Filmprüfungsstellen in Berlin und München.

I. Allgemeines.

1. Der mit der Leitung der Prüfstelle beauftragte Beamte führt die Dienstaufsicht über die gesamten Dienstgeschäfte. Seinen Anweisungen haben die Beamten der Prüfstelle, soweit nicht die Beurteilung der Bildstreifen selbst in Frage kommt, Folge zu leisten. Er überweist insbesondere die Anträge auf Genehmigung von Bildstreifen den Vorsitzenden der einzelnen Kammern zur weiteren Bearbeitung.

Der Leiter der Prüfstelle verteilt die Beisitzer auf die einzelnen Kammern nach Maßgabe der vom Reichsminister des Innern aufgestellten Listen.

2. Folgende Bücher sind zu führen:

a) ein Tagebuch für alle Eingänge,

b) ein Filmbuch nach einliegendem Muster, in das die Bildstreifen nach der Reihe ihres Einganges einzutragen sind,

c) die erforderlichen Kassenbücher.

II. Prüfungsverfahren.

1. Die Vorsitzenden der Kammern setzen die Termine für die ihnen zugewiesenen Bildstreifen fest. Sie haben nach Überweisung der Bildstreifen durch den Leiter der Filmprüfstelle das Erforderliche wegen der Prüfung der Bildstreifen sofort zu veranlassen. Sie tragen die Verantwortung für die möglichst schleunige Erledigung der Prüfungen. Sie haben die Ladungen des Antragstellers, der Beisitzer und etwaiger Sachverständiger zu bewirken.

2. Der Vorsitzende leitet die Verhandlungen bei der Prüfung der Bildstreifen und übt die Sitzungspolizei aus. Die Beschlußfassung und Abstimmung erfolgt in Abwesenheit des Antragstellers. Die Abstimmung erfolgt nach dem Lebensalter vom jüngsten beginnend. Der Vorsitzende stimmt zuletzt.

3. Die Entscheidung der Kammer hat folgendermaßen zu lauten:

a) Der Bildstreifen wird zur öffentlichen Vorführung, auch vor Jugendlichen, im Deutschen Reiche zugelassen.

b) Der Bildstreifen wird zur öffentlichen Vorführung im Deutschen Reiche zugelassen, darf jedoch vor Jugendlichen nicht vorgeführt werden.

c) Der Bildstreifen wird zur öffentlichen Vorführung im Deutschen Reiche zugelassen, darf jedoch nur vor . . . vorgeführt werden.

d) Die öffentliche Vorführung des Bildstreifens im Deutschen Reiche wird verboten.

4. Werden Teile des Bildstreifens verboten und aus ihm entfernt, so sind diese unter Angabe der Längen und genauer Beschreibung in der Entscheidung aufzuführen. Besonders auffallende Arten der Darstellung, z. B. Großaufnahmen, Blick durchs Schlüsselloch, Fernrohr, Abdunkelung usw. sind hierbei hervorzuheben.

5. Gleichzeitig mit dem Bildstreifen ist die vorgelegte Reklame zu prüfen. Je eine Ausfertigung etwa verbotener Reklame ist zurückzubehalten und mit den Akten, die für jeden Bildstreifen besonders anzulegen sind, zu verbinden. Das zweite Stück wird der nicht beteiligten Prüfstelle übersandt. Die genehmigte Reklame geht mit Genehmigungsstempel versehen an den Antragsteller zurück.

6. Geht eine Beschwerde gegen die Entscheidung ein, so ist sie mit den Vorgängen sofort vom Vorsitzenden dem Leiter vorzulegen und von diesem an die Oberprüfstelle weiterzugeben.

III. Zulassungskarten.

Die Zulassungskarten haben den verbindenden Text, gegebenenfalls auch den Text der mündlich zu gebenden Erklärung, zu enthalten. Sie sind im Druck nach beiliegendem Muster herzustellen. Jede Zulassungskarte ist mit der entsprechenden Nummer des Filmbuches zu versehen. Für Bildstreifen, die auch vor Jugendlichen vorgeführt werden, werden blaue Zulassungskarten ausgestellt, für die übrigen solche in gelbgrauer Farbe. Die Kosten für die Herstellung der Karten hat der Antragsteller zu tragen.

IV. Kartothek.

Bei jeder Prüfstelle ist je eine Kartensammlung der geprüften Bildstreifen anzulegen und zwar gesondert für die zugelassenen und verbotenen Bildstreifen. Die Karten sind nach den Titeln der Bildstreifen alphabetisch einzuordnen. Der bestimmte oder unbestimmte Artikel wird hierbei nicht berücksichtigt.

V. Statistik.

Für statistische Zwecke sind die Ergebnisse der Prüfungen je nach ihrer Art in 5 Listen (allgemein zugelassenen, für Jugendliche verbotene, gänzlich verbotene, nur für bestimmte Personenkreise zugelassene und für widerrufene) zusammenzustellen.

VI. Veröffentlichung der Ergebnisse.

Die gänzlichen Verbote von Bildstreifen und die von der Oberprüfstelle ergangenen Widerrufe sind von der Prüfstelle im Fahndungsblatt für das Deutsche Reich zu veröffentlichen.

VII. Austauschverkehr.

Jede Prüfstelle hat der anderen Prüfstelle Abdrucke der Zulassungskarten und der Karten über verbotene Bildstreifen zu übersenden. Diese sind unter Beachtung der Grundsätze unter IV zu besonderen Sammlungen zusammenzustellen. Von Entscheidungen der Prüfstelle, durch welche ein Verbot eines Films ausgesprochen wird, ist der anderen Prüfstelle unter Übersendung des Titelverzeichnisses und der Inhaltsbeschreibung sofort Mitteilung zu machen. Die Prüfstellen haben gegenseitig Verzeichnisse der in ihren Bezirken vorhandenen Fabriken auszutauschen.

VIII. Ausschnitte.

Die von den Prüfstellen ausgeschnittenen Teile der Bildstreifen, die bestimmungsgemäß vom Antragsteller zu übergeben sind, sind sachgemäß so zu verwahren, daß sie jederzeit auffindbar und als Beweisstücke den zuständigen Behörden zugänglich gemacht werden können.

Polizei-Verordnung der Regierung des Herzogtums Anhalt über den Betrieb und den Besuch der Kinematographentheater und ähnlicher Vorführungen. Vom 30. Januar 1914.

(Anhaltischer Staatzanzeiger 1914 Nr. 32.)

§ 2. Mindestens drei Tage vor der Vorführung ist der Ortspolizeibehörde ein Verzeichnis vorzulegen, das die einzelnen Bilder mit Angabe des Titels, unter dem sie in den Handel gebracht werden, und der Fabrik, die sie hergestellt hat, enthält.

§ 3. Handelt es sich um Bilder, die bereits von dem Polizeipräsidenten in Berlin zur öffentlichen Vorführung zugelassen sind, und befindet sich der Unternehmer im Besitze eines Nachweises über diese Genehmigung, so braucht das Verzeichnis, in das eine hierauf bezügliche Angabe aufzunehmen ist, erst 24 Stunden vor der Aufführung eingereicht zu werden.

§ 5. Das mit dem Genehmigungsvermerk versehene Verzeichnis ist dem Unternehmer zurückzugeben.

§ 6. Das Verzeichnis und die Nachweise einer etwa schon durch den Polizeipräsidenten in Berlin erfolgten Genehmigung (§ 3) sind während der öffentlichen Vorführungen derart bereit zu halten, daß sie von dem revidierenden Beamten jederzeit eingesehen werden kann.

§ 7. Die öffentliche Vorführung kinematographischer Bilder darf nur unter denjenigen Titeln erfolgen, unter denen sie in das Verzeichnis eingetragen sind (§ 2).

§ 8. Die Veranstalter öffentlicher kinematographischer Vorführungen sind verpflichtet, die auf ihre Darbietungen bezüglichen Bekanntmachungen, Plakate und Aufrufe, welche öffentlich angeschlagen, angeheftet oder ausgestellt werden sollen, vorher der Ortspolizeibehörde zur Genehmigung vorzulegen.

§ 9. Jugendlichen Personen, welche das 6. Lebensjahr überschritten, aber das 16. Lebensjahr noch nicht vollendet haben, ist nur der Besuch von Schüler- und Kindervorstellungen gestattet. Die Veranstalter von Vorführungen der bezeichneten Art dürfen jugendliche Personen nur zu solchen Vorführungen zulassen, deren Besuch ihnen nach vorstehenden Bestimmungen gestattet ist.

§ 10. Bei Vorführungen, die nicht als Schüler- oder Kindervorstellungen genehmigt sind, ist an den Eingängen zu den Vorführungsräumen ein deutlich sichtbarer Aushang folgenden Inhalts anzubringen: „Jugendlichen Personen unter 16 Jahren ist der Zutritt nicht gestattet."

§ 11. Schüler- und Kindervorstellungen sind als solche an den Eingängen zu den Vorführungen durch einen deutlich sichtbaren Aushang, welcher auch den Spielplan zu enthalten hat, zu kennzeichnen; sie dürfen die Dauer von 75 Minuten nicht überschreiten und sind spätestens um 7 Uhr abends zu schließen. In diesen Vorstellungen dürfen nur Bilder vorgeführt werden, welche ausdrücklich für Schüler- und Kindervorstellungen genehmigt und mit entsprechendem Vermerk seitens der zuständigen Ortspolizeibehörde versehen sind.

Vor und nach jeder Schüler- und Kindervorstellung hat eine Pause von mindestens 15 Minuten Dauer stattzufinden, während welcher für vollständige Belichtung und ausgiebige Lüftung der Räumlichkeiten Sorge zu tragen ist.

Die Veranstalter der Vorführungen sind dafür verantwortlich, daß Schüler und Kinder die Räumlichkeit nach Beendigung einer jeden Vorstellung verlassen.

Die Vorschriften des § 6 finden auf diese Vorführungen entsprechende Anwendung.

§ 12. Durch kreis- oder ortspolizeiliche Anordnung können Schüler- und Kindervorstellungen weitergehenden polizeilichen Einschränkungen unterworfen werden.

§ 13. Zuwiderhandlungen gegen vorstehende Bestimmungen werden mit Geldstrafe bis zu 30 Mark oder entsprechender Haft bestraft.

§ 63 des badischen Polizeistrafgesetzbuches vom 31. Oktober 1863.

(Staats- und Regierungsblatt S. 453).

Wer ohne vorherige Anzeige bei der zuständigen Polizeibehörde, gegen deren Verbot oder mit Nichtbeachtung der von derselben, insbesondere auch bezüglich des Ortes und der Zeit getroffenen Anordnungen öffentlich Schau- und Vorstellungen unternimmt, wird an Geld bis zu 100 Mk. oder mit Haft bis zu 14 Tagen bestraft.

Badisches Gesetz vom 20. Juni 1874, die Einführung des Reichspreßgesetzes betreffend.

(Gesetzes- u. Verordnungsblatt für das Großherzogtum Baden 1874 S. 279.)

Artikel 3.

Von Bekanntmachungen, Plakaten und Aufrufen, welche öffentlich angeschlagen, ausgestellt oder auf Straßen, öffentlichen

Plätzen oder an anderen öffentlichen Orten unentgeltlich verteilt werden sollen, muß, bevor der Anschlag, die Ausstellung oder die Verteilung beginnt, ein Exemplar an die Ortspolizeibehörde gegen eine auf Verlangen zu erteilende Bescheinigung unentgeltlich abgeliefert werden.

Ausgenommen hiervon sind die amtlichen Bekanntmachungen, Plakate und Aufrufe, welche keinen andern Inhalt haben als Ankündigungen über gesetzlich nicht verbotene Versammlungen, über öffentliche Vergnügungen, über gestohlene, verlorene oder gefundene Sachen, über Verkäufe, Vermietungen oder andere Nachrichten für häusliche Zwecke und für den gewerblichen Verkehr.

Zuwiderhandlungen werden mit Geldstrafe bis zu 150 Mk. oder mit Haft bis zu 6 Wochen bestraft.

Erlaß des Badischen Ministeriums des Innern
vom 13. Juni 1910.

Gegen diese beklagenswerten Mißstände ist Abhilfe dringend geboten, und wir machen die Bezirksämter dafür verantwortlich, daß künftighin mit Entschiedenheit und Umsicht alle zulässigen Mittel zur Bekämpfung dieser Auswüchse angewendet werden. In dieser Hinsicht ist nun zunächst dafür zu sorgen, daß der Besuch von kinematographischen Vorstellungen durch Kinder tunlichst eingeschränkt wird. Zu diesem Zwecke ist den Besitzern von Kinematographentheatern auf Grund des § 63 PolStGB. zur Auflage zu machen, daß Kindern unter 14 Jahren ohne Begleitung ihrer Eltern oder Fürsorger der Eintritt zu andern als Kinder- oder Schülervorstellungen zu untersagen ist. Die Durchführung dieser Auflage ist auf das strengste zu überwachen und bei Zuwiderhandlung unnachsichtlich einzuschreiten . . . . Es ist den Unternehmern gemäß § 63 PolStGB. die Verpflichtung aufzuerlegen jedes neue Programm der Ortspolizeibehörde — sowie zum Verständnis der Bezeichnung erforderlich, unter Inhaltsangabe der einzelnen Stücke — vorzulegen. . . . In den Städten mit Staatspolizei ist . . . . grundsätzlich jede neue Bilderserie bei der ersten Aufführung durch einen Polizeikommissar zu besichtigen, der etwaige Anstände sofort zu melden hat . . . .

Der betreffende Polizeibeamte hat darauf zu achten, daß nur

angemeldete Bilder zur Aufführung kommen und jede Einschiebung unterbleibt. Bilder mit anderer als bei der Ortspolizeibehörde angegebenen Bezeichnung sind als nicht angemeldet zu betrachten und zu untersagen.

Abgesehen von der hiernach angeordneten regelmäßen Ueberwachung der Kinematographentheater durch die Polizeikommissare, die über ihre Aufgabe eingehend zu belehren sind, wird auch der zuständige Bezirksbeamte von Zeit zu Zeit durch unvermuteten Besuch der Kinematographentheater sich davon überzeugen, ob die Revision der unteren Polizeiorgane eine sachgemäße ist.

Die Kinematographentheater, die in Orten ohne Staatspolizei bestehen, sind von den Bürgermeisterämtern ebenfalls gemäß den dargelegten Gesichtspunkten zu überwachen. Die in Betracht kommenden Ortspolizeibehörden und die Gendarmerie sind hiernach mit Weisung zu versehen.

Erlaß des Badischen Ministeriums des Innern vom 26. November 1912.

Von dem Evangelischen Oberkirchenrat wird darauf hingewiesen, daß in manchen Landorten Schulkinder unbeschränkten Zutritt zu den kinematographischen Aufführungen finden. Hiernach ist anzunehmen, daß von den Ortspolizeibehörden nicht immer nach den von uns in dem Runderlaß vom 10. Februar 1912 Nr. 187 getroffenen Anordnungen verfahren wird. Wir sehen uns daher veranlaßt, diesen Runderlaß in Erinnerung zu bringen und beauftragen die Bezirksämter, die in Betracht kommenden Ortspolizeibehörden erneut auf die genaue Einhaltung der in dem genannten Erlaß gegebenen Anweisungen hinzuweisen. Dabei sind, wie hiermit in Abänderung jenes Erlasses bestimmt wird, diese Ortspolizeibehörden weiter anzuweisen, entsprechend der vom Großh. Bezirksamt Karlsruhe am 20. April 1912 den Karlsruher Kinematographentheatern gegenüber getroffenen Anordnung, die in den den Bezirksämtern durch Runderlaß vom 2. November 1912 Nr. 47 418 mitgeteilten Entscheidungsgründen des Urteils des Verwaltungsgerichtshofs vom 2. Oktober 1912 wiedergegeben ist, sämtlichen Kinematographenunternehmern gemäß § 63 PolStGB. zur Auflage zu machen,

1. daß noch nicht schulpflichtige Kinder, sowie Kinder innerhalb des schulpflichtigen und fortbildungsschulpflichtigen Alters nur zu eigens veranstalteten Kindervorstellungen zugelassen, von andern Vorstellungen dagegen auch in Begleitung ihrer Eltern und Fürsorger ausgeschlossen werden, sowie
2. daß solche Kindervorstellungen nur zu bestimmten Stunden (etwa nachmittags zwischen 2 und 6 Uhr) stattfinden und in den Ankündigungen als Schüler- oder Kindervorstellungen ausdrücklich bezeichnet werden, endlich
3. daß in dem Vorraum des Vorführungsraums oder an dessen Eingang während der Dauer dieser Vorstellungen die Aufschrift „Kinder"- oder „Schülervorstellung" an leicht sichtbarer Stelle angebracht wird.

Diese Anordnungen sind ohne Rücksicht darauf zu treffen, ob es sich um dauernde oder nur vorübergehende Unternehmungen handelt.

Die Bezirksämter werden beauftragt, nicht nur selbst hiernach zu verfahren, soweit sie hierzu als Ortspolizeibehörden berufen sind, sondern auch den Vollzug durch die Bürgermeisterämter als Ortspolizeibehörden genau zu überwachen.

Bekanntmachung des Bayerischen Staatsministers des Innern.

Betreff.: Vollzug des Lichtspielgesetzes vom 7. August 1920.

„Freistaat Bayern. Amtsblatt der Staatsministerien des Aeußern, des Innern für Soziale Fürsorge, für Landwirtschaft und für Handel, Industrie und und Gewerbe" 1920, S. 277.

An die Regierungen, Kammern des Innern, die Bezirks- und Ortspolizeibehörden.

Zum Vollzuge des Lichtspielgesetzes vom 12. Mai 1920 (RGBl. S. 953), das am 29. Mai 1920 in Kraft getreten ist, und der dazu ergangenen Ausführungsverordnung vom 16. Juni 1920 (RGBl. S. 1213), die nachstehend abgedruckt ist, wird folgendes bestimmt:

I. Die Prüfung der Bildstreifen erfolgt nach dem Gesetze durch die Prüfstellen, welche nach Bedarf an den Hauptsitzen der Filmindustrie errichtet werden. In Ausführung dieser Bestimmung werden Prüfstellen in Berlin und München errichtet werden, deren Bezirk räumlich abgegrenzt ist (Abschnitt C Ziff. 1 der Ausführungsverordnung).

Bis zur Bildung selbständiger Reichsstellen, die sobald als möglich erfolgen soll, sind die bisherigen polizeilichen Prüfstellen in Berlin und München (Polizeidirektion) mit der Wahrnehmung der Geschäfte der Filmprüfstellen betraut worden. Sie gelten, soweit sie eine Prüfungstätigkeit auf Grund des Lichtspielgesetzes ausüben, als Einrichtungen des Reichs. Die von ihnen auf Grund des Lichtspielgesetzes ausgesprochenen Zulassungen gelten daher für das ganze Reich.

II. Durch das neue Gesetz ist der Schwerpunkt der Filmprüfung, der bisher auf dem einzelnen Lichtspielunternehmer lag, auf den Hersteller des Bildstreifens verlegt, da die Zulassung des Bildstreifens regelmäßig durch die für den Niederlassungsort des Herstellers zuständige Filmprüfstelle erfolgt. Die Ueberwachung der Einhaltung der gesetzlichen Vorschriften hat aber nach wie vor hauptsächlich durch Kontrolle der Lichtspielunternehmungen zu geschehen und ist in erster Linie Sache der Ortspolizeibehörden. Diese haben darauf zu achten, daß keine Bildstreifen ohne die erforderliche Zulassung zur Vorführung gelangen und daß die Vorführung nur in dem Umfange stattfindet, in dem sie durch die zuständige Prüfstelle zugelassen ist. Bei Zuwiderhandlungen ist nicht nur mit Strafanzeige (s. § 18 ff. des Gesetzes), sondern auch mit Einstellung der Vorführung vorzugehen. Dabei ist, da die Einziehung des Bildstreifens zulässig ist, für die Sicherung dieser Maßnahme bedacht zu sein. Auf § 20 Abs. 2 des Gesetzes wird besonders verwiesen. Danach kann das Betreiben des Gewerbes teilweise oder ganz untersagt werden, wenn der Täter vorsätzlich gehandelt hat.

Im übrigen wird hierzu noch auf folgendes hingewiesen:

A) Ueberwachung der Lichtspielvorführungen.

1. Die Vorführung der von den Filmprüfstellen Berlin und München nach dem Lichtspielgesetze zugelassenen Bildstreifen kann, da die Zulassung im ganzen Reiche gilt, von den Ortspolizeibehörden nicht beanstandet werden. Der Nachweis der Zulassung wird durch die Zulassungskarte (§ 14 des Gesetzes) erbracht, die

den Stempel der zuständigen Filmprüfstelle Berlin oder München trägt. Die Zulassung kann folgenden Umfang haben:

a) Der Bildstreifen ist zur öffentlichen Vorführung auch vor Jugendlichen (unter 18 Jahren) zugelassen (blaue Zulassungskarte),

b) der Bildstreifen ist zur öffentlichen Vorführung zugelassen, darf jedoch vor Jugendlichen nicht vorgeführt werden (gelb-graue Zulassungskarte),

c) der Bildstreifen ist zur öffentlichen Vorführung zugelassen, darf jedoch nur vor bestimmten Personenkreisen vorgeführt werden (gelb-graue Zulassungskarte).

Teile von Bildstreifen, die von der Prüfstelle bei der Prüfung verboten wurden, sind in der Zulassungskarte aufgeführt.

2. Bildstreifen über Tagesereignisse und Bildstreifen, die lediglich Landschaften darstellen, können ohne Zulassung durch eine Filmprüfstelle von der Ortspolizeibehörde für ihren Bezirk zugelassen werden (§ 6 des Lichtspielgesetzes).

3. Die bisherigen Vorschriften über Prüfung und Zulassung von Bildstreifen sind durch das Lichtspielgesetz und die Ausführungsvorschriften dazu ersetzt. Für die Uebergangszeit ist jedoch zu bemerken:

In der Zeit bis zum 29. Mai 1921 können auf Grund des § 17 des Lichtspielgesetzes auch Bildstreifen vorgeführt werden, für die die Zulassung durch Prüfstellen im Sinne der §§ 8 ff. des Gesetzes noch nicht herbeigeführt worden ist, wenn diese Bildstreifen bei Inkrafttreten des Gesetzes (29. Mai 1920) bereits hergestellt und im Reiche im Verkehre waren. Die Vorführung dieser Streifen unterliegt jedoch im Uebergangsjahre der Vorschrift in Abschnitt II der Ministerialbekanntmachung vom 27. Januar 1912 (MABl. S. 45); sie müssen also von der bei der Polizeidirektion München errichteten Landesstelle zugelassen sein.

Ohne Zulassungskarte der Polizeidirektion München dürfen nur die in vorstehender Ziffer 2 erwähnten Streifen zugelassen werden.

4. Einer Zulassung bedarf überhaupt nicht die Vorführung von Bildstreifen zu ausschließlich wissenschaftlichen oder künstlerischen Zwecken in öffentlichen oder als öffentlich anerkannten Bildungs- und Forschungsanstalten.

B) Ueberwachung und Reklame.

1. Die zur Vorführung von Bildstreifen gehörige Reklame in und an den Geschäftsräumen und an öffentlichen Anschlagstellen, sowie die Reklame durch Verteilung von Druckschriften bedarf nunmehr in allen Fällen nach Reichsrecht der Genehmigung der Ortspolizeibehörde, soweit diese nicht bereits durch die Filmprüfstellen erteilt ist. Die Genehmigung der Reklame bei den Filmprüfstellen geschieht in der Weise, daß die vorgelegten Stücke der Reklame mit dem Stempel der Prüfstelle versehen werden. Bei der Prüfung der Reklame ist zu beachten, daß sie stets auch Jugendlichen zugänglich sein wird und daß daher stets der Maßstab der Prüfung für Jugendliche (§ 3 Abs. 2 des Lichtspielgesetzes) angelegt werden muß.

2. Verstößt die zur Prüfung vorgelegte Reklame weder gegen § 1 Abs. 2, noch gegen § 3 Abs. 2 des Lichtspielgesetzes, so muß sie nach § 5 Abs. 2 Satz 2 des Gesetzes genehmigt werden.

C) Schutz der Jugend.

1. Auf § 3 Abs. 3 des Lichtspielgesetzes werden die Gemeinden besonders aufmerksam gemacht. Die Bestimmung gibt den Gemeinden allerdings nicht die Möglichkeit einer nochmaligen Prüfung der Bildstreifen, da die darin vorgesehenen „weiteren Bestimmungen" sich nur auf die Zulassung von Jugendlichen beziehen können. Sie wird sich beispielsweise mit Festsetzung bestimmter Tageszeiten für Jugendvorstellungen, Maßnahmen zur Erleichterung der Ueberwachung der Lichtspielhäuser hinsichtlich der Einhaltung der Jugendschutzbestimmungen befassen können.

2. Die Ueberwachung der Einhaltung der von den Gemeinden erlassenen „weiteren Bestimmungen" über die Zulassung der Jugendlichen wie überhaupt der zum Schutze der Jugend getroffenen Bestimmungen ist Sache der Ortspolizeibehörden, in München der Polizeidirektion.

Für den in § 3 Abs. 3 des Lichtspielgesetzes vorgesehenen Einspruch der Lichtspielunternehmer gegen die Festsetzung weiterer Bestimmungen für die Zulassung Jugendlicher durch die Gemeinden bemißt sich die Zuständigkeit nach Art. 163 der Gemeindeordnung

D) Widerruf der Zulassung.

Ein Recht, den Widerruf der Zulassung zu beantragen, hat nach dem Lichtspielgesetze lediglich die Landeszentralbehörde. Sofern sich nach Anschauung der mit dem Vollzuge des Lichtspielgesetzes betrauten Organe, insbesondere also der Ortspolizeibehörden, wegen nachträglichen Hervortretens der Voraussetzungen für die Versagung der Zulassung eines Bildstreifens (§§ 1 und 3 des Gesetzes) ein Anlaß ergibt, den Widerruf der Zulassung herbeizuführen, ist eingehend begründeter Antrag auf dem Dienstweg, in eiligen Fällen unmittelbar an das Staatsministerium des Innern zu stellen. Die gänzlichen Verbote von Bildstreifen und die von der Oberprüfstelle ergangenen Widerrufe werden im Fahndungsblatt für das deutsche Reich veröffentlicht.

III. Um die Durchführung der Vorschriften nach Möglichkeit zu erleichtern, werden die Ortspolizeibehörden angewiesen, die Lichtspielbesitzer in geeigneter Weise über die Bestimmungen des Lichtspielgesetzes, insbesondere über die zum Schutze Jugendlicher erlassenen Vorschriften, nachweislich aufzuklären.

Erlaß der Bayerischen Staatsministerien des Königlichen Hauses und des Aeußern, sowie K. Staatsministerium des Innern vom 27. Januar 1912.

(Amtsblatt der K. Staatsministerien des Königlichen Hauses und des Aeußern und des Innern 1912 S. 145.)

An sämtliche Polizeibehörden.

Lichtspiele betr.

I.

Vom 1. April 1912 an besteht bei der Polizeidirektion München eine Landesstelle zur Prüfung von Bildern, die zu öffentlichen Lichtspielen (kinematographischen Vorführungen) in Bayern verwendet werden sollen.

Wer diese Landesstelle benützen will, hat der Polizeidirektion München mit dem zu prüfenden Bildstreifen zwei bis sechs Prüfungskarten nach dem Muster und in der Größe der Anlage vorzulegen. Auf Wunsch gibt die Polizeidirektion Geschäfte an, bei denen vorschriftsmäßige Prüfungskarten bezogen werden können. Der Gesuchsteller hat sämtliche Karten mit Ausnahme des Vordrucks über das Prüfungsergebnis auszufüllen. Auf möglichst genaue Beschreibung (Rückseite der Prüfungskarte) ist zu achten. Je nach dem Ausfalle der Prüfung versieht die Polizeidirektion die Prüfungskarten mit Bescheid und Stempel statt Unterschrift. Ein Stück der Prüfungskarten bleibt bei der Polizeidirektion verwahrt, die übrigen werden dem Gesuchsteller gegen Zahlung der Prüfungskosten zur Verwendung am Orte der Vorführung zurückgegeben.

II.

Sämtliche Ortspolizeibehörden werden angewiesen, vom 1. Oktober 1912 an zu öffentlichen Vorführungen nur solche Bilder zuzulassen, die in dieser Weise von der Polizeidirektion München geprüft und mit Zulassungskarte versehen sind. Die Ortspolizeibehörden können zugelassene Bilder von der öffentlichen Aufführung dann ausschließen, wenn besondere örtliche Verhältnisse es erfordern. Dem Staatsministerium des Innern bleibt vorbehalten, die Zulassung solcher Bilder zu gestatten, die von einer anderen Polizeibehörde als der Polizeidirektion München geprüft sind.

Beanstandete Bildstreifen wird die Polizeidirektion München im Zentralpolizeiblatte bekanntgeben.

Die Ortspolizeibehörden haben darauf zu achten, daß die Vorführungen mit dem Inhalte der Prüfungskarte übereinstimmen. Sollte der Verdacht begründet sein, daß der Prüfungskarte ein anderer, ungeprüfter Bildstreifen unterschoben oder daß der mit Prüfungskarte versehene Bildstreifen durch Einschiebungen verändert ist, so ist dies unmittelbar oder durch Vermittlung der Distriktspolizeibehörde sofort der Polizeidirektion München anzuzeigen. Hierbei ist neben der genauen Bezeichnung des Unternehmens eine Abschrift der Prüfungskarte mitzuteilen.

Die Distriktspolizeibehörden haben hiernach die Ortspolizeibehörden so rechtzeitig anzuweisen, daß der Vollzug vom 1. Oktober 1912 an in stehenden und in wandernden Betrieben gesichert ist. Sämtliche Polizeibehörden haben die untergebenen Polizeibeamten und Bediensteten (einschließlich der Gendarmerie) entsprechend zu belehren.

III.

Das Verbot der Vorführungen der Passionsgeschichte (Ministerialentschließung vom 19. Juli 1908, MABl. S. 371) bleibt unberührt.[1])

Artikel 32 des bayerischen Polizeistrafgesetzbuchs
vom 26. Dezember 1871.

(Gesetz- und Verordnungsblatt für das Königreich Bayern 1872, S. 26.)

Artikel 32.

An Geld bis zu 15 Talern oder mit Haft zu 8 Tagen wird bestraft:

1. wer ohne die nach Verordnung erforderliche polizeiliche Erlaubnis öffentliche Lustbarkeiten, wie Tanzmusiken, Maskeraden, Schießen, Preiskegelschieben, Feuerwerke, theatralische Aufführungen, Vorstellungen aus dem Gebiete der Kunstreiterei, Gymnastik oder ähnlichen Kunstfertigkeiten veranstaltet;

2. wer ohne die nach Verordnung erforderliche polizeiliche Erlaubnis Menagerien, Wachsfigurenkabinette, Sammlungen von Kunst- oder Naturmerkwürdigkeiten, Panoramen, Karussells oder ähnliche Verrichtungen aufstellt und dafür Eintrittsgeld erhebt;

3. wer die bei Erteilung der Erlaubnis zu solchen Unternehmungen von der Polizeibehörde ihm auferlegten Bedingungen verletzt.

Unabhängig von der Strafverfolgung können solche Unternehmen von der Polizeibehörde jederzeit eingestellt werden.

Artikel 33.

An Geld bis zu 5 Talern oder mit Haft bis zu 3 Tagen wird gestraft, wer ohne die nach Verordnung erforderliche polizeiliche Erlaubnis oder mit Ueberschreitung der ihm erteilten Be-

---

[1]) Der Erlaß ist bei Hellwig Rechtsquellen S. 86, abgedruckt. Er ist durch Ministerialentschließung vom 10. 4. 19 (Nr. 2153 c 13) mit der Maßgabe aufgehoben, daß diese Vorführungen in geeignetem Rahmen stattfinden, entweder als Einzelvorführung oder in Verbindung mit gleichartigen religiösen Bildern und mit passender Musikbegleitung.

willigung gegen Bezahlung in Wirtschaftslokalitäten oder an anderen öffentlichen Orten Musikstücke, Gesänge, Deklamationen, Marionettenspiele, Taschenspielerkünste oder ähnliche Kunstfertigkeiten aufführt, oder Tiere, Kunst- oder Naturmerkwürdigkeiten oder ähnliche Gegenstände vorzeigt.

Unabhängig von der Strafverfolgung ist die Polizeibehörde berechtigt, solche Unternehmungen sofort einzustellen.

Gesetz zur Ausführung der Reichsstrafprozeßordnung

vom 18. August 1879.

(Gesetz- und Verordnungsblatt für das Königreich Bayern S. 781.)

Artikel 12.

Wer ohne polizeiliche Erlaubnis auf Straßen oder öffentlichen Plätzen Bekanntmachungen, Plakate oder Ausrufe anschlägt, anheftet, ausstellt oder öffentlich unentgeltlich verteilt, desgleichen, wer ohne solche Erlaubnis eine der angeführten Handlungen vornehmen läßt, wird mit Haft bis zu 14 Tagen und an Geld bis zu 90 Mk. bestraft.

Sind mildernde Umstände vorhanden, so ist das Gericht befugt, entweder auf Haft bis zu 14 Tagen oder auf Geldstrafe bis zu 90 Mk. zu erkennen.

Neben der Strafe kann auf Einziehung der gesetzwidrig verbreiteten, aber noch nicht in fremdes Eigentum übergegangenen Schrift erkannt werden.

Artikel 13.

Die Polizeibehörde ist befugt, jede Schrift, welche gegen die Bestimmung des Art. 12 öffentlich verbreitet wird, mit Beschlag zu belegen.

Auf die Beschlagnahme findet § 8 des Edikts über die Freiheit der Presse und des Buchhandels vom 4. Juni 1884 Anwendung.

Erlaß des bayerischen Ministers des Innern
vom 14. Januar 1911.

(Amtsblatt der Königlichen Staatsministerien des Königlichen Hauses und des Äußern und des Innern 1911 S. 27)

Es kommt hier der Erlaß der oberpfälzischen Regierung in Betracht, der für den Besuch der Kinematographen durch Schulpflichtige die Erlaubnis der Ortsschulbehörde fordert und die Erteilung dieser Erlaubnis an die Bedingung knüpft, daß entweder die Schulpflichtigen von den Eltern, Erziehungsberechtigten oder deren Stellvertretern begleitet werden und bei der Darstellung alles vermieden wird, was gegen Sitte und Anstand verstoßen oder aus erzieherischen Gründen Bedenken erregen könnte, oder daß die Vorstellung von der Ortsschulbehörde als Schülervorstellung genehmigt ist.

Polizeiverfügung der Polizeidirektion zu München.

München, den . . . .

Betreff: Lichtspiele im Anwesen . . . .

Beschluß.

Gemäß Art. 32 PolStGB. und § 15 der Zuständigkeitsverordnung vom 4. Januar 1872 wird de . . . . die polizeiliche Genehmigung zur Veranstaltung von Lichtspielen in den feuerpolizeilich genehmigten Räumen des Anwesens . . . . . unter nachstehenden Bedingungen erteilt:

4. Die Vorführung von Bildern ohne Titel ist unzulässig. Titel und Untertitel dürfen nachträglich nicht geändert werden.

5. Jeder Programmwechsel ist der Königl. Polizeidirektion schriftlich rechtzeitig anzuzeigen. Hierbei sind die einzelnen Bilder, die zur Vorführung bestimmt sind, anzugeben und die Zulassungskarten für diese Bilder vorzulegen.

6. Der Unternehmer ist verpflichtet, während der Vorstellung für jedes der zur Vorführung gelangenden Bilder die Zulassungskarte so bereit zu halten, daß sie von den mit der Ueberwachung beauftragten Polizeibeamten eingesehen werden kann.

7. Die Prüfung der Bildstreifen erfolgt — gegen vorherige

Anmeldung — bei der Königl. Polizeidirektion an Wochentagen vormittags von 8 bis 12 Uhr.

Hierzu ist von dem Unternehmer ein Vorführer abzustellen.

8. Die Einladung schulpflichtiger Kinder zu sogenannten Kindervorstellungen ist an die vorgängige Zustimmung der Königl. Lokalschulkommission gebunden. Dieser Behörde hat der Unternehmer zwei zum Besuche der Vorstellung berechtigende Eintrittskarten, welche als amtliche Ausweise ausdrücklich zu bezeichnen sind, vorzulegen.

9. Der Besuch der Vorstellungen durch Schulpflichtige ohne Begleitung Erwachsener ist verboten. Der Unternehmer ist für die Einhaltung dieses Verbots persönlich verantwortlich.

10. Der Königl. Polizeidirektion sind zwei zum Besuche jeder Vorstellung berechtigte Dauereintrittskarten zur Verfügung zu stellen.

Den von der Polizeibehörde abgeordneten Beamten ist jederzeit ungehindert Zutritt zu gewähren.

11. Der Unternehmer ist verpflichtet, der Königl. Polizeidirektion auf Verlangen jede auf die Vorführungen bezügliche Auskunft zu erteilen und etwaigen besonderen Anordnungen, insbesondere auch in bezug auf das Plakatwesen, genau nachzukommen.

12. Die Vorstellungen sind spätestens nach 11 Uhr einzustellen. An Sonn- und Feiertagen dürfen sie nicht vor 10 Uhr vormittags beginnen.

13. Weitere Bedingungen bleiben ausdrücklich vorbehalten.

Unabhängig von der Strafeinschreitung wegen Nichtbeachtung der vorbezeichneten Bedingungen kann die Einstellung des Unternehmens erfolgen, wenn sich Tatsachen ergeben, welche die Annahme rechtfertigen, daß die Darbietungen den Gesetzen oder den guten Sitten zuwiderlaufen.

Gegenwärtige Erlaubnis hat nur für das Kalenderjahr . . . Gültigkeit und erstreckt sich ausschließlich auf die genehmigten Räume.

Gesuche um Erneuerung der Erlaubnis müssen alljährlich spätestens bis 1. Dezember bei der Königl. Polizeidirektion eingereicht werden.

Beschlußgebühr . . . . . Mk.

Bekanntmachung des Braunschweigischen Staatsministeriums zum Lichtspielgesetz

vom 12. Mai 1920 (RGBl. S. 953 ff.).

(Gesetz- und Verordnungssammlung Nr. 84 S. 319 f.).

Vom 25. Mai 1920.

I.

Mit dem Inkrafttreten des Lichtspielgesetzes vom 12. Mai 1920 (Reichsgesetzblatt S. 953 ff.) am 29. Mai 1920 verlieren die §§ 2, 3 und 4 des braunschweigischen Gesetzes über die öffentlichen kinematographischen Schaustellungen vom 11. November 1919 Nr. 164 ihre Wirksamkeit.

§ 7, Abs. 1 wird gegenstandslos, soweit darin auf die Genehmigungspflicht nach § 2 verwiesen wird.

II.

Die Bekanntmachung vom 29. Dezember 1919 Nr. 164 zur Ausführung des Gesetzes über die öffentlichen kinematographischen Schaustellungen vom 11. November 1919 Nr. 147 wird aufgehoben.

III.

Bildstreifen, die vor dem 29. Mai 1920 hergestellt und bereits im Verkehre sind, müssen binnen Jahresfrist nach diesem Tage einer auf Grund des Reichsgesetzes einzurichtenden Prüfungsstelle vorgeführt werden. Solange diese Bildstreifen nicht von einer der neuzuerrichtenden Prüfungsstellen geprüft worden sind, unterliegt ihre Zulassung der Genehmigung der Ortspolizeibehörde. Sie sind nur zugelassen, wenn keine Bedenken gemäß §§ 1, 3 des Lichtspielgesetzes entgegenstehen (§ 17 des genannten Gesetzes).

IV.

Diese Bekanntmachung tritt mit dem 29. Mai 1920 in Kraft.

Braunschweig, den 25. Mai 1920.

Staatsministerium. Abteilung für Volksbildung.
Rönneburg.

Nr. V 1798. Abdruck!

Staatsministerium. Braunschweig, den 25. Mai 1920.
Abteilung für Volksbildung.

An alle Landespolizeibehörden.

I.

Durch das Reichsgesetz vom 12. Mai 1920 (RGBl. S. 953 ff.) — Lichtspielgesetz — hat das Reich die Filmzensur abschließend geregelt.

Das neue Gesetz bringt

1. die Wiedereinführung der Vorprüfung der Bildstreifen, wofür zentrale Prüfungsstellen zuständig sein sollen,
2. besondere Anforderungen an Bildstreifen zur Vorführung vor Jugendlichen unter Heraufsetzung des Schutzalters auf 18 Jahre,
3. Verbot des Kinobesuchs für Kinder unter 6 Jahren.

Nach dem Grundsatze des Art. 13 der Reichsverfassung verlieren mit dem Inkrafttreten des Reichsgesetzes — 29. Mai 1920 — die die Vorprüfung von Bildstreifen betreffenden Vorschriften des Landesrechts ihre Gültigkeit. Daß die landesrechtliche Regelung anderer Gebiete des Lichtspielwesens im übrigen in Kraft bleibt, kann nicht zweifelhaft sein. Das Reichsgesetz befaßt sich lediglich mit der Frage der Prüfung von Bildstreifen und der zugehörigen Reklame. Daß dem Gesetze, das als „Entwurf eines Gesetzes über die Prüfung von Bildstreifen für Lichtspiele" vorgelegt worden war, der einfache Name „Lichtspielgesetz" gegeben worden ist, hat an der unzweideutigen Absicht des Gesetzgebers, sich auf jenes Teilgebiet zu beschränken, nichts geändert. Gewisse Vorschriften unseres Landesrechts — Gesetz vom 11 November 1919 Nr. 147 — behalten demnach ihre Bedeutung.

Dahin gehören u. a. die besonderen technischen gewerbepolizeilichen Bestimmungen des § 1 des Landesgesetzes.

Ferner läßt § 3 des Reichsgesetzes den Schutz der Jugend bezweckende weitergehende landesrechtliche Vorschriften ausdrücklich zu. Dadurch wird der § 6 des Landesgesetzes aufrechterhalten. (Zulassung von Jugendlichen — Altersgrenze in diesem Zusammenhange 16 Jahre — nur zu „Jugendvorstellungen", Trennung der Geschlechter bei Jugendlichen ohne Begleitung Aufsichtsberechtigter.)

Nach diesen Ausführungen sind auch die Bestimmungen über Schlußzeiten der öffentlichen Vorstellungen nach wie vor geltendes Recht (§ 5 des Landesgesetzes).

Es ergibt sich von selbst, daß die landesgesetzlichen Zwangs- und Strafbestimmungen (§ 7) ihre Bedeutung behalten, soweit die vorhergehenden Vorschriften des Landesgesetzes nicht aufgehoben sind. Im übrigen aber wird das landesrechtliche Strafgesetz durch die §§ 18 20 des Reichsgesetzes ersetzt.

II.

Besondere Beachtung ist den Übergangsbestimmungen des § 17 zuzuwenden. Die Ortspolizeibehörden haben danach für das Übergangsjahr die bedeutsame Aufgabe der Vorprüfung der im Verkehr befindlichen Filme. Für Jugendfilme war zuletzt der Filmprüfungsausschuß in Braunschweig zuständig Diesem die Prüfung der für Jugendvorstellungen bestimmten Bildstreifen zu übertragen, während die Prüfung aller übrigen Filme Sache der Ortspolizeibehörde wäre, würde unzweckmäßig und undurchführbar sein. Das Staatsministerium macht daher von der Möglichkeit, den bisherigen Ausschuß mit der Prüfung eines Teiles der Filme zu betrauen keinen Gebrauch, beseitigt vielmehr den Ausschuß durch Aufhebung der Bekanntmachung Nr 164 von 1919 hierneben.

Den Ortspolizeibehörden ist also für die reichsgesetzliche Übergangszeit die Aufgabe zurückgegeben, die ihnen nach dem älteren Landesgesetze Nr. 87 von 1911 bis zum 31 Dezember 1919 zustand. Für die Entscheidung über die Zulassung sind in Zukunft die Anforderungen maßgebend, welche der § 1, für Jugendfilme der § 3 des Reichsgesetzes stellt.

In der Beaufsichtigung des Plakatwesens werden den Ortspolizeibehörden auch über die Übergangszeit hinaus gewisse Befugnisse bleiben (§ 5 des Reichsgesetzes).

Die Ortspolizeibehörden sind überall, wo es angängig ist, insbesondere durchweg in den Städten, anzuweisen, bei der Prüfung der Bildstreifen sich des Rates eines ehrenamtlich tätigen Ausschusses zu bedienen, dessen Mitglieder den Kreisen der auf den Gebieten der Wohlfahrtspflege, Volksbildung und Jugendwohlfahrt besonders erfahrenen Personen zu entnehmen sind. Von der Zuziehung von Beisitzern aus dem Lichtspielgewerbe und von älteren Jugendlichen (§ 11 des Reichsgesetzes) ist seitens der Ortspolizeibehörden abzusehen.

Die landesgesetzlichen Vorschriften über Vorlegung des Bilderverzeichnisses zwecks Einholung der Genehmigung (§ 3 des Gesetzes von 1911 Nr. 87) bestehen nicht mehr. Wir überlassen es den Landes- und Ortspolizeibehörden, über die rechtzeitige Vorlegung von Verzeichnissen und Vorführung von Bildstreifen seitens der Lichtspielunternehmer Anordnungen zu treffen, notfalls im Einzelfalle unter Androhung von Ordnungsstrafen und Zwangsmaßnahmen.

Bei den Behörden sollen durch die Prüfung keine besonderen Kosten entstehen. Sie sind vielmehr, wie bei der Polizeidirektion Braunschweig, schon von jeher üblich, auf den zur Vorführung zu verpflichtenden Lichtspielunternehmer abzuwälzen.

III.

Aufgabe der Ortspolizeibehörden wird es sein, um Rechtsverletzungen vorzubeugen, die Lichtspielunternehmer in einer Besprechung über die nunmehr für sie maßgebenden Bestimmungen aufzuklären. Das ist in Anbetracht des bei der verschiedenen Stellungnahme der gesetzgebenden Körperschaften unvermeidbar gewesenen mehrfachen Wechsels des hier geltenden Rechts besonders vonnöten. Umsomehr wird nach Belehrung der Lichtspielunternehmer eine straffe Durchführung des neuen Rechts gefordert werden können.

Braunschweiger Gesetz über die öffentlichen kinematographischen Schaustellungen.

Vom 11. November 1919.

(Braunschweigische Gesetz- und Verordnungs-Sammlung 1919 S. 413.)

§ 2. Zur öffentlichen kinematographischen Vorführung dürfen in Jugendvorstellungen (vergl. § 6) nur solche Bilder gelangen, deren Darbietung von dem Filmprüfungsausschuß, der beim Rat der Volksbeauftragten, Abteilung für Volksbildung, gebildet wird, vorher genehmigt worden ist*).

*) Nur noch insofern gültig, als der Filmprüfungsausschuß für Braunschweig als Landesstelle im Sinne des § 17 LG. in Betracht kommt.

§ 3. In den Fällen des § 2 ist mindestens drei Tage vor der Vorführung dem Prüfungsausschusse zum Zwecke der Einholung der Genehmigung ein Verzeichnis in doppelter Ausfertigung vorzulegen, das die einzelnen Bilder mit Angabe des Titels, unter dem sie in den Handel gebracht sind, und der Fabrik, die sie hergestellt hat, enthält.

Eine mit dem Genehmigungsvermerk versehene Ausfertigung des Verzeichnisses ist dem Unternehmer zurückzugeben.

Auf Antrag sind auch mehrere Ausfertigungen des Verzeichnisses mit dem Genehmigungsvermerk zu versehen.

§ 4. Die öffentliche Ankündigung kinematographischer Bilder darf in den Fällen des § 2 nur unter denjenigen Titeln erfolgen, unter denen sie in das genehmigte Verzeichnis eingetragen sind.

§ 5. Oeffentliche kinematographische Schaustellungen müssen spätestens um 11 Uhr, Jugendvorstellungen spätestens um 8 Uhr abends geschlossen werden.

§ 6. Personen unter 16 Jahren sind zu öffentlichen Vorführungen nur zuzulassen, wenn die Vorführung der Bilder auf Grund des vorgelegten Spielplanes ausdrücklich als Jugendvorstellung schriftlich genehmigt und als solche außen an den Vorführungsräumen deutlich kenntlich gemacht ist.

In den Jugendvorstellungen sind die Personen unter 16 Jahren, wenn sie ohne Begleitung ihrer Eltern, Vormünder, Lehrer oder sonstiger erwachsener Personen, denen ein Aufsichtsrecht zusteht, erscheinen, nach Geschlechtern getrennt zu setzen; die Ortspolizeibehörde darf jedoch im Einzelfalle Ausnahmen hiervon gestatten.

§ 7. Die Veranstalter oder Leiter der Schaustellungen und, wenn diese nicht anwesend sind, außerdem die ausübenden Personen, werden mit Geldstrafe bis zu 60 Mk. oder mit Haft bis zu 14 Tagen bestraft, falls sie den Bestimmungen dieses Gesetzes zuwiderhandeln.

Der gleichen Strafe unterliegt, wer jugendliche Personen unter 16 Jahren in öffentliche kinematographische Vorführungen begleitet, sofern es sich nicht um Jugendvorstellungen handelt.

§ 8. Das Gesetz vom 5. Dezember 1911 Nr. 87 wird hierdurch aufgehoben.

§ 9. Das Gesetz tritt am 1. Januar 1920 in Kraft.

Bekanntmachung vom 29. Dezember 1919 zur Ausführung des Gesetzes über die öffentlichen kinematographischen Schaustellungen.

Vom 11. November 1919.

(Braunschweigische Gesetz- und Verordnungs-Sammlung 1919 S. 467.)

Zur Ausführung des Gesetzes über die öffentlichen kinematographischen Schaustellungen vom 11. November 1919 Nr. 147 werden folgende Bestimmungen erlassen:

§ 1. Der vom Staatsministerium — Abteilung für Volksbildung — gebildete Filmprüfungsausschuß zur Prüfung von Bildstreifen für Jugendvorstellungen besteht aus sieben Mitgliedern, darunter einem Vertreter des Staatsministeriums, dem die Geschäftsführung und der Vorsitz obliegt.

Zur Prüfung und Entscheidung über die Zulassung eines Bildes ist die Mitwirkung von mindestens drei Mitgliedern erforderlich und ausreichend.

Die Tätigkeit der Mitglieder ist ehrenamtlich.

§ 2. Die für Jugendvorstellungen bestimmten Bildstreifen sind unter Vorlegung eines Genehmigungsantrages bei der Filmprüfungsstelle des Staatsministeriums- Abteilung für Volksbildung — im Gebäude der Polizeidirektion Braunschweig vorzuführen. Die Vorführungstage werden nach Bedarf bestimmt und in den Braunschweigischen Anzeigen bekanntgegeben.

§ 3. Die Vorführung ist Sache des Antragstellers. Zur Deckung der sachlichen Unkosten wird vom Antragsteller eine nach der Meterzahl der vorgeführten Bildstreifen bemessene Prüfungsgebühr erhoben, deren Grundbetrag jeweils vom Staatsministerium festgesetzt und in den Braunschweigischen Anzeigen bekantgegeben wird.

Verordnung des Bremer Senats betr. die öffentliche Vorführung von Kinematographen vom 15. August 1911 in der Fassung vom 5. November 1914 und 3. Mai 1916.

(Gesetzblatt der Freien Hansestadt Bremen 1911, S. 147; 1914 S. 232; 1916 S. 151.)

4. Den Beamten der Polizeibehörde . . . ist stets der Zutritt zu sämtlichen Räumen zu gestatten.

— — — — —

. . . Es sind die beabsichtigten Kindervorstellungen mindestens 48 Stunden vor ihrem Beginn unter Einreichung eines Verzeichnisses der vorzuführenden Bilder bei der Polizeibehörde anzuzeigen.

— — — — —

5. Kinder unter 16 Jahren, mögen sie sich in Begleitung Erwachsener befinden oder nicht, dürfen nur zu solchen Vorstellungen zugelassen werden, die für Kinder besonders veranstaltet werden.

Die Vorstellungen müssen als „Kindervorstellungen“ sowohl an den Eingängen des Schaustellungsraumes, als auch an der Kasse durch deutlich lesbare Aufschriften angekündigt und spätestens um 7 Uhr abends beendet sein. Kindervorstellungen dürfen die Dauer von 2 Stunden nicht überschreiten.

Kinder unter neun Jahren dürfen zu den Kindervorstellungen nicht zugelassen werden.

Der Verkauf von Näschereien und Backwaren während der Kindervorstellungen ist verboten.

Es darf kein Bild oder Tonbild zur öffentlichen Vorführung in den Kindervorstellungen gebracht werden, das nicht zuvor von der Polizeibehörde geprüft worden ist.

Zum Zwecke der Prüfung sind die beabsichtigten Kindervorstellungen mindestens achtundvierzig Stunden vor ihrem Beginn unter Einreichung eines Verzeichnisses der vorzuführenden Bilder bei der Polizeibehörde anzuzeigen. Die Polizeibehörde bestimmt Ort und Zeit der Probevorführung.

26. Das Verabreichen von Getränken und das Rauchen ist in den Zuschauerräumen mit festen Sitzreihen allgemein verboten, und in den Zuschauerräumen, für die die Aufstellung von Tischen und Stühlen gestattet worden ist, während der Kindervorstellungen.

Auf das Rauchverbot ist in augenfälliger Weise an dem Eingang und im Zuschauerraum hinzuweisen.

30. Verantwortlich für die Befolgung vorstehender Vorschriften ist sowohl diejenige Person, welche die Vorführung des Kinematographen veranstaltet, als auch die, welche die Vorführungen in ihren Räumen veranstalten läßt.

32. Uebertretungen vorstehender Verordnung werden mit Geldstrafe bis zu sechzig Mark oder mit Haft bis zu vierzehn Tagen bestraft.

Verordnung der Hamburger Polizeibehörde betreffend die Zulassung von Kindern und jugendlichen Personen zu öffentlichen Lichtspielvorstellungen vom 21. März 1919.

(Amtsblatt der freien und Hansestadt Hamburg 1919, S. 416.)

§ 2. Kinder und Jugendliche vom vollendeten 6. bis zum vollendeten 18. Lebensjahre sind nur zu besonderen Kindervorstellungen zuzulassen und nur in solchen Vorstellungen zu dulden.

Wer Kindervorstellungen veranstalten will, bedarf dazu einer besonderen polizeilichen Genehmigung, die auf Widerruf erteilt wird.

§ 3. Kindervorstellungen dürfen nur bis 7 Uhr abends stattfinden.

§ 4. Während der Veranstaltung von Kindervorstellungen ist am Straßeneingange des Theaters die Bezeichnung „Kindervorstellung" in deutlich sichtbarer Weise anzubringen. Die Bezeichnung ist sofort nach Beendigung der Kindervorstellung wieder zu entfernen. Andere als die nach § 2 von der Polizeibehörde genehmigten Vorführungen dürfen nicht als Kindervorstellungen angekündigt werden.

§ 5. Der Spielplan für Kindervorstellungen ist spätestens einen Tag vor der Vorstellung der Polizeibehörde in doppelter Ausfertigung zur Genehmigung einzureichen.

Die dem Veranstalter nach Genehmigung zurückgegebene eine Ausfertigung des Spielplanes ist an der Theaterkasse zu jedermanns Einsicht auszuhängen.

In der Kindervorstellung dürfen nur die nach dem Spielplan genehmigten Bilder unter Voranstellung des richtigen Titels gezeigt werden.

§ 6. Zwecks Ueberwachung der Zulassung von Kindern und Jugendlichen, sowie der Vorführungen ist den Beamten der Polizeibehörde und den sich als Mitglieder des von der Oberschulbehörde eingesetzten Ausschusses für die Kinomatographie ausweisenden Personen jederzeit zu allen Vorstellungen der Zutritt zu gestatten.

§ 7. Wer als Veranstalter von Lichtspielvorstellungen oder als dessen Stellvertreter entgegen den Vorschriften dieser Verordnung Kinder oder jugendliche Personen zu den Vorstellungen zuläßt oder in diesen duldet, oder den sonstigen Bestimmungen dieser

Verordnung zuwiderhandelt, wird mit Geldstrafe bis zu 36 Mark und im Unvermögensfalle mit entsprechender Haft bestraft.

§ 8. Die Polizeibehörde kann für Schaustellungen, in denen Lichtspielvorführungen nur einen untergeordneten Teil des Spielplans bilden, Ausnahmen von den Bestimmungen dieser Verordnung zulassen.

Polizeiverordnung des Kreisamts Darmstadt.

Vom 8. August 1912.

(Amtsverkündigungsblatt des Großherzoglichen Kreisamts Darmstadt Nr. 96 vom 14. August 1912.)

§ 2. Jugendliche Personen unter 15 Jahren ohne Begleitung von Aufsichtspersonen (§ 2 Abs. 2) dürfen nur zu kinematographischen Vorführungen zugelassen werden, welche als „Jugendvorstellungen" im Sinne dieser Polizeiverordnung (§ 3) gelten.

Sie dürfen zu sonstigen Vorführungen nur in Begleitung ihrer Eltern, Vormünder, Pfleger oder anderer Personen, denen ein Aufsichtsrecht über den Jugendlichen zusteht, zugelassen und nur bis spätestens 10 Uhr abends dort geduldet werden.

§ 3. Jugendvorstellungen müssen spätestens um 8 Uhr abends beendet sein.

Sie sind durch Aushang am Eingange und an der Kasse als solche kenntlich zu machen und bedürfen der schriftlichen Genehmigung der Ortspolizeibehörde, in Landgemeinden des Kreisamts, auf Grund eines mindestens drei Tage vorher vorgelegten Spielplans. Ein bereits genehmigter Spielplan bedarf bei unveränderter Wiederholung an demselben Orte einer nochmaligen Genehmigung nicht. Die Genehmigung muß dem revidierenden Polizeibeamten jederzeit auf Verlangen vorgelegt werden.

§ 4. Mit Geldstrafe bis zu 30 Mk. wird bestraft:

1. der Unternehmer oder Leiter kinematographischer Vorführungen, der einen nach § 2, 3 Abs. 1 unzulässigen Besuch einer Vorführung duldet;
2. der Unternehmer oder Leiter kinematographischer Vorführungen, der den Vorschriften über die Anmeldung, Ankündigung und Genehmigung der Jugendvorstellungen zuwiderhandelt;

3. Personen, die ohne zu den in § 2 Abs. 2 genannten Aufsichtspersonen zu gehören, Jugendliche in kinematographische Vorführungen mitnehmen, die keine Jugendvorstellungen sind.

Gesetz von Lippe-Detmold über die öffentlichen kinematographischen Schaustellungen.

Vom 24. Dezember 1919.

(Gesetzsammlung für das Fürstentum Lippe-Detmold S. 1088.)

§ 3. Bei der Veranstaltung von Jugendvorstellungen ist mindestens drei Tage vor der Vorführung der Regierung . . . ein Verzeichnis in doppelter Ausfertigung vorzulegen, das die einzelnen Bilder mit Angabe des Titels, unter dem sie in den Handel gebracht sind, und der Fabrik, die sie hergestellt hat, enthält.

. . . .

Eine mit dem Genehmigungsvermerk versehene Ausfertigung des Verzeichnisses ist dem Unternehmer zurückzugeben.

. . . .

§ 4. Die öffentliche Ankündigung und Vorführung kinematographischer Bilder darf in Jugendvorstellungen nur unter den Titeln erfolgen, unter denen sie in das genehmigte Verzeichnis eingetragen sind.

§ 5. Oeffentliche kinematographische Schaustellungen müssen spätestens mit Schluß der Polizeistunde, Jugendvorstellungen spätestens um 8 Uhr abends geschlossen werden.

§ 6. Personen unter 16 Jahren sind zu öffentlichen Vorführungen nur zuzulassen, wenn die Vorführung der Bilder auf Grund des vorgelegten Spielplans ausdrücklich als Jugendvorstellung schriftlich genehmigt und als solche außen an den Vorführungsräumen deutlich kenntlich gemacht ist.

§ 7. Die Ortspolizeibehörde ist berechtigt, die Schaustellung zu schließen wenn die Bilder, soweit sie nach § 2 genehmigungspflichtig sind, nicht genehmigt . . . .

Die Veranstalter oder Leiter der Schaustellungen und, wenn diese nicht anwesend sind, außerdem die ausübenden Personen, werden mit Geldstrafe bis zu 60 Mk. oder mit Haft bis zu 14 Tagen bestraft, falls sie den Bestimmungen dieses Gesetzes zuwiderhandeln. . . . .

Der gleichen Strafe unterliegt, wer jugendliche Personen unter 16 Jahren in öffentliche kinematographische Vorführungen begleitet, sofern es sich nicht um Jugendvorstellungen handelt.

Polizeiverordnung des Polizeiamts Lübeck über Bau, Einrichtung und Betrieb von Kinematographentheatern

vom 4. Dezember 1911 in der Fassung der Polizeiverordnung vom 16. Januar 1918.

(Sammlung der Lübeckischen Gesetze und Verordnungen 1911 S. 180; 1918 S. 9)

§ 31. Der Unternehmer ist verpflichtet, die von ihm geplanten Darbietungen (Bilder, Musikstücke und dergleichen) dem Polizeiamt vorzuführen, bevor er sie zur öffentlichen Aufführung verwendet.

§ 32. Es ist verboten, Bilder, Musikstücke und dergl., die vom Polizeiamt nicht geprüft oder die beanstandet worden sind, zu öffentlichen Aufführungen zu verwenden.

§ 33. Der Unternehmer ist verpflichtet, ein Verzeichnis der von ihm verwendeten Bilder (Spielplan) öffentlich auszustellen.

Die Bilder müssen im Spielplan dieselbe Bezeichnung erhalten, wie bei der Vorführung dem Polizeiamt gegenüber.

§ 35. Der Unternehmer hat an den Eingängen zum Zuschauerraum einen Auszug aus dieser Verordnung nach Anweisung des Polizeiamts deutlich sichtbar anzubringen.

§ 36. Dem Unternehmer ist gestattet, besondere Jugendvorstellungen zu veranstalten.

§ 34. Es ist verboten, Personen unter 18 Jahren im Betriebe eines Kinematographentheaters zu beschäftigen.

Personen unter 18 Jahren dürfen, auch wenn sie in Begleitung Erwachsener sind, nur solche Vorstellungen besuchen, die ausdrücklich als Jugendvorstellung genehmigt und als solche angekündigt sind (vergl. § 36).

Der Unternehmer hat jugendliche Personen, denen hiernach der Besuch der Vorstellungen verboten ist, von den Aufführungen zurückzuweisen. Die Besucher sind verpflichtet, ihm auf sein Verlangen über ihr Alter Auskunft zu erteilen.

Bei allen Vorstellungen, die nicht als Jugendvorstellungen zugelassen sind, hat der Unternehmer mindestens zwei in die Augen fallende Aushänge mit auffälliger Schrift anzubringen, wonach der Besuch der Vorstellung nur Personen vom 18 Lebensjahr an erlaubt ist. Einer der Aushänge ist im Vorstellungsraum anzubringen und einer in Verbindung mit dem im § 33 vorgeschriebenen Spielplan.

§ 35. Der Unternehmen hat an den Eingängen zum Zuschauerraum einen Auszug aus dieser Verordnung nach Anweisung des Polizeiamts deutlich sichtbar anzubringen.

§ 36. Dem Unternehmer ist gestattet, besondere Jugendvorstehungen zu veranstalten.

Bei diesen Vorstellungen dürfen nur solche Bilder, Musikstücke und dergl. verwandt werden, die vom Polizeiamt hierzu für geeignet erklärt worden sind.

Für die Jugendvorstellungen ist ein besonderer Spielplan am Eingang des Vorführungsraumes auszustellen. Dabei ist anzugeben, zu welchen Zeiten Jugendvorstellungen stattfinden. Die Bezeichnung Jugendvorstellung nebst Zeitangabe ist über dem Spielplan in deutlich lesbarer Schrift, deren Buchstaben 4 cm groß sein müssen, anzubringen.

§ 33 Absatz 2 dieser Verordnung findet Anwendung.

Die Jugendvorstellungen dürfen nur bis 7 Uhr abends ausgedehnt werden. Während der Dauer der Jugendvorstellungen ist das Rauchen in dem Vorstellungsraum verboten.

Zwischen Jugendvorstellungen und Aufführungen für Erwachsene ist eine Pause von mindestens 30 Minuten, während der die Vorstellungsräume geräumt sein müssen, innezuhalten.

§ 37. Die Vorschriften der §§ 31 und 32 finden auf Reklametitel sinngemäße Anwendung.

§ 38. Den revidierenden Beamten der Polizei und Feuerwehr ist jederzeit der unentgeltliche Zutritt zu den Vorführungsräumen und in die Apparaträume ohne Anmeldung zu gestatten.

§ 39. Zuwiderhandlungen gegen die Vorschriften dieser Verordnung werden mit Geldstrafe bis zu 150 Mk. oder mit Haft bestraft. Auch kann auf Einziehung verbotswidrig benutzter Gegenstände erkannt werden.

§ 40. Verantwortlich für die Einhaltung der Vorschriften sind, soweit der Unternehmer mit Strafe bedroht ist, auch dessen Vertreter und Angestellte in ihrem Geschäftskreise.

Polizeiverfügung des Polizeiamts Lübeck.

Auf Ihren Antrag vom . . . . d. Mts wird Ihnen widerruflich gestattet, am Sonntag, den . . . . 192 eine Schülervorstellung unter folgenden Bedingungen zu veranstalten:

1. Die Vorstellung hat zwischen 2 bis 5 Uhr nachmittags stattzufinden.
2. Knaben und Mädchen sind so zu setzen, daß die Mädchen in der vorderen und die Knaben in der hinteren Hälfte des Zuschauerraumes sitzen.
3. Anderen Personen, als den Eltern, die ihre Kinder begleiten, ist der Zutritt während der Vorstellung nicht gestattet. Die erwachsenen Personen haben ihre Plätze hinter den Plätzen der Knaben einzunehmen.
4. Nach Schluß der Vorstellung müssen sämtliche Schüler das Theater verlassen haben, bevor andere Personen zugelassen werden.

Zugelassen sind nachstehend aufgeführte Bilder:

Verordnung des Großherzogs von Mecklenburg-Schwerin vom 28. August 1914, betreffend die öffentliche Vorführung von Lichtspielen.

(Regierungsblatt für das Großherzogtum Mecklenburg-Schwerin 1914, S. 537.)

§ 2. Personen unter 16 Jahren dürfen, auch wenn sie sich in Begleitung Erwachsener befinden, nur zu solchen Lichtspielvorführungen zugelassen werden, die für Kinder besonders veranstaltet werden.

Diese Vorstellungen müssen sowohl an den Eingängen des Zuschauerraums als auch an der Kasse durch Aushänge als „Kindervorstellungen" angekündigt werden und sind spätestens um 7 Uhr abends zu schließen. Nach Schluß der Vorstellung hat eine Pause von mindestens 15 Minuten einzutreten, während der der Zuschauerraum gänzlich zu entleeren ist.

Bei allen anderen öffentlichen Vorstellungen sind an den in Absatz 2 bezeichneten Stellen Aushänge mit der Aufschrift „Personen unter 16 Jahren ist der Zutritt verboten" anzubringen.

Die in Absatz 2 und 3 vorgeschriebenen Aushänge müssen deutlich lesbar sein und eine Buchstabengröße von mindestens 5 cm aufweisen.

Bei Lichtspielvorführungen, die mit Vorträgen vaterländischen, religiösen oder belehrenden Inhalts verbunden sind, kann die Ortsobrigkeit auf Antrag Entfreiung von den bestehenden Vorschriften erteilen.

§ 4. Die Spielpläne für die Kindervorstellungen sind mindestens 48 Stunden vor Beginn der Vorführungen der Ortsobrigkeit in doppelten Ausfertigungen einzureichen.

§ 5. Vorführungen der Kindervorstellungen dürfen nur unter der Bezeichnung, Ueberschrift oder Inhaltsangabe angekündigt werden, unter der die ortsobrigkeitliche Prüfung stattgefunden hat.

Den Ankündigungen aller öffentlichen Vorstellungen ist der Zusatz: „Personen unter 16 Jahren ist der Zutritt verboten" hinzuzufügen.

§ 6. Den polizeilichen Aufsichtsbeamten und sonstigen Beauftragten ist der unentgeltliche Zutritt zu allen Aufführungen jederzeit ohne Anmeldung zu gestatten.

§ 7. Zuwiderhandlungen gegen die Vorschriften dieser Verordnung werden mit Geldstrafe bis zu 150 Mk. oder mit Haft bis zu 14 Tagen bestraft, sofern nicht der Tatbestand einer anderweitig mit schwerer Strafe bedrohten Handlung vorliegt.

Verantwortlich für die Befolgung dieser Vorschriften sind der Inhaber des Betriebes und sein Vertreter, im Falle einer Uebertretung des § 3 Absatz 1 auch die mit dem Einlaß der Besucher beauftragten Angestellten und die gesetzlichen Vertreter der Kinder, sofern sie ein Verschulden trifft.

Die Strafe kann durch polizeiliche Strafverfügung festgesetzt werden.

§ 8. Unberührt bleiben die Bestimmungen bestehender Ortssatzungen, welche über die öffentliche Vorführung von Lichtspielen weitergehende Bestimmungen treffen, insbesondere den Besuch solcher Vorführungen durch jugendliche Personen weiter beschränken als als diese Verordnung.

Entsprechende Bestimmungen können auch in Zukunft durch Ortssatzung getroffen werden.

Bekanntmachung des oldenburgischen Staatsministeriums vom 5. Juli 1910, betreffend kinematographische Vorführungen,

in der Fassung der Bekanntmachung vom 25. September 1919.
(Gesetzblatt für das Herzogtum Oldenburg 1911 S. 598; 1919 S 551.)

§ 4. Der Besuch von Kinematographen durch Personen unter 16 Jahren ist verboten.

Ausgenommen ist für Kinder über 6 Jahren der Besuch von besonders durch die Ortspolizeibehörde genehmigten und als solche bezeichneten Jugendvorstellungen. . . . .

Die Inhaber von Kinematographen, deren Vertreter oder Angestellte dürfen den Aufenthalt von Personen unter 16 Jahren in ihren Räumen nur dulden, soweit es nach den vorstehenden Bestimmungen gestattet ist.

§ 5. Vor der Vorführung sind die Films der in Jugendvorstellungen vorzuführenden Bilder der Polizeibehörde mit einem in doppelter Ausfertigung herzugebenden Verzeichnis vorzulegen und auf Verlangen mit dem Projektionsapparat vorzuführen.

— — — — —

Die Polizeibehörde gibt die Filme nach Genehmigung mit der einen Ausfertigung des Verzeichnisses, das unter Angabe des Datums zu stempeln ist, zurück.

§ 6. Das genehmigte Verzeichnis . . . . [muß] im Vorführungsraum zu Beginn der Vorführungen stets zur Hand sein und aufsichtsführenden Polizeiorganen auf Verlangen sofort vorgelegt werden. . . . .

§ 7. Den Polizeibeamten ist jederzeit der Zutritt zu . . . dem Vorführungsraum zu gestatten.

§ 8. Bei den Vorführungen müssen die Kinematographenbesitzer persönlich anwesend sein oder für geeignete Stellvertretung sorgen.

§ 9. Uebertretungen dieser Vorschriften werden, sofern nicht gesetzlich eine höhere Strafe eintritt, mit Geldstrafe bis zu 150 Mk. bestraft. Kann die Geldstrafe nicht beigetrieben werden, tritt an ihre Stelle entsprechende Haftstrafe.

Preußisches Gesetz über die Presse
vom 12. Mai 1851.
(Gesetzsammlung für die preußischen Staaten S. 273.)

§ 9. Anschlagzettel und Plakate, welche einen andern Inhalt haben, als Ankündigungen über gesetzlich nicht verbotene Versammlungen, über öffentliche Vergnügungen, über gestohlene, verlorene oder gefundene Sachen, über Verkäufe oder andere Nachrichten für den gewerblichen Verkehr, dürfen nicht angeschlagen, angeheftet oder in sonstiger Weise öffentlich ausgestellt werden . . .

§ 10. Niemand darf auf öffentlichen Wegen, Straßen, Plätzen oder an andern öffentlichen Orten Druckschriften oder andere Schriften oder Bildwerke ausrufen, verkaufen, verteilen, anheften oder anschlagen, ohne daß er dazu die Erlaubnis der Ortspolizeibehörde erlangt hat, und ohne daß er den Erlaubnisschein, in welchem sein Name ausgedrückt sein muß, bei sich führt. Die Erlaubnis kann jederzeit zurückgenommen werden.

§ 41. Wer den Vorschriften der §§ 8, 9 und 10 zuwiderhandelt, hat eine Strafe bis 50 Taler oder eine Gefängnisstrafe bis zu 6 Wochen verwirkt.

Erlaß des preußischen Ministers des Innern
vom 3. Mai 1912.
(Ministerialblatt für die preußische innere Verwaltung S. 207.)

I. Die Frage des Kinderbesuchs in den Kinematographentheatern erfordert dringend ernste Beachtung. Bei aller Anerkennung der bildenden Werte der Kinematographie darf nicht verkannt werden, daß der Besuch kinematographischer Vorführungen unter Umständen Gefahren für die geistige, sittliche und körperliche Wohlfahrt der Jugend im Gefolge haben kann, denen zu begegnen Pflicht der Polizeibehörden ist. Der Herr Minister der geistlichen und Unterrichtsangelegenheiten hat bereits in seinem, an die Provinzialschulkollegien gerichteten, den Regierungen mitgeteilten Erlaß vom 8 März d. J. — U II. 164. U III A. B. D. — auf diese Gefahren aufmerksam gemacht und zum Erlaß geeigneter Maßregeln aufgefordert, um die Schuljugend vor den von gewissen Lichtbildbühnen ausgehenden Schädigungen zu bewahren.

Es ist unbedingt erforderlich, diese Bestrebungen der Schulbehörden polizeilich zu unterstützen und auch die schulentlassene oder noch nicht schulpflichtige Jugend in den Bereich der Schutzbestimmungen zu ziehen.

Euere Exzellenz (Durchlaucht. Hochgeboren, Hochwohlgeboren) ersuche ich daher ergebenst, eine Regelung der Angelegenheit im Wege der Polizeiverordnung in Erwägung ziehen zu wollen.

Es bieten sich folgende Möglichkeiten:

— — — — —

2. Zeitliche Beschränkung des Kinderbesuchs.

Als Beispiel sei § 1 der Polizeiverordnung betreffend die Einschränkung des Kinderbesuchs in Kinematographentheatern des Polizeipräsidenten zu Berlin vom 30. Juli 1910 angeführt. Nach ihr dürfen Kinder unter 14 Jahren während der öffentlichen Vorführung in Kinematographentheatern nach 9 Uhr abends auch dann nicht geduldet werden, wenn sie in Begleitung Erwachsener sind.

3. Zulassung von Jugendlichen nur unter besondern Voraussetzungen, und zwar

a) nur zu Jugendvorstellungen.

Eine Reihe bereits erlassener Polizeiverordnungen gestattet die Zulassung Jugendlicher (als solche werden alle Personen unter 16 Jahren zu gelten haben), auch dann, wenn sie von Erwachsenen begleitet sind, nur zu solchen Vorstellungen, welche von der Ortspolizeibehörde ausdrücklich als Jugend- oder Kindervorstellungen genehmigt und als solche bezeichnet sind. Für sie gelten verschärfte Bestimmungen (Schluß zu einer bestimmten Abendstunde — etwa 6 Uhr —, Zuziehung pädagogischer Sachverständiger zur Zensur, Ausschluß aller Bilder, welche die geistige oder sittliche Entwicklung der Kinder ungünstig zu beeinflussen vermögen).

b) nur in Begleitung Erwachsener.

Verschiedentlich werden Jugendliche zu kinematographischen Vorführungen, die nicht ausdrücklich als Kindervorstellungen genehmigt sind, nur in Begleitung Erwachsener, teilweise auch dann nur bis zu einer bestimmten Abendstunde, zugelassen. Als Erwachsene gelten regelmäßig nur Eltern, Vormünder, Lehrmeister und sonstige Aufsichtspersonen. Teilweise wird Jugendlichen auch in Begleitung Erwachsener der Zutritt zu Vorstellungen untersagt, die ausdrücklich als Vorstellungen für Erwachsene bezeichnet sind.

Zu den einzelnen Möglichkeiten der Regelung bemerke ich folgendes:

— — — — —

Zu 2. Die Erwägungen, welche zum Erlaß der Polizeiverordnung des Herrn Polizeipräsidenten zu Berlin vom 30. Juli 1910 geführt haben, sind aus der in Abschrift beigefügten, auch sonst für die Frage bedeutungsvollen Entscheidung des Kammergerichts vom 1. Juni 1911 ersichtlich.

Zu 3a. Es darf nicht verkannt werden, daß die Zulassung Jugendlicher nur zu Jugendvorstellungen eine unter Umständen erheblich einschneidende Maßregel darstellen kann. Sie wird indes unter Umständen die einzige Möglichkeit bieten, das Uebel an der Wurzel anzufassen.

Zu 3b. Die Bedenken, welche gegen diese Art der Regelung erhoben werden können, sind bereits in der vorerwähnten Entscheidung des Kammergerichts berührt worden. Sie bestehen in der Hauptsache in der Schwierigkeit der Kontrolle, ob die begleitenden Erwachsenen Aufsichtspersonen sind oder nicht, sowie in der Begünstigung des Treibens der sogenannten Kinderfreunde. Zweifelhaft ist ferner, ob die Voraussetzung, in welcher die Begleitung Erwachsener gefordert wird, den tatsächlichen Verhältnissen völlig entspricht. Sie besteht in der Annahme, daß die begleitenden Aufsichtspersonen die Kinder vor dem Anblick schädlicher Vorführungen regelmäßig bewahren werden. Es kann wohl keinem Zweifel unterliegen, daß diese Annahme nur in seltenen Fällen zutreffen wird. Die ausdrückliche Bezeichnung von Vorstellungen als Vorstellungen für Erwachsene, kann leicht dazu führen, daß in diesen Vorführungen besonders anfechtbare Bilder gezeigt werden.

Euere Exzellenz (Durchlaucht, Hochgeboren, Hochwohlgeboren) ersuche ich, soweit die Angelegenheit eine Regelung noch nicht erfahren hat, unter Beobachtung der vorerwähnten Gesichtspunkte die Frage, gegebenenfalls nach Benehmen mit geeigneten Sachverständigen und Interessenten des Kinematographengewerbes, einer gründlichen Prüfung unterziehen, und mir, soweit dies nicht bereits geschehen, binnen Jahresfrist über die getroffenen Maßregeln berichten zu wollen. Auf ein einheitliches Vorgehen in wirtschaftlich oder räumlich zusammengehörigen Bezirken wird dabei nach Möglichkeit Gewicht zu legen sein.

II. Euere Exzellenz (Durchlaucht, Hochgeboren, Hochwohlgeboren) ersuche ich ferner, die Ortspolizeibehörden allgemein anzuweisen, den Plakaten und Anschlagzetteln, in welchen kinematographische Vorführungen angekündigt werden, und die sich gewöhnlich am Eingange der Theater zu befinden pflegen, besondere Aufmerksamkeit zu widmen. Sie enthalten teilweise derartig anstößige und kraß sensationelle Darstellungen, die in gefährlicher Weise auf die Phantasie, zumal der Jugend, einzuwirken geeignet sind, daß im Interesse der öffentlichen Sicherheit und des öffentlichen Anstandes ihre Unterdrückung im Rahmen der gesetzlichen Mittel geboten erscheint. Die Befugnisse der Polizeibehörden in derartigen Fällen sind leider beschränkt. Ich verweise indes auf die Entscheidung des Oberverwaltungsgerichts vom 1. Mai 1908 (Entscheidungen Bd. 52, S. 286). Unter Umständen wird auch ein Verbot aus verkehrspolizeilichen Rücksichten oder auf Grund des § 3 des Gesetzes gegen die Verunstaltung von Ortschaften und landschaftlich hervorragenden Gegenden vom 15. Juli 1907 — G.-S. S. 260 — in Frage kommen können.

Erlaß des preußischen Ministers des Innern
vom 2. Dezember 1913.

(Ministerialblatt für die preußische innere Verwaltung S. 224.)

Aus den auf meinen Erlaß vom 6. Mai 1912 (II e 836) erstatteten Berichten habe ich ersehen, daß die Zulassung von Kindern und Jugendlichen zu Lichtspielvorführungen fast durchweg durch Polizeiverordnungen beschränkt worden ist. Nach der Mehrzahl der Verordnungen dürfen Jugendliche im Alter von 6 bis 16 Jahren nur bis zu einer gewissen Abendstunde und bloß in solchen Vorführungen geduldet werden, welche von der Polizeibehörde auf Grund des vorgelegten Spielplans ausdrücklich als Jugendvorstellungen (Kindervorstellungen, Familienvorstellungen) genehmigt und durch Anschlag an den äußeren Eingangstüren zu den Vorführungsräumen als solche deutlich kenntlich gemacht sind. Diese Regelung, welche in einem neueren Erkenntnis auch die Billigung des Kammergerichts gefunden hat, scheint sich zu bewähren und wird allgemein empfohlen werden können. Mit Rücksicht auf die kurze Geltungsdauer der bisherigen Polizeiverordnungen will ich davon absehen, schon jetzt auf eine Abänderung bestehender Verordnungen nach einem einheitlichen Muster hinzuwirken. Ich ersuche jedoch, mir im Falle der Herausgabe neuer oder der Abänderung geltender, die Frage des Kinder- und Jugendlichbesuches in Lichtspielhäusern betreffender Polizeiverordnungen vor ihrem Erlaß Gelegenheit zur Stellungnahme zu geben.

Was die Anschlagzettel betrifft, so scheinen die Polizeibehörden bei der Entfernung sensationeller Plakate im allgemeinen nur auf geringen Widerstand gestoßen zu sein. Soweit indes ein Bedürfnis besteht, ist auf den Erlaß allgemeiner polizeilicher Vorschriften hinzuwirken.

Das Kammergericht hat, wie ich aus den anliegend mitgeteilten Urteilen zu entnehmen bitte, anerkannt, daß die zum öffentlichen Anschlagen bestimmten Plakate einer Präventivzensur unterworfen werden dürfen. Die Veranstalter öffentlicher kinematographischer Vorführungen können daher durch Polizeiverordnung allgemein verpflichtet werden, die auf ihre Darbietungen bezüglichen Bekanntmachungen, Plakate und Aufrufe, welche öffentlich angeschlagen, angeheftet oder ausgestellt werden sollen, vorher der Ortspolizeibehörde zur Genehmigung vorzulegen. Ein Muster für eine solche Polizeiverordnung schließe ich an. Wenn das Kammergericht die Zensurbefugnis auf § 6 lit. b des Gesetzes vom 11 März 1850 (Gesetzsamml. S. 265) gestützt hat, so folgt daraus nicht, daß die Zensur allein auf verkehrspolizeiliche Gesichtspunkte gegründet und nur nach solchen ausgeübt werden dürfte.[1]) Das Kammergericht hat sich mit der Abgrenzung des materiellen Inhalts der Zensur überhaupt nicht befaßt und brauchte auf die Frage, ob noch weitere als verkehrspolizeiliche Erwägungen die Einführung der Genehmigungspflicht rechtfertigen würden, nicht einzugehen, da die Rechtsgültigkeit der in Frage kommenden Polizeiverordnungen durch § 6 lit. b des Gesetzes vom 11. März 1850 außer Zweifel gestellt war. Es dürfte keinem Bedenken unterliegen, daß die Zensur auch auf andere polizeiliche Gründe gestützt werden kann. Vor allem werden bei Ausübung der Zensur die durch den Schutz der öffentlichen Sittlichkeit gebotenen

---

[1]) Jetzt sind bei den Verboten der von den von den Prüfungsstellen zugelassenen Plakaten für die Ortspolizeibehörden nur noch verkehrspolizeiliche Gründe maßgebend.

Rücksichten wahrgenommen werden können. Entsch. des Oberverwaltunasgerichts Band 52 S. 286 ff. Es bleibt nur zu beachten, daß sich die Polizeibehörden innerhalb der in § 30 Abs 2 des Reichspreßgesetzes der landesrechtlichen Regelung überhaupt gezogenen Rahmens halten müssen, soweit nicht im Einzelfalle die Voraussetzungen des § 23 des Reichspreßgesetzes gegeben sein sollten, und daß insbesondere durch die Versagung der Genehmigung nicht in die reichsrechtlich geschützte Zulassung zu dem Gewerbebetriebe eingegriffen wird.

Rechtlich charakterisiert sich die Maßnahme als die Einführung einer Anzeigepflicht.

Daraus folgt, daß die Nichteinholung der Genehmigung zwar strafbar sein würde, daß aber die Beseitigung eines ohne Genehmigung angebrachten Plakates nur aus den gleichen Gründen verlangt werden kann, aus denen die Genehmigung zu versagen ist. Es wird sich empfehlen, die Form der Genehmigungserteilung möglichst einfach zu gestalten, etwa in der Weise, daß eine Abstempelung der zur Genehmigung vorgelegten Plakate vorgesehen wird.

Ueber bemerkenswerte Erfahrungen, die etwa auf diesem Gebiete gemacht werden, bitte ich um Bericht.

Polizeiverordnung des Polizeipräsidenten zu Berlin vom 20. Mai 1908.

(Amtsblatt der Königlichen Regierung zu Potsdam und der Stadt Berlin S. 282)

§ 2. Die Veranstalter öffentlicher kinematographischer Vorführungen sind verpflichtet, für jedes der von ihnen zur Vorführung gebrachten Bilder die entsprechende Erlaubniskarte so bereit zu halten, daß sie den revidierenden Polizeibeamten jederzeit vorgelegt werden kann.

§ 8 Öffentliche Ankündigungen von kinematographischen Bildern, deren Vorführuug polizeilich verboten ist, sind unzulässig.

§ 9 Uebertretungen der vorstehenden Bestimmungen werden, sofern nicht nach anderweiten Vorschriften eine höhere Strafe angedroht ist, mit Geldstrafe bis zu 30 Mk. oder im Unvermögensfalle mit verhältnismäßiger Haft bestraft.

Polizeiverordnung des Polizeipräsidenten zu Berlin betreffend die Dauer der Vorstellungen

vom 7. März 1913.

(Ebenda 1913 S. 141.)

§ 1. Oeffentliche Theatervorstellungen und alle Darbietungen, welche bei gewerbsmäßiger Veranstaltung einer Erlaubnis aus § 33a der Reichsgewerbeordnung bedürfen, sowie alle kinematographischen und phonographischen Vorstellungen müssen spätestens um 11 Uhr abends beendet sein.

Polizeiverordnung des Polizeipräsidenten zu Berlin

vom 5. Dezember 1912.

(Ebenda 1912 S. 794.)

§ 2. Kinder und jugendliche Personen vom vollendeten 6. bis zum vollendeten 16. Lebensjahre dürfen nur besondere Jugendvorstellungen der Lichtspieltheater besuchen und nur zu solchen Vorstellungen zugelassen werden. Der Spielplan für diese Jugendvorstellungen bedarf der ortspolizeilichen Genehmigung. Sie müssen spätestens abends 9 Uhr beendet sein und sind ausdrücklich als Jugendvorstellungen unter Angabe des Spielplans an den Eingängen zu bezeichnen.

§ 3. Zuwiderhandlungen werden mit Geldstrafe bis zum Betrage von 60 Mk. bestraft, an deren Stelle im Falle des Unvermögens Haft tritt. Strafbar sind die Veranstalter der Vorstellungen und außerdem die Jugendlichen selbst, soweit sie nicht schulpflichtig sind.

Polizeiverordnung des Polizeipräsidenten zu Berlin

vom 11. Juli 1916.

(Ebenda 1916 S 370.)

Reklameplakate für öffentliche Schaustellungen jeder Art und Programm-Anzeigepflicht der Lichtspielunternehmer.

§ 2. Kein in Bildform oder auffälliger Schriftform gehaltenes, von der öffentlichen Straße aus sichtbares Reklameplakat für die in § 1 bezeichneten öffentlichen Schaustellungen darf einen größeren Flächeninhalt als 5000 qcm (z. B. 1 m Höhe und $^1/_2$ m Breite) haben. Der Gesamtflächeninhalt aller derartigen an einem und demselben Gebäude anzubringenden Plakate darf 10 000 qcm nicht überschreiten.

Auf Reklameplakate an den öffentlichen Anschlagsäulen findet diese Größenbeschränkung keine Anwendung.

Den Inhabern der Vergnügungsanstalten bleibt, abgesehen von den bezeichneten Reklameplakaten, der Aushang oder Anschlag von Theaterzetteln oder Programmen in der bei den Theatern üblichen Form und Größe überlassen.

§ 3. Ankündigungsmittel, die Lichtspielvorstellungen zum Gegenstand haben, dürfen nicht auf Lichtspiele oder Teile von solchen (Titel oder Zusatztitel) hinweisen, die zensurpolizeilich verboten sind.

§ 4. Vor den Lichtspieltheatern anzubringende Plakate in Bildform oder auffälliger Schriftform dürfen auf keine Lichtspielvorführungen hinweisen, deren Besuch Kindern zensurpolizeilich untersagt ist.

§ 5. Die Lichtspielunternehmer sind verpflichtet, der zuständigen Ortspolizeibehörde das Programm der Darbietungen spätestens 24 Stunden vor der Aufführung anzuzeigen. Hierbei ist Titel, Ursprungsfirma, Datum der zensurpolizeilichen Genehmigung und Zensurnummer der einzelnen Filme anzugeben.

Es dürfen keine andere Filme vorgeführt werden, als diejenigen, welche in dem eingereichten Programm verzeichnet sind.

§ 6. Zuwiderhandlungen gegen diese Polizeiverordnung werden, sofern nicht nach den bestehenden Strafvorschriften eine höhere Strafe verwirkt ist, mit Geldstrafe bis zu 60 Mk. oder mit entsprechender Haft bestraft.

Ausführungsbestimmungen vom 16. Dezember 1916 zur Polizeiverordnung vom 11. Juli 1916.

1. Die Verbote . . . auf zensurpolizeilich verbotene Lichtspiele hinzuweisen (§ 3) beziehen sich auf Ankündigungsmittel jeder Art.

2. Im übrigen hat die Verordnung bei der Einschränkung des Reklamewesens nur in Bildform oder auffallender Schriftform

gehaltene Reklameplakate im Auge, die von der öffentlichen Straße aus sichtbar sind. Vor den Lichtspielhäusern sind diese auf den Gesamtumfang von 10000 qcm beschränkt (§ 2) und dürfen auf keine Lichtspielvorführungen hinweisen, deren Besuch Kindern untersagt ist (§ 4).

3. Die gewerbliche Bezeichnung des Schaustellungsunternehmens (z. B. Biophontheater, Lichtspieltheater „Helios", Lichtspiele „Hubertus" usw.) gilt auch dann nicht als Reklameplakat, wenn sie in auffallenden Buchstaben angebracht wird, vorausgesetzt, daß die Größe nicht zu stark übertrieben ist und daß die Bezeichnung nicht durch mehrfache Anbringung oder dadurch aufdringlich wirkt, daß sie mit Reklamezusätzen, wie „täglich große Schlager", „hervorragende Schlager", „großes Programm", „erstklassiges Lichtspiel", „künstlerische Musikbegleitung", „vornehmstes Theater", „ununterbrochene Vorstellung", „stets neues und wechselndes Programm" usw. verbunden ist.

4. Als in auffälliger Schriftform gehaltene Plakate gelten diejenigen, bei welchen die Buchstaben durch ihre Größe, ihre Beschaffenheit, die Farbe ihrer Ausstattung ihres Untergrundes aufdringlich wirken, oder welche in einer aufdringlich wirkenden Anzahl angebracht werden. Als Höchstmaß der Größe der Buchstaben ist 10 cm für große und 6 cm für kleine Buchstaben angenommen. Als nicht auffällig werden im allgemeinen Anschläge anzusehen sein, die auf dem üblichen weißen Untergrund gehalten sind und außer schwarz und weiß nur zwei nicht zu krasse Farben verwenden. In der bezeichneten Buchstabengröße und Beschaffenheit haben sich im allgemeinen die Plakate mit Angaben über die Spielzeit, die Eintrittspreise, die Art der Bilder oder der Vorstellung, die Spielfolgen und Programme usw. zu halten, andernfalls sie als Reklameplakat angesehen werden und der angegebenen Beschränkung auf 10000 qcm unterliegen.

5. Die Reklame in Bildform umfaßt auch Abbildungen der Köpfe bekannter Filmschauspieler, gleichgültig, ob sie mit oder ohne Ankündigung bestimmter Filmtitel ausgehängt werden. Ebenso umfaßt sie Photographien, die also mit den anderen Reklameplakaten zusammen sich innerhalb des bezeichneten Höchstmaßes halten müssen, und deren Ausstellung verboten ist, wenn sie Szenen aus Filmen enthalten, die für Kinder verboten sind.

Der Anbringung vaterländischer Bilder soll, auch wenn durch sie das Höchstmaß überschritten wird, nicht entgegengetreten werden, vorausgesetzt, daß die Aushängung derartiger Bilder nicht in einer Weise übertrieben wird, daß der Eindruck unangebrachter marktschreierischer Aufdringlichkeit entsteht.

6. Anschläge, die auf die Verordnung vom 11. Juli 1916 hinweisen, sind nach den §§ 9 und 10 des Preußischen Preßgesetzes unzulässig weil sie das Gebiet gewerblicher Ankündigungen überschreiten. Dasselbe ist der Fall bezüglich der Aushängung von Bildern aus irgendwelchen Zeitschriften oder von letzteren selbst.

7. Haben die Schaustellungsräume mehrere Zugänge, so gelten die Beschränkungen für alle Zugänge zusammen und nicht für jeden einzelnen. Werden Reklameplakate so angebracht, daß sie von der Straße aus sichtbar, wenn auch nicht erkennbar sind, immerhin also dem Zwecke der Anlockung des vorübergehenden Publikums dienen, so gilt für sie die Beschränkung der Verordnung.

8. Die Größe der Plakate wird gemessen durch den von Schrift oder Bild eingenommenen Raum einschließlich des dazugehörigen Randes, aber ausschließlich der mit dem Plakat nicht zusammenhängenden sonstigen Umgebung, vorausgesetzt, daß diese nicht ersichtlich den Eindruck einer Erweiterung des Randes hervorrufen soll und daß sie ihrerseits nicht aufdringlich wirkt. Ankündigungen, die nicht ständig, sondern nur für kürzere Zeit während des Betriebes angebracht werden, oder solche auf beweglichen Tafeln, gelten als Plakate im Sinne der Verordnung.

9. Unmittelbar in die Wand eingelassene oder auf sie gemalte, also nicht auf eigentlichen Papieranschlagzetteln befindliche, oder auch auf abnehmbaren Stoffen wie Leinwand, Holz, Blech, Glas oder dergleichen angebrachte Schriften oder Bilder sind zwar Ankündigungsmittel im Sinne des § 3, nicht aber Plakate im Sinne der §§ 2 und 4 der Verordnung. Entstehen durch die Anwendung derartiger Mittel grobe Unzuträglichkeiten im Sinne der letztgenannten Bestimmung, so ist die Polizeiverordnung nicht anzuwenden, es wird vielmehr im Wege der polizeilichen Verfügung eingeschritten werden.

Polizeiverordnung des Polizeipräsidenten zu Berlin, betr. Dauer der Vorstellungen in Lichtspieltheatern,

vom 17. November 1919.

(Amtsblatt der Königlichen Regierung zu Potsdam und der Stadt Berlin S. 458.)

§ 1. Die Lichtspieltheater und solche Unternehmungen, welche vornehmlich Lichtspiele darbieten, dürfen mit den Vorführungen wochentags nicht vor 7 Uhr abends und an den Sonn- und Feiertagen nicht vor 4 Uhr nachmittags beginnen, die Vorführungen müssen spätestens um $10^1/_2$ Uhr abends beendet sein.

§ 2. Die Zuschauerräume dürfen für das Publikum erst geöffnet werden:

bei Theatern	bis	400	Sitzplätzen	15	Minuten,
„ „	über	400—600	„	20	„
„ „	„	600—800	„	25	„
„ „	„	800	„	30	„

vor Beginn der Vorstellung.

Spätestens eine Viertelstunde nach Schluß der Vorstellungen müssen sämtliche Räume von dem Publikum und dem Theaterpersonal verlassen und verschlossen sein.

§ 3. Zuwiderhandlungen werden mit Geldstrafe bis zum Betrage von 60 Mk. bestraft, neben deren Verhängung im Wege unmittelbaren Zwanges vorgegangen werden wird. Außerdem werden festgestellte Verstöße stets der Kohlenstelle Groß-Berlin gemeldet, welche ihrerseits die Unterbrechung der Stromlieferung für die betreffenden Unternehmungen anordnen wird.

Ministerial-Verordnung von Reuß jüngere Linie, betreffend den Betrieb von Lichtspielunternehmungen,

vom 11. Februar 1913.

(Amts- und Verordnungsblatt 1913 S. 86.)[1])

§ 10. Die Spielpläne für die Jugendvorstellungen sind in Gera und Schleiz spätestens einen Tag im übrigen spätestens zwei Tage vor dem Beginn unter Angabe des Inhalts jedes Bildes

---

[1]) §§ 7—9, 11—13, 15 entsprechen der Verordnung von Sachsen-Altenburg.

und jeder sonstigen Darstellung, der Fabriknummer und der Länge der Films, sowie der Ueberschrift und der Zeit der ersten Aufführung bei der Polizeibehörde anzumelden.

Auf deren Verlangen sind vor der öffentlichen Vorstellung nicht öffentliche Prüfungsvorstellungen zu veranstalten.

§ 14. Polizeibehörde im Sinne dieser Ministerial-Verordnung ist in den Städten Gera und Schleiz der Gemeindevorstand, im übrigen das zuständige Landratsamt.

Sächsisches Preßgesetz vom 24. März 1870.

(Gesetzsammlung für das Königreich Sachsen S. 75.)

Artikel 15.

Ankündigungen gesetzlich erlaubter Versammlungen, Wahlbekanntmachungen (unter den in Art. 7 für Stimmzettel abgegebenen Beschränkungen), sowie Anzeigen über öffentliche Vergnügungen, über gestohlene, verlorene und gefundene Sachen, über Verkäufe und Vermietungen und sonstige Nachrichten über den gewerblichen Verkehr dürfen ohne vorherige Anzeige an den im voraus bestimmten Orten und, was die Verkäufe und Vermietungen von Grundstücken und gewerblichen Ankündigungen anlangt, auch an den betreffenden Grundstücken und gewerblichen Lokalen selbst öffentlich angeschlagen werden.

Bei Plakaten anderer Art, mit Ausnahme der Bekanntmachungen öffentlicher Behörden, bedarf es der vorgängigen Anzeige bei der Ortspolizeibehörde unter Vorlegung eines Exemplars des betreffenden Plakats. Diese Plakate dürfen ebenfalls bloß an den von der Behörde im voraus bestimmten Orten öffentlich angeschlagen oder angeheftet werden.

Artikel 16.

Zuwiderhandlungen gegen die Vorschriften in Art. 10 bis 15 sind mit einer Geldstrafe bis zu 50 Talern oder Gefängnis bis zu 4 Wochen zu belegen.

Erlaß des Sächsischen Ministeriums des Innern vom 6. April 1909.

— — — — —

Ueber die verschiedenen Wege, die der Polizeibehörde offen stehen, ist folgendes zu sagen:

1. . . . Nach Befinden möchte wenigstens vorgeschrieben werden, daß alle Bilder, die vorgeführt werden sollen, unter Angabe ihres Titels, etwaiger Untertitel oder, wo solche nicht vorhanden, einer kurzen Inhaltsangabe und der Fabriknummer des Films sofort nach ihrem Eintreffen beim Schausteller von ihm bei der Polizeibehörde anzumelden sind, damit diese verdächtige Bilder möglichst noch vor ihrer Vorführung prüfen und beanstanden kann. . . . . Eine ausreichende Ueberwachung der Vorführungen bleibt dabei erforderlich.

2. Wo die Maßnahmen unter 1 nicht durchführbar sind — oder neben ihnen —, kann durch Polizeiverordnung jede Art öffentlicher Ankündigung, die schlüpfrige Darstellungen in Aussicht stellt (z. B. „Nur für Herren", „Kabarett" oder „Spezialvorstellung nur für Erwachsene"), untersagt werden.

— — — — —

Im übrigen werden möglichst sorgfältige Ueberwachung der Kinematographentheater, unvermutete Bilderprüfungen in Verdachtsfällen und strenges Einschreiten gegen etwaige anstößige Darbietungen — gegebenenfalls unnachsichtige Herbeiführung gerichtlicher Bestrafung — dazu beitragen, eine Besserung der in manchen Berichten beklagten Verhältnisse zu erreichen.

3. War unter 1 und 2 von den allgemeinen Maßnahmen die Rede, so erscheint es dringend geboten, die Kinder unter 14 Jahren noch in besonderer Weise gegen die Schädigungen zu schützen, die ihnen durch den Besuch ungeeigneter kinematographischer Vorstellungen drohen. Denn es ist kein Zweifel, daß Kinder in weit höherm Maße als Erwachsene der Gefahr ausgesetzt sind, unsittlichen, verrohenden oder die Phantasie in ungünstigem Sinne erregenden Einflüssen zu unterligen, ganz abgesehen von der Verlockung zu Geldausgaben und in Verbindung damit zu Unredlichkeiten und zum Betteln. Vom allgemeinen polizeilichen Standpunkt aus in dieser Beziehung vorbeugende Maßregeln zu treffen, haben sich die Polizeibehörden im Interesse der allgemeinen Ord-

nung und Sittlichkeit angelegen sein zu lassen; etwaige von den Schulbehörden im Interesse der Schulzucht und Erziehung erlassene Anordnungen stehen nicht im Wege.

Nach den in Leipzig, Zwickau usw., sowie auch auf dem Lande (Amtshauptm. Leipzig) gemachten Erfahrungen, kann das Ministerium des Innern den Polizeibehörden anheimgeben, den Veranstaltern öffentlicher kinematographischer Schaustellungen durch Polizeiverordnung die Zulassung von Kindern unter 14 Jahren in andere, als in „Kindervorstellungen" — die als solche ausdrücklich an den Eingängen des Schaustellungsraums, sowie an der Kasse durch deutlich lesbare Aufschriften anzukündigen sind und zu bestimmter Stunde (7 Uhr abends) beendet sein müssen —, zu untersagen und die Vorführung solcher Bilder in „Kindervorstellungen" zu verbieten, die von der Polizeibehörde dem einzelnen Schausteller als ungeeignet bezeichnet worden sind. Für Kindervorstellungen ist eine vorsorgliche Bilderprüfung besonders geboten; ihre Durchführung wird vielfach erleichtert werden, wenn die Polizeibehörde sich die Unterstützung der Lehrerschaft oder anderer geeigneter Personen sichert.

Die Kreishauptmannschaften wollen die Amtshauptmannschaften und Stadträte ihres Regierungsbezirks im Sinne dieser Verordnung verständigen und anweisen. Die hierzu erforderliche Zahl von Verordnungsabzügen liegt bei.

Bis zum 1. April 1910 sieht das Ministerium des Innern einem Berichte darüber entgegen, in welcher Weise die gegebenen Anregungen beachtet worden sind und wie sich die getroffenen Maßnahmen bewährt haben.

Verordnung des Herzoglichen Ministeriums von Sachsen-Altenburg, betreffend den Betrieb von Lichtspielunternehmungen,

vom 3. Mai 1913.

(Herzoglich Sachsen-Altenburgische Gesetzsammlung 1913 S. 96.)[1])

§ 7. Personen unter 17 Jahren dürfen, auch wenn sie sich in Begleitung Erwachsener befinden, nur zu besonderen Jugend-

[1]) §§ 8, 9, 11, 13, 15 gleichlautend mit der Verordnung von Sachsen-Meiningen.

vorstellungen zugelassen, und letztere dürfen nur als solche angekündigt werden. Die Ankündigung hat bei der Eintrittskartenausgabestelle in deutlicher Schrift unter Angabe des Spielplans zu erfolgen.

Zwischen der Beendigung einer Jugendvorstellung und dem Beginn einer Vorstellung für Erwachsene muß eine Pause von mindestens zwanzig Minuten liegen. In dieser Pause muß der Zuschauerraum geleert werden.

Die Polizeibehörde kann die Jugendvorstellungen auf bestimmte Tagesstunden beschränken. Sie kann auch anordnen, daß die Jugendvorstellungen für den Tag oder die Woche eine bestimmte Zahl nicht überschreiten dürfen.

Weitergehende Anordnungen der Schulbehörden über den Besuch der Vorstellungen durch Schulpflichtige werden hierdurch nicht berührt.

§ 10. Die Spielpläne für die Jugendvorstellungen sind in den Städten spätestens einen Tag, in den Dörfern spätestens zwei Tage vor dem Beginn unter Angabe des Inhalts jedes Bildes und jeder sonstigen Darstellung, der Fabriknummer und der Länge der Films, sowie der Ueberschrift und der Zeit der ersten Aufführung bei der Polizeibehörde anzumelden.

Auf deren Verlangen sind vor der öffentlichen Vorstellung nichtöffentliche Prüfungsvorstellungen ohne Anspruch auf Entschädigung zu veranstalten.

§ 12 Bilder oder Teile von Bildern, die von der Polizeibehörde als unzulässig bezeichnet worden sind, dürfen nicht vorgeführt werden.

§ 14. Polizeibehörde im Sinne dieser Verordnung ist in den Städten der Stadtrat, in den Dörfern das Landratsamt.

Verordnung des Staatsministeriums von Sachsen-Koburg über den Betrieb von Lichtspielunternehmungen
vom 17. Mai 1913.

(Gesetzsammlung für das Herzogtum Koburg 1913 S. 199.)[1])

§ 10. Die Spielpläne für die Jugendvorstellungen sind spätestens zwei Tage vor dem Beginn unter Angabe des Bildes

---

1) § 7—9, 11—13, 15 stimmen mit der Verordnung von Sachsen-Altenburg überein.

und sonstigen Darstellung, der Fabriknummer und der Länge der Films, sowie der Ueberschrift und der Zeit der ersten Aufführung bei der Polizeibehörde anzumelden.

Auf deren Verlangen sind vor der öffentlichen Vorstellung nicht öffentliche Prüfungsvorstellungen ohne Anspruch auf Entschädigung zu veranstalten.

§ 14. Polizeibehörde im Sinne dieser Verordnung ist in den unmittelbaren Städten der Magistrat, in Königsberg i. Fr. der Stadtrat, im übrigen das Landratsamt.

Verordnung des Staatsministeriums von Sachsen-Gotha

über den Betrieb von Lichtspielunternehmungen. Vom 17. Mai 1913.

(Gesetzsammlung für das Herzogtum Gotha 1913, S. 217).[1])

§ 14. Polizeibehörde im Sinne dieser Verordnung ist in den unmittellbaren Städten der Stadtrat, im übrigen das Landratsamt.

Ausschreiben des Herzoglichen Staatsministeriums von Sachsen-Meiningen

Abteilung des Innern, vom 24. Februar 1913, betreffend den Betrieb kinematographischer Unternehmungen.

(Regierungsblatt des Herzogtums Sachsen-Meiningen vom 15. März 1913)

§ 8. Personen unter 17 Jahren dürfen, auch wenn sie sich in Begleitung Erwachsener befinden, nur zu besonderen Jugendvorstellungen zugelassen und letztere dürfen nur als solche angekündigt werden. Die Ankündigung hat an der Ausgabestelle der Eintrittskarten in deutlicher Schrift unter Angabe des Spielplans zu erfolgen.

Zwischen der Beendigung einer Jugendvorstellung und dem Beginn einer Vorstellung für Erwachsene muß eine Pause von mindestens 20 Minuten liegen. In dieser Pause muß der Zuschauerraum geleert werden.

Die Polizeibehörde kann die Jugendvorstellungen auf bestimmte Tagesstunden beschränken. Sie kann auch anordnen, daß die Jugendvorstellungen für den Tag oder die Woche eine bestimmte Zahl nicht überschreiten dürfen.

---

[1]) §§ 7—13, 15 stimmen mit der Verordnung von Coburg überein.

§ 9. Bilder und sonstige Darstellungen, die gegen die guten Sitten verstoßen, oder die geeignet sind, verrohend zu wirken, dürfen weder in den Jugend- noch in den übrigen Vorstellungen vorgeführt werden. Von der Vorführung in Jugendvorstellungen sind alle Bilder und sonstigen Darstellungen ausgeschlossen, die geeignet sind, die Einbildungskraft der Kinder in ungünstigem Sinne zu erregen.

§ 10. Die Vorschriften des § 9 gelten entsprechend für die Ankündigung von Vorstellungen jeder Art.

§ 11. Die Spielpläne für die Jugendvorstellungen sind spätestens zwei Tage vor dem Beginn unter Angabe des Inhalts jedes Bildes und jeder sonstigen Darstellung, der Fabriknummer und der Länge des Films, sowie der Ueberschrift und der Zeit der ersten Auffühyrnng bei der Polizeibehörde anzumelden.

Auf deren Verlangen sind vor der öffentlichen Vorstellung nicht öffentliche Prüfungsvorstellungen für die Polizei ohne Anspruch auf Entschädigung zu veranstalten.

§ 12. Der Polizeibehörde bleibt es vorbehalten, den einzelnen in § 1 bezeichneten Unternehmungen gegenüber die Einhaltung der in § 11 gegebenen Vorschriften auch für allgemeine, den Jugendlichen nicht zugängliche Vorstellungen anzuordnen.

§ 14. Den Polizeibeamten ist der freie Eintritt zu den Vorstellungen jederzeit zu gestatten.

Es sind in derselben Weise auch solche Personen zuzulassen, die von der Polizeibehörde zwecks sachkundiger Beurteilung der Zulässigkeit der Bilder hinzugezogen werden.

§ 15. Polizeibehörde im Sinne dieses Ausschreibens ist in den Magistratsstädten der Magistrat, im übrigen der Herzogliche Landrat.

§ 16. Zuwiderhandlungen werden, soweit sie nicht unter andere strafrechtliche Bestimmungen fallen, mit Geldstrafe bis zu einhundertfünfzig Mark, an deren Stelle im Falle der Unbeibringlichkeit Haft bis zu sechs Wochen tritt, bestraft.

Verordnung des Ministeriums des Innern von Sachsen-Weimar

vom 4. Januar 1913.

(Regierungsblatt für das Großherzogtum Sachsen S. 5.)

§ 6. Der Unternehmer oder der verantwortliche Betriebsleiter müssen während der Vorstellung anwesend sein.

§ 7. Personen unter 17 Jahren dürfen, auch wenn sie sich in Begleitung Erwachsener befinden, nur zu besonderen Jugendvorstellungen zugelassen und letztere dürfen nur als solche angekündigt werden. Die Ankündigung hat an der Eintrittskartenausgabestelle in deutlicher Schrift unter Angabe des Spielplans zu erfolgen.

Zwischen der Beendigung einer Jugendvorstellung und dem Beginne einer Vorstellung für Erwachsene muß eine Pause von mindestens 20 Minuten liegen. In dieser Pause muß der Zuschauerraum geleert werden.

Die Polizeibehörde kann die Jugendvorstellungen auf bestimmte Tagesstunden beschränken. Sie kann auch anordnen, daß die Jugendvorstellungen für den Tag oder die Woche eine bestimmte Zahl nicht überschreiten dürfen.

Weitergehende Anordnungen der Schulbehörden über den Besuch der Vorstellungen durch Schulpflichtige werden hierdurch nicht berührt.

§ 10. Die Spielpläne für die Jugendvorstellungen sind spätestens zwei Tage vor dem Beginne unter Angabe des Inhalts jedes Bildes und jeder sonstigen Darstellung, der Fabriknummer und der Länge des Films, sowie der Ueberschrift und der Zeit der ersten Aufführung bei der Polizeibehörde anzumelden.

Auf deren Verlangen sind vor der öffentlichen Vorstellung nichtöffentliche Prüfungsvorstellungen ohne Anspruch auf Entschädigung zu veranstalten.

§ 11. Der Polizeibehörde bleibt es vorbehalten, den einzelnen in § 1 bezeichneten Unternehmungen gegenüber die Einhaltung der in § 10 gegebenen Vorschriften auch für allgemeine, den Jugendlichen nicht zugängliche Vorstellungen anzuordnen.[1])

§ 13. Den Polizeibeamten ist der freie Eintritt zu den Vorstellungen jederzeit zu gestatten.

Es sind in derselben Weise auch solche Personen zuzulassen, die von der Polizeibehörde zwecks sachkundiger Beurteilung der Zulässigkeit der Bilder hinzugezogen werden.

§ 14. Polizeibehörde im Sinne dieser Ministerialverordnung ist in den Städten mit mehr als 3000 Einwohnern der Gemeindevorstand, im übrigen der Bezirksdirektor.

---

[1]) Vgl. Nachtrag vom 19. November 1915 I.

§ 15. Zuwiderhandlungen werden, soweit sie nicht unter andere strafrechtliche Bestimmungen fallen, mit Geldstrafe bis zu 150 Mark, an deren Stelle im Falle der Unbeibringlichkeit Haft bis zu sechs Wochen tritt, bestraft.[2])

Nachtrag vom 19. November 1915 zu der Ministerialverordnung von Sachsen-Weimar

über den Betrieb von Lichtspielunternehmungen vom 4. Januar 1913.

(Ebendort S. 277.)

Auf Veranlassung des stellvertretenden Königlichen Generalkommandos des XI. Armeekorps in Cassel wird die Ministerialverordnung über den Betrieb von Lichtspielunternehmungen vom 4. Januar 1913 (Regierungsbl. S. 5) bis auf weiteres wie folgt, ergänzt:

I.

Die Bestimmungen in § 10 der Ministerialverordnung vom 4. Januar 1913 werden auf alle Spielpläne ausgedehnt.

II.

Zuwiderhandlungen werden außer mit den in § 15 der Ministerialverordnung vom 4. Januar 1913 bezeichneten Strafen mit der Einziehung der nicht genehmigten Films bestraft.

Polizeiverordnung des Ministeriums vom Schaumburg-Lippe, betr. die Kinematographentheater.

Vom 20. März 1911.

(Schaumburg-Lippische Landesverordnungen 1911 S. 21.)

§ 2. Mindestens drei Tage vor der Vorführung ist zu diesem Zweck der Ortspolizeibehörde ein Verzeichnis vorzulegen, das die Titel der einzelnen Bilder, unter denen sie in den Handel gebracht werden, und den Namen der Fabrik, die sie hergestellt hat, enthält.

§ 3. Handelt es sich um Bilder, die bereits von dem Polizeipräsidenten in Berlin zur öffentlichen Vorführung zugelassen sind, und befindet sich der Unternehmer im Besitz eines Nachweises über

---

[2]) Ebendort II.

diese Genehmigung, so braucht das Verzeichnis, in das eine hierauf bezügliche Angabe aufzunehmen ist, erst 24 Stunden vor der Vorführung eingereicht zu werden.

§ 4. Auf Verlangen ist jedes zur öffentlichen Vorführung bestimmte kinematographische Bild . . . . einem Beamten der Polizeibehörde in einem von dieser zu bestimmenden Raum vorzuführen.

§ 5. Das mit dem Genehmigungsvermerk versehene Verzeichnis ist dem Unternehmer zurückzugeben.

§ 6. Dieses Verzeichnis sowie die Nachweise einer etwa schon durch den Polizeipräsidenten in Berlin erfolgten Genehmigung (§ 3) sind während der öffentlichen Vorführung derart bereit zu halten, daß sie von dem revidierenden Beamten jederzeit eingesehen werden können.

§ 8. Uebertretungen der Vorschriften dieser Polizeiverordnung werden, soweit nicht weitergehende Strafbestimmungen Anwendung finden, mit Geldstrafe bis zu 150 Mk., im Unvermögensfalle mit entsprechender Haft bestraft.

Polizeiverordnung des Ministeriums von Schaumburg-Lippe, betreffend den Kinderbesuch in Kinematographentheatern.

Vom 26. Januar 1914.

(Schaumburg-Lippesche Landesverordnungen 1914 S. 9.)

§ 2. Jugendliche, d. h Personen unter 16 Jahren, dürfen nach 8 Uhr abends in den Kinematographentheatern auch in Begleitung Erwachsener nicht geduldet werden.

§ 3. Auch vor 8 Uhr abends dürfen jugendliche Personen unter 16 Jahren nur zu solchen Vorstellungen zugelassen werden, die von der Ortspolizeibehörde ausdrücklich als Jugend- und Kindervorstellungen genehmigt und als solche in den öffentlichen Ankündigungen bezeichnet worden sind.

§ 4. Zu Schülervorstellungen, die ausschließlich von Schülern besucht werden sollen und der Belehrung als Veranschaulichungsmittel für den natur- und völkerkundlichen Unterricht dienen, ist der Polizeibehörde ein Nachweis zu erbringen, daß der Leiter der Schule sich von der Zweckmäßigkeit und Einwandsfreiheit des den

Schülern darzubietenden Stoffes einschließlich etwaiger Erläuterungen zu den Bildern überzeugt hat.

§ 5. Für die Beobachtung vorstehender Bestimmungen sind sowohl die Veranstalter (Unternehmer) und Leiter der Vorführungen als auch die Inhaber der Veranstaltungsräume verantwortlich.

§ 6. Die Veranstalter öffentlicher Lichtbildvorführungen sind verpflichtet, die auf ihren Darbietungen bezüglichen Bekanntmachungen, Plakate und Aufrufe, welche öffentlich angeschlagen, angeheftet oder ausgestellt werden sollen, vorher der Ortspolizeibehörde zur Genehmigung vorzulegen.

§ 7. Uebertretungen dieser Polizeiverordnung werden, sofern nicht nach anderweitigen Vorschriften eine höhere Strafe verwirkt ist, mit Geldstrafe bis zu 150 Mk., im Unvermögensfalle mit entsprechender Haft, bestraft.

§ 8. Die Bestimmungen der Polizeiverordnung vom 20. März 1911, betreffend die Kinematographentheater (Bd. 23 S. 21) bleiben durch die gegenwärtige Polizeiverordnung unberührt.

Polizeiverordnung des Ministeriums von Schaumburg-Lippe, betr. Reklameplakate für öffentliche Schaustellungen jeder Art und Programmanzeigepflicht der Lichtspielunternehmer.

Vom 2. April 1917.

(Schaumburg-Lippesche Landesverordnungen 1917 S. 295)*)

Auf Grund des § 5 des Gesetzes über die Polizeiverwaltung vom 22. Mai 1882 wird folgende Polizeiverordnung erlassen:

§ 1. Von der öffentlichen Straße aus sichtbare Plakate oder sonstige Ankündigungsmittel, durch welche für öffentliche Schaustellungen jeder Art (Theater, Varietés, Kabarette, Zirkusse, Panoptikums, Schaubuden) Reklame in Bildform oder in auffälliger Schriftform gemacht wird . . . . . dürfen außer an den öffentlichen Anschlagsäulen, nur vor denjenigen Gebäuden, in welchen die Schaustellungen stattfinden, angeschlagen oder angebracht werden.

Anzeigen der genannten Unternehmungen in den Zeitungen dürfen keinerlei bildliche Darstellungen enthalten. Lichtspielvor-

*) §§ 2 bis 6 stimmen mit der Polizeiverordnung des Polizeipräsidenten zu Berlin vom 11. Juli 1916 überein.

führungen dürfen nur in der Zeit von 3 Uhr nachmittags bis 11 Uhr abends stattfinden.

Polizeiverordnung des Ministeriums von Schwarzburg-Rudolstadt.

Vom 18. Januar 1913 über den Betrieb von Lichtspielunternehmungen.
(Gesetzsammlung für das Fürstentum Schwarzburg Rudolstadt 1913, S 11).[1])

§ 14. Polizeibehörde im Sinne dieser Polizeiverordnung ist in den Städten mit mehr als 12 000 Einwohnern der Gemeindevorstand, im übrigen das Landratsamt.

Ministerial-Verordnung von Schwarzburg-Sondershausen über den Betrieb von Lichtspielunternehmungen.

Vom 21. Februar 1913.
(Gesetzsammlung für das Fürstentum Schwarzburg-Sondershausen 1913, S. 65).[2])

§ 14. Polizeibehörde im Sinne dieser Ministerialverordnung ist in den Städten mit mehr als 2500 Einwohnern die Ortspolizeiverwaltung, im übrigen der Landrat.

Polizeiverordnung des Landesdirektors von Waldeck und Pyrmont, betreffend kinematographische Vorstellungen.

Vom 12. Mai 1914.
(Fürstlich Waldeckisches Regierungsblatt 1914, S. 92).[3])

§ 2 Mindestens drei Tage vor der Vorführung ist zu diesem Zweck der Ortspolizeibehörde ein Verzeichnis vorzulegen, das die Titel der einzelnen Bilder, unter denen sie in den Handel gebracht werden, und den Namen der Fabrik, die sie hergestellt hat, enthält.

§ 3. Handelt es sich um Bilder, die bereits von dem Polizeipräsidenten in Berlin zur öffentlichen Vorführung zugelassen sind,

---

[1]) §§ 7—13, 15 stimmen mit der Verordnung von Sachsen-Coburg überein.

[2]) §§ 7—13, 15 stimmen mit der Veeordnung von Sachsen-Coburg überein.

[3]) §§ 1, 3, 5—7 sind übereinstimmend mit der Verordnung von Anhalt.

und befindet sich der Unternehmer im Besitz eines Nachweises über diese Genehmigung, so braucht das Verzeichnis, in das eine hierauf bezügliche Angabe aufzunehmen ist, erst 24 Stunden vor der Vorführung eingereicht zu werden.

§ 5. Das mit dem Genehmigungsvermerk versehene Verzeichnis ist dem Unternehmer zurückzugeben.

§ 6. Diese Verzeichnisse, sowie die Nachweise einer etwa schon durch den Polizeipräsidenten in Berlin erfolgten Genehmigung (§ 3) sind während der öffentlichen Vorführung derart bereit zu halten, daß sie von dem revidierenden Beamten jederzeit eingesehen werden können.

§ 7. Die öffentliche Vorführung kinematographischer Bilder darf nur unter denjenigen Titeln erfolgen, unter denen sie in das Verzeichnis (§ 2) eingetragen sind.

§ 8. Kinder unter 6 Jahren dürfen während der öffentlichen kinematographischen Vorführungen in den Vorführungsräumen nicht geduldet werden

§ 9. Jugendliche Personen zwischen 6 und 16 Jahren dürfen während der öffentlichen kinematographischen Vorführungen in den Vorführungsräumen nach 8 Uhr abends nicht mehr geduldet werden und vorher nur zu solchen öffentlichen kinematographischen Vorführungen zugelassen werden, die auf Grund des vorgelegten Spielplans als Jugendvorstellungen polizeilich genehmigt und als solche durch Anschlag am Eingange zu den Vorführungsräumen gekennzeichnet sind.

§ 10. Uebertretungen der Vorschriften dieser Polizeiverordnung werden mit Geldstrafe bis zu 30 Mark, im Unvermögensfalle mit entsprechender Haft bestraft.

Württembergisches Gesetz, betreffend Ausführungsbestimmungen zu dem Reichsgesetz

über die Presse vom 7. Mai 1874 in der Fassung vom 24 Janar 1900.

(Regierungsblatt für das Königreich Württemberg 1900 S. 111.)

Artikel 1. Von Bekanntmachungen, Plakaten und Aufrufen, welche öffentlich angeschlagen, ausgestellt oder auf Straßen, öffentlichen Plätzen oder anderen öffentlichen Orten unentgeltlich verteilt werden sollen, muß, sobald der Anschlag, die Ausstellung oder die

Verteilung beginnt, ein Exemplar an die Ortspolizeibehörde des Ausgabeorts und, falls solcher außerhalb Württembergs gelegen ist, an eine im Verordnungswege für das ganze Land einheitlich zu bestimmende Bezirksstelle gegen eine sofort zu erteilende Bescheinigung unentgeltlich abgeliefert werden.

Ausgenommen hiervon sind die amtlichen Bekanntmachungen von Reichs-, Staats- und Gemeindebehörden, sowie solche Bekanntmachungen, Plakate und Aufrufe, welche keinen andern Inhalt haben als Ankündigungen über gesetzlich nicht verbotene Versammlungen, über öffentliche Vergnügungen, über gestohlene, verlorene oder gefundene Sachen, über Verkäufe, Vermietungen oder andere Nachrichten für häusliche Zwecke und für den gewerblichen Verkehr.

Artikel 2. Die Polizeibehörden sind befugt, nach Maßgabe der Art. 51—57 des Gesetzes vom 27. Dezember 1871, betreffend Aenderungen des Polizeistrafrechts, aus Rücksicht auf die Ordnung des öffentlichen Verkehrs und auf den Schutz von Privatrechten, Vorschriften und Anordnungen bezüglich der Art und des Ortes der Anheftung, öffentlichen Ausstellung und Verteilung von Bekanntmachungen, Plakaten und Aufrufen zu erlassen.

Artikel 3. Zuwiderhandlungen gegen die Vorschriften des Art. 1 werden mit Geldstrafe bis zu 150 Mark oder mit Haft, Zuwiderhandlungen gegen die nach Maßgabe des Art. 2 ergangenen Vorschriften und Anordnungen mit Geldstrafe bis zu 60 Mark oder mit Haft bis zu 14 Tagen bestraft.

Gesetz, betreffend öffentliche Lichtspiele.

Vom 31. März 1914.

(Regierungsblatt für das Königreich Württemberg S. 87.)[1]

Art. 1.

(Zu öffentlichen Lichtspielen dürfen nur solche Bildstreifen (Filme) verwendet werden, die von der vom Ministerium des Innern hierfür bestimmten Landesstelle geprüft und zugelassen

[1] Das Gesetz ist seiner Bedeutung wegen vollständig abgedruckt, also auch, soweit es nicht mehr gilt. Die nicht mehr geltenden Bestimmungen sind eingeklammert.

sind. In Jugendvorstellungen (Art. 7) dürfen nur Bilder vorgeführt werden, die hierfür auf Antrag besonders zugelassen sind. Hierüber werden Zulassungskarten ausgestellt.)

(Das Ministerium des Innern kann für Bildstreifen, die nachweislich schon von anderen Polizeibehörden geprüft und zugelassen sind, auf Antrag der Landesstelle allgemein Ausnahmen von der Vorschrift in Abs. 1 gestatten.)

Das Ministerium des Innern kann auch für Lichtspieldarstellungen, die Bestandteil eines wissenschaftlichen oder belehrenden Vortrags sind, allgemein Befreiung von den Vorschriften dieses Gesetzes erteilen.

Art. 2.

(Die Zulassung eines Bildstreifens ist zu versagen, wenn seine öffentliche Vorführung vermöge der dargestellten Vorgänge oder der Art, wie sie dargestellt werden, geeignet wäre, die Gesundheit oder Sittlichkeit der Zuschauer zu gefährden oder das religiöse Empfinden der Zuschauer zu verletzen oder eine verrohende oder die Phantasie verderbende oder überreizende oder den Sinn für Recht und öffentliche Ordnung verwirrende oder abstumpfende Einwirkung auf sie auszuüben.)

Die Zulassung eines Bildstreifens ist auch dann zu versagen, wenn seine Vorführung eine besonders nachteilige Einwirkung auf die Augen der Zuschauer auszuüben geeignet wäre.

(Die Zulassung eines Bildstreifens für Jugendvorstellungen ist zu versagen, wenn er zur Vorführung der Personen unter siebzehn Jahren nicht geeignet ist.)

(Bildstreifen, bei denen die Gründe der Versagung der Zulassung nur hinsichtlich eines verhältnismäßig kleinen Teils der dargestellten Vorgänge zutreffen, können unter der Bedingung zugelassen werden, daß der Antragsteller die beanstandeten Teile der Streifen ausschneiden läßt und der Landesstelle ausfolgt.)

Art. 3.

(Die Belassung des Bildstreifens kann widerrufen werden, wenn das Zutreffen der Voraussetzungen ihrer Versagung erst nach der Zulassung hervortritt.)

Art. 4.

(Die Landesstelle kann vor der Entscheidung über die Zulassung eines Bildstreifens ein Gutachten Sachverständiger einholen, denen der Bildstreifen vorzuführen ist. Ein solches Gutachten ist stets einzuholen, wenn derjenige, der die Prüfung des Bildstreifens veranlaßt hat, es beantragt oder wenn es sich um die Entscheidung darüber handelt, ob ein Bildstreifen für Jugendvorstellungen zugelassen werden soll. Will die Landesstelle die nachgesuchte Zulassung versagen, so hat sie vor Erteilung des endgültigen Bescheides dem Gesuchsteller Gelegenheit zu geben, den Antrag auf Einholung eines Sachverständigengutachtens zu stellen.)

(Die Sachverständigen werden vom Ministerium des Innern im Benehmen mit dem Ministerium des Kirchen- und Schulwesens berufen.)

Art. 5.

Der Unternehmer von Lichtspielen hat alle zur öffentlichen Vorführung bestimmten Bilder der Ortspolizeibehörde rechtzeitig anzumelden. Will der Unternehmer Jugendvorstellungen veranstalten, so hat er dies in der Anmeldung anzugeben und die Zeit des Beginns solcher Vorstellungen sowie die Bilder, die darin vorgeführt werden sollen, besonders zu benennen.

Die erfolgte Anmeldung ist dem Unternehmer von der Ortspolizei zu bescheinigen.

Art. 6.

Die Ortspolizeibehörde kann verlangen, daß der Unternehmer die angemeldeten Bilder vor der erstmaligen öffentlichen Vorführung in einer Gemeinde oder auch später den von ihr beauftragten Beamten oder Sachverständigen vorführt.

Ist ein Bildstreifen so verändert, daß seine Vorführung nach ärztlichem Gutachten eine besonders nachteilige Einwirkung auf die Augen der Zuschauer ausübt, so hat die Ortspolizeibehörde seine öffentliche Vorführung zu verbieten, die Zulassungskarte vorläufig einzuziehen und die Entscheidung der Landesstelle herbeizuführen.

Ausnahmsweise kann die öffentliche Vorführung eines nach Art. 1 zugelassenen Bildstreifens in einer einzelnen Gemeinde von der Ortspolizeibehörde verboten werden, wenn besondere örtliche Verhältnisse die Annahme rechtfertigen, daß gerade in dieser Gemeinde die Vorführung des Bildes durch ihre Wirkung auf die Zuschauer die öffentliche Ordnung gefährden würde.

Art. 7.

Personen unter 17 Jahren dürfen zu anderen als Jugendvorstellungen nicht zugelassen werden.

Jugendvorstellungen sind bei der öffentlichen Ankündigung und durch deutlich sichtbaren Anschlag am Eingang des Vorstellungsraums als solche zu bezeichnen und dürfen nicht länger als bis acht Uhr abends dauern. Lichtspiele, in denen andere als für Jugendvorstellungen zugelassene Bilder vorgeführt werden, dürfen nicht als Jugendvorstellungen angekündigt oder gekennzeichnet werden.

Unternehmern von Jugendvorstellungen können zur Vorbeugung gegen Ueberanstrengung der Augen der Zuschauer und zur Hebung des erzieherischen und bildenden Werts der Vorstellungen von der Ortspolizeibehörde nach Anhörung Sachverständiger besondere Auflagen hinsichtlich der Auswahl, Reihenfolge und Art der Vorführung der Bilder gemacht werden. Die näheren Bestimmungen über die Aufstellung der Sachverständigen werden vom Ministerium des Innern im Benehmen mit dem Ministerium des Kirchen- und Schulwesens getroffen.

Durch polizeiliche Vorschrift (Art. 51 ff. des Polizeistrafgesetzes) kann der in Abs. 2 bezeichnete Zeitpunkt anderweitig festgesetzt werden; auch können weitere Vorschriften zum Schutz jugendlicher Besucher von Lichtspielen gegen sittliche oder gesundheitliche Gefährdung erlassen werden.

Art. 8.

Der Unternehmer von Lichtspielen hat bei der öffentlichen Ankündigung und Vorführung der Bilder stets den in der Zulassungskarte zu ihrer Bezeichnung gebrauchten Titel anzuführen. Während der Vorstellung hat er die Zulassungskarten und die Bescheinigung der Ortspolizeibehörde (Art. 5) so bereitzuhalten, daß sie von den mit der Ueberwachung der Vorstellungen beauftragten Beamten eingesehen werden können.

(Der Titel eines Bildes darf nachträglich nicht geändert werden.)

Art. 9.

Der Unternehmer von Lichtspielen hat den von der Polizeibehörde abgeordneten Beamten und Sachverständigen den Eintritt in die Vorstellungen jederzeit zu gestatten.

Art. 10.

(Für die Prüfung der Bildstreifen durch die Landesstelle werden nach näherer Bestimmung des Ministeriums des Innern Gebühren erhoben.)

Auslagen, die durch Beiziehung von Sachverständigen im Falle des Art. 6 Abs. 2 entstehen, sind der Gemeinde vom Unternehmer zu ersetzen.

Art. 11.

(Bekanntmachungen, Plakate und Aufrufe der Veranstalter von Lichtspielen, die öffentlich angeschlagen, ausgestellt oder auf Straßen, öffentlichen Plätzen oder anderen öffentlichen Orten unentgeltlich verteilt werden sollen, sind von der Ortspolizeibehörde zu verbieten, wenn sie vermöge der dargestellten Vorgänge oder der Art, wie sie dargestellt werden, eine dem Art. 2 Abs. 1 entsprechende Wirkung auszuüben geeignet sind.)

Art. 12.

(Gegen Verfügungen, durch die die Zulassung eines Bildstreifens allgemein oder für Jugendvorstellungen versagt oder an die Bedingung des Art. 2 Abs. 4 geknüpft wird, sowie gegen Verfügungen auf Grund des Art. 11 steht den Beteiligten das Beschwerderecht zu. Hierbei finden die Bestimmungen der Gemeindeordnung mit der Maßgabe Anwendung, daß der Beschwerde keine aufschiebende Wirkung zukommt, sowie, daß über Beschwerden gegen Verfügungen der Landesstelle und gegen oberamtliche Bescheide auf Beschwerden über ortspolizeiliche Verfügungen das Ministerium des Innern endgültig entscheidet.)

Art. 13.

Zuwiderhandlungen gegen die Vorschriften des Art. 1 Abs. 1, Art. 5, 7 Abs. 1 und 2, Art. 8 und 9, sowie gegen die nach Art. 1 Abs. 3, Art. 6 Abs. 2 und 3, Art. 7 Abs. 3 und 4 (und Art. 11) getroffenen Verfügen und Vorschriften werden mit Geldstrafe bis zu einhundertfünfzig Mark oder mit Haft bestraft.

Bei Zuwiderhandlung gegen (Art. 1 Abs. 1 sowie gegen) ein nach Art 6 Abs. 2 erlassenes Verbot ist neben der nach Abs. 1 verwirkten Strafe auf Einziehung der unerlaubterweise öffentlich vorgeführten Bildstreifen zu erkennen, ohne Unterschied, ob sie dem Verurteilten gehören oder nicht. Diese Vorschrift findet keine Anwendung, (wenn es sich um Bildstreifen handelt, bei einer Prüfung nach Art. 1 Abs. 1 noch nicht unterzogen waren, aber nach einer vom Beschuldigten ungesäumt herbeigeführten nachträglichen Prüfung durch die Landesstelle ohne die Bedingung des Art. 2 Abs. 4 zugelassen werden. Dasselbe gilt,) wenn (ein unerlaubterweise in Jugendvorstellungen vorgeführter Bildstreifen nachträglich für solche Vorstellungen zugelassen oder) das vorläufige Verbot der Vorführung eines Bildstreifens nach Art. 6 Abs 2 von der Landesstelle aufgehoben worden ist.

Bei Zuwiderhandlungen gegen die (Vorschrift des Art. 7 Abs. 1 machen sich der Unternehmer von Lichtspielen und seine Angestellten strafbar, die wissen oder den Umständen nach annehmen müssen, daß Besucher der Vorstellungen das siebzehnte Lebensjahr nicht zurückgelegt haben.

Bei Zuwiderhandlungen gegen (Art. 1 Abs. 1 sowie gegen) die Art. 6 Abs. 2 und 3 getroffenen Verfügungen wird jede einzelne Vorführung eines Bildstreifens als eine besondere selbständige Uebertretung bestraft, auch wenn die einzelnen Handlungen zusammenhängen und auf einen einheitlichen Vorsatz des Täters oder Teilnehmers zurückzuführen sind.

Art. 14.

Gegenwärtiges Gesetz tritt am 1. Juli 1914 in Kraft.

Verfügung des Ministeriums des Innern, betreffend die Vollziehung des Gesetzes über öffentliche Lichtspiele

vom 3. Juni 1914.

(Regierungsblatt für das Königreich Württemberg S. 260.)

Allgemeines.

§ 1. Landesstelle im Sinn des Gesetzes und der gegenwärtigen Verfügung ist die Landespolizeizentralstelle in Stuttgart.

Zu Art 1.

§ 2. Der Zulassung durch die Landesstelle bedarf jeder einzelne in Württemberg zur öffentlichen Vorführung kommende Bildstreifen (Film), auch wenn schon andere nach demselben Negativ hergestellte Bildstreifen zugelassen sind.

§ 3. Der Antrag auf Zulassung eines Bildstreifens ist bei der Landesstelle so lange vor der beabsichtigten öffentlichen Vorführung zu stellen, daß genügende Zeit für die Prüfung des Bildstreifens und die Entscheidung über seine Zulassung verbleibt. Wird die Zulassung eines Bildstreifens für Jugendvorstellungen nachgesucht, so ist dies im Antrag besonders anzugeben (vergl § 4 Abs. 2); wenn der Antragsteller nichts Gegenteiliges bemerkt, wird angenommen, daß für den Fall der Abweisung des Gesuchs sein Antrag auf Zulassung des Bildstreifens für gewöhnliche Vorstellungen geht.

Die Prüfung der Bildstreifen wird für die Regel in der Reihenfolge des Einlaufs der Zulassungsanträge bei der Landesstelle vorgenommen. Gesuche um sofortige Erledigung von Zulassungsanträgen außer der Reihe können berücksichtigt werden, wenn ein dringendes Bedürfnis dafür glaubhaft gemacht wird. (Vergl. übrigens § 11 Abs. 2.)

§ 4. Der Zulassungsantrag ist für jeden Bildstreifen besonders und unter Benützung des in der Anlage abgedruckten Kartenformulars für die Regel in doppelter Ausfertigung bei der Landesstelle einzureichen. In der auf der Rückseite des Formulars verlangten Beschreibung sind die auf dem Bildstreifen dargestellten Gegenstände und Vorgänge, bei sogenannten Dramen der Gang der Handlung möglichst vollständig anzugeben Die Beamten der Landesstelle werden auf Wunsch bei der Abfassung dieser Beschreibung behilflich sein, sofern dadurch nicht die Abwicklung des Prüfungsgeschäfts notleidet.

Das zu benützende Kartenformular muß genau 18 cm lang, 12 cm breit und auf dauerhaftem Leinenpapier gedruckt sein, dessen Farbe, wenn der Antrag sich auf die Zulassung des Bildstreifens auch für Jugendvorstellungen erstreckt, grün, im übrigen weiß ist. Auf Wunsch werden von der Landesstelle Geschäfte angegeben, bei denen vorschriftsmäßige Kartenformulare bezogen werden können.

Wird die Zulassung mehrerer nach demselben Negativ hergestellter Bildstreifen gleichzeitig beantragt, so genügt es wenn der Antrag für einen Bildstreifen in doppelter, für die übrigen in einfacher Ausfertigung eingereicht wird (vergl. § 6 Abs. 2).

Ist für die Beschreibung auf der Rückseite des einfachen Kartenformulars nicht genügend Raum, so ist ein Formular mit angebogenem zweitem Blatt zu verwenden, in das nach Bedarf Einlagebogen eingeheftet werden können.

§ 5. Die zugelassenen Bildstreifen werden gemessen und an beiden Enden durch Anbringung des Stempels der Landesstelle und der Zulassungsnummer gekennzeichnet (vergl. § 9 Abs. 2).

Es liegt im eigenen Interesse der Lichtspielunternehmer, auf möglichste Schonung der gekennzeichneten Stellen des Bildstreifens bei dessen Gebrauch bedacht zu sein. Kommt bei einer Ausbesserung des Bildstreifens ein gestempeltes Stück in Wegfall, so empfiehlt es sich, dasselbe mit der Zulassungskarte aufzubewahren.

§ 6. Die Zulassungskarte wird, für die Regel doppelt, in der Weise ausgefertigt, daß die Verfügung der Landesstelle in das den Antrag enthaltende Kartenformular (§ 4) eingetragen wird. Eine Fertigung wird dem Antragsteller ausgefolgt, die andere bleibt in der Verwahrung der Landesstelle.

Werden mehrere nach demselben Negativ hergestellte Bildstreifen gleichzeitig zugelassen, so erhält der Antragsteller für jeden eine Zulassungskarte mit besonderer Nummer, die der dem Bildstreifen aufgestempelten Zulassungsnummer entspricht. Für die Registratur der Landesstelle genügt eine Karte, die mit einem Vermerk über die Anzahl und die Zulassungsnummern der ausgestellten gleichlautenden Karten versehen werden kann (vergl. § 4 Abs. 3).

§ 7. Wer im Zusamenhang mit einem wissenschaftlichen oder belehrenden Vortrag einzelne bewegte Lichtbilder öffentlich vorführen will, ist bezüglich dieser Vorführung als von den Vorschriften des Gesetzes befreit anzusehen, wenn ihm eine Bescheinigung der Landesstelle darüber ausgestellt ist, daß er den Vortrag und die darin vorzuführenden Bildstreifen der Landesstelle angemeldet und diese nach Prüfung der Verhältnisse keinen Grund gefunden hat, zu bezweifeln, daß es sich um einen wissenschaftlichen oder belehrenden Vortrag handelt und daß die Vorführung der Bildstreifen einen Bestandteil desselben bildet (Art. 1 Abs. 3 des Gesetzes).

Der Antrag auf Erteilung einer solchen Bescheinigung ist einige Zeit vor dem beabsichtigten Vortrag bei der Landesstelle in doppelter Fertigung einzureichen und muß über folgende Punkte Aufschluß geben:

1. Name, Beruf und Wohnort des Vortragenden;
2. Gegenstand des Vortrags sowie Ort und Räumlichkeit, wo er gehalten werden soll;
3. Zahl und Inhalt der vorzuführenden Bildstreifen einschließlich solcher, die etwa schon von der Landesstelle zugelassen sind. Wenn einzelne der nicht von der Landesstelle zugelassenen Bildstreifen schon von einer anderen Polizeibehörde geprüft worden sind, ist diese Polizeibehörde und die von ihr getroffene Entscheidung anzugeben.

Auf Verlangen der Landesstelle hat der Vortragende über seine Persönlichkeit und Vorbildung sowie über den Inhalt und die voraussichtliche Dauer des ganzen Vortrags und der darin vorkommenden Lichtspieldarstellungen nähere Auskunft zu geben.

Wenn kein Anstand obwaltet, wird die Bescheinigung (Abs. 1) von der Landesstelle auf einer Fertigung des Antrags mit Gültigkeit auf die Dauer eines Vierteljahrs, vom Tag der Ausstellung an gerechnet, erteilt; die Gültigkeitsdauer kann auf Ansuchen je auf ein weiteres Vierteljahr verlängert werden.

Die Bescheinigung gilt nur für die Person des Antragstellers und für die von ihm in dem Antrag bezeichneten Bildstreifen, vorausgesetzt, daß diese tatsächlich im Zusammenhang mit dem angegebenen Vortrag vorgeführt werden. Die Bescheinigung ist den Polizeibehörden und den von ihnen abgeordneten Beamten auf Verlangen vorzuweisen (vgl. § 14).

Wenn der Inhaber der Bescheinigung sich einer mißbräuchlichen Verwendung derselben schuldig macht, hat die Landesstelle die Bescheinigung zurückzunehmen und künftige Anträge des Inhabers auf Erteilung ähnlicher Bescheinigungen abzulehnen.

Zu Art. 2, 3, 4 und 10.

§ 8. Wird die Zulassung eines Bildstreifens allgemein oder für Jugendvorstellungen versagt oder widerrufen, so ist dies dem Antragsteller mittels schriftlichen Bescheids unter Angabe der Gründe zu eröffnen. Zu diesem Bescheid soll nicht der sonst als Zulassungskarte dienende Antrag (§ 4) benützt werden; dieser ist vielmehr von der Landesstelle in beiden Fertigungen zurückzubehalten.

Ist der Bescheid rechtskräftig geworden, so wird eine Fertigung des Antrags mit einem Vermerk über den ergangenen Bescheid versehen und aufbewahrt. Die abgewiesenen Anträge werden unter sich fortlaufend numeriert und von den Zulassungskarten (§ 6) getrennt verwahrt.

Ist der Bildstreifen nur für Jugendvorstellungen ungeeignet befunden, sonst aber auf Antrag (vgl. § 3 Abs 1) zur öffentlichen Vorführung zugelassen worden, so wird an Stelle der einbehaltenen grünen eine weiße Zulassungskarte nach § 6 ausgestellt.

Im Fall des Widerrufs (Art. 3 des Gesetzes) ist, sobald der Bescheid Rechtskraft erlangt hat, die in den Händen des Beteiligten befindliche Zulassungskarte einzuziehen; die gestempelten Endstücke des Bildstreifens (§ 5 Abs. 1) sind abzuschneiden und zu vernichten.

§ 9. Treffen bei einem Bildstreifen die Gründe der Versagung der Zulassung nur hinsichtlich eines verhältnismäßig kleinen Teils der dargestellten Vorgänge zu und glaubt die Landesstelle den Bildstreifen unter der Bedingung des Ausschneidens des entsprechenden Teils zulassen zu können (Art. 2 Abs. 4 des Gesetzes), so hat sie den Antragsteller von diesem Sachverhalt in Kenntnis zu setzen und zur Erklärung zu veranlassen, ob er sich der genannten Bedingung unterwerfen will. Unterwirft er sich nicht, so ist die Zulassung des Bildstreifens durch schriftlichen Bescheid (vgl. § 8 Abs. 1) zu versagen.

Die Stellen, an denen der Bildstreifen nach Entfernung der ausgeschnittenen Stücke wieder zusammengefügt wird (Flickstellen), sind mit dem Stempel der Landesstelle und der Zulassungsnummer (vgl § 5 Abs. 1) zu kennzeichnen.

Für die Behandlung der gekennzeichneten Flickstellen des Bildstreifens bei dessen Gebrauch im Lichtspielbetrieb gilt das in § 5 Abs. 2 Bemerkte.

§ 10. Werden vor der Entscheidung über die Zulassung eines Bildstreifens Sachverständige gehört, so sind in der Regel mindestens zwei beizuziehen. Dem Antragsteller steht es frei, weitere Sachverständige auf seine Kosten beizubringen.

§ 11. Für die Prüfung jenes Bildstreifens wird eine Gebühr von 2 bis 20 Mk. erhoben, deren Höhe im Einzelfall von der Landesstelle nach der Länge des Bildstreifens unter Berücksichtigung der etwaigen besonderen Schwierigkeit der Prüfung bemessen wird. Ist die Zulassung mehrerer nach demselben Negativ hergestellter Bildstreifen gleichzeitig beantragt worden, so wird für den zuerst geprüften Bildstreifen die volle Gebühr angesetzt, für die übrigen ermäßigt sie sich auf die Hälfte.

Wurde die Prüfung auf besonderen Wunsch außer der Reihe vorgenommen (vgl. § 3 Abs. 2), so erhöht sich die Gebühr um die Hälfte

An Stelle einer verlorenen oder beschädigten Zulassungskarte wird gegen eine Gebühr von 50 Pfennig eine weitere Fertigung ausgestellt.

Die Gebühr ist in der Regel vor der Wiederausfolgung des geprüften Bildstreifens und der Aushändigung der Zulassungskarte an die Kasse der Landespolizeizentralstelle zu bezahlen.

Zu Art. 5.

§ 12. Zu der Anmeldung der zur öffentlichen Vorführung bestimmten Bilder bei der Ortspolizeibehörde ist jeder einzelne im Gemeindebezirk ansässige oder seinen Gewerbebetrieb im Umherziehen ausübende Lichtspielunternehmer ohne Rücksicht darauf verpflichtet, ob jene Bilder vorher schon von anderen Unternehmern in demselben Gemeindebezirk zur Schau gebracht worden sind oder nicht.

Die Bilder sind so zeitig vor der erstmaligen Vorführung anzumelden, daß bei geordnetem Geschäftsgang eine von der Ortspolizeibehörde nach Art. 6 Abs. 1 des Gesetzes verlangte Vorführung noch vor Beginn der öffentlichen Vorstellung möglich bleibt. Die Anmeldung ist in doppelter Ausfertigung einzureichen. Die Bilder sind darin mit dem in der Zulassungskarte angegebenen Titel aufzuführen; die Zulassungskarten sind der Anmeldung beizulegen Außerdem sind die Vorstellungen, in denen die Bilder vorgeführt werden sollen, nach der Zeit, in der sie stattfinden, und, in Städten mit mehreren Lichtspielunternehmen, auch nach der Straße und Hausnummer der Lichtspielräumlichkeiten unter besonderer Hervorhebung der Jugendvorstellungen anzugeben. Für die Anmeldnng können zwei Abdrücke des allgemeinen Vorstellungsprogramms benützt werden, wenn dieses alle vorstehend verlangten Angaben enthält und deren Uebersichtlichkeit nicht durch den übrigen Inhalt oder die Form des Programms gestört wird.

§ 13. Die Ortspolizeibehörde prüft die Anmeldung, insbesondere darauf, ob für alle angemeldeten Bildstreifen gültige Zulassungskarten vorliegen, und gibt, wenn kein Anstand obwaltet, dem Unternehmer eine Ausfertigung der Anmeldung mit der Bescheinigung über den Empfang der Anmeldung nebst den vorgelegten Zulassungskarten zurück.

Die Vorführung der für Jugendvorstellungen zugelassenen Bildstreifen in gewöhnlichen Vorstellungen ist nicht zu beanstanden. Letztere dürfen aber dann gleichwohl nicht als Jugendvorstellungen angekündigt oder gekennzeichnet werden (vgl. Art. 7 Abs. 2 Satz 2 des Gesetzes).

§ 14. Wird ein wissenschaftlicher oder belehrender Vortrag mit Lichtspieldarstellungen öffentlich angekündigt, so hat die Ortspolizeibehörde, wenn ihr nicht bekannt ist, daß die Lichtspielbilder schon nach Art. 1 des Gesetzes zugelassen sind oder der Vortragende die in § 7 bezeichnete Bescheinigung der Landesstelle schon besitzt, den Vortragenden oder den Veranstalter des Vortrags darauf aufmerksam zu machen, daß hinsichtlich der vorzuführenden Lichtspielbilder entweder die Vorschrift des Art. 1 Abs. 1 oder 2 des Gesetzes erfüllt oder eine Bescheinigung nach § 7 dieser Verfügung ausgestellt sein muß.

Wegen unerlaubter öffentlicher Vorführung von Lichtspielbildern ist gegen den Vortragenden erst einzuschreiten, wenn eine vorherige Aufforderung der Ortspolizeibehörde, die Bescheinigung der Landesstelle nach § 7 dieser Verfügung einzuholen, unbeachtet geblieben oder die Bescheinigung von der Landesstelle versagt worden ist.

Wenn die Ortspolizeibehörde die Wahrnehmung macht, daß gewöhnliche Lichtspiele unter dem Vorwand eines wissenschaftlichen oder belehrenden Vortrags veranstaltet werden, so hat sie der Landesstelle zur weiteren Verfügung nach § 7 Abs. 5 Mitteilung zu machen

Zu Art. 6.

§ 15. Die Ortspolizeibehörden haben dafür zu sorgen, daß Bildstreifen, die nach der Zulassung durch die Landesstelle infolge starker Abnützung oder anderer Ursachen so schadhaft geworden sind, daß ihre Vorführung eine besonders nachteilige Einwirkung auf die Augen der Zuschauer ausübt, rechtzeitig entdeckt und nach

Art. 6 Abs. 2 des Gesetzes von der ferneren öffentlichen Vorführung ausgeschlossen werden. Wird ein solcher Bildstreifen angetroffen, so hat die Ortspolizeibehörde den Unternehmer auf den Sachverhalt aufmerksam zu machen und zur Erklärung zu veranlassen, ob er freiwillig auf die fernere öffentliche Vorführung des Bildstreifens verzichten oder es auf ein von der Ortspolizeibehörde einzuholendes ärztliches Gutachten ankommen lassen will. Im Fall des Verzichts hat die Ortspolizeibehörde sich von dem Unternehmer die Zulassungskarte und die vom Bildstreifen abzuschneidenden gestempelten Endstücke (§ 5 Abs. 1) ausfolgen zu lassen und beides an die Landesstelle einzusenden. Dasselbe hat zu geschehen, wenn der Unternehmer angesichts des ärztlichen Gutachtens auf die fernere öffentliche Vorführung des Bildstreifens verzichtet. Wird die Entscheidung der Landesstelle erforderlich, so hat die Ortspolizeibehörde sowohl die Zulassungskarte als auch den Bildstreifen an die Landesstelle einzusenden.

Von der Landesstelle wird für die Prüfung eines nach Art. 6 Abs. 2 des Gesetzes vorläufig verbotenen Bildstreifens keine Gebühr erhoben, wenn das vorläufige Verbot durch ihre oder durch die im Fall der Beschwerde ergehende Entscheidung wieder aufgehoben wird.

Zu Art. 7.

§ 16. Die Erlassung näherer Bestimmungen über die Aufstellung der Sachverständigen, die von der Ortspolizeibehörde bei Auflagen an die Unternehmer von Jugendvorstellungen zu hören sind, bleibt bis auf weiteres vorbehalten. Zunächst wird den Lichtspielunternehmern Gelegenheit gegeben werden, die Jugendvorstellungen freiwillig nach dem Rate von Persönlichkeiten, die in der Jugendfürsorge erfahren sind, einzurichten.

Zu Art. 13.

§ 17. Hängt die Einziehung eines unerlaubterweise öffentlich vorgeführten Bildstreifens von dem Ergebnis einer nachträglichen Prüfung durch die Landesstelle ab (Art. 13 Abs. 2 Satz 2 und 3), so ist dem Beschuldigten nach Abschluß des die Strafverfügung vorbereitenden Verfahrens vor deren Erlassung Gelegenheit zur Herbeiführung der nachträglichen Prüfung zu geben. Will der Beschuldigte keinen Gebrauch davon machen, so unterliegt der Bildstreifen ohne weiteres der Einziehung. Der Antrag des Beschuldigten auf nachträgliche Vornahme der Prüfung ist vom Oberamt mit den Bildstreifen und den Strafakten an die Landesstelle einzusenden. Fällt die Prüfung des Bildstreifens oder die Entscheidung einer gegen den Bescheid der Landesstelle erhobenen Beschwerde zugunsten des Beschuldigten aus, so ist diesem der Bildstreifen mit der dafür auszustellenden Zulassungskarte alsbald zur Verfügung zu stellen; andernfalls ist der Bildstreifen von der Landesstelle vorläufig in Verwahrung zu nehmen.

Die auf Grund oberamtlicher Strafverfügung zur Einziehung kommenden Bildstreifen sind mit einer Abschrift der Strafverfügung an die Landesstelle einzusenden, soweit sie sich nicht schon in deren Verwahrung befinden. Letzterenfalls ist der Landesstelle eine Abschrift der Strafverfügung mit einem Vermerk über den Eintritt ihrer Vollstreckbarkeit mitzuteilen. Hierdurch wird § 38 der Verfügung des Ministeriums des Innern, betreffend den Vollzug der Bezirksordnung, vom 30. Oktober 1907 (Reg.-Bl. S. 643) abgeändert und ergänzt.

Stuttgart, den 3. Juni 1914.

Fleischhauer.

Sachregister.

Die fett gedruckten Zahlen bezeichnen die Paragraphen, die gewöhnlich gedruckten die Anmerkungen. Die Einleitung ist nach Seitenzahlen zitiert.

Druck: J. S. Preuß, Berlin S. 14, Dresdener Straße 43.

Verzeichnis rechtswissenschaftlicher Verlagswerke

Verlag von Georg Stilke in Berlin

Rechtsphilosophie und Rechtsgeschichte.

Philosophie des Rechts, von Professor Dr. Julius Binder. LIV und 1063 Seiten. Preis geh. 27,— RM., in Halbleder geb. 32,40 RM. 1925.

Rechtsphilosophie, von Professor D. Dr. Rudolf Stammler. 88 Seiten. Preis geh. 2,75 RM. 1931.
Aus Stammler, Das gesamte deutsche Recht, Band I, Teil I.

Von Brandenburg über Preußen zum Reich. Eine Geschichte der Verfassung und Verwaltung in Brandenburg-Preußen, von Prof. Dr. Ludwig Waldecker. 267 Seiten. Preis in Ganzleinen geb. 9,50 RM. 1935.

Deutsche Rechtsgeschichte mit Einschluß des deutschen Privatrechts, von Professor Dr. Paul Rehme. 132 Seiten. Preis geh. 5,50 RM. 1931.
Aus Stammler, Das gesamte deutsche Recht, Band I, Teil III.

Das Römische Recht, von Professor Dr. Theodor Kipp. 226 Seiten. Preis geh. 7,— RM. 1931.
Aus Stammler, Das gesamte deutsche Recht, Band I, Teil II.

Bürgerliches Recht.

Bürgerliches Recht, von Professor Dr. Erich Jung. 734 Seiten. Preis geh. 22,50 RM. 1931.
Aus Stammler, Das gesamte deutsche Recht, Band I, Teil IV.

Kleinwohnungs- und Siedlungsrecht. Eine systematische Zusammenstellung der reichsrechtlichen Bestimmungen zum Kleinwohnungs- (landwirtschaftlichen und vorstädtischen) Siedlungsrecht, Kleingartenrecht, den Bestimmungen über Reichsbürgschaften, Baukredite, Bausparkassen, Steuerbegünstigungen usw. Von Rechtsanwalt Dr. August Dahm. 160 Seiten. Preis in Ganzleinen gebunden 5,50 RM. 1935.
Stilkes Rechtsbibliothek Nr. 144.

Mieterschutzgesetz in der Fassung des Gesetzes vom 27. Oktober 1933 nebst der Verfahrensanordnung in der Fassung vom 27. März 1932. Erläuterte Ausgabe von Rechtsanwalt Dr. August Dahm. Mit Nachtrag. 163 und 4 Seiten. Preis in Ganzleinen geb. 5,— RM. 1936.
Stilkes Rechtsbibliothek Nr. 148.

Gesetzliche Miete. Reichsmietengesetz in der Fassung der Bekanntgabe vom 24. April 1936. Erläutert von Rechtsanwalt Dr. August Dahm. Etwa 100 Seiten. Preis kartoniert etwa 2,75 RM. 1936.
Stilkes Rechtsbibliothek Nr. 153.

Die Preußische Pachtschutzordnung in der Fassung vom 19. September 1927 auf Grund amtlichen Materials erläutert, von Ministerialrat Gustav Wagemann und Geh. Oberjustizrat Se-

natspräsident Dr. W. Marwitz. 4. Auflage VIII und 380 Seiten. Preis in Ganzleinen geb. 10,80 RM. 1928.
Stilkes Rechtsbibliothek Nr. 4.

Grundbuchordnung für das Deutsche Reich vom 8. August 1935. Mit Anmerkungen und einem Anhang. Von Senatspräsident Dr. Paul Thieme. 2. Auflage. 500 Seiten. Preis in Ganzleinen geb. 14,50 RM. 1936.
Stilkes Rechtsbibliothek Nr. 80.

Die Eheauflösung im neuen deutschen Recht unter Berücksichtigung der neuesten Bestimmungen (Nürnberger Gesetze) und Entscheidungen. Von Rechtsanwalt und Notar Dr. Hermann Auert. 159 Seiten. Preis in Ganzleinen geb. 4,50 RM. 1936.
Stilkes Rechtsbibliothek Nr. 145.

Scheidung und Auseinandersetzung. Eine gemeinverständliche Darstellung der Voraussetzungen und Folgen der Ehescheidung, von Rechtsanwalt Dr. Joachim Reschke. 61 Seiten. Preis kart. 1,75 RM. 1932.

Straßenverkehrsrecht (Reichsgesetz über den Verkehr mit Kraftfahrzeugen) mit den einschlägigen Nebenbestimmungen, insbesondere der **Reichsstraßen-Verkehrsordnung** und einem technischen Leitfaden mit Abbildungen, von Geh. Regierungsrat Ministerialrat Dr. Fritz Müller. XII und 932 Seiten. 10. Auflage des „Automobilgesetzes". Preis in Ganzleinen geb. 22,50 RM. 1935.
Stilkes Rechtsbibliothek Nr. 44.

Grundriß des Treuhandrechts. Eine systematische Darstellung mit Einleitung und ausführlichem Sachregister, von Syndikus Dr. Johannes Hein. 311 Seiten. Preis geh. 8,10 RM., in Ganzleinen geb. 9,— RM. 1929.

Internationalprivatrecht, von Professor Dr. Max Gutzwiller. 150 Seiten. Preis geh. 4,75 RM. 1931.
Aus Stammler, Das gesamte deutsche Recht, Band I, Teil VIII.

Handels- und Wirtschaftsrecht.

Handels-, Wechsel- und Seerecht, von Professor Dr. Eugen Locher. 221 Seiten. Preis geh. 6,50 RM. 1931.
Aus Stammler, Das gesamte deutsche Recht, Band I, Teil V.

Wechselgesetz und Scheckgesetz mit Anmerkungen und den Texten der Nebengesetze. Von Albert Esderts. 224 Seiten. Preis in Ganzleinen geb. 5,50 RM. 1935.

Umwandlungsgesetz, Steuererleichterungsgesetz, Anleihestockgesetz. Umwandlung von Kapitalgesellschaften in Personalgesellschaften und Einzelunternehmen. Erläutert von Rechtsanwalt Helmut Laß. 240 Seiten. Preis in Ganzleinen geb. 5,— RM. 1935.
Stilkes Rechtsbibliothek Nr. 139.

Das Recht der deutschen Kartelle. Eine einführende Gesamtdarstellung mit den Texten der einschlägigen Verordnungen, von Professor Dr. Otto Eger. VIII und 193 Seiten. Preis geh. 5,— RM., in Ganzleinen geb. 6,— RM. 1932.

Erbhofrecht.

Die Rechtsgeschäfte des Erbhofrechts. Eine übersichtliche Darstellung mit geschichtlicher Einleitung und Musterbuch von Rechtsanwalt und Notar Dr. Zimmer. 207 Seiten. Preis in Ganzleinen geb. 4,50 RM. 1935.
Stilkes Rechtsbibliothek Nr. 142.

Arbeits- und Sozialrecht.

Die Arbeitsgesetze in einem Band mit Erläuterungen aus der höchstrichterlichen Rechtsprechung des Reichsarbeitsgerichts und der Landesarbeitsgerichte, von Ministerialrat Gustav Wagemann. Mit einem Geleitwort von Reichsminister a. D. Dr. Brauns. Zweite Auflage. XV und 1176 Seiten. Preis in Ganzleinen geb. 10,—RM. 1933.
Sammlung arbeitsrechtlicher Gesetze, Bd. I.

Die arbeitsrechtlichen Vorschriften der allgemeinen Gesetze (Arbeitsvertragsrecht) mit Erläuterungen aus der höchstrichterlichen Rechtsprechung des Reichsarbeitsgerichts und der Landesarbeitsgerichte von Reichsgerichtsrat i. R. Dr. Czolbe, fr. stellvertr. Vorsitzender des Reichsarbeitsgerichts, und Staatsrat und Präsident des Preuß. Erbhofgerichts Wagemann. Preis in Ganzleinen geb. 15,— RM. 1934.
Sammlung arbeitsrechtlicher Gesetze, Bd. II.

Beide Bände zusammen bezogen 22,50 RM.

Soziale Ehrengerichtsbarkeit. Von Rechtsanwalt Dr. Carl Falck. 39 Seiten. Preis geheftet 1,20 RM. 1936.

Handwerkliche Ehrengerichtsbarkeit. Von Dr. Walter Kraegeloh. 64 Seiten. Preis kartoniert 1,50 RM. 1936.

Das Schwerbeschädigtengesetz. Kommentar zum Gesetz über die Beschäftigung Schwerbeschädigter, von Dr. Dr. Richard Knaak. XVI und 217 Seiten. Preis in Ganzleinen geb. 4,50 RM. 1928.
Stilkes Rechtsbibliothek Nr. 72.

Mutterschutz. Das Reichsgesetz über die Beschäftigung vor und nach der Niederkunft vom 16. Juli 1927 unter Beifügung der einschlägigen Nebengesetze, erläutert von Rechtsanwalt Dr. Hans von Kunitzki-Neu. 160 Seiten. Preis in Ganzleinen geb. 3,60 RM. 1929.
Stilkes Rechtsbibliothek Nr. 85.

Frauenschutz, Schutz der Jugendlichen und Kinder, Hausarbeitsgesetz. Eine Sammlung der hierauf bezüglichen Gesetze und Verordnungen des Reiches und Preußens mit Erläuterungen von Ministerialrat Gustav Wagemann und Geh. Oberjustizrat Senatspräsident i. R. Dr. Friedrich Preiser. 191 Seiten. Preis kart. 3,20 RM. 1933.

Geistig-gewerblicher Rechtsschutz.

Urheber- und Erfinderrecht, von Professor Dr. Hermann Rottarp. 62 Seiten. Preis geh. 2,50 RM. 1931.
Aus Stammler, Das gesamte deutsche Recht, Band I, Teil VI.

Patentgesetz vom 5. Mai 1936 nebst **Gebrauchsmustergesetz** vom 5. Mai 1936. Erläutert von Oberregierungsrat Dr. Rudolf Busse. Etwa 500 Seiten. Preis in Ganzleinen geb. etwa 13,50 RM. 1936.
Stilkes Rechtsbibliothek.

Warenzeichengesetz vom 5. Mai 1936 nebst Pariser Verbandsübereinkunft und Madrider Abkommen, erläutert von Oberregierungsrat Dr. Rudolf Busse. 2. Auflage, etwa 450 Seiten. Preis in Ganzleinen geb. etwa 12,— RM. 1936.
Stilkes Rechtsbibliothek Nr. 40.

Das Deutsche Geschmacksmusterrecht. Kommentar zum Reichsgesetz betr. das Urheberrecht an Mustern und Modellen (vom 11. Juni 1876) und den internationalen Verträgen betr. das Musterrecht, von Reichsgerichtsrat Professor Dr. Werner Pinzger. 225 Seiten. Preis in Ganzleinen geb. 7,— RM. 1932.
Stilkes Rechtsbibliothek Nr. 129.

Zivilprozeßrecht.

1. Zivilprozeßordnung.

Zivilprozeßordnung für das Deutsche Reich (Fassung der Bekanntmachung vom 8. November 1933), Textausgabe mit Inhaltsverzeichnis und Sachregister. 318 Seiten. Preis geb. 2,50 RM. 1934.
Stilkes Textausgaben Nr. 21.

2. Konkurs- und Vergleichsordnung.

Konkursrecht, von Professor Dr. Ludwig Laß. 69 Seiten. Preis geh. 2,75 RM. 1931.
Aus Stammler, Das gesamte deutsche Recht, Band II, Teil X.

Vergleichsordnung vom 26. Februar 1935. Erläutert von Dr. Heinrich Eisold. Etwa 320 Seiten. Preis in Ganzleinen geb. etwa 8,— bis 10,— RM. In Vorbereitung.
Stilkes Rechtsbibliothek Nr. 118.

Die Einzelgläubigeranfechtung auf der Grundlage des Reichsgesetzes betr. die Anfechtung von Rechtshandlungen eines Schuldners

außerhalb eines Konkursverfahrens vom 21. Juli 1879 in der Fassung der Bekanntmachung des Reichskanzlers vom 20. Mai 1898, unter Berücksichtigung der Abänderung durch die Vergleichsordnung vom 5. Juli 1927, erläutert von Amtsgerichtsrat Dr. Paul Schäfer. 263 Seiten. Preis in Ganzleinen geb. 6,75 RM. 1930.
Stilkes Rechtsbibliothek Nr. 105.

3. Kostengesetze.

Das deutsche Gerichtskostengesetz. Mit Erläuterungen und Kostentafeln sowie den Gebührenordnungen für Rechtsanwälte, für Zeugen und Sachverständige und für Gerichtsvollzieher, und sonstigen reichsrechtlichen Kostenvorschriften, herausgegeben von Ministerialrat Dr. Martin Jonas. Zweite neubearbeitete und erweiterte Auflage. 464 Seiten. Preis in Ganzleinen geb. 9,— RM. 1927.
Stilkes Rechtsbibliothek Nr. 16.

Kostenordnung. Von Kammergerichtsrat Gerhard Rusche. 300 Seiten. Preis in Ganzleinen geb. 10,— RM. 1936.
Stilkes Rechtsbibliothek Nr. 150.

Strafrecht und Strafprozeßrecht.

Strafrecht, von Professor Dr. August Finger. 275 Seiten. Preis geh. 6,50 RM. 1932.
Aus Stammler, Das gesamte deutsche Recht, Band II, Teil XII.

Militärstrafgesetzbuch in der Fassung der Bekanntmachung vom 16. Juli 1926, von Geh. Kriegsrat Ministerialrat Wilhelm Fuhse. Zweite Auflage. XV und 338 Seiten. Preis in Ganzleinen geb. 7,20 RM. 1926.
Stilkes Rechtsbibliothek Nr. 19.

Gesetz gegen Waffenmißbrauch, erläutert von den Ministerialräten Dr. Werner Hoche und Kurt Schönner. 55 Seiten. Preis kart. 1,45 RM. 1931.
Stilkes Rechtsbibliothek Nr. 116.

Das Feld- und Forstpolizeigesetz in der Neufassung vom 21. Januar 1926, **Das Forstdiebstahlsgesetz** und die übrigen preußischen Gesetze zum Schutz von Feld und Forst mit den ministeriellen Ausführungsanweisungen. Zusammengestellt und erläutert von Ministerialrat Gustav Wagemann, unter Mitwirkung von Oberforstmeister Kranold. VIII und 273 Seiten. Preis in Ganzleinen geb. 9,— RM. 1926.
Stilkes Rechtsbibliothek Nr. 48.

Die Preußischen Dienststrafordnungen für Beamte und Richter. Erläutert von Ministerialrat Dr. Hermann Wittland. VIII und 820 Seiten. Preis in Ganzleinen geb. 19,50 RM. 1935.

Stilkes Rechtsbibliothek Nr. 136.

Staatsrecht.

Grundzüge des Allgemeinen Staatsrechts, von Professor Dr. Gustav Seidler. VIII und 218 Seiten. Preis geh. 5,40 RM., in Ganzleinen geb. 6,75 RM. 1929.

Das Deutsche Volk als Gemeinschaft. Eine kritische Wertung der deutschen Staatslehre, von Dr. Helmut Allardt. 102 Seiten. Preis in Halbleinen geb. 3,75 RM. 1935.

Der Deutsche Arbeitsdienst. Eine staatsrechtliche Untersuchung über die Idee und Gestalt des Deutschen Arbeitsdienstes und seine Stellung in der Gesamtstaatsstruktur. Von Dr. jur. Peter Hußmann. VIII und 118 Seiten. Preis kartoniert 4,50 RM. 1935.

Staatsrecht, von Privatdozent Dr. Gustav Adolf Walz. 200 Seiten. Preis geh. 5,— RM. 1931.

Aus Stammler, Das gesamte deutsche Recht, Band II, Teil XI.

Von Brandenburg über Preußen zum Reich. Eine Geschichte der Verfassung und Verwaltung in Brandenburg-Preußen, von Professor Dr. Ludwig Waldecker. 267 Seiten. Preis in Ganzleinen geb. 9,50 RM. 1935.

Das Deutsche Staatsangehörigkeitsrecht. Das Reichs- und Staatsangehörigkeitsgesetz vom 22. Juli 1913 nebst Erläuterungen sowie sämtlichen späteren reichs- und landesrechtlichen Abänderungsbestimmungen, von Privatdozent Landgerichtsrat Dr. Walter Schätzel. 191 Seiten. Preis in Ganzleinen geb. 4,50 RM. 1928.

Stilkes Rechtsbibliothek Nr. 77.

Verwaltungsrecht.

Der Auswärtige Dienst des Deutschen Reiches (Diplomatie und Konsularwesen). Eine Sammlung von Gesetzen, Verträgen, Verordnungen, Runderlassen und Zusammenstellungen, die für den auswärtigen Dienst, insbesondere den konsularischen Dienst des Deutschen Reiches von besonderer Bedeutung sind. Texte mit Anmerkungen, Verweisungen und einem Sachregister. Auf Veranlassung des Auswärtigen Amts herausgegeben von Professor Dr. Herbert Kraus. L und 1216 Seiten. Preis in Ganzleinen geb. 55,— RM. 1932.

Das Deutsche Paß- und Fremdenrecht. Auf Grund amtlicher Quellen zusammengestellt und erläutert von Ministerialrat Johannes Krause und Oberverwaltungsgerichtsrat Bernhard Wolff. In Vorbereitung.
Stilkes Rechtsbibliothek Nr. 37.

Wehrrecht. Wehrgesetz vom 21. Mai 1935 nebst einschlägigen Nebenbestimmungen. Textausgabe von Geh. Kriegsrat, Ministerialdirigent Paul Semler und Oberregierungsrat Dr. Otto Senftleben. 112 Seiten. Preis kartoniert 1,50 RM. 1935.
Stilkes Rechtsbibliothek Nr. 141.

Wehrgesetz vom 21. Mai 1935 mit Erläuterungen von Geh. Kriegsrat, Ministerialdirigent Paul Semler und Oberregierungsrat Dr. jur. Otto Senftleben. 170 Seiten. Preis in Ganzleinen geb. 5,— RM. 1936.
Stilkes Rechtsbibliothek Nr. 147.

Arbeitsdienstrecht. Reichsarbeitsdienstgesetz nebst einschlägigen Gesetzen und Verordnungen. Zusammengestellt von Rechtsanwalt Dr. August Dahm. Etwa 130 Seiten. Preis broschiert etwa 3,20 RM. 1936.
Stilkes Rechtsbibliothek Nr. 152

Fernmelderecht und Rundfunkrecht. Dritte Auflage des „Funkrechts", von Ministerialrat Dr. Eberhard Neugebauer. XII und 1016 Seiten. Preis in Ganzleinen geb. 21,60 RM. 1929.
Stilkes Rechtsbibliothek Nr. 33.

Reichshaushaltsordnung vom 31. Dezember 1922 / 8. März 1930 / 13. Dezember 1933 nebst den Wirtschaftbestimmungen für das Reich. Erläutert von Ministerialdirigent R. Schulze und Ministerialrat Dr. E. Wagner. Dritte Auflage. 958 Seiten. Preis in Ganzleinen geb. 18,— RM. 1934.
Stilkes Rechtsbibliothek Nr. 20.

Rechnungslegungsordnung für das Reich vom 3. Juni 1929 (RRO.), mit Erläuterungen von Geh. Oberregierungsrat Ministerialdirigenten i. R. R. Schulze und Ministerialrat Dr. E. Wagner. 644 Seiten. Preis in Ganzleinen geb. 16,20 RM. 1930.
Stilkes Rechtsbibliothek Nr. 100.

Reichskassenordnung vom 6. August 1927 (RKO.), mit Erläuterungen von Geh. Oberregierungsrat Ministerialdirigenten i. R. R. Schulze und Ministerialrat Dr. E. Wagner. 666 Seiten. Preis in Ganzleinen geb. 16,20 RM. 1930.
Stilkes Rechtsbibliothek Nr. 92.

Das Reichsversorgungsgesetz vom 12. Mai 1920, **Altrentnergesetz** vom 18. Juli 1921 und **Kriegspersonenschädengesetz** vom 15. Juli

1922, sämtlich in der Fassung der Bekanntmachung vom 22. Dezember 1927. Textausgabe mit Anmerkungen von Oberregierungsrat Dr. Dr. Carl Arendts. 593 Seiten. Preis in Ganzleinen geb. 13,50 RM. 1928.

Stilkes Rechtsbibliothek Nr. 78.

Die Versorgung der ehemaligen aktiven Offiziere (einschließlich ihrer Hinterbliebenen) der alten Wehrmacht (Heer und Marine) nach dem Stande vom 1. April 1932, von Senatspräsident Dr. Dr. Carl Arendts. Mit Nachtrag. XII, 500 und 114 Seiten. Preis in Ganzleinen geb. 14,30 RM. 1927.

Stilkes Rechtsbibliothek Nr. 62.

Die Gesetze über Schußwaffen und Munition sowie gegen Waffenmißbrauch vom 12. April 1928 und 28. März 1931 nebst waffenrechtlichen Nebengesetzen, bearbeitet von Ministerialrat Gustav Wagemann und Geh. Justizrat Kammergerichtsrat i. R. Dr. Delius. Wesentlich vermehrte zweite Auflage. 225 Seiten. Preis in Ganzleinen geb. 5,40 RM. 1931.

Stilkes Rechtsbibliothek Nr. 81.

Reichsjagdgesetz vom 3. Juli 1934. Erläutert von Rechtsanwalt Hans Joachim Poppe. 230 Seiten. Preis in Ganzleinen geb. 4,50 RM. 1935.

Stilkes Rechtsbibliothek Nr. 140.

Das Weingesetz vom 25. Juli 1930 nebst Ausführungsbestimmungen vom 16. Juli 1932 und Weinzollordnung. Erläutert von Geh. Regierungsrat Reichsfinanzrat Ernst Hepp. 234 Seiten. Preis in Ganzleinen geb. 4,80 RM. 1933.

Stilkes Rechtsbibliothek Nr. 134.

Reichs-Rechtsanwaltsordnung in der Fassung des Gesetzes vom 21. Februar 1936. Erläutert von Oberstaatsanwalt im Reichsjustizministerium Dr. jur. Günther Vollmer. 176 Seiten. Preis in Ganzleinen geb. 5,50 RM. 1936.

Stilkes Rechtsbibliothek Nr. 149.

Steuerrecht.

Lehrbuch des Steuerrechts, von Regierungsrat Dr. Julius Crisolli. I. Teil: Allgemeines Steuerrecht. XV und 424 Seiten. Preis geh. 11,— RM. 1933.

Einkommensteuergesetz vom 16. Oktober 1934 mit Anhang **(Bürgersteuergesetz** vom 16. Oktober 1934). Erläutert von Oberregierungsrat Dr. Schillinger, Oberregierungsrat Hasse † und Regierungsassessor Dr. Schick. 881 Seiten. Preis in Ganzleinen geb. 18,— RM. 1935.

Stilkes Rechtsbibliothek Nr. 138.

Veranlagungsrichtlinien zur Einkommensteuer und Körperschaftsteuer für 1935. Nachtrag zum „Einkommensteuergesetz". 75 Seiten. Preis geheftet 1,— RM. 1936.

Stilkes Rechtsbibliothek Nr. 138 a.

Das Recht der Lohnsteuer, von Dr. Werner Spohr. Etwa 256 Seiten. Preis in Ganzleinen geb. etwa 7,50 RM. 1936.

Stilkes Rechtsbibliothek Nr. 151.

Das Bürgersteuergesetz vom 16. Oktober 1934 in der Fassung des Änderungsgesetzes vom 16. Oktober 1935 mit der Durchführungsverordnung und den Verwaltungsvorschriften nebst der Saarland-Bürgersteuerverordnung vom 28. Oktober 1935. Für die Praxis erläutert von Regierungsassessor Dr. Hugo Schick. 133 Seiten. Preis in Ganzleinen geb. 3,20 RM. 1936.

Stilkes Rechtsbibliothek Nr. 146.

Umsatzsteuergesetz (UStG) vom 16. Oktober 1934 nebst Durchführungsbestimmungen (UStDB) vom 17. Oktober 1934 und Ausgleichsteuerordnung (AStO) in der Fassung vom 17. Oktober 1934. Erläutert von Oberregierungsrat Ernst Beck, 400 Seiten. Preis in Ganzleinen geb. 7,— RM. 1935.

Stilkes Rechtsbibliothek Nr. 137.

Das Tabaksteuergesetz in der Fassung des Gesetzes vom 15. April 1930 mit Erläuterungen sowie die Tabaksteuer-Ausführungsbestimmungen mit Mustern und Anlagen, bearbeitet von Reichsfinanzrat Hans Arlt. Zweite neubarbeitete Auflage. Mit Nachtrag. XII, 663 und 80 Seiten. Preis in Ganzleinen geb. 18,90 RM. 1930.

Stilkes Rechtsbibliothek Nr. 42.

Urkundensteuergesetz (UrkStG) vom 5. Mai 1936. Bearbeitet von Kammergerichtsrat Gerhard Rusche und Amts- und Landrichter Dr. Rensch. Etwa 260 Seiten. Preis in Ganzleinen geb. 8,— RM. 1936.

Stilkes Rechtsbibliothek Nr. 154.

Wechselsteuergesetz vom 2. September 1935 mit Nebenbestimmungen. Zusammengestellt von Reg.-Oberinspektor Fritz Fricke. 59 Seiten. Preis kartoniert 1,20 RM. 1935.

Stilkes Rechtsbibliothek Nr. 143.

Steuerersparungen, Steuererleichterungen und Härteverfahren im Deutschen Steuerrecht, von Syndikus Dr. Johannes Hein. 148 Seiten. Preis in Ganzleinen geb. 3,50 RM. 1933.

Stilkes Rechtsbibliothek Nr. 132.

Völkerrecht.

Völkerrecht, von Professor Dr. Ernst Wolgast. 307 und XVIII Seiten. Preis geh. 12,— RM. 1934.
Aus Stammler, Das gesamte deutsche Recht, Bd. II, Teil XIII.

Die Satzung des Völkerbundes. Mit Erläuterungen von Professor Dr. Freiherr von Freytagh-Loringhoven. XXIV und 379 Seiten. Preis in Ganzleinen geb. 7,20 RM. 1926.
Stilkes Rechtsbibliothek Nr. 51.

Deutschlands Verträge gegen den Krieg. System des für Deutschland geltenden Kriegsverhütungsrechts, von Dr. Werner Gramsch. 162 Seiten. Preis geh. 3,— RM. 1932.

Das Recht der Minderheiten. Materialien zur Einführung in das Verständnis des modernen Minoritätenproblems, zusammengestellt und mit Anmerkungen versehen von Professor Dr. Herbert Kraus. 365 Seiten. Preis in Ganzleinen geb. 9,— RM. 1927.
Stilkes Rechtsbibliothek Nr. 57.